독자의 1초를 아껴주는 정성!

세상이 아무리 바쁘게 돌아가더라도
책까지 아무렇게나 빨리 만들 수는 없습니다.
인스턴트 식품 같은 책보다는
오래 익힌 술이나 장맛이 밴 책을 만들고 싶습니다.

길벗이지톡은 독자 여러분이
우리를 믿는다고 할 때 가장 행복합니다.
나를 아껴주는 어학 도서,
길벗이지톡의 책을 만나보십시오.

독자의 1초를 아껴주는

정성을 만나보십시오.

미리 책을 읽고 따라해본 2만 베타테스터 여러분과
무따기 체험단, 길벗스쿨 엄마 2% 기획단,
시나공 평가단, 토익 배틀, 대학생 기자단까지!
믿을 수 있는 책을 함께 만들어주신 독자 여러분께 감사드립니다.

(주)도서출판 길벗 www.gilbut.co.kr
길벗이지톡 www.gilbut.co.kr
길벗스쿨 www.gilbutschool.co.kr

mp3 파일 다운로드

길벗 홈페이지(www.gilbut.co.kr)로 오시면 mp3 파일 및 관련 자료를 다양하게 이용할 수 있습니다.

1단계   도서명 ▼ [   ] 검색 에 찾고자 하는 책 이름을 입력하세요.

2단계   검색한 도서로 이동하여 〈자료실〉 탭을 클릭하세요.

3단계   mp3 파일 및 다양한 자료를 받으세요.

비즈니스

일본어회화&이메일

핵심패턴

233

길벗
이지:톡

비즈니스 일본어회화& 이메일 핵심패턴 233

233 Essential Patterns for
Business Japanese Conversation & E-mail

초판 발행 · 2015년 1월 15일
초판 11쇄 발행 · 2023년 11월 10일

지은이 · 인현진
발행인 · 이종원
발행처 · (주)도서출판 길벗
브랜드 · 길벗이지톡
출판사 등록일 · 1990년 12월 24일
주소 · 서울시 마포구 월드컵로 10길 56(서교동)
대표 전화 · 02)332-0931 | **팩스** · 02)323-0586
홈페이지 · www.gilbut.co.kr | **이메일** · eztok@gilbut.co.kr

기획 및 책임 편집 · 오윤희(tahiti01@gilbut.co.kr) · 방혜수 | **디자인** · 장기춘 | **제작** · 이준호, 손일순, 이진혁
마케팅 · 이수미, 장봉석, 최소영 | **영업관리** · 심선숙 | **독자지원** · 윤정아

편집진행 및 교정 · 이경숙 | **본문 일러스트** · 최정을 | **전산편집** · 수(秀) 디자인 | **오디오 녹음** · 와이알미디어
인쇄 · 예림인쇄 | **제본** · 예림바인딩

ISBN 978-89-6047-909-8 03730
(길벗 도서번호 300740)

정가 16,800원

독자의 1초까지 아껴주는 정성 길벗출판사
길벗 | IT실용서, IT/일반 수험서, IT전문서, 경제경영서, 취미실용서, 건강실용서, 자녀교육서
더퀘스트 | 인문교양서, 비즈니스서
길벗이지톡 | 어학단행본, 어학수험서
길벗스쿨 | 국어학습서, 수학학습서, 유아학습서, 어학학습서, 어린이교양서, 교과서

페이스북 · www.facebook.com/gilbuteztok
네이버 포스트 · http://post.naver.com/gilbuteztok
유튜브 · https://www.youtube.com/gilbuteztok

비즈니스에서 성공하고 싶다면
이 책으로 비즈니스하라!

"일본어 잘한다는 말도 많이 들었고 네이티브 수준이라고 생각했는데, 회사에서 전화벨만 울리면 가슴이 철렁하고 누가 혹시나 들을까 봐 전전긍긍해요."

"하루 종일 낑낑대며 사전이랑 문법책을 뒤적여 쓴 이메일인데도 틀린 게 있을까 봐 자신이 없어요."

"제가 일본어 좀 한다니까 일본어 관련 업무는 다 저한테 맡기는데, 제 실수로 혹시나 비즈니스에 문제가 생길까 봐 스트레스만 쌓입니다."

외국계 기업 2년차 직장인 A씨의 하소연입니다. 업무 볼 시간도 없는데 시간을 쪼개서 일본어 공부까지 해야 한다니……. 골칫거리 비즈니스 일본어, 단시간에 해결할 수 있는 방법이 없을까요?

일상 회화를 잘하면 비즈니스 회화도 잘한다?

JLPT N1이나 JPT 900점 이상의 자격증을 갖고 있어도 실무 비즈니스에서 쓰이는 경어를 제대로 쓰지 못하는 분들이 많습니다. 왜일까요? 비즈니스 경어가 너무 어려워서일까요? 아닙니다. 그것은 비즈니스에서 많이 쓰는 단어와 패턴을 따로 공부하지 않았기 때문입니다. 다시 말해, 비즈니스 회화에서 주로 쓰는 단어와 패턴만 외워 주면 일본어 초급자도 바로 비즈니스 회화를 마스터할 수 있다는 것입니다.

모든 비즈니스 상황을 233개 패턴으로 해결한다!

기초 회화부터 전화, 접대, 출장, 프레젠테이션, 회의, 협상, 이메일 쓰기까지 비즈니스에 많이 사용하는 패턴을 233개로 정리하였습니다. 필요한 상황부터 골라 학습하고 한두 단어만 바꿔 내 표현으로 만들어 볼 수 있습니다. 또한 대화문을 통한 실전 연습으로 어떤 상황이 닥치더라도 긴장하지 않고 대비할 수 있도록 구성하였습니다. 초·중급 문법을 바탕으로 대화문을 만들었기 때문에 쉽게 이해할 수 있고, 대화 내용과 TIPS 코너를 통해 일본의 비즈니스 문화를 자연스럽게 습득할 수 있습니다.

패턴 학습법으로 비즈니스 일본어를 완벽 마스터한다!

패턴으로 공부하는 방법은 단기간에 가장 큰 효과를 볼 수 있습니다. 패턴을 암기하고 있으면 문장을 만드는 속도가 빨라져서 그만큼 생각을 빠르게 말로 표현할 수 있게 됩니다. 비즈니스에서 많이 쓰는 단어와 패턴을 집중적으로 공부함으로써 짧은 시간에도 비즈니스 회화력을 높일 수 있습니다.

매일매일의 작은 노력이 일본어 실력으로 이어집니다. 비즈니스 일본어를 통해 여러분의 목표가 성취되는 그날까지 열심히 그리고 꾸준히 공부해 봅시다. 저도 여러분과 함께 하겠습니다.

인현진

준비마당

본격적인 비즈니스 일본어를 익히기 전에 알아야 할 비즈니스 기본 지식을 정리했습니다.

본문

비즈니스를 하면서 겪을 수 있는 8개의 상황을 Part별로 모았습니다.

STEP 1 핵심 표현으로 패턴 익히기

패턴을 활용한 대표 문장을 익힙니다. 실무에서 가장 자주 쓰고 기본적인 표현이기 때문에 한두 단어만 바꿔도 완벽한 나만의 비즈니스 일본어를 만들 수 있습니다.

STEP 2 상황별로 패턴의 쓰임 익히기

각 패턴이 적용되는 실제 대화문을 담았습니다. 예문 중간에 우리말 해석이 들어간 부분은 STEP 1의 패턴을 활용해 일본어로 바꿔 말해 보며 표현을 익혀 보세요.

TIPS

문법적 설명부터 유용한 표현 정리, 일본 비즈니스 문화에 대한 설명 등을 정리했습니다.

단어

사전을 따로 찾지 않아도 되도록 예문 속 단어를 정리했습니다.

훈련용 소책자

출퇴근할 때, 누군가를 기다릴 때 언제 어디서나 들고 다니며 학습할 수 있도록 이 책의 모든 핵심 패턴과 예문을 소책자에 담았습니다. 원어민의 음성을 들으며 핵심 패턴과 비즈니스 회화를 익히세요.

이 책은 일본어 초급 교재를 학습한 후 실무에 적용할 수 있는 일본어를 배우고자 하는 초중급 수준의 직장인을 대상으로 합니다. 비즈니스 상황에서 일본어로 유창하게 말하고 싶다면 이렇게 활용해 보세요.

1단계 어떤 패턴을 배울지 확인해 봅니다.

목차를 살펴보며 Part별로 어떤 표현을 배울지 확인합니다. 처음부터 순서대로 공부할 필요는 없습니다. 자신에게 필요한 상황부터 먼저 공부하세요. 이미 알고 있는 표현은 간단히 복습한 뒤, 새로 익힐 패턴을 중심으로 오디오를 들으며 최대한 원어민과 비슷하게 발음하며 연습하세요. 비즈니스 일본어를 처음 공부하는 분은 단어까지 꼼꼼히 암기하세요.

2단계 책을 보면서 큰 소리로 따라 하세요.

귀에 익숙해질 때까지 오디오를 먼저 들으세요. 어느 정도 귀에 익숙해지면 책을 보고 표현을 확인하며 큰 소리로 따라 해 보세요. 훨씬 더 빠르게 이해될 겁니다. 책과 함께 공부할 때는 〈일본어만 학습용 mp3〉를 들으며 한 문장씩 따라 해 보고, 책 없이 공부할 때는 〈짬짬이 듣기용 mp3〉로 언제 어디서든 학습하세요.

3단계 훈련용 소책자로 반복하세요.

〈훈련용 소책자〉, 〈소책자 듣기용 mp3〉와 함께 시간이 날 때마다 틈틈이 복습하세요. 우리말만 보고도 일본어 표현을 말할 수 있도록 복습하세요.

4단계 나만의 비즈니스 문장을 만들어 보세요.

학습이 모두 끝나면 다시 처음으로 돌아와 각 패턴별로 한두 단어만 바꿔 나만의 문장을 만들어 보세요. 나만의 표현을 만들어 연습해 두면 실제 상황에서 막힘없이 유창하게 말할 수 있습니다.

mp3 활용법

용도에 맞게 골라 들을 수 있도록 3가지 버전의 mp3 파일을 제공합니다. 길벗이지톡 홈페이지(www.eztok.co.kr)에서 무료로 다운로드 받으세요.

- **일본어만 학습용 mp3**
  책과 함께 공부할 때 듣는 오디오 파일입니다. 책에 담긴 모든 일본어 문장을 두 번씩 들려줍니다.

- **짬짬이 듣기용 mp3**
  책 없이 공부할 수 있게 구성한 오디오 파일입니다. STEP 1은 우리말 해석 1번, 일본어 2번씩 읽어 주고, STEP 2는 일본어만 1번씩 읽어 줍니다.

- **소책자 듣기용 mp3**
  STEP 1의 예문을 우리말과 일본어로 구성하였습니다. 소책자를 보며 학습할 때 들으세요.

준비마당 꼭 알아야 할 비즈니스 기본 지식

01	어떤 상황에서건 꼭 쓰게 되는 비즈니스 필수 표현	018
02	비즈니스 경어 사용법	021
03	일본 비즈니스 예절과 매너	026
04	비즈니스 이메일과 팩스	028

Part 01 비즈니스는 커뮤니케이션이 중요하다!

비즈니스 기본 의사소통 패턴

Unit 01 생각&상황 표현 패턴

001	私の考えでは〜 제 생각으로는 〜	의견 말하기	034
002	個人的には〜 개인적으로는 〜	모나지 않게 말하기	035
003	〜たいと思います。 〜하면 좋겠어요.	희망사항 말하기	036
004	〜ような気がします。 〜인(한) 것 같습니다.	조심스럽게 말하기	037
005	〜かもしれません。 〜일지도 모릅니다.	추측하기	038
006	〜と思われます。 〜(이)라고 생각됩니다.	겸손하게 말하기	039
007	と申しますのも〜 왜냐하면 〜	이유 말하기	040
008	私が申し上げたいのは〜 제가 말씀드리고 싶은 것은 〜	강조하기	041
009	〜た(だ)はずです。 〜했을 텐데요(틀림없이 〜했는데요).	확신하기	042
010	〜た(だ)つもりでしたが。 〜했다고 생각했는데…….	변명하기	043
011	喜んで〜 기꺼이 〜	적극성 어필하기	044

Unit 02 부탁&허락 패턴

012	〜をお願いできますか。 〜을(를) 부탁드려도 될까요?	일반적인 부탁하기	046
013	〜を手伝ってもらえますか。 〜을(를) 도와줄래요?	업무도움 청하기	047
014	〜て(で)くださいませんか。 〜해 주시지 않을래요?	정중하게 부탁하기	048
015	〜て(で)いただけませんか。 〜해 주실 수 없을까요?	어려운 부탁하기	049
016	〜て(で)いただきたいんですが。 〜해 주셨으면 하는데요.	간절히 부탁하기	050
017	〜(さ)せてください。 〜하게 해 주세요.	강하게 요청하기	051
018	〜(さ)せていただけませんか。 〜(해)도 되겠습니까?	허락 받기	052

Unit 03 감정 표현 패턴

019 〜て(で)ありがとうございます。 〜(해 주셔)서 감사합니다. 일상적인 감사하기 054

020 〜て(で)助かりました。 〜(해 주셔)서 큰 도움이 되었습니다. 업무상 도움에 감사하기 055

021 〜に感謝します。 〜에(게) 감사드립니다. 정식으로 감사하기 056

022 〜でご迷惑をかけました。 〜(으)로 폐를 끼쳤습니다. 폐 끼친 것 사과하기 057

023 〜て(で)失礼しました。 〜(으)로 실례가 많았습니다. 결례 사과하기 058

024 〜に気をつけます。 〜에 주의하겠습니다. 반성하기 059

025 〜て(で)とてもうれしいです。 〜(해)서 정말 기쁩니다. 기뻐하기 060

026 お言葉にあまえて〜 감사한 마음으로(염치불구하고) 〜 호의 받아들이기 061

027 〜おめでとうございます。 〜축하드립니다. 축하하기 062

Unit 04 거절&보류 패턴

028 〜はちょっと……。 〜은(는) 좀……. 곤란함 표현하기 064

029 残念ですが〜 유감스럽지만 〜 유감 표시하기 065

030 〜は困ります。 〜은(는) 곤란합니다. 제지하기 066

031 〜は難しいかと思います。 〜은(는) 어렵지 않을까 싶습니다. 완곡하게 거절하기 067

032 とてもじゃないですが〜 정말이지 〜 우회적으로 거절하기 068

033 どうしても〜できません。 도저히 〜할 수가 없습니다. 확실히 거절하기 069

034 今はできませんが〜 지금은 안 되지만 〜 일시적으로 거절하기 070

035 〜は後でいいでしょうか。 〜은(는) 나중에 해도 될까요? 뒤로 미루기 071

Part 02 비스니스는 선화로 말선한나!
비즈니스 전화 패턴

Unit 05 전화 걸기 패턴

036 はじめてお電話いたしますが〜 처음 전화드립니다만 〜 처음 전화하기 076

037 〜はいらっしゃいますか。 〜은(는) 계신가요?(〜를 바꿔 주실래요?) 통화 상대 찾기 077

038 〜ことでお電話しました。 〜때문에 전화드렸습니다. 용건 말하기 078

039 恐れ入りますが〜 죄송하지만 〜 미안함 전하기 079

040 お手数ですが〜 번거로우시겠지만 〜 귀찮은 일 부탁하기 080

041 〜はいつごろになりますか。 〜은(는) 언제쯤이 될까요? 일정 체크하기 081

042 〜についてお聞きしたいですが。 〜에 대해 질문드리고 싶은데요. 질문 시작하기 082

043 〜は確認できましたか。 〜은(는) 확인하셨나요? 확인 여부 체크하기 083

044 　～はその後いかがですか。　～은(는) 어떻게 되어 가고 있나요?　진척 상황 묻기 084

045 　～じゃなかったんでしょうか。　～(이)가 아니었나요?　사실 확인하기 085

046 　～はいつにしましょうか。　～은(는) 언제로 할까요?　형편 묻기 086

047 　～について何かご存じですか。　～에 대해서 뭔가 알고 계시나요?　정보 얻어내기 087

048 　大変申し上げにくいですが～　대단히 말씀드리기 송구스럽지만 ～　곤란한 이야기 꺼내기 088

049 　～とお伝えください。　～(이)라고 전해 주세요.　메시지 남기기 089

050 　～改めてお電話させていただきます。　～다시 전화드리겠습니다.　통화 약속하기 090

051 　それでは～　그럼 ～　전화 끝내기 091

Unit 06 전화 받기 패턴

052 　～でございます。　～입니다.　이름과 소속 밝히기 093

053 　～でいらっしゃいますね。　～이시군요.　상대방 확인하기 094

054 　あいにくですが～　공교롭게도 ～　부재 알리기 095

055 　差し支えなければ～　만약 폐가 되지 않는다면 ～　상대방 배려하기 096

056 　～なら大丈夫です。　～(이)라면 괜찮습니다.　시간 제시하기 097

057 　～におつなぎします。　～(으)로(에게) 연결해 드리겠습니다.　전화 연결하기 098

058 　私からは答えかねますので～　제가 답변하기는 어려우니 ～　답변 피하기 099

059 　～がかかりそうです。　～이(가) 걸릴(들) 것 같습니다.　시간과 경비 예상하기 100

060 　念のために～　혹시 몰라서 ～　만일에 대비하기 101

061 　～と伝えておきます。　～(라)고 전해 두겠습니다.　복창하기 102

062 　～とのことです。　～(라)는 내용이었습니다.　내용 전달하기 103

063 　～て(で)からご連絡します。　～(하)고 나서 연락드리겠습니다.　연락 시점 알리기 104

064 　～ということですね。　～(라)는 말씀이시죠?　내용 확인하기 105

065 　～かチェックしてみます。　～(는)지 체크해 보겠습니다.　체크 사항 말하기 106

066 　何かありましたら～　무슨 일 있으시면 ～　좋은 인상 주기 107

Part 03　비즈니스의 성공은 호감도이다!

비즈니스 접대 패턴

Unit 07 첫만남&친분 쌓기 패턴

067 　こちらは～　이쪽은 ～　남 소개하기 112

068 　～ますので、少々お待ちください。　～(할) 테니 잠시 기다려 주십시오.　기다리게 하기 113

069 　～仕事をしています。　～일을 하고 있습니다.　하는 일 설명하기 114

070 ところでですね～   그런데 말이죠 ~   화제 바꾸기 115

071 ～た(だ)ことがありますか。 ～한 적이 있나요?   경험 유무 묻기 116

072 どうぞ、お～ください。 자, 어서 ~하시죠.   행동 유도하기 117

073 ～ますか、それとも～ ～할까요, 아니면 ~   양자택일로 묻기 118

074 ～(に)は何をなさいますか。 ～(에)는 무엇을 하시나요?   행동 패턴 묻기 119

Unit 08 접대 패턴

075 ～でもいかがですか。 ～(이)라도 어떠십니까?   의향 묻기 121

076 ～にご案内します。 ～(으)로 안내하겠습니다.   안내하기 122

077 ～になさいますか。 ～(으)로 하시겠습니까?   선택 내용 묻기 123

078 ～がおすすめです。 ～이(가) 좋습니다.   추천하기 124

079 ～が入っています。 ～이(가) 들어 있습니다.   성분 말하기 125

080 ～という意味です。 ～(이)라는 뜻입니다.   뜻 설명하기 126

081 お口に合うかどうか分かりませんが～ 입맛에 맞으실지 모르겠지만 ~   음식 권하기 127

082 ～が限界です。 ～(이)가 제 주량이에요.   주량 말하기 128

083 せっかくですが～ 모처럼의 기회지만 ~   술자리 거절하기 129

084 ～お開きにしましょうか。 ～끝낼까요?   술자리 끝내기 130

Part 04   비즈니스는 발로 뛰는 행동력이다!

비즈니스 출장 패턴

Unit 09 해외 출장 패턴

085 ～を予約したいんですが。 ～을(를) 예약하고 싶은데요.   예약하기 134

086 ～にしてください。 ～(으)로 해 주세요.   희망사항 말하기 135

087 ～で来ました。 ～ 때문에(로) 왔습니다.   방문 목적 밝히기 136

088 ～までいくらですか。 ～까지의 요금은 얼마죠?   요금 묻기 137

089 ～はどのぐらいかかりますか。 ～은(는) 얼마나 걸리나요?   소요 시간 묻기 138

090 ～はどう行けばいいですか。 ～(에)는 어떻게 가면 되나요?   길 묻기 139

091 ～ところはありませんか。 ～곳은 없나요?   장소 물색하기 140

092 ～の調子がよくないんです。 ～에 문제가 있는데요.   고장 알리기 141

093 ～ことはできますか。 ～(할) 수 있나요?   가능 여부 묻기 142

Unit 10 회사 방문&공장 견학 패턴

094 　～会う約束をしております。 ～만나기로 되어 있습니다. 약속 방문하기 144

095 　～件で伺いました。 ～때문에 찾아뵈었습니다. 방문 목적 밝히기 145

096 　～紹介で参りました。 ～소개를 받고 왔습니다. 소개자 알리기 146

097 　～ですが、よろしかったらどうぞ。 ～인데요, 괜찮으시면 받아 주세요. 선물 주기 147

098 　～印象を受けました。 ～인상을 받았습니다. 인상 말하기 148

099 　～には何が要りますか。 ～에는(하려면) 무엇이 필요합니까? 필요조건 묻기 149

100 　本日は～ 오늘은 ～ 방문 마치기 150

Unit 11 회사 및 제품 소개 패턴

101 　弊社は～ 저희 회사는 ～ 회사 소개하기 152

102 　～を販売しています。 ～을(를) 판매하고 있습니다. 취급 제품 소개하기 153

103 　～を持っています。 ～을(를) 가지고 있습니다. 규모나 특징 말하기 154

104 　～を生産しています。 ～을(를) 생산하고 있습니다. 생산 내용 말하기 155

105 　～シェアを占めています。 ～을(를) 차지하고 있습니다. 점유율 말하기 156

106 　この製品は～ 이 제품은 ～ 제품 설명하기 157

107 　～が使われています。 ～이(가) 사용되었습니다. 재료 말하기 158

108 　～向けです。 ～용입니다(에게 좋습니다). 판매 타깃 밝히기 159

109 　～機能がついています。 ～기능이 있습니다. 기능 말하기 160

110 　～サービスを行っています。 ～서비스를 하고 있습니다. 서비스 설명하기 161

111 　～に優れています。 ～이(가) 뛰어납니다. 우수성 표현하기 162

112 　～で大好評です。 ～에서 선풍적인 인기를 끌고 있어요. 반응 말하기 163

113 　詳しい内容は～ 자세한 내용은 ～ 상세 정보 소개하기 164

Part 05 비즈니스의 성공은 PT에서 판가름 난다!

비즈니스 프레젠테이션 패턴

Unit 12 프레젠테이션 시작 패턴

114 　プレゼンをさせていただく～ 프레젠테이션을 하게 된 ～ 발표 시작하기 168

115 　今日お話するのは～ 오늘 말씀드릴 내용은 ～ 주제 제시하기 169

116 　～を中心に説明します。 ～을(를) 중심으로 설명하겠습니다. 내용 좁히기 170

117 　～を予定しています。 ～을(를) 예정하고 있습니다. 예상 시간 말하기 171

Unit 13 프레젠테이션 진행 패턴

118	ご存じのように〜	아시는 바와 같이 〜	배경 설명하기 173
119	次は〜	다음은 〜	다음으로 넘어가기 174
120	〜をご覧ください。	〜을(를) 봐 주십시오.	주목 시키기 175
121	〜を表わしています。	〜을(를) 보여 주고 있습니다.	표 설명하기 176
122	横軸は〜、縦軸は〜	가로축은 〜, 세로축은 〜	그래프 설명하기 177
123	〜傾向にあります。	〜경향이 있습니다.	경향 말하기 178
124	〜をご提案します。	〜을(를) 제안드립니다.	제안하기 179
125	具体的に言いますと〜	구체적으로 말씀드리면 〜	구체적으로 설명하기 180
126	〜と比べてみてください。	〜와(과) 비교해 보세요.	비교하기 181
127	例をあげますと〜	이를테면(예를 들면) 〜	사례 들기 182
128	〜は増えて、〜は減りました。	〜은(는) 늘고, 〜은(는) 줄었습니다.	대조하기 183
129	〜に注目しなければなりません。	〜에 주목해야 합니다.	강조하기 184

Unit 14 프레젠테이션 마무리 패턴

130	手短にまとめますと〜	간단히 정리하자면 〜	요약하기 186
131	〜をお勧めします。	〜을(를) 권해 드립니다.	조언하기 187
132	〜についてお答えします。	〜에 대해 답변드리겠습니다.	질의 응답하기 188
133	最後になりますが〜	끝으로 〜	끝맺기 189

Part 06 비즈니스는 말의 전쟁이다!

비즈니스 회의 패턴

Unit 15 회의 진행 패턴

134	〜会議をはじめます。	〜회의를 시작하겠습니다.	회의 시작하기 194
135	本日のテーマは〜	오늘의 주제는 〜	주제 제시하기 195
136	前回の会議では〜	지난번 회의에서는 〜	되짚어보기 196
137	〜についてどう思いますか。	〜에 대해서 어떻게 생각합니까?	의견 묻기 197
138	〜を詳しく聞かせてください。	〜을(를) 자세히 들려주세요.	자세한 보고 요청하기 198
139	〜方は手をあげてください。	〜분은 손을 들어 주세요.	거수 요청하기 199

Unit 16 보고&설명 패턴

140 ~についてご報告します。 ~에 대해 보고드리겠습니다.　　　　보고하기 201

141 ~に直面しています。 ~에 직면해 있습니다.　　　　위기의식 고취하기 202

142 ~て(で)いるところです。 ~(하)는 중입니다.　　　　현 상황 보고하기 203

143 ~ことなんですが。 ~말인데요.　　　　회의 흐름 바꾸기 204

144 ~必要があります。 ~할 필요가 있습니다.　　　　필요성 강조하기 205

145 ~見込みです。 ~(할) 전망입니다.　　　　전망 말하기 206

146 ~によりますと ~에 따르면　　　　인용하기 207

147 ~は予想外でした。 ~은(는) 생각지도 못했어요.　　　　뜻밖의 상황 보고하기 208

148 ~を計画しています。 ~을(를) 계획하고 있습니다.　　　　계획 밝히기 209

Unit 17 본격 논의 패턴

149 ~か疑問です。 ~(일)지 의문입니다.　　　　우려 표명하기 211

150 ~に問題がありますか。 ~에 문제가 있나요?　　　　문제 여부 묻기 212

151 ~は確かです。 ~은(는) 확실합니다.　　　　확신하기 213

152 ~しかありません。 ~수밖에 없어요.　　　　불가피함 어필하기 214

153 ~につながります。 ~(으)로 이어집니다.　　　　연관 지어 말하기 215

154 ~に賛成します。 ~에 찬성합니다.　　　　찬성하기 216

155 ~には反対です。 ~은(는) 반대입니다.　　　　반박하기 217

156 ~べきです。 ~(해)야 합니다.　　　　강하게 주장하기 218

157 ~のはなぜでしょうか。 ~이유는 무엇일까요?　　　　이유 묻기 219

Part 07 비즈니스는 고도의 심리전이다!

비즈니스 교섭 및 협상 패턴

Unit 18 긴장감 해소 패턴

158 ~天気ですね。 ~날씨네요.　　　　날씨 이야기하기 224

159 先日は~ 요전 날에는 ~　　　　지난 일 언급하기 225

160 ~くなりました。 ~(해)졌습니다.　　　　변화 말하기 226

161 ~が続いています。 ~이(가) 계속되고 있습니다.　　　　대화 이어가기 227

Unit 19 거래 상담(商談) 패턴

162 　～に関心があります。　～에 관심이 있습니다. 　　관심 표명하기 229

163 　～を注文したいんですが。　～을(를) 주문하고 싶은데요. 　　주문 의사 밝히기 230

164 　～で送ってもらえますか。　～(으)로 보내 줄 수 있나요? 　　운송 수단 협의하기 231

165 　～はいかほどでしょうか。　～은(는) 얼마입니까? 　　가격 묻기 232

166 　～で決済できますか。　～(으)로 결제할 수 있나요? 　　결제 수단 묻기 233

167 　～はどちらが持ちますか。　～은(는) 어느 쪽이 부담합니까? 　　비용 부담 정하기 234

168 　～は含まれていますか。　～은(는) 포함되어 있나요? 　　포함 내용 묻기 235

169 　～にはどのような保証がついていますか。 　　보증 내용 묻기 236
　　　～은(는) 어떤 보증을 받을 수 있나요?

170 　～場合はどうなりますか。　～경우에는 어떻게 되나요? 　　대응책 묻기 237

171 　～をご説明ください。　～을(를) 설명해 주십시오. 　　설명 요청하기 238

Unit 20 협상 패턴

172 　～によって異ります。　～에 따라 달라집니다. 　　유동성 보이기 240

173 　～準備ができています。　～준비가 되어 있습니다. 　　준비 상태 어필하기 241

174 　～なら安くできます。　～(이)라면 싸게 드릴 수 있습니다. 　　조건 제시하기 242

175 　～では採算がとれません。　～(으)로는 손해를 봅니다. 　　채산성 거론하기 243

176 　～は受け入れがたいです。　～은(는) 받아들이기 어렵습니다. 　　거부하기 244

177 　～可能性はありませんか。　～(할) 가능성은 없나요? 　　위험 변수 확인하기 245

178 　～は心配要りません。　～은(는) 걱정 마세요. 　　안심시키기 246

179 　合意した内容を～　합의한 내용을 ～ 　　합의 내용 점검하기 247

180 　～を見直してください。　～을(를) 재고해 주세요. 　　재검토 부탁하기 248

181 　～を考えると　～을(를) 감안하면 　　근거 대기 249

182 　～用意があります。　～(할) 용의가 있습니다. 　　양보하기 250

183 　～は極めて重要です。　～은(는) 대단히 중요합니다. 　　중요성 강조하기 251

Part 08　비즈니스는 이메일로 완성된다!

비즈니스 이메일 패턴

Unit 21 인사&용건 패턴

184 　～です。　～입니다. 　　자기소개하기 256

185 　この度は～　이번에 ～ 　　소식 전하기 257

186	～件でメールいたしました。 ～건으로 메일드렸습니다.	용건 말하기 258
187	～についてご回答いたします。 ～에 대해 답변드립니다.	답변하기 259
188	～をもちまして ～(으)로, ～에, ～을(를) 끝으로	시점 명시하기 260
189	～につきましては ～에 대해서는	안건 부각시키기 261
190	～でお返事が遅れてしまいました。	늦은 이유 밝히기 262
	～(으)로 회신이 늦어졌습니다.	

Unit 22 요청&문의 패턴

191	～をお願い申し上げます。 ～을(를) 부탁드립니다.	부탁하기 264
192	～て(で)いただければと存じます。 ～(해) 주시면 감사하겠습니다.	정중히 부탁하기 265
193	急なお願いで恐縮ですが～ 갑작스런 부탁으로 죄송하지만 ～	급히 부탁하기 266
194	～を探しています。 ～을(를) 찾고 있습니다.	원하는 모델 찾기 267
195	～はお済みでしょうか。 ～은(는) 끝나셨나요?	완료 확인하기 268
196	～をお知らせください。 ～을(를) 알려 주십시오.	정보 요청하기 269
197	～て(で)もよろしいでしょうか。 ～(해)도 되겠습니까?	양해 구하기 270
198	～はどうすればいいでしょうか。 ～은(는) 어떻게 하면 좋을까요?	조언 구하기 271
199	～は可能でしょうか。 ～은(는) 가능할까요?	가능한지 묻기 272

Unit 23 정보 공지 패턴

200	～をご案内します。 ～을(를) 안내해 드립니다.	정보 알리기 274
201	～をお知らせします。 ～을(를) 알려 드립니다.	통지하기 275
202	～を確認次第 ～을(를) 확인하는 대로	전제 조건 알리기 276
203	～を検討しました。 ～을(를) 검토했습니다.	검토 내용 알리기 277
204	～予定です。 ～(할) 예정입니다.	예정 알리기 278
205	～を終了させていただきます。 ～을(를) 종료하겠습니다.	종료 알리기 279
206	～ことになりました。 ～(하)게 되었습니다.	변경 사항 알리기 280
207	～をキャンセルさせていただきたく存じます。	취소 통보하기 281
	～을(를) 취소하고 싶습니다.	
208	～が困難となりました。 ～이(가) 곤란해졌습니다.	실패 결과 알리기 282
209	～が生じました。 ～이(가) 발생했습니다.	문제 발생 알리기 283
210	まことに遺憾ながら～ 대단히 유감스럽지만 ～	유감스러운 결과 전하기 284
211	～状況です。 ～상황입니다.	상황 설명하기 285

Unit 24 문제 제기 패턴

212 　～に支障をきたします。　～에 지장을 가져옵니다.　경고하기 287

213 　～に満足していません。　～이(가) 만족스럽지 못하네요.　불만 제기하기 288

214 　～に誤りがありました。　～에 착오가 있었습니다.　실수 지적하기 289

215 　～は納得しかねます。　～은(는) 납득할 수 없습니다.　항의하기 290

216 　～が届いていません。　～이(가) 도착하지 않았습니다.　미도착 알리기 291

217 　～とのことでしたが。　(제 기억에는) ～(이)라고 하셨는데요.　추궁하기 292

218 　～確認がとれません。　～확인이 안 됩니다.　미확인 통보하기 293

Unit 25 대응 패턴

219 　さっそく調べまして～　즉시 조사해서 ～　조사 약속하기 295

220 　確認しましたところ～　확인했더니 ～　확인 결과 전하기 296

221 　当社としましては～　저희 회사로서는 ～　회사 입장 밝히기 297

222 　～を検討中です。　～을(를) 검토 중입니다.　시간 벌기 298

223 　ご満足いただけない場合は～　만족하지 못하실 경우에는 ～　보상안 제시하기 299

224 　～ことになっております。　～하도록(하기로) 되어 있습니다.　규정 말하기 300

225 　ご希望どおり～　원하시는 대로 ～　요청 수락하기 301

226 　二度とこのようなことがないように～　재발 방지 약속하기 302
　　　　두 번 다시 이러한 일이 없도록 ～

227 　～をお詫びします。　～을(를) 사과드립니다.　사과하기 303

Unit 26 맺음말 패턴

228 　～を添付しました。　～을(를) 첨부했습니다.　첨부 알리기 305

229 　～たら、ご連絡ください。　～(하)면 연락 주십시오.　연락 부탁하기 306

230 　～いただけると幸いです。　～(해) 주시면 큰 도움이 되겠습니다.　마지막 당부하기 307

231 　～をお待ちしております。　～을(를) 기다리겠습니다(기대하겠습니다).　기대감 어필하기 308

232 　～によろしくお伝えください。　～에게 안부 전해 주십시오.　안부 전하기 309

233 　～のほどよろしくお願い申し上げます。　끝인사하기 310
　　　　～해 주시도록 부탁 말씀드립니다.

비즈니스 일본어회화 & 이메일

핵심패턴 233

Business Japanese conversation & E-mail

준비마당

꼭 알아야 할 비즈니스 기본 지식

01 어떤 상황에서건 꼭 쓰게 되는 비즈니스 필수 표현

비즈니스 패턴 학습에 들어가기 전에 기본적인 비즈니스 표현을 정리해 보겠습니다. 인사말과 맞장구 치는 표현을 모아서 공부해 볼 텐데요. 가장 기본적인 표현들인 만큼 하나의 단어처럼 외워 주세요.

01 **어떤 상황에서건 꼭 쓰게 되는 비즈니스 필수 표현**

인사는 비즈니스 매너의 기본으로, 상대와의 커뮤니케이션을 원활하게 합니다. 아침, 점심, 저녁 인사뿐만 아니라, 비즈니스 상황에서 사용되는 다양한 인사 표현을 중심으로 공부해 보겠습니다. 자 그럼, 시작해 볼까요?

상황	일본어 표현	해석
아침 인사하기	おはようございます。	좋은 아침입니다.
출근 보고하기	ただいま出社いたしました。	지금 출근했습니다.
손님에게 인사하기	いらっしゃいませ。	어서 오세요.
외출 인사하기	行って参ります。	다녀오겠습니다.
외출 직원에게 인사하기	いってらっしゃい。	다녀오세요.
돌아온 사람에게 인사하기	お帰りなさい。お疲れ様でした。	잘 다녀오셨어요? 수고하셨어요.
돌아와서 인사하기	ただいま戻りました。	지금 돌아왔습니다.
먼저 퇴근하기	では、お先に失礼します。	그럼, 먼저 들어가 보겠습니다.
퇴근 인사하기	お疲れ様でした。	수고하셨어요.
환영하기	ようこそ、いらっしゃいました。	잘 오셨습니다. 환영합니다.
오랜만에 만나기	ご無沙汰しております。	격조했습니다.
기다리게 하기	少々お待ちください。	잠시 기다려 주세요
기다리게 한 것 사과하기	お待たせいたしました。	기다리게 해서 죄송해요.
거래처에 인사하기	お世話になっております。	신세 지고 있습니다.
신세 진 것에 감사하기	お世話になりました。	신세 졌습니다.
손님 보내기	お気をつけて。	살펴 가세요.

감사하게 먹거나 받기	いただきます。	잘 먹겠습니다(받겠습니다).
식사 대접에 감사하기	ごちそうさまでした。	잘 먹었습니다
덕분으로 돌리기	おかげさまで。	덕분입니다.
사과하기	申し訳ございません。	죄송합니다.
폐 끼친 것에 사과하기	ご迷惑をおかけしました。	폐를 끼쳤습니다.
실례하기	失礼します。	실례하겠습니다.
황송해하기	恐れ入ります。	죄송합니다. 황송합니다.
상대의 친절에 감사하기	ご親切にどうも。	친절히 해 주셔서 감사합니다.
도움 받은 것에 감사하기	助かりました。	도움이 되었습니다.
배려에 감사하기	お気づかいありがとうございます。 ご丁寧にどうも。	이렇게까지 신경 써 주셔서 감사합니다.
유익했음에 감사하기	勉強になりました。	유익한 시간이었습니다.
축하하기	おめでとうございます。	축하드립니다.
상대 배려하기	お気になさらず。	신경 쓰지 않으셔도 됩니다.
잘못 인정하기	考えが及びませんでした。	거기까지 생각하지 못했네요.
반성하기	深く反省しています。	깊이 반성하고 있습니다.
대답하기	かしこまりました。 / 承知しました。	알겠습니다.
의향 묻기 1	よろしいでしょうか。	괜찮으신가요?
의향 묻기 2	いかがいたしましょうか。	어떻게 할까요?
관심 표현하기	どうかされました？	무슨 일 있으세요?
모른다고 하기	存じません。 / わかりかねます。	모르겠습니다.
일부 긍정하기	そう言えなくもないですね。	그렇게 말할 수도 있겠네요.
사양하기	これで結構です。	이것으로 충분합니다.
칭찬이나 사과에 대응하기	いえいえ、どういたしまして。 いえ、とんでもございません。	천만에요, 별말씀을요. 당치 않습니다.

격려하기	元気、出してください。	힘내세요.
상대방 띄워 주기	うわさはかねがね。	대단하시다고 들었습니다.
함께 기뻐하기	本当によかったですね。	정말 잘됐네요.
말 이어가기	と言いますと。 とおっしゃいますと。	그건 무슨 말씀이세요?
위로하기	災難でしたね。 それは大変でしたね。	큰일을 치르셨네요. 참 힘드셨겠네요.
안심하기	ご無事でなによりです。	아무 일 없어서 천만다행이에요.
상대방 편하게 해 주기	困ったときはお互い様ですよ。	힘들 때는 서로 도와야지요.
자책하기	私としたことが。	제가 이런 실수를…….

02 맞장구 치기

'맞장구 치기'는 일본어로 相づち라고 하는데요. 이야기를 관심 있게 듣고 있음을 어필함으로써 상대방을 안심시키는 효과가 있습니다. 일상생활뿐만 아니라 비즈니스에서도 대화의 윤활제가 되는 相づち를 정리해 보겠습니다.

상황	일본어 표현	해석
동의하기	おっしゃるとおりです。 まったく同感です。 まったくです。 ごもっともです。	말씀하신 그대로입니다. 동감입니다. 정말 그래요. 지당하신 말씀입니다.
부정하기	いやいや。	아니에요.
놀라기	そうですか。 本当ですか。	그래요? 정말인가요?
동조하기	そうなんですよね。 それはいいですね。 それはいけませんね。	그렇죠. 그거 좋은데요. 그거 참 안됐네요.
공감하기	そういうもんですよね。 そう(なん)ですか。	그런 법이죠. 그러셨군요.

확인하기	そうでしょうね。	그렇겠네요.
감탄하기	すごいですね。 たいしたもんですね。	굉장하네요. 대단하네요.
느낌 말하기	なかなかよさそうですね。	상당히 좋아 보이네요.
납득하기	なるほどですね。	그러시군요(납득이 가네요).
칭찬하기	さすがですね。	역시 다르시네요.
박자 맞추기	そうですか。	그래요?
감정 이입하기	そんな……。	어떻게 그런 일이…….

02 비즈니스 경어 사용법

01 경어는 크게 3가지로 나뉜다!

경어는 크게 3가지로 나뉩니다. 존경어, 겸양어, 정중어인데요. 우리가 잘 알고 있는 です와 ます가 바로 정중어입니다. 일반적인 높임말을 말하죠. 그렇다면, 존경어와 겸양어는 어떻게 다를까요?

❶ 존경어

존경어란 무엇일까요? 과연 누구를 존경해야 하는 것일까요? 맞습니다. 상대방을 존경해야죠. 우리말에도 존경어가 많은데요. 어르신이나 상사, 선생님께 우리는 항상 '~하시다'라는 말을 붙입니다. 일본어도 마찬가지인데요. 상대방의 말과 행동을 높이기 위해 다양한 방법으로 존경어를 만들게 됩니다.

❷ 겸양어

겸양어…무슨 뜻인지 잘 모르시겠다고요? 그 이유는 간단합니다. 우리말에는 겸양어가 많이 없거든요. 그래서 생소하게 느껴지죠. '겸양'이란 '겸손한 태도로 남에게 양보하거나 사양함'을 말하는데, 한마디로 '나를 낮춘다'는 뜻입니다. 두 사람이 계단의 같은 단에 서 있다고 가정해 볼까요? 상대방은 그대로 있고, 내가 밑으로 한 칸 내려가면 상대적으로 상대는 저보다 높은 위치에 서게 됩니다. 같은 원리입니다. 상대방의 말과 동작은 그대로 두고 나의 말과 동작을 낮추어 말하면 그것이 바로 겸양어입니다.

어떠세요? 존경어와 겸양어, 정중어가 무엇을 의미하는지 조금은 이해가 가시나요? 조금 어려우시다고요? 처음엔 누구나 그렇습니다. 그럴 때는 한 번 더 읽어 보세요. 곧 이해가 될 거예요. 그럼, 이제 존경어, 겸양어를 만드는 방법에 대해 알아볼까요?

02 경어에도 공식이 있다!

'수학도 아닌데 무슨 공식?' 하실 분도 계시겠지만 경어에도 공식이 있습니다. 공식에 단어만 넣으면 떡을 찍어내는 기계처럼 경어가 완성됩니다. 아주 편하죠? 대신 공식은 철저히 외워야 합니다. 2차 방정식보다 훨씬 쉬운 존경어와 겸양어를 만드는 공식을 표로 정리해 볼게요.

존경어	겸양어
お+동사의 ます형+になる ▶ 先生は家に帰る ➡ 先生は家にお帰りになる。 　　　　　　　　　　　(선생님은 귀가하시다)	**お+동사의 ます형+する(いたす)** ▶ 私が先生に話す ➡ 私が先生にお話しする。 　　　　　　　　　　(내가 선생님께 말씀드리다)
▶ 新聞を読む ➡ 新聞をお読みになる。 　　　　　　　　(신문을 보시다)	▶ 社長を手伝う ➡ 社長をお手伝いする。 　　　　　　　　　(사장님을 도와 드리다)
① **ご+한자어 명사+になる** ▶ ご説明になる (설명하시다) ② **お+일본어 명사+になる** ▶ お考えになる (생각하시다)	① **ご+한자어 명사+する(いたす)** ▶ ご案内する (안내해 드리다) ② **お+일본어 명사+する(いたす)** ▶ お知らせする (알려 드리다)

*일본어 명사는 '한자+히라가나'로 이루어진 말이나 '히라가나'로만 된 말. 하지만 일상생활에서 자주 사용되는 말은 한자어에도 'お'를 붙임. (お料理、お茶、お食事、お勉強 등)

여기서 잠깐! 존경어를 만드는 공식은 또 하나 있습니다. 하지만 새로 외울 필요는 없어요. 수동형 공식으로 존경어도 만들 수 있습니다. 수동형이라는 느낌이 강하기 때문에 많이 쓰이는 것은 아니지만, 위에서 배운 존경어 공식을 쓸 수 없는 경우에 사용합니다.

수동형 공식	존경어 해석의 예
1그룹 동사 : 帰る ➡ 帰られる	**帰られる** : (집에) 돌아가시다
2그룹 동사 : 見る ➡ 見られる	**見られる** : 보시다, 읽으시다
3그룹 동사 : 来る ➡ 来られる	**来られる** : 오시다
する ➡ される	**される** : 하시다

무조건 외워야 하는 경어가 있다!

세상사에는 항상 예외가 있는데요. 경어에도 공식으로는 해결이 안 되는 예외가 존재합니다. 실제로는 이 예외, 즉 무조건 외워야 하는 경어가 가장 많이 쓰입니다.

다음의 표를 함께 볼까요? 먼저 가운데 있는 동사가 우리가 늘 사용하는 동사의 원형입니다. 그 왼쪽이 존경어, 오른쪽이 겸양어입니다. 이를테면, 食べる(먹다)를 상대방이 먹는 동작, 즉 '드시다'라고 하고 싶다면 존경어인 召し上がる를 쓰면 되고요. 반대로 '(내가) 먹다'라는 겸양어로 말하고 싶다면 표 오른쪽의 いただく를 쓰면 됩니다. 모두 일상생활에서 너무나 친숙한 동사들입니다. 너무 자주 쓰는 동사들이다 보니 존경어와 겸양어 동사를 아예 따로 만들어 둔 모양입니다.

자, 이제 외우는 일만 남았죠? 꼭 외워야 하는 알짜배기만 모았습니다. 비즈니스 회화의 달인이 되는 그 날까지 우리 모두 go, go, go!!!

존경어	보통어	겸양어
いらっしゃる(가시다)	行く	参る・伺う
いらっしゃる(오시다)	来る	参る・伺う
いらっしゃる(계시다)	いる	おる
なさる(하시다)	する	いたす
召し上がる(드시다)	食べる、飲む	いただく
おっしゃる(말씀하시다)	言う	伺う
ご覧になる(보시다)	見る	拝見する(보다, 읽다)
(お聞きになる)	聞く	伺う(듣다, 여쭙다)
(お訪ねになる)	訪ねる(방문하다)	伺う(찾아뵙다)
(お会いになる)	会う	お目にかかる(만나 뵙다)
ご存じだ(아시다)	知る	存じる
(お思いになる)	思う	存じる

*いらっしゃる, なさる, おっしゃる는 특수 동사로, ます형을 만들 때 각각 いらっしゃいます, なさいます, おっしゃいます로 활용되고, 参る는 예외 1그룹 동사이므로 参ります로 활용됩니다.

04 명사 앞에 お나 ご를 붙이면 경어가 된다.

일본어는 명사나 형용사(일부 부사)에 お와 ご를 붙여서 존경어와 겸양어를 만드는 경우가 많습니다. 또는 여성들이 예쁘고 품위 있게 말하기 위해서 お와 ご를 붙이기도 하죠. 예외가 좀 있지만, 기본 원칙을 정리해 보면 다음과 같습니다.

구분	경어
お + 순수 일본어	お気持ち, お見舞い, お考え, お願い
ご + 한자어	ご案内, ご住所, ご意見, ご家族, ご遠慮, ご馳走, ご理解, ご相談, ご利用, ご報告, ご安心, ご紹介, ご注文, ご了承
お + (한자어처럼 보이지만) 순수 일본어	お家, お名前, お料理, お土産, お仕事, お食事, お時間, お菓子, お勉強, お財布, お茶, お宅, お礼, お電話, お言葉, お金, お手紙

お와 ご에 대해서는 단어 하나하나를 외우려고 하지 말고 한자어에는 ご를 붙이고, 일상생활에서 자주 쓰는 말에는 お를 붙이는구나 정도로 이해하면 됩니다.

05 비즈니스 경어는 따로 있다!

비즈니스 회화에서는 '改まり語'(격식 차린 말)라고 해서 일반 회화와는 다른 단어나 표현을 쓰곤 합니다. 모든 단어를 '改まり語'로 바꿀 필요는 없고요. 한두 개의 단어를 바꾸어 주면 비즈니스 회화 느낌이 확 살아납니다. 다음 표에 나오는 단어를 열심히 외워서 똑소리 나는 비즈니스 회화를 완성해 보세요.

▶ 今日、お会いしましょう。→ 本日、お会いしましょう。

구분	보통어	비즈니스 경어
시간 표현	きょう(今日)	ほんじつ(本日)
	きのう(昨日)	さくじつ(昨日)
	あした(明日)	みょうにち・あす(明日)
	おととい(一昨日)	いっさくじつ(一昨日)
	あさって	みょうごにち(明後日)
	きょねん(去年)	さくねん(昨年)
	おととし(一昨年)	いっさくねん(一昨年)
	ゆうべ(夕べ)	さくや(昨夜)

	あとで(後で)	後ほど(のちほど)
	このあいだ(この間)	せんじつ(先日)
	このまえ(この前)	ぜんかい(前回)
	このつぎ(この次)	じかい(次回)
	そのひ(その日)	とうじつ(当日)
	さっき(先)	さきほど(先ほど)
	すぐに	ただいま/しきゅう(至急)/さっそく
	これから	こんご(今後)
	こんかい(今回)/こんど(今度)	このたび(この度)
	こっち	こちら
	そっち	そちら
	あっち	あちら
	どっち	どちら
	どう	いかが
	どこ	どちら
	どれ	どちら
	こんな(そんな)	このような(そのような)
대명사와 부사	どんな	どのような
	わたしたち	わたしども
	うちのかいしゃ(会社)	へいしゃ(弊社)
	あなたのかいしゃ(会社)	きしゃ(貴社)/おんしゃ(御社)
	だれ	どなた・どちらさま
	ちょっと/すこし(少し)	しょうしょう(少々)
	とても	たいへん(大変)/ひじょうに(非常に)
	ほんとうに(本当に)	まことに(誠に)
	〜ぐらい	〜ほど

일상 표현	いいですか。	よろしいでしょうか。
	すみません。	申し訳ありません。 恐れ入ります。 恐縮です。
	どうですか。	いかがですか。
	わかりました。	かしこまりました。 承りました。
	〜です。	〜でございます。
	〜ではありません。	〜ではございません。
	〜と思います。	〜と存じます。
	よければ〜	よろしければ〜
	〜ています。	〜ております。
	やめてください	ご遠慮願います。

03 일본 비즈니스 예절과 매너

01 **차를 마실 때는 '茶道', 명함을 주고받을 때는 '명함道'?**

루이 14세 때부터 명함을 사용하여 명함의 원조 국가라 불리는 프랑스를 제치고 일본은 세계에서 명함을 가장 애용하는 나라가 되었습니다. 이렇게 일본에서의 명함은 각별한 의미를 갖는데요. 명함을 주고받을 때 지켜야 하는 매너에 대해 알아볼까요?

❶ 선 상태로 인사를 한다.

❷ 기본적으로 방문자가 먼저 회사와 자신의 이름을 말하면서 명함을 건넨다.

❸ 방문한 곳의 직함이 높은 사람에게 먼저 명함을 건넨다.

❹ 상대방 입장에서 똑바로 읽을 수 있도록 명함의 방향을 바꾸어 들고, 이름 등의 주요 내용을 가리지 않도록 주의한다.

❺ 받는 쪽에서도 두 손으로 받는다.

❻ 명함을 받은 사람 쪽에서 같은 방법으로 명함을 건넨다. 이 때 상대방이 내민 명함의 높이보다 낮은 위치에서 명함을 건넨다.

❼ 명함을 받은 사람은 상대방의 이름과 직책을 확인하고, 직책의 경중에 따라 반응 정도에 차이를 두는 것도 좋다.

❽ 자리에 앉은 후에는 명함을 테이블 위에 포개지 말고, 옆으로 나열해 둔 상태로 미팅을 시작하며, 미팅이 끝날 때까지 명함케이스에 넣지 않는다.

❾ 명함에 뭔가를 적거나 받은 명함의 모서리를 접거나 해서는 안 된다.

02 손님은 왕이다! 극진히 모셔라!

손님을 맞이하는 입장에서 가장 유념해야 하는 것은 '상석'과 '하석'의 구별입니다. 너무 어렵게 생각하지 말고, 그 방에서 가장 편안한 곳이 어디인지를 생각하면 그곳이 바로 상석입니다. 기준이 되는 것은 역시 출입구의 위치가 되겠죠? 출입구에서 멀수록, 창문으로 들어오는 햇빛이 적절한 곳일수록 상석이 됩니다.

■ 회의실에서의 상석과 하석

■ 테이블의 모양에 따른 상석과 하석

■ 자동차와 열차, 엘리베이터에서의 상석과 하석

■ 음식점에서의 상석과 하석

04 비즈니스 이메일과 팩스

01 **팩스 보낼 때 유의할 점**

일본에서는 아직도 팩스를 많이 사용하고 있는데요. 팩스를 송신할 때의 유의점에 대해 알아볼까요?

❶ 팩스는 누가 맨 처음 보게 될지 알 수 없으므로 누가 보더라도 곤란하지 않은 내용인지 확인한다.

❷ 송신 매수는 10장 전후로 한다.

❸ 결론을 먼저 쓰고 이유나 설명은 나중에 쓴다.

❹ 너무 작은 글씨라면 확대 복사한 후에 송신한다.

❺ 반드시 송신장을 붙여서 전송한다. 송신장에는 팩스를 받는 상대방의 이름, 회사명, 부서와 송신번호, 송신매수, 발신인, 발신인의 전화번호와 팩스번호, 용건, 연락사항 등을 적는다.

팩스를 받은 쪽에서는 받은 문서의 매수를 확인하고 내용을 제대로 읽을 수 있는지 등에 대해 팩스를 보낸 상대에게 연락해 주는 것이 좋습니다.

02 **이메일 포맷**

실제로 이메일을 어떻게 작성하는지 그 실례를 알아봅시다. 여기서는 간단한 포맷을 확인하고, 구체적 내용은 본문에서 공부하겠습니다.

To	sato@bbbb.co.jp
件名	第2回打ち合わせのご案内 (건명 : 제2회 회의 안내)
添付	打ち合わせの日程.doc (첨부 : 회의 일정.doc)

佐藤様 (사토 씨)

いつもおせわになっております。 (안녕하세요)

さくら商事の吉富です。 (사쿠라 상사의 요시토미입니다)

来週の打ち合わせにつきましては、下記のとおりです。

(다음 주 회의는 아래와 같습니다)

記

1 日時 ： △月△日 (水) 午前9時 (일시 : △월 △일(수) 오전 9시)

2 場所 ： 御社の会議室 (장소 : 귀사 회의실)

以上よろしくお願いいたします。 (이상, 잘 부탁드립니다)

会社名、部署名_ さくら商事営業部 (회사명, 부서명_사쿠라 상사 영업부)

氏名_ 吉富太郎 (이름_요시토미 타로)

電話番号_ 090-9999-0000 (전화번호_090-9999-0000)

E-mail_ yositomi@yyy.co.jp

Part 01

비즈니스 기본
의사소통 패턴

우리가 잘 아는 속담 중에 '말 한마디로 천 냥 빚을 갚는다'는 말이 있습니다. 이 속담을 비즈니스에 적용시켜 보면, 상대방의 마음을 이해하고 나를 이해시키는 과정을 통해서 원하는 비즈니스 목표를 달성한다는 말이 됩니다. 결국 자신의 생각이나 감정을 정확히 전달하고, 현재 자신이 처한 상황을 알기 쉽게 설명하는 능력이 중요하겠죠. 그래야만 상대방의 기분을 상하지 않게 어려운 부탁도 할 수 있고 때로는 단호하게 거절할 수도 있거든요. 이 파트에서는 상황에 맞게 자신을 표현하는 의사소통 패턴을 익히고 활용하는 연습을 하겠습니다.

Unit 01 생각&상황 표현 패턴

Unit 02 부탁&허락 패턴

Unit 03 감정 표현 패턴

Unit 04 거절&보류 패턴

Unit 01
생각&상황 표현 패턴

🔍 패턴 미리보기

001	私の考えでは〜	제 생각으로는 〜	의견 말하기
002	個人的には〜	개인적으로는 〜	모나지 않게 말하기
003	〜たいと思います。	〜하면 좋겠어요.	희망사항 말하기
004	〜ような気がします。	〜인(한) 것 같습니다.	조심스럽게 말하기
005	〜かもしれません。	〜일지도 모릅니다.	추측하기
006	〜と思われます。	〜(이)라고 생각됩니다.	겸손하게 말하기
007	と申しますのも〜	왜냐하면 〜	이유 말하기
008	私が申し上げたいのは〜	제가 말씀드리고 싶은 것은 〜	강조하기
009	〜た(だ)はずです。	〜했을 텐데요(틀림없이 〜했는데요).	확신하기
010	〜た(だ)つもりでしたが。	〜했다고 생각했는데…….	변명하기
011	喜んで〜	기꺼이 〜	적극성 어필하기

私の考えでは〜

제 생각으로는 ~

🎧 001.MP3

자신의 의견이나 생각을 정리해서 표현하는 패턴입니다. 〜だと思う와 같이 쓰면 좀 더 부드러운 표현이 됩니다.

STEP 1

1 私の考えでは、**このままではだめです。**

2 私の考えでは、**見込みがあります。**

3 私の考えでは、**今がチャンスです。**

4 私の考えでは、**もう一度見直さなければなりません。**

5 私の考えでは、**広告費を減らす必要があります。**

1 제 생각으로는 이대로는 안 됩니다.

2 제 생각으로는 가능성이 있습니다.

3 제 생각으로는 지금이 기회입니다.

4 제 생각으로는 한 번 더 재고해야 합니다.

5 제 생각으로는 광고비를 줄일 필요가 있습니다.

STEP 2

1 A 제 생각으로는 일본어로 일을 하는 것은 매우 중요합니다.
  B それもそうですね。とくに日本の場合は。
  A そこで、毎朝日本語学校に通っています。
  B パクさん、すごいですね。

2 A 取引先からクレームの電話がありました。
  B 何についてでしょうか。
  A 納品したものから異臭がしたそうです。
  B 제 생각으로는 생산 라인에 연락하는 편이 좋을 것 같은데요.

TIPS

자신의 의견이나 느낌을 표현하는 패턴을 알아볼까요?

1. 私はA案がいいと思います。
   (저는 A안이 좋다고 생각해요)
2. 私の意見は少し違います。
   (제 의견은 조금 다릅니다)
3. 印象としてはよくある事ですね。
   (흔히 있는 일이라는 생각이 드네요)

1 A 私の考えでは、日本語で仕事をするのはとても大事です。
  B 일리가 있네요. 특히 일본의 경우에는.
  A 그래서 매일 아침 일본어 학원에 다니고 있어요.
  B 박○○ 씨, 대단하네요.

2 A 거래처로부터 클레임 전화가 걸려 왔어요.
  B 무엇에 대해서죠?
  A 납품한 물건에서 이상한 냄새가 났다고 합니다.
  B 私の考えでは、生産ラインに連絡したほうがいいと思いますが。

見込(みこ)み 장래성, 희망
見直(みなお)す 재고하다
広告費(こうこくひ) 광고비
減(へ)らす 줄이다
大事(だいじ) 중요
場合(ばあい) 경우
通(かよ)う 다니다
取引先(とりひきさき) 거래처
クレーム 클레임, 불만
異臭(いしゅう) 이상한 냄새
意見(いけん) 의견
印象(いんしょう) 인상

個人的には～

개인적으로는 ～

어디까지나 개인적인 느낌임을 강조함으로써 모나지 않게 자신의 의견을 피력하는 패턴입니다.

🎧 002.MP3

STEP 1

1 個人的には、**賛成です。**

2 個人的には、**すごくよかったです。**

3 個人的には、**間違いだったと思いません。**

4 個人的には、**非常に残念に思います。**

5 個人的には、**検討する価値があると思います。**

1 개인적으로는 찬성입니다.

2 개인적으로는 굉장히 좋았습니다.

3 개인적으로는 틀렸다고 생각하지 않습니다.

4 개인적으로는 상당히 유감스럽게 생각합니다.

5 개인적으로는 검토할 가치가 있다고 생각합니다.

STEP 2

1 A 개인적으로는 신제품 개발에 눈을 돌려야 한다고 생각하는데요.
  B 今年は多分むずかしいでしょう。
  A 予算の問題ですか。
  B やはりそれが一番大きいです。

2 A 週休二日制を取り入れるらしいです。
  B 本当ですか。
  A もっと早く取り入れるべきだったのに。
  B 개인적으로는 반대지만 말이에요. その分、残業が増えますから。

1 A 個人的には、新製品の開発に目を向けるべきだと思いますが。
  B 올해는 아마 힘들겠죠.
  A 예산 문제인가요?
  B 역시 그것이 가장 큽니다.

2 A 주 5일제를 도입하는 것 같던데요.
  B 정말이에요?
  A 좀 더 일찍 도입했어야 하는데…….
  B 個人的には反対ですけどね。
    그만큼 잔업이 늘잖아요.

TIPS

일본 노동법에서는 週休二日制와 完全週休二日制를 구별하고 있습니다. 우리말의 '주 5일제'는 사실 完全週休二日制에 해당됩니다. 한 주에 이틀을 쉰다는 의미니까요. 하지만 일본의 週休二日制는 주 2회 쉬는 주가 한 달에 1주 이상이면 된다고 하네요.

個人的(こじんてき) 개인적
賛成(さんせい) 찬성
非常(ひじょう)**に** 상당히
検討(けんとう) 검토
開発(かいはつ) 개발
目(め)**を向**(む)**ける** 눈을 돌리다
予算(よさん) 예산
週休二日制(しゅうきゅうふつかせい) 주 5일제
取(と)**り入**(い)**れる** 도입하다
～べきだ ～해야 한다
増(ふ)**える** 늘다
完全(かんぜん) 완전

35

〜たいと思います。

〜하면 좋겠어요.

자신의 희망사항을 표현하는 패턴입니다. たい 앞에는 동사의 ます형이 옵니다.

🎧 003.MP3

STEP 1

1 一つご提案したいと思いますが。

2 一言言わせていただきたいと思います。

3 結果についてご報告したいと思います。

4 この問題にさっそく取り組みたいと思います。

5 折り入ってご相談したいと思うことがありまして。

1 한 가지 제안드리고 싶습니다.

2 한 말씀드리고 싶습니다.

3 결과에 대해서 보고드리고 싶습니다.

4 이 문제에 바로 착수하고 싶습니다.

5 긴히 상의드리고 싶은 것이 있어서요.

STEP 2

1 A ホームページのデザインはどうしましょうか。
　　B デザインは알아서 해 주셨으면 좋겠는데요.
　　A もしご希望がありましたら、遠慮なくおっしゃってください。
　　B でしたら、他のものと相談してみますね。

2 A キムさんは今回の社内コンペに参加しますか。
　　B 네, 꼭 참가하고 싶어요.
　　A キムさんはアイデアマンですから、きっといい企画が出せると思うよ。
　　B ありがとうございます。がんばります。

1 A 홈페이지 디자인은 어떻게 할까요?
　　B 디자인은 알아서 해 주셨으면 좋겠는데요.
　　A 혹시 희망사항이 있으시면 사양 말고 말씀해 주세요.
　　B 그럼, 다른 사람과 상의해 볼게요.

2 A 김○○ 씨는 이번 사내 공모에 참가해요?
　　B 네, 꼭 참가하고 싶어요.
　　A 김○○ 씨는 아이디어 뱅크니까 꼭 좋은 기획을 낼 수 있을 거예요.
　　B 감사합니다. 열심히 하겠습니다.

一言(ひとこと) 한 마디
報告(ほうこく) 보고
取(と)**り組**(く)**む** 착수하다
折(お)**り入**(い)**って** 긴히
任(まか)**せる** 맡기다
希望(きぼう) 희망
遠慮(えんりょ) 사양
コンペ 시합, 공모전
参加(さんか) 참가
企画(きかく) 기획

～ような気がします。

～인(한) 것 같습니다.

🎧 004.MP3

느낌이나 감상을 조심스럽게 표현하는 패턴입니다. 발언에 자신이 없거나 단정적으로 말하기 힘든 상황에서 주로 사용합니다. 애매하게 말하는 일본어의 특성이 잘 드러나 있죠?

STEP 1

1 あまり変わらないような気がします。

2 もう他に方法はないような気がします。

3 対応が適切でないような気がします。

4 その意見は時代遅れのような気がします。

5 品質にすこし問題があるような気がします。

1 별로 달라지지 않은 것 같습니다.

2 이제 달리 방법이 없는 것 같습니다.

3 대응이 적절치 않은 것 같습니다.

4 그 의견은 시대착오적인 것 같습니다.

5 품질에 다소 문제가 있는 것 같습니다.

STEP 2

1 **A** この春、テレビCMに出す口紅の色ですが、この赤はいかがでしょう。

　　B 저, 조금 빨강이 너무 센 것 같은데요.

　　A そうですか。30代の女性には抵抗があるでしょうか。

　　B ピンクをメインに出すのはどうですか。春にも合いますし。

2 **A** 新商品の発表会のことですが。

　　B どこでやりますか。

　　A 一流のホテルでやりたいと思いますが、どうですか。

　　B 그보다는 이벤트 장소가 좋을 것 같은데요.

---

1 **A** 올봄에 TV CM에 내보낼 립스틱 색깔 말인데요, 이 빨강은 어떨까요?

　　B あのう、すこし赤みが勝ちすぎているような気がします。

　　A 그런가요? 30대 여성에게는 부담스러울까요?

　　B 핑크를 메인으로 내는 것은 어떨까요? 봄에도 어울리고.

2 **A** 신상품 발표회 말인데요.

　　B 어디서 합니까?

　　A 일류 호텔에서 하고 싶은데, 어떨까요?

　　B それよりはイベント会場のほうがいいような気がしますが。

TIPS

Q ～ようだ의 접속에 대해서 가르쳐 주세요.

A 명사, 형용사, 동사의 보통체에 접속합니다. 단, 명사와 な형용사의 현재 긍정은, '명사+のようだ'(ex. 学生のようだ), 'な형용사의 어간+なようだ'(ex. 大切なようだ)와 같이 활용됩니다.

예 学生だったようだ。まじめじゃなかったようだ。かたいようだ。行ったようだ。

対応(たいおう) 대응
適切(てきせつ) 적절
時代遅(じだいおく)れ 시대에 뒤떨어짐
品質(ひんしつ) 품질
口紅(くちべに) 립스틱
赤(あか)み 붉은 정도
抵抗(ていこう) 저항(감)
発表会(はっぴょうかい) 발표회
一流(いちりゅう) 일류
会場(かいじょう) 회장, 행사장

～かもしれません。

～일지도 모릅니다.

비즈니스 회화에서 단정적으로 말하는 것은 리스크가 따릅니다. 확신이 있더라도 경우에 따라서는 이 패턴을 활용하여 추측의 형태로 말하는 것이 좋습니다. 자신의 생각이 틀릴 수도 있으니까요.

🎧 005.MP3

STEP 1

1 その通りかもしれません。

2 もう使えないかもしれません。

3 リスクが高いかもしれません。

4 思ったより簡単かもしれません。

5 今日はすこし遅れるかもしれません。

1 그 말씀이 맞을지도 모릅니다.

2 이제 사용할 수 없을지도 모릅니다.

3 리스크가 클지도 모릅니다.

4 생각보다 간단할지도 모릅니다.

5 오늘은 조금 늦을지도 모릅니다.

STEP 2

1 **A** 고객이 오실지도 몰라서요, (회의) 도중에 빠져도 될까요?

B はい、かまいません。

A それから、いらっしゃったら、第2会議室を使ってもいいでしょうか。

B ええ、いいですよ。

2 **A** 어려울지도 모르지만, 시험에 응시해 보려고 합니다.

B イさんならきっと受かりますよ。応援します。

A ありがとうございます。

B もし受かったら、課長ですね。

1 **A** クライアントがいらっしゃるかもしれませんので、途中で抜けてもいいでしょうか。

B 네, 상관없습니다.

A 그리고 오시면, 제2 회의실을 써도 될까요?

B 네, 그러세요.

2 **A** 難しいかもしれませんが、試験を受けてみようかと思っています。

B 이○○ 씨라면 꼭 붙을 거예요. 응원할게요.

A 감사합니다.

B 시험에 통과하면 과장님이네요.

その通(とお)り 그대로
簡単(かんたん) 간단
クライアント 고객
抜(ぬ)ける 빠지다
かまわない 상관없다
試験(しけん)を受(う)ける 시험을 보다
受(う)かる (시험에) 붙다
応援(おうえん) 응원

～と思われます。

～(이)라고 생각됩니다.

겸손하게 말하기

자신의 의견이나 주장을 겸손하게 표현하는 패턴입니다. 일본에서는 자신의 생각에 대해 99%의 확신이 있더라도 이 패턴을 많이 사용하는데요. 여러 가지 상황을 고려한 객관적인 의견이라는 인상을 줍니다.

🎧 006.MP3

STEP 1

❶ 言うまでもないと思われます。

❷ 不十分だと思われます。

❸ かなり大規模なものになると思われます。

❹ その絵はピカソが描いたものと思われます。

❺ 方法は他にもいくつかあると思われます。

❶ 말할 필요도 없다고 생각됩니다.

❷ 불충분하다고 생각됩니다.

❸ 상당히 대규모적인 일이 되리라 생각됩니다.

❹ 그 그림은 피카소가 그린 것으로 생각됩니다.

❺ 방법은 그 밖에도 몇 가지 있다고 생각됩니다.

STEP 2

❶ A 事業を広げるという話があるのだが。
　B 噂は聞きました。
　A パク課長の考えはどう？
　B もっと慎重にする必要があると思われます。

❷ A 注文がキャンセルされたというのは本当ですか。
　B そうなんです。さきほど、お電話で。
　A 何が問題だったんですか。
　B 誤解があったものと思われます。

❶ A 사업을 확장한다는 이야기가 있는데.
　B 소문은 들었습니다.
　A 박 과장 생각은 어때?
　B もっと慎重になる必要があると思われます。

❷ A 주문이 취소되었다는 게 사실입니까?
　B 그래요. 좀 전에 전화로.
　A 무엇이 문제였던 거죠?
　B 誤解があったものと思われます。

TIPS

思える vs 思われる

일반적으로 思える는 자신이 생각한 일에 쓰고, 思われる는 남들도 그렇게 생각할 것이라는 인식 하에 자신이 생각한 것을 말할 때 씁니다. 따라서 思える는 주로 개인적인 일을, 思われる는 보나 일반적인 일에 대해 발할 때 사용하는 경향이 있습니다.

不十分(ふじゅうぶん) 불충분
大規模(だいきぼ) 대규모
いくつ 몇 개
事業(じぎょう) 사업
噂(うわさ) 소문
慎重(しんちょう) 신중
注文(ちゅうもん) 주문
誤解(ごかい) 오해
思(おも)える 생각되다
思(おも)われる 생각되다

39

と申しますのも～

왜냐하면 ～

앞서 말한 내용에 대해 이유나 근거를 제시하는 패턴입니다. 문장 끝에 ～からです, ～た めです, ので 등을 동반하는 경우가 많습니다. 이렇게 결과를 먼저 말하고 이유를 나중에 제시하는 표현은 상대방에게 강한 인상과 신뢰를 줄 수 있기 때문에 비즈니스 회화에서 자주 사용됩니다.

🎧 007.MP3

STEP 1

1 と申しますのも、**資金が足りなくなったからです。**

2 と申しますのも、**会議が長引いてしまいました。**

3 と申しますのも、**最高の材料を使っていますので。**

4 と申しますのも、みかんがとれすぎて、**値段が安くなったためです。**

5 と申しますのも、スマホで買い物をする人が多くなりましたから。

1 왜냐하면 자금이 부족해졌기 때문입니다.

2 왜냐하면 회의가 길어지고 말았습니다.

3 왜냐하면 최고의 재료를 사용하고 있기 때문이죠.

4 왜냐하면 귤이 풍작이어서 가격이 싸졌기 때문입니다.

5 왜냐하면 스마트폰으로 쇼핑을 하는 사람 이 많아졌으니까요.

STEP 2

1 A サンプルがまだですが。
   B もうとっくに届いているはずですが、おかしいですね。
   A 途中で無くなってしまったのでしょうか。
   B 大丈夫です。왜냐하면 보험에 들어 있거든요.

2 A 御社が販売しているソフトウェアに興味があります。
   B ありがとうございます。
   A ハッキングの心配はないでしょうか。
   B もちろんございません。왜냐하면 암호화된 비밀번호를 사용하고 있거든요.

1 A 샘플이 아직인데요.
   B 벌써 도착하고도 남을 텐데, 이상하네요.
   A 도중에 분실된 걸까요?
   B 괜찮습니다. と申しますのも、보험에 들어 있으니까요.

2 A 귀사가 판매하고 있는 소프트웨어에 관심이 있습니다.
   B 감사합니다.
   A 해킹 당할 걱정은 없나요?
   B 물론 없습니다. と申しますのも、暗号化 된 パスワードを使っていますので。

T I P S

なぜならら というのも 이유를 제시하 는 패턴으로 자주 사용됩니다.

📝 なぜなら一つ一つ設定が違います ので。(왜냐하면 하나하나 설정이 달라 서요)
   というのもデータを読み込む速度 が早いんです。(왜냐하면 데이터를 읽어 들이는 속도가 빠르거든요)

申(もう)す 言う의 겸양
資金(しきん) 자금
長引(ながび)く 지연되다
材料(ざいりょう) 재료
届(とど)く 도착하다
途中(とちゅう) 도중
保険(ほけん)に入(はい)る 보험에 들다
販売(はんばい) 판매
興味(きょうみ) 관심, 흥미
暗号化(あんごうか) 암호화
設定(せってい) 설정
速度(そくど) 속도

私が申し上げたいのは～

제가 말씀드리고 싶은 것은 ～

이야기의 논점을 확실히 하는 패턴입니다. 특히 상대방이 이야기의 핵심을 제대로 이해하지 못하거나 의견을 강조할 때 효과적입니다.

🎧 008.MP3

STEP 1

1 私が申し上げたいのは、そういうことです。

2 私が申し上げたいのは、このままではだめだということです。

3 私が申し上げたいのは、販売ルートの拡大です。

4 私が申し上げたいのは、フェイスブックやツイッターの利用です。

5 私が申し上げたいのは、今の予算では無理だということです。

1 제가 말씀드리고 싶은 것은 바로 그것입니다.

2 제가 말씀드리고 싶은 것은 이대로는 안 된다는 것입니다.

3 제가 말씀드리고 싶은 것은 판매 루트의 확대입니다.

4 제가 말씀드리고 싶은 것은 페이스북이나 트위터의 이용입니다.

5 제가 말씀드리고 싶은 것은 지금의 예산으로는 무리라는 것입니다.

STEP 2

1 A 最近、注文がめっきり減りました。
B どこも不景気ですから、しかたありませんよ。
A 제가 말씀드리고 싶은 것은 가격을 내려야 한다는 것입니다.
B それは無理です。

2 A 消費税が上がるのは問題ですね。
B 国もピンチですからね。
A 제가 말씀드리고 싶은 것은 소비세가 인상되면 물건을 사지 않게 된다는 것입니다.
B 結局、国のためにならないということですね。

1 A 요즘 주문이 부쩍 줄었습니다.
B 어디나 불경기니까 어쩔 수 없죠.
A 私が申し上げたいのは、価格を落とさないといけないということです。
B 그건 무립니다.

2 A 소비세가 인상되는 것은 문제네요.
B 국가도 위기니까요.
A 私が申し上げたいのは、消費税が上がると、ものを買わなくなるということです。
B 결국 국가에 도움이 안 되는 말씀이시군요.

T I P S

일본의 소비세율이 2014년 4월 1일, 5%에서 8%로 인상되었습니다. 아베 정권이 국가의 균형재정을 달성한다는 목표 하에 1997년 이후 17년 만에 시행한 결단이었습니다. 또한 2015년 10월 1일부터는 10%로 인상될 예정입니다. 소비세 인상으로 국가의 세수는 늘어나겠지만 그만큼 소비가 줄어 경제 회복세에 찬물을 끼얹을 수 있다는 우려가 제기되고 있습니다.

申(もう)し上(あ)げる 말씀드리다
販売(はんばい) 판매
拡大(かくだい) 확대
利用(りよう) 이용
減(へ)る 줄다
不景気(ふけいき) 불경기
消費税(しょうひぜい) 소비세
ピンチ 위기
ためになる 유익하다

〜た(だ)はずです。

〜했을 텐데요(틀림없이 〜했는데요).

🎧 009.MP3

はず는 원래 아직 일어나지 않은 일을 추측하거나 판단할 때 쓰는 명사인데요. 이 はず 앞에 과거형을 써서 과거 사실에 대해 확신을 가지고 말하는 패턴이 됩니다.

STEP 1

1 たしか、引退したはずです。

2 2台買い求めたはずです。

3 この前、申し上げたはずです。

4 レイアウト作業は終わったはずです。

5 今週までに振り込むとおっしゃったはずです。

1 아마 은퇴했을 텐데요.

2 2대 구입했을 텐데요.

3 요전에 틀림없이 말씀드렸는데요.

4 레이아웃 작업은 끝났을 텐데요.

5 이번 주까지 입금한다고 틀림없이 말씀하셨는데요.

STEP 2

1 A 日本商事から連絡はありませんでしたか。

　　B 좀 전에 전화가 왔을 텐데요. 책상 위에 메모 없나요?

　　A どれどれ、あ、ありました。

　　B 今日の午後、いらっしゃるそうです。

2 A 製品は届きましたが、説明書が入っていません。

　　B えっ、ありませんか。 틀림없이 넣었는데요.

　　A それが……、ないです。

　　B 申し訳ございません。明日必ず送ります。

1 A 일본상사로부터 연락은 없었나요?

　　B 先ほど電話があったはずですが。机の上にメモありませんか。

　　　　어디어디, 아, 있네요.

　　B 오늘 오후에 오신다고 합니다.

2 A 제품은 왔는데요, 설명서가 들어 있지 않습니다.

　　B 네? 없나요? 入れたはずですが。

　　A 그게……. 없네요.

　　B 죄송합니다. 내일 꼭 보내 드리겠습니다.

TIPS

〜はずでしたが는 '〜할 예정이었는데 (결국 이루어지지 못했다)'는 뉘앙스의 패턴입니다.

1. 商品を今日送るはずでしたが。
　(상품을 오늘 보낼 예정이었는데요)

2. 今日、出張から戻るはずでしたが。
　(오늘 출장에서 돌아올 예정이었는데요)

引退(いんたい) 은퇴
買(か)い求(もと)める 구입하다
作業(さぎょう) 작업
おっしゃる 말씀하시다
商事(しょうじ) 상사
どれどれ 어디어디
いらっしゃる 오시다
製品(せいひん) 제품
説明書(せつめいしょ) 설명서
必(かなら)ず 반드시
出張(しゅっちょう) 출장

～た(だ)つもりでしたが。

～했다고 생각했는데…….

🎧 010.MP3

정신없이 업무에 쫓기다 보면 어떤 일을 했다고 착각하는 경우가 있는데요. 이처럼 자신을 변호하여 상황을 설명해야 할 때 필요한 패턴입니다.

STEP 1

❶ カバンに入れたつもりでしたが。(なかった)

❷ 気をつけたつもりでしたが。(取引先を怒らせてしまった)

❸ メールに返信したつもりでしたが。(していなかった)

❹ この問題はわかっていたつもりでしたが。(そうじゃなかった)

❺ あらゆる手をつくしたつもりでしたが。(他の方法があった)

❶ 가방에 넣었다고 생각했는데…….
(없었다)

❷ 조심한다고 했는데…….
(거래처를 화나게 했다)

❸ 메일에 답장을 했다고 생각했는데…….
(안 했다)

❹ 이 문제는 알고 있다고 생각했는데…….
(그렇지 않았다)

❺ 모든 수단을 동원했다고 생각했는데…….
(다른 방법이 있었다)

STEP 2

❶ A 先方に契約書のコピー、送りましたか。
　 B はい、ファックスで送りました。
　 A 先方は来ていないと言っていますけど。
　 B あ、申し訳ありません。보냈다고 생각했는데 (아닌가 보네요).

❷ A 韓日貿易との契約はとれましたか。
　 B それがですね。だめでした。
　 A どうして？ うまくいっていましたよね。
　 B 거래까지 잘 끌고 갔다고 생각했는데…….

❶ A 저쪽에 계약서 사본 보냈어요?
　 B 네, 팩스로 보냈습니다.
　 A 저쪽에서는 안 왔다고 하는데요.
　 B 아, 죄송합니다. 送ったつもりでしたが。

❷ A 한일무역과의 계약은 성사되었나요?
　 B 그게 말이죠. 실패했어요.
　 A 왜요? 잘돼 가고 있었잖아요.
　 B 取引までうまく持っていったつもりで
　　 したが。

TIPS

つもりは 다음과 같이 다양하게 활용됩니다.

1. 彼女と会うつもりですか。
(그녀와 만날 생각인가요?)
2. 死んだつもりで働きます。
(죽은 셈치고 일하겠습니다)
3. 行くつもりでしたが、忘れました。(갈 생각이었는데 깜박했어요)

つもり 생각
返信(へんしん) (메일의) 답장
手(て)をつくす 손을 쓰다
先方(せんぽう) 상대편
契約書(けいやくしょ) 계약서
貿易(ぼうえき) 무역
取引(とりひき) 거래
うまく 잘, 훌륭히
忘(わす)れる 잊다

PATTERN 011

적극성 어필하기

喜んで〜

기꺼이 ~

의욕을 적극적으로 어필하는 패턴입니다. 비즈니스 세계에서는 적극적인 사람이 호감을 얻습니다. 어차피 해야 할 일이라면 기분 좋게 하는 것이 좋겠죠?

🎧 011.MP3

STEP 1

1 喜んで**お知らせします。**

2 **もちろん、**喜んで**やります。**

3 **はい、**喜んで**お引き受けします。**

4 喜んで**参加させていただきます。**

5 喜んで**準備させていただきます。**

1 기꺼이 알려 드리겠습니다.

2 물론, 기꺼이 하겠습니다.

3 네, 기꺼이 맡겠습니다.

4 기꺼이 참석하겠습니다.

5 기꺼이 준비하겠습니다.

STEP 2

1 **A** スカイ貿易の社長さんとゴルフに行くんだけど。

B そうですか。お供しましょうか。

A いいの？ 悪いなあ。

B 기꺼이 함께 가겠습니다.

2 **A** 川原さん、発注のことでご相談があるんですが。

B あ、そうですか。では、今日の午後、伺いましょうか。

A よろしいですか。お忙しいのにすみません。

B とんでもないです。기꺼이 찾아뵙겠습니다.

T I P S

일본 사람들조차도 자주 실수하는 경어를 정리해 볼까요?

1. とんでもございません。(×)
   ◑ とんでもないです。
     とんでもありません。
2. 田中さんでございますか。(×)
   ◑ 田中さんでいらっしゃいますか。
3. 佐藤部長にお伝えしておきます。(×)
   ◑ 佐藤に申し伝えます。

---

1 **A** 스카이무역의 사장님과 골프 치러 가는데 말이야.

B 그래요? 저도 갈까요?

A 그래 주겠어? 미안하군.

B 喜んでご一緒させていただきます.

2 **A** 가와하라 씨, 발주 일로 상의드릴 것이 있는데요.

B 아, 그래요? 그럼, 오늘 오후 찾아뵐까요?

A 괜찮으시겠어요? 바쁘신데 죄송해요.

B 무슨 말씀이세요, 喜んでお伺いします.

知(し)らせる 알리다

引(ひ)き受(う)ける 맡다

貿易(ぼうえき) 무역

お供(とも) 함께 함

一緒(いっしょ) 함께 함

発注(はっちゅう) 발주

伺(うかが)う 찾아뵙다

とんでもない 당치도 않다

〜でいらっしゃる 〜이시다

申(もう)し伝(つた)える (중간에서 말을) 전하다

44

Unit 02
부탁&허락 패턴

🔍 **패턴 미리보기**

012　～をお願いできますか。　～을(를) 부탁드려도 될까요?　　　　　일반적인 부탁하기

013　～を手伝ってもらえますか。　～을(를) 도와줄래요?　　　　　업무 도움 청하기

014　～て(で)くださいませんか。　～해 주지 않을래요?　　　　　정중하게 부탁하기

015　～て(で)いただけませんか。　～해 주실 수 없을까요?　　　　　어려운 부탁하기

016　～て(で)いただきたいんですが。　～해 주셨으면 하는데요.　　　　　간절히 부탁하기

017　～(さ)せてください。　～(하)게 해 주세요.　　　　　강하게 요청하기

018　～(さ)せていただけませんか。　～(해)도 되겠습니까?　　　　　허락 받기

〜をお願いできますか。

〜을(를) 부탁드려도 될까요?

🎧 012.MP3

일반적으로 가장 많이 쓰는 부탁 패턴입니다. 이것은 상대가 부탁을 들어줄 수 있는 상황인지 아닌지를 물어보는 패턴이므로 상대방에게 큰 부담을 주지 않으며, 다양한 상황에서 쓸 수 있습니다.

STEP 1

1️⃣ ハンコをお願いできますか。

2️⃣ アンケートをお願いできますか。

3️⃣ 翻訳をお願いできますか。

4️⃣ 片付けをお願いできますか。

5️⃣ イベントの司会をお願いできますか。

1️⃣ 도장을 부탁드려도 될까요?

2️⃣ 설문조사를 부탁드려도 될까요?

3️⃣ 번역을 부탁드려도 될까요?

4️⃣ 정리를 부탁드려도 될까요?

5️⃣ 이벤트 사회를 부탁드려도 될까요?

STEP 2

1️⃣ A 과장님, 이거, 프레젠테이션 자료인데요, 체크를 부탁드려도 될까요?
　 B 先月の営業データも入っていますか。
　 A はい、もちろんです。
　 B じゃ、見ておきますね。

2️⃣ A 何だか元気ないね。
　 B 実は報告書がうまく書けなくて。
　 A そうか。はじめてだもんね。
　 B 선배님, 조언을 부탁드려도 될까요?

1️⃣ A 課長、これ、プレゼンの資料ですが、チェックをお願いできますか。
　 B 지난달 영업 데이터 들어 있나요?
　 A 네, 물론입니다.
　 B 그럼, 봐 둘게요.

2️⃣ A 왠지 기운이 없어 보이는군.
　 B 실은 보고서가 잘 안 써져서요.
　 A 그렇군. 처음이니까.
　 B 先輩、アドバイスをお願いできますか。

TIPS

비즈니스를 할 때는 상대에 따라 경어의 수준을 조절하는 센스가 필요합니다. 가령 매일 얼굴을 맞대는 상사나 선배에 대해서 かしこまりました나 さようでございます를 사용하면 오히려 위화감이 들 수 있습니다. 반대로 거래처 사원이나 같은 회사의 중역에게는 반드시 사용해야겠죠. 이와 같이 경어의 적절한 수준 조절은 비즈니스의 기본입니다.

翻訳(ほんやく) 번역
片付(かたづ)け 정리
司会(しかい) 사회
プレゼン 프레젠테이션
資料(しりょう) 자료
営業(えいぎょう) 영업
元気(げんき) 기운
報告書(ほうこくしょ) 보고서
先輩(せんぱい) 선배
かしこまりました わかりました의 겸양
さようでございます そうです의 겸양

～を手伝ってもらえますか。

～을(를) 도와줄래요?

🎧 013.MP3

회사 동료나 친한 사이에서 사용되는 부탁 패턴으로, 주로 간단한 업무 작업에 대해 도움을 요청할 때 사용합니다. ～を手伝ってもらっていいですか의 형태로도 활용할 수 있습니다.

STEP 1

1 コピーを手伝ってもらえますか。

2 カギ、探すのを手伝ってもらえますか。

3 資料作りを手伝ってもらえますか。

4 在庫整理を手伝ってもらえますか。

5 書類の片付けを手伝ってもらえますか。

1 복사를 도와줄래요?

2 열쇠 찾는 일을 도와줄래요?

3 자료 만들기를 도와줄래요?

4 재고 정리를 도와줄래요?

5 서류 정리를 도와줄래요?

STEP 2

1 A すみませんが、今お時間ありますか。
B はい、何かお困りですか。
A 会議室にお茶を出す一를 도와줄래요?
B もちろん、いいですよ。

2 A ソンさん、今お忙しいですか。
B それほどでもありません。どうかしましたか。
A 이 영수증에 도장 찍는 일을 도와줄래요?
B 1時間ぐらいならお手伝いしますよ。

1 A 미안한데요, 지금 시간 있어요?
B 네, 뭔가 곤란한 일이라도 있나요?
A 会議室にお茶を出すのを手伝ってもらえますか。
B 물론, 괜찮아요.

2 A 손○○ 씨, 지금 바쁘세요?
B 그렇지도 않아요. 무슨 일 있어요?
A この領収書にハンコ押すのを手伝ってもらえますか。
B 1시간 정도라면 도와 드릴게요.

TIPS
친한 동료나 부하에게 쓰는 부탁 표현을 알아볼까요?
1. ～てほしいんですが
   (해 줬으면 좋겠는데)
2. ～てくれませんか (해 주지 않을래요?)
3. ～てもらえませんか (해 줄 수 없나요?)
4. ～てもらいたいんですが
   (해 줬으면 좋겠는데)
5. ～てもらってもいいですか
   (해 줄 수 있을까요?)

手伝(てつだ)う 돕다
在庫(ざいこ) 재고
整理(せいり) 정리
片付(かたづ)け 정리
困(こま)り 곤란
お茶(ちゃ)を出(だ)す 차를 내다
領収書(りょうしゅうしょ) 영수증
ハンコを押(お)す 도장을 찍다

47

～て(で)くださいませんか。 ~해 주시지 않을래요?

경어의 정도가 너무 높지도 않고 그렇다고 평범하지도 않은 부탁 패턴입니다. いただく가 들어간 표현보다 어렵지 않아서 편하게 사용할 수 있다는 장점이 있습니다.

🎧 014.MP3

STEP 1

1 それを見せてくださいませんか。

2 納期を延ばしてくださいませんか。

3 戻るまで待っていてくださいませんか。

4 資料を回してくださいませんか。

5 もう一度話してくださいませんか。

1 그것을 보여 주시지 않을래요?

2 납기를 연기해 주시지 않을래요?

3 돌아올 때까지 기다려 주시지 않을래요?

4 자료를 나눠 주시지 않을래요?

5 한 번 더 말씀해 주시지 않을래요?

STEP 2

1
A キムさん、ちょっとよろしいですか。
B はい。何でしょう。
A 혹시 고객한테 전화가 오면 대신 받아 주시지 않을래요?
B ええ、いいですよ。

2
A 샘플, 보내 주시지 않을래요?
B 3個入りの5セットをお送りします。
A ありがとうございます。
B では、失礼いたします。

1
A 김○○ 씨, 잠깐 괜찮아요?
B 네. 무슨 일이세요?
A クライアントから電話が来たら、代わりに出てくださいませんか。
B 네, 알겠어요.

2
A サンプル、送ってくださいませんか。
B 3개짜리 5세트를 보내 드리겠습니다.
A 감사합니다.
B 그럼, 이만 끊겠습니다.

TIPS

경어의 정도를 높이려면 부정형으로 만들면 됩니다. 이를테면 ～てください에 ません か를 붙여서 정중한 표현을 만드는 것처럼 말이죠. 그렇다면 ～てもらえますか보다 정중한 표현은? 그렇습니다. ～てもらえませんか가 됩니다. 경어의 정도를 높이는 작은 tip을 꼭 기억해 두세요.

納期(のうき) 납기
延(の)ばす 연기하다
回(まわ)す 돌리다
クライアント 고객
代(か)わりに 대신에
電話(でんわ)に出(で)る (전화를) 받다
～個(こ) ~개
～入(い)りの ~가 들어간

～て(で)いただけませんか。 ~해 주실 수 없을까요?

015.MP3

～てくださいませんかや ～ていただけますかより정중한 부탁 패턴입니다. 다소 어려운 부탁을 하거나 각별히 예의를 갖추고 싶을 때, 또는 업무상 필요하다고 느낄 경우에 주로 사용합니다.

STEP 1

1 荷物を預かっていただけませんか。

2 ファックスで地図を送っていただけませんか。

3 2、3分、時間を割いていただけませんか。

4 報告書に目を通していただけませんか。

5 明日の午前10時に迎えに来ていただけませんか。

1 짐을 맡아 주실 수 없을까요?

2 팩스로 지도를 보내 주실 수 없을까요?

3 2, 3분 시간을 내 주실 수 없을까요?

4 보고서를 훑어봐 주실 수 없을까요?

5 내일 오전 10시에 데리러 와 주실 수 없을까요?

STEP 2

1 A 御社ではキャラクターグッズも扱っているんでしょうか。
   B はい、45種類あります。
   A そうですか。캐릭터 상품의 카탈로그를 보내 주실 수 없을까요?
   B ええ、いいですよ。

2 A 이 가격에서 2% 정도 할인해 주실 수 없을까요?
   B 2％もですか。当社としてもぎりぎりの線でして。
   A どうにかなりませんか。
   B 本当に困ります。

1 A 귀사에서는 캐릭터 상품도 취급하고 있나요?
   B 네, 45종류 있습니다.
   A 그렇습니까? キャラクターグッズのカタログを送っていただけませんか。
   B 네, 알겠습니다.

2 A ここから２％ほど値引きしていただけませんか。
   B 2%나요? 저희로서도 더 이상은 힘들어서요.
   A 어떻게 안 될까요?
   B 정말로 곤란합니다.

預(あず)かる 맡다
割(さ)く 할애하다
迎(むか)える 맞이하다
グッズ 상품
扱(あつか)う 취급하다
種類(しゅるい) 종류
値引(ねび)き 가격 할인
ぎりぎり 빠듯함
線(せん) 선
変更(へんこう) 변경

～て(で)いただきたいんですが。

～해 주셨으면 하는데요.

～ていただく와 ～たい가 만나 간절히 부탁하는 패턴이 되었습니다. 이 패턴은 부탁 내용을 희망사항으로 돌려 표현함으로써 정중함을 더하는 특징이 있습니다.

🎧016.MP3

STEP 1

1 助けていただきたいんですが。

2 気をつけていただきたいんですが。

3 このメールを送っていただきたいんですが。

4 この漢字を直していただきたいんですが。

5 もう一度商品を発送していただきたいんですが。

1 도와주셨으면 하는데요.

2 조심해 주셨으면 하는데요.

3 이 메일을 보내 주셨으면 하는데요.

4 이 한자를 고쳐 주셨으면 하는데요.

5 한 번 더 상품을 발송해 주셨으면 하는데요.

STEP 2

1 A 出張でいらっしゃる方は何名様でしょうか。
　　 B まだ、はっきりわかりません。
　　 A 車両準備も　해야　해서　確認して주셨으면 하는데요.
　　 B では、さっそく確認してみます。

2 A 박○○ 씨, 내일 공모전에서 通訳해 주셨으면 하는데요.
　　 B 一日中ですか。
　　 A 何か予定が入っていますか。
　　 B はい、クライアントが午後いらっしゃるので。

1 A 출장으로 오시는 분은 몇 분이시죠?
　　 B 아직 확실히 모릅니다.
　　 A 차량 준비도 있으므로, 확인해 주셨으면 하는데요.
　　 B 그럼, 바로 확인해 보겠습니다.

2 A 파쿠 씨, 明日のコンペで通訳していただきたいんですが。
　　 B 하루 종일인가요?
　　 A 뭔가 스케줄이 잡혀 있나요?
　　 B 네, 고객이 오후에 오셔서요.

助(たす)ける 돕다
気(き)をつける 조심하다
直(なお)す 고치다
発送(はっそう) 발송
いらっしゃる 오시다
手配(てはい) 준비, 절차
確認(かくにん) 확인
通訳(つうやく) 통역
一日中(いちにちじゅう) 하루 종일
予定(よてい) 예정

～(さ)せてください。

～(하)게 해 주세요.

자신에게 어떤 일을 시켜 달라고 요청하는 패턴입니다. 이 패턴은 자신이 하고 싶다는 적극성을 어필하는 데에도 큰 효과가 있습니다.

🎧 017.MP3

STEP 1

1 すこし休ませてください。

2 言い訳させてください。

3 私に行かせてください。

4 一つ質問させてください。

5 何かお手伝いさせてください。

1 잠시 쉬게 해 주세요.

2 변명하게 해 주세요.

3 제가 가게 해 주세요.

4 한 가지 질문하게 해 주세요.

5 뭔가 도와 드리게 해 주세요.

STEP 2

1 A　20代から30代の女性向けのホームページを作るのはいかがですか。

　　B　いいアイデアですね。

　　A　でも、その前に女性たちの好みなどを調べなくては。

　　B　そうですね。そうしたら 저에게 시켜 주세요.

2 A　イベントが大成功に終わったのは佐藤さんのおかげです。

　　B　いえいえ、イさんのおかげですよ。

　　A　오늘은 제가 한턱내게 해 주세요.

　　B　とんでもないです。今日は私が。

1 A　20대에서 30대 여성을 위한 홈페이지를 만드는 것은 어떨까요?

　　B　좋은 생각이네요.

　　A　하지만 그 전에 여성들의 취향 등을 조사해야 합니다.

　　B　그렇군요. 그러면, 제가 해 볼게요.

2 A　이벤트가 성공적으로 끝난 것은 사토 씨 덕분이에요.

　　B　아니에요, 이○○ 씨 덕분이에요.

　　A　今日は僕にごちそうさせてください。

　　B　무슨 말씀이세요. 오늘은 제가 살게요.

TIPS

手伝いましょうか
vs 手伝わせてください

어려움에 처해 있는 사람에게 어떤 말을 건네는 것이 좋을까요? 手伝いましょうか도 나쁘지 않지만, 커뮤니케이션의 달인이라면 手伝わせてください라고 할 겁니다. 手伝わせてください라는 말에서는 상대를 돕고 싶다는 적극성과 인간적인 따뜻함이 전해지기 때문입니다.

言(い)い訳(わけ) 변명
質問(しつもん) 질문
お手伝(てつだ)いする 도와 드리다
～向(む)けの ~을 위한
好(この)み 취향
調(しら)べる 조사하다
成功(せいこう) 성공
おかげ 덕분
ごちそうする 한턱내다
とんでもない 당찮다

〜(さ)せていただけませんか。

〜(해)도 되겠습니까?

사역형 + 〜ていただく의 가능형에 다시 부정형을 붙여 상대방에게 허락을 구하는 패턴을 만들었습니다. 자신이 하고자 하는 행위의 허가를 상대방에게 일임하는 정중한 표현이죠. 상당히 꼬고 꼰 표현이지만, 의미로 보면 일반 회화에서 자주 쓰는 〜てもいいですか와 같습니다.

018.MP3

STEP 1

① リンクを張らせていただけませんか。

② 発表させていただけませんか。

③ ぜひ取引させていただけませんか。

④ 出張に行かせていただけませんか。

⑤ 今回は辞退させていただけませんか。

① 링크를 걸어도 되겠습니까?

② 발표해도 되겠습니까?

③ 꼭 거래를 해도 되겠습니까?

④ 출장을 가도 되겠습니까?

⑤ 이번에는 사퇴해도 되겠습니까?

STEP 2

① A 今週の金曜日、社長のスケジュールはいかがですか。
　 B スケジュールをチェックさせていただけませんか。
　 A はい、どうぞ。
　 B 金曜日ですと、午後は空いています。

② A 課長、明日は有給休暇を使ってもよろしいですか？
　 B どうかしましたか。
　 A 韓国から母が来ます。
　 B そうですか。久しぶりに親孝行してください。

TIPS

いただく만 나오면 골치가 아프다고요? <동사 원형=동사의 사역형+ていただく>라는 공식을 외워 보세요. 즉 '読む=読ませていただく(읽다)'입니다. 물론 겸양의 정도는 틀리지만 우리말 뜻은 같아요. '行く=行かせていただく(가다)', '食べる=食べさせていただく(먹다)'와 같이 간단하게 도식화하면 훨씬 이해하기 쉬워집니다.

① A 이번 주 금요일, 사장님 스케줄은 어떠신가요?
　 B スケジュールをチェックさせていただけませんか。
　 A 네, 그러시죠.
　 B 금요일이라면 오후에는 비어 있습니다.

② A 課長、明日は有給を取らせていただけませんか。
　 B 무슨 일 있어요?
　 A 한국에서 어머니가 오십니다.
　 B 그래요? 오랜만에 효자 노릇하세요.

リンクを張(は)る 링크를 걸다
発表(はっぴょう) 발표
辞退(じたい) 사퇴
午後(ごご) 오후
空(あ)く 비다
有給(ゆうきゅう)を取(と)る 유급 휴가를 쓰다
親孝行(おやこうこう) 효도

Unit 03
감정 표현 패턴

🔍 패턴 미리보기

019	~て(で)ありがとうございます。	~(해 주셔)서 감사합니다.	일상적인 감사하기
020	~て(で)助かりました。	~(해 주셔)서 큰 도움이 되었습니다.	업무상 도움에 감사하기
021	~に感謝します。	~에(게) 감사드립니다.	정식으로 감사하기
022	~でご迷惑をかけました。	~(으)로 폐를 끼쳤습니다.	폐 끼친 것 사과하기
023	~て(で)失礼しました。	~(으)로 실례가 많았습니다.	결례 사과하기
024	~に気をつけます。	~에 주의하겠습니다.	반성하기
025	~て(で)とてもうれしいです。	~(해)서 정말 기쁩니다.	기뻐하기
026	お言葉にあまえて~	감사한 마음으로(염치불구하고) ~	호의 받아들이기
027	~おめでとうございます。	~축하드립니다.	축하하기

～て(で)ありがとうございます。

～(해 주셔)서 감사합니다.

상대방에게 감사함을 표하는 패턴입니다. 감사하는 내용을 구체적으로 덧붙임으로써 진정성이 느껴지는 표현이 됩니다.

🎧 019.MP3

STEP 1

1 来てくださってありがとうございます。

2 教えてくださってありがとうございます。

3 心配してくださいましてありがとうございます。

4 お問い合わせいただきましてありがとうございます。

5 お食事にお招きいただいてありがとうございます。

1 와 주셔서 감사합니다.

2 가르쳐 주셔서 감사합니다.

3 걱정해 주셔서 감사합니다.

4 문의해 주셔서 감사합니다.

5 식사에 초대해 주셔서 감사합니다.

STEP 2

1 A 요전에 너무 훌륭한 선물을 주셔서 감사합니다.
B いいえ、ほんの気持ちです。
A 家内も子供も喜んでいました。
B そうですか。本当によかったです。

2 A 오늘은 시간을 내 주셔서 감사합니다.
B いいえ、こちらこそ。
A これ、韓国のお菓子なんです。お口に合えばいいのですが。
B わざわざすみません。では、遠慮なく、いただきます。

T I P S

Q 来てくださってありがとうございます와 来ていただいてありがとうございます는 다른 건가요?

A (あなたが私に)来てくださってありがとうございます。/ (私はあなたに)来ていただいてありがとうございます。→ 생략된 부분과 경어의 정도는 다르지만, 우리말 해석은 '와 주셔서 감사합니다'로 같습니다.

1 A 先日は大変結構なものをいただきましてありがとうございます。
B 별말씀을요, 그저 작은 정성입니다.
A 아내와 아이도 좋아하던데요.
B 그래요? 정말 다행이네요.

2 A 本日はお時間いただきましてありがとうございます。
B 아니에요, 저야말로.
A 이거, 한국 과자예요. 입에 맞으면 좋겠는데요.
B 일부러 죄송합니다. 그럼, 감사히 받겠습니다.

問(と)い合(あ)わせ 문의
招(まね)く 초대하다
結構(けっこう) 훌륭함
ほんの 그저 명색뿐인
家内(かない) 집사람
本日(ほんじつ) 오늘
口(くち)に合(あ)う 입맛에 맞다
遠慮(えんりょ)なく 사양 않고

～て(で)助かりました。

～(해 주셔)서 큰 도움이 되었습니다.

업무상으로 상대방에게 도움을 입었을 때 감사하는 패턴입니다. 감사와 미안한 마음을 전하는 데 항상 ありがとうございます나 すみません만 쓸 수는 없겠죠?

🎧 020.MP3

STEP 1

1 迎えに来てくれて助かりました。

2 連絡してもらって助かりました。

3 ご配慮いただきまして助かりました。

4 急いでもらって本当に助かりました。

5 仕事を手伝ってもらって助かりました。

1 마중 나와 주셔서 큰 도움이 되었습니다.

2 연락해 주셔서 큰 도움이 되었습니다.

3 배려해 주셔서 큰 도움이 되었습니다.

4 서둘러 주셔서 정말 큰 도움이 되었습니다.

5 일을 도와주셔서 큰 도움이 되었습니다.

STEP 2

1 A さっきの書類に誤字がありましたよ。

　　B えっ! 本当ですか。すみません。すぐに直します。

　　A 私が直しておきましたから、心配しないでください。

　　B そうですか。고쳐 주셔서 정말 큰 도움이 되었습니다.

2 A 展示会のサポートをしていただいてありがとうございました。

　　B 立っていただけですから。

　　A 뒷정리까지 도와주셔서 큰 도움이 되었습니다.

　　B いいえ、当たり前のことをしただけです。

1 A 좀 전 서류에 틀린 글자가 있었어요.
　　B 네? 정말요? 죄송해요. 바로 고치겠습니다.
　　A 내가 고쳐 두었으니까 걱정 마세요.
　　B 그래요? 直してもらって本当に助かりました.

2 A 전시회를 지원해 주셔서 감사했습니다.
　　B 서 있었을 뿐인 걸요.
　　A 後片付けまで手伝ってもらって助かりました.
　　B 아니에요. 당연한 일을 했을 뿐이에요.

TIPS

助かりました大賞라는 상이 있는데요. 해마다 '큰 도움이 되었다'고 생각하는 신상품이나 새로운 서비스에 투표한 결과로 선정됩니다. 지금까지 도마나 스펀지까지 살균이 되는 주방세제, 알코올과 칼로리가 제로인 칵테일, 유연제가 들어간 세탁세제 등의 상품과, 소포나 등기의 배달 시간을 밤 9시까지 연장하거나 가족끼리의 메일이 공짜인 휴대폰 서비스 등이 상을 받았다고 하네요.

迎(むか)える 맞이하다
配慮(はいりょ) 배려
急(いそ)ぐ 서두르다
書類(しょるい) 서류
誤字(ごじ) 오자
直(なお)す 고치다
展示会(てんじかい) 전시회
後片付(あとかたづ)け 뒷정리
当(あ)たり前(まえ) 당연함

～に感謝します。

～에(게) 감사드립니다.

🎧 021.MP3

～てありがとうございますより丁寧な感じの感사 패턴입니다. に 앞에는 감사에 대한 구체적 내용이나 대상이 옵니다. 다소 딱딱하지만 그만큼 정중함이 강하게 느껴지는 표현입니다.

STEP 1

1 **あなた**に感謝します。

2 **ご協力**に感謝します。

3 **チャンスをくださったこと**に感謝します。

4 **関係者のみな様**に感謝します。

5 **ご丁寧にお答えくださったこと**に感謝します。

1 당신에게 감사드립니다.

2 협력에 감사드립니다.

3 기회를 주신 것에 대해 감사드립니다.

4 관계자 여러분께 감사드립니다.

5 친절하게 대답해 주신 것에 대해 감사드립니다.

STEP 2

1 **A** 林さん、会議に出ていただいてありがとうございます。
B お役に立てたなら、うれしいです。
A 부탁을 들어 주신 데 대해 감사드립니다.
B また何かありましたら、呼んでください。

2 **A** 企画書の内容はなかなかよかったです。
B そうですか。ありがとうございます。
A でも、もうすこし簡潔にまとめたほうがいいと思います。
B はい、わかりました。조언에 감사드립니다.

1 **A** 하야시 씨, 회의에 나와 주셔서 감사합니다.
B 도움이 되었다면 (저도) 기쁩니다.
A お願いを聞いてくださったことに感謝します。
　 お願いを聞いてくださったことに 감사합니다.
B 또 일이 있으면 불러 주세요.

2 **A** 기획서의 내용은 상당히 좋았습니다.
B 그래요? 감사합니다.
A 하지만 좀 더 간결하게 정리하는 것이 좋을 것 같아요.
B 네, 알겠습니다. アドバイスに感謝します.

TIPS

感謝를 활용한 감사 표현을 더 알아볼까요?

1. 深く感謝しております。
   (깊이 감사드립니다.)
2. ただただ感謝しております。
   (그저 감사드릴 뿐입니다)
3. 感謝の気持ちでいっぱいです。
   (감사의 마음으로 가득합니다)

感謝(かんしゃ) 감사
協力(きょうりょく) 협력
関係者(かんけいしゃ) 관계자
丁寧(ていねい) 친절함, 정중함
役(やく)に立(た)つ 도움이 되다
呼(よ)ぶ 부르다
企画書(きかくしょ) 기획서
内容(ないよう) 내용
簡潔(かんけつ) 간결
まとめる 종합하다, 정리하다
深(ふか)い 깊다

〜でご迷惑をかけました。

〜(으)로 폐를 끼쳤습니다.

상대방 업무에 폐를 끼쳤을 때 사과하는 패턴입니다. 좀 더 정중하게 말할 때는 〜でご迷惑をおかけしました와 같이 'お+ます형+する(いたす)'의 겸양어 공식을 사용합니다.

🎧 022.MP3

STEP 1

1 連絡ミスでご迷惑をかけました。

2 こちらの都合でご迷惑をかけました。

3 お支払の遅れでご迷惑をかけました。

4 個人的な事情でご迷惑をかけました。

5 私の勉強不足でご迷惑をかけました。

1 연락 실수로 폐를 끼쳤습니다.

2 이쪽 사정으로 폐를 끼쳤습니다.

3 지불 지연으로 폐를 끼쳤습니다.

4 개인적인 사정으로 폐를 끼쳤습니다.

5 제가 공부가 부족해서 폐를 끼쳤습니다.

STEP 2

1 A 契約がとれなくて申し訳ありません。
　　B 詰めが甘かったんじゃないですか。
　　A (저의) 역량 부족으로 폐를 끼쳤습니다.
　　B 仕方ありません。次、がんばりましょう。

2 A メールを拝見しましたが、添付ファイルが見当たらないんです。
　　B 申し訳ありません。つけ忘れたようです。
　　A そうですか。では、今日中に送っていただけますか。
　　B はい、もちろんです。전송 미스로 폐를 끼쳤습니다.

T I P S

役不足 **vs** 力不足

役不足는 '역할<역량'인 상황을 말합니다. 실력에 비해서 맡은 직책이나 역할이 하찮다는 의미가 되죠. 그에 비해 力不足는 '역할>역량'인 상황입니다. 즉, 역할이 자신의 능력에 비해 너무 커서 자신의 힘이 미치지 못하는 것이죠. 따라서 우리말의 '역부족'에 해당되는 일본어 표현은 力不足가 됩니다.

1 A 계약을 따내지 못해서 죄송합니다.
　　B 마무리가 허술했던 것 아닌가요?
　　A 力不足로 폐를 끼쳤습니다.
　　B 할 수 없죠. 다음에 잘해 봅시다.

2 A 메일을 봤는데요, 첨부 파일이 없던데요.
　　B 죄송합니다. 첨부하는 것을 깜박한 것 같습니다.
　　A 그래요? 그럼, 오늘 중으로 보내 주실 수 있나요?
　　B 네, 물론입니다. 転送ミス로 폐를 끼쳤습니다.

迷惑(めいわく) 폐
都合(つごう) 형편, 사정
事情(じじょう) 사정
〜不足(ぶそく) 〜부족
契約(けいやく)がとれる 계약을 따내다
詰(つ)めが甘(あま)い 마무리가 허술하다
力不足(ちからぶそく) 역부족
拝見(はいけん)する '보다'의 겸양어
添付(てんぷ) 첨부
見当(みあ)たる 눈에 띄다, 보이다
転送(てんそう) 전송
役不足(やくぶそく) (실력에 비해서) 맡은 직책이 하찮음

〜て(で)失礼しました。

〜(으)로 실례가 많았습니다.

결례에 대해 사과하는 패턴입니다. 申し訳ありません이나 すみません은 잘못에 대한 사죄의 뜻이 강한 반면, 失礼しました는 결례를 해서 죄송하다는 뉘앙스가 강합니다.

🎧 023.MP3

STEP 1

1 お待たせして失礼しました。

2 不手際で失礼しました。

3 突然おじゃまして失礼しました。

4 こちらの不注意で失礼しました。

5 電話に出られなくて失礼しました。

1 기다리시게 해서 실례가 많았습니다.

2 실수로 실례가 많았습니다.

3 갑작스럽게 찾아와서 실례가 많았습니다.

4 저희 쪽 부주의로 실례가 많았습니다.

5 전화를 받지 못해서 실례가 많았습니다.

STEP 2

1 A 斎藤と申しますが。
  B はい、佐藤さまですね。
  A 佐藤じゃなくて、斎藤です。
  B 申し訳ありません。엉뚱한 실수로 실례가 많았습니다.

2 A 좀 전에는 자리를 비워서 실례가 많았습니다.
  B 出張だったそうで、お疲れでしょう。
  A いえ、いつものことですから。
  B 実はですね、お願いがあってお電話したのですが。

1 A 사이토라고 하는데요.
  B 네, 사토 씨이시군요.
  A 사토가 아니라 사이토입니다.
  B 죄송합니다. とんだ間違いで失礼しました。

2 A 先ほどは不在で失礼しました。
  B 출장이셨다고 들었는데, 피곤하시겠어요.
  A 아니요, 늘 하는 일인데요.
  B 실은요, 부탁이 있어서 전화드렸는데요.

不手際(ふてぎわ) 실수, 서툼
突然(とつぜん) 갑자기
不注意(ふちゅうい) 부주의
電話(でんわ)**に出**(で)**る** 전화를 받다
間違(まちが)**い** 실수
不在(ふざい) 부재
出張(しゅっちょう) 출장
お疲(つか)**れ** 피곤하심
調子(ちょうし) 상태, 컨디션

～に気をつけます。

～에 주의하겠습니다.

정신없이 업무에 쫓기다 보면 여러 가지 실수가 생깁니다. 무조건 사과하기보다는 어떤 일에 주의할 것인지 구체적으로 반성하는 것이 중요합니다. 실수의 재발을 막는 반성 패턴을 공부해 볼까요?

🎧 024.MP3

STEP 1

1 マナーに気をつけます。

2 安全に気をつけます。

3 いつも言葉に気をつけます。

4 商品の扱いに気をつけます。

5 相手に失礼がないように気をつけます。

1 매너에 주의하겠습니다.

2 안전에 주의하겠습니다.

3 항상 말에 주의하겠습니다.

4 상품 취급에 주의하겠습니다.

5 상대에게 실례가 없도록 주의하겠습니다.

STEP 2

1 A 前にも話したと思うんだけど、遅刻はまずいよ。
　　 B たびたびすみません。
　　 A 社会人としての自覚を持ってくださいね。
　　 B 앞으로 같은 일이 일어나지 않도록 주의하겠습니다.

2 A ちょっといいですか。
　　 B はい、どうかされましたか。
　　 A 営業をする時は、もうすこし、地味なネクタイがいいと思いますが。
　　 B はい、分かりました。앞으로는 복장에 주의하겠습니다.

1 A 전에도 말한 것 같은데, 지각은 곤란해.
　　 B 번번이 죄송해요.
　　 A 사회인으로서의 자각을 가져 주세요.
　　 B 以後, 같은 것이 일어나지 않게 気を
　　　 つけます.

2 A 잠깐 괜찮아요?
　　 B 네, 무슨 일 있으세요?
　　 A 영업을 할 때는 좀 더 차분한 넥타이가 좋을 것 같은데요.
　　 B 네, 알겠습니다. 이제부터는, 복장에 気を
　　　 つけます.

TIPS

다양한 반성 표현을 알아볼까요?
1. ご迷惑をかけないように心がけます。 (폐를 끼치지 않도록 주의하겠습니다)
2. 今後は十分に注意します。 (앞으로는 충분히 주의하겠습니다)
3. 同じトラブルを起さないように肝に銘じます。 (같은 문제를 일으키지 않도록 명심하겠습니다)

言葉(ことば) 말
扱(あつか)い 취급
遅刻(ちこく) 지각
たびたび 번번이
自覚(じかく) 자각
以後(いご) 이후
営業(えいぎょう) 영업
地味(じみ) 수수함
服装(ふくそう) 복장
心(こころ)がける 유의하다
注意(ちゅうい) 주의
肝(きも)に銘(めい)じる 명심하다

〜て(で)とてもうれしいです。

〜(해)서 정말 기쁩니다.

기쁨을 표현하는 패턴입니다. 치열한 비즈니스 세계에서도 원활한 커뮤니케이션을 위해서는 사소한 일에도 기쁨을 표현할 수 있는 여유를 갖는 것이 중요합니다.

🎧 025.MP3

STEP 1

1 お目にかかれてとてもうれしいです。

2 来てくださってとてもうれしいです。

3 お手伝いができてとてもうれしいです。

4 気に入ってもらえてとてもうれしいです。

5 結果を出すことができてとてもうれしいです。

1 뵙게 되어서 정말 기쁩니다.

2 와 주셔서 정말 기쁩니다.

3 도와 드릴 수 있어서 정말 기쁩니다.

4 마음에 드신다니 정말 기쁩니다.

5 결과를 낼 수 있어서 정말 기쁩니다.

STEP 2

1 **A** カンさん、お元気でしたか。

B 이름을 기억해 주셔서 정말 기쁩니다.

A 何をおっしゃるんですか。当然です。

B ありがとうございます。

2 **A** 야마다 씨, 만나 뵙게 되어서 정말 기쁩니다.

B こちらこそ。いつも電話ばかりでしたからね。

A 今日はゆっくりとお話ができますね。

B そうですね。楽しみです。

1 **A** 강○○ 씨, 안녕하셨어요?

B 名前を覚えてくださってとてもうれしいです。

A 무슨 말씀을. 당연합니다.

B 감사합니다.

2 **A** 山田さん、お会いできてとてもうれしいです。

B 저야말로. 항상 전화만 했었으니까요.

A 오늘은 느긋하게 이야기를 할 수 있겠네요.

B 그렇네요. 기대가 됩니다.

お目(め)にかかる 뵙다

気(き)に入(い)る 마음에 들다

結果(けっか) 결과

覚(おぼ)える 외우다

おっしゃる 말씀하시다

当然(とうぜん) 당연

ばかり 〜만

参加(さんか) 참가

光栄(こうえい) 영광

お言葉にあまえて～

감사한 마음으로(염치불구하고) ～

🎧 026.MP3

상대방의 호의나 친절을 거절하지 않고 감사한 마음으로 받아들이겠다는 의미의 패턴입니다. 주로 윗사람의 호의나 친절에 대한 감사 표현으로 사용되는데요, 일반적으로 세 번 정도 계속해서 권유를 받는다면 호의를 받아들이는 것이 좋습니다.

STEP 1

1 お言葉にあまえて、**お借りします。**

2 お言葉にあまえて、**お任せします。**

3 お言葉にあまえて、**そうさせていただきます。**

4 お言葉にあまえて、**もういっぱいいただきます。**

5 お言葉にあまえて、**明日伺います。**

1 감사한 마음으로 빌리겠습니다.

2 감사한 마음으로 맡기겠습니다.

3 감사한 마음으로 그렇게 하겠습니다.

4 감사한 마음으로 한 잔 더 마시겠습니다.

5 감사한 마음으로 내일 찾아뵙겠습니다.

STEP 2

1 A 今日は私にごちそうさせてください。
B いえいえ、そういうわけにはいきません。
A この間も手伝ってもらったし、今日は、私が。
B 困ったなあ。そん、감사한 마음으로 잘 먹겠습니다.

2 A 息子の誕生日で帰ろうとしたら、課長に呼ばれて仕事を頼まれました。
B それ、ついでに私がやっておきます。
A 本当ですか。そん、염치불구하고 부탁드리겠습니다.
B はい、お疲れ様でした。

1 A 오늘은 제가 내게 해 주세요.
B 아니에요, 그럴 수는 없습니다.
A 요전에도 도움을 받았으니까 오늘은 제가.
B 이러시면 안 되는데…… . 그럼, お言葉にあまえて、ごちそうになります.

2 A 아들 생일 때문에 돌아가려고 했더니, 과장님이 불러서 일을 부탁하셨어요.
B 그거, 하는 김에 제가 해 둘게요.
A 정말이요? では、お言葉に甘えて、よろしくお願いします.
B 네, 수고하셨어요.

TIPS

일본에서는 割(わ)り勘(かん)이 일반적인데요. 전체 비용을 1/n로 계산해 주는 앱이 있다고 합니다. 전체 금액과 인원수를 입력하면 각각 내야 할 돈(100엔 미만은 반올림)이 자동으로 계산되고, 만약 남자, 여자에 차이를 주고 싶을 때는 두 그룹으로 나누어 割(わ)り勘(かん) 금액을 계산할 수 있답니다. 일본에서는 꼭 필요한 앱이죠?

あまえる 호의를 받아들이다
任(まか)せる 맡기다
伺(うかが)う 찾아뵙다
ごちそうする 한턱내다
わけにはいかない ～할 수는 없다
この間(あいだ) 요전
息子(むすこ) 아들
頼(たの)む 부탁하다
ついでに 하는 김에

61

～おめでとうございます。

～ 축하드립니다.

축하하는 마음을 전하는 패턴으로, 구체적인 축하 내용을 패턴 앞에 붙이면 됩니다. 친한 사이라면 おめでとう만 써도 상관없지만, 일반적으로는 ございます를 붙입니다.

🎧 027.MP3

STEP 1

1 ご栄転、おめでとうございます。

2 ご昇進、おめでとうございます。

3 ご就職、おめでとうございます。

4 レストランのオープン、おめでとうございます。

5 お誕生日、おめでとうございます。

1 영전 축하드립니다.

2 승진 축하드립니다.

3 취직 축하드립니다.

4 레스토랑 오픈 축하드립니다.

5 생신 축하드립니다.

STEP 2

1 A パクさん、この度、事務室を移転しました。
   B そうですか。どちらですか。
   A 赤坂駅からすぐです。
   B いいところですね。이전 축하드립니다.

2 A 創立記念パーティーに来ていただいてありがとうございます。
   B 창립 기념 축하드립니다.
   A 今の会社があるのは田中さんのおかげです。
   B いやいや、アンさんの努力が実を結んだんです。

1 A 박○○ 씨, 이번에 사무실을 이전했습니다.
   B 그래요? 어디예요?
   A 아카사카역 근처입니다.
   B 좋은 곳이네요, ご移転、おめでとうございます。

2 A 창립 기념 파티에 와 주셔서 감사드립니다.
   B 創立記念、おめでとうございます。
   A 지금의 회사가 있는 것은 다나카 씨 덕분이에요.
   B 무슨 말씀을, 안○○ 씨의 노력이 결실을 맺은 거죠.

T I P S

축하할 때는 お祝いする라는 표현도 많이 씁니다.
1. 축하하게 해 주세요(축하 파티를 열게 해 주세요). ➡ お祝いさせてください。
2. 축하해 줍시다. ➡ お祝いしましょう。
3. 친구들이 축하해 주었습니다.
   ➡ 友だちにお祝いしてもらいました。

栄転(えいてん) 영전
昇進(しょうしん) 승진
就職(しゅうしょく) 취직
この度(たび) 이번
事務室(じむしつ) 사무실
移転(いてん) 이전
創立記念(そうりつきねん) 창립 기념
努力(どりょく) 노력
実(み)**を結**(むす)**ぶ** 열매를 맺다
祝(いわ)**う** 축하하다

Unit 04
거절&보류 패턴

🔍 패턴 미리보기

028	~はちょっと……。　~은(는) 좀….	곤란함 표현하기
029	残念ですが~　유감스럽지만 ~	유감 표시하기
030	~は困ります。　~은(는) 곤란합니다.	제지하기
031	~は難しいかと思います。　~은(는) 어렵지 않을까 싶습니다.	완곡하게 거절하기
032	とてもじゃないですが~　정말이지 ~	우회적으로 거절하기
033	どうしても~できません。　도저히 ~할 수가 없습니다.	확실히 거절하기
034	今はできませんが~　지금은 안 되지만 ~	일시적으로 거절하기
035	~は後でいいでしょうか。　~은(는) 나중에 해도 될까요?	뒤로 미루기

～はちょっと……。

～은(는) 좀…….

상대방의 제의를 가볍게 거절하거나 곤란함을 나타내는 패턴입니다. 쉽고 간단해서 비즈니스 회화에서도 많이 사용합니다.

🎧 028.MP3

STEP 1

1 やり直しはちょっと……。

2 その言い方はちょっと……。

3 今答えるのはちょっと……。

4 急に休まれるのはちょっと……。

5 これ以上の値下げはちょっと……。

1 다시 하는 것은 좀…….

2 그런 말투는 좀…….

3 지금 대답하는 것은 좀…….

4 갑자기 쉬신다고 하면 좀…….

5 이 이상 가격을 낮추는 것은 좀…….

STEP 2

1 A 2年間価格を上げないという条件ではいかがですか。

　B 2年は短すぎます。3年にしてくださいませんか。

　A 3年は좀……。

　B 長い付き合いじゃありませんか。3年でお願いします。

2 A 1週間以内にリサーチ作業を終えてくださいね。

　B 네? 일주일이라고요? 일주일은 좀…….

　A じゃ、分析までやるとして、2週間あげましょう。

　B はい、やってみます。

1 A 2년간 가격을 올리지 않는다는 조건이라면 어떠세요?
　B 2년은 너무 짧습니다. 3년으로 해 주시지 않겠습니까?
　A 3년은 좀…….
　B 오래된 사이 아닙니까? 3년으로 부탁드립니다.

2 A 일주일 이내에 리서치 작업을 끝내 주세요.
　B 에, 1週間ですか。1週間はちょっと……。
　A 그럼, 분석까지 마치는 것으로 하고 2주 드리죠.
　B 네, 해 보겠습니다.

TIPS

ちょっと는 간단한 사내 비즈니스 회화에서 자주 등장합니다. あのう……(저어)나 少し(조금)의 뉘앙스로, 너무 세게 발음하지 마세요.

예 ちょっと失礼します。
（잠시 실례하겠습니다）
ちょっとお時間ありますか。
（잠깐 시간 괜찮으세요?）
ちょっとお話があるんですが。
（잠깐 할 얘기가 있는데요）

やり直(なお)し 다시 하기
言(い)い方(かた) 말투
値下(ねさ)げ 가격 인하
価格(かかく) 가격
条件(じょうけん) 조건
付(つ)き合(あ)い 교제
作業(さぎょう) 작업
終(お)える 끝내다
分析(ぶんせき) 분석

残念ですが～

유감스럽지만 ～

🎧 029.MP3

거절당하는 상대의 기분이나 처지에 공감하고 있음을 어필하면서 유감스러움을 표하는 패턴입니다. 상대방이 기대하는 답변을 해 줄 수 없거나 상대방의 제안을 거절해야 할 때 주로 사용합니다.

STEP 1

1️⃣ 残念ですが、**参加できません。**

2️⃣ 残念ですが、**会議に行けなくなりました。**

3️⃣ 残念ですが、**今回はお断わりします。**

4️⃣ 残念ですが、**そのアイデアは採用できません。**

5️⃣ 残念ですが、**ご提案を受け入れることはできません。**

1️⃣ 유감스럽지만 참가할 수 없습니다.

2️⃣ 유감스럽지만 회의에 갈 수 없게 되었습니다.

3️⃣ 유감스럽지만 이번에는 거절하겠습니다.

4️⃣ 유감스럽지만 그 아이디어는 채택할 수 없습니다.

5️⃣ 유감스럽지만 제안을 받아들일 수는 없습니다.

STEP 2

1️⃣ **A** スポーツカバンですが、1,000個ほどありますか。

B 1,000個ですね。在庫があるか確認してみます。

(しばらくしてから)

B 申し訳ありません。유감스럽지만 재고가 바닥나서요.

A そうですか。他をあたってみます。

2️⃣ **A** 来週、営業部の飲み会があるんですが。

B 来週のいつですか。

A 木曜日ですが、来られますか。

B 유감스럽지만 선약이 있어서요…….

1️⃣ **A** 스포츠 가방 말인데요. 1,000개 정도 있나요?
B 1,000개 말이시군요. 재고가 있는지 확인해 보겠습니다.
(잠시 후)
B 죄송합니다. 残念ですが、在庫を切らしておりまして。
A 그렇군요. 다른 곳을 알아보겠습니다.

2️⃣ **A** 다음 주, 영업부 회식이 있는데요.
B 다음 주 언제죠?
A 목요일인데요, 올 수 있나요?
B 残念ですが、先約がありまして……。

TIPS

유감을 표시하는 또 다른 패턴으로는 ～たいのは山々ですが(～하고 싶은 마음은 굴뚝같은데……)가 있습니다.

예 行きたいのは山々ですが、都合がつきません。(가고 싶은 마음은 굴뚝같은데, 사정이 여의치 않네요)

参加(さんか) 참가
断(こと)わる 거절하다
採用(さいよう) 채용
受(う)け入(い)れる 받아들이다
確認(かくにん) 확인
在庫(ざいこ)を切(き)らす 재고가 바닥나다
あたる 알아보다
飲(の)み会(かい) 회식
先約(せんやく) 선약
山々(やまやま) 매우 많음, 간절함
都合(つごう)がつかない 사정이 여의치 않다

～は困ります。

～은(는) 곤란합니다.

유감과 항의의 뉘앙스를 담아 상대방의 말이나 행동을 제지하는 패턴입니다. 회사의 이익과 관련하여 손해를 입었거나 입을 가능성이 있을 때 주로 사용합니다.

🎧 030.MP3

STEP 1

1 誤解してもらっては困ります。

2 写真を撮るのは困ります。

3 飲み物の持ち込みは困ります。

4 相談なしに決めるのは困ります。

5 一方的な取消しは困ります。

1 오해하시면 곤란합니다.

2 사진을 찍는 것은 곤란합니다.

3 음료수 반입은 곤란합니다.

4 상의 없이 결정하는 것은 곤란합니다.

5 일방적인 취소는 곤란합니다.

STEP 2

1 A 納品日は今日だったはずですが。
   B 申し訳ありません。連絡が遅くなりました。
   A 납기 지연은 곤란합니다.
   B ご迷惑をおかけして、誠に申し訳ございません。

2 A ご入金の金額が請求書と違うようですが。
   B えっ? 本当ですか。
   A 벌써 세 번째로, 이런 일은 곤란합니다.
   B 申し訳ございません。送金手数料が引かれてしまったようです。

1 A 납품일은 오늘이었을 텐데요.
   B 죄송합니다. 연락이 늦어졌습니다.
   A 納期の遅れは困ります。
   B 폐를 끼쳐서 정말로 죄송합니다.

2 A 입금 금액이 청구서와 다른 것 같은데요.
   B 네? 정말인가요?
   A もう三回目で、こういうことは困ります。
   B 죄송합니다. 송금 수수료가 빠져 버린 것 같네요.

TIPS

'못 말리는 상사'(困った上司)에도 여러 가지 유형이 있다고 하는데요. '내가 최고다형'(俺様型) 상사, '우유부단'(優柔不断)한 상사, '불공평'(不公平)한 상사, '변덕쟁이'(こ ろころ変わる)형 상사, '무기력'(無気力)한 상사 등이 그것입니다. 정말 '골치 아픈 상사'(困った上司)들이네요.

誤解(ごかい) 오해
持(も)ち込(こ)み 반입
一方的(いっぽうてき) 일방적
取消(とりけ)し 취소
納期(のうき) 납기
誠(まこと)に 정말로
金額(きんがく) 금액
請求書(せいきゅうしょ) 청구서
送金(そうきん) 송금
手数料(てすうりょう) 수수료
上司(じょうし) 상사
優柔不断(ゆうじゅうふだん) 우유부단
無気力(むきりょく) 무기력

〜は難しいかと思います。

〜은(는) 어렵지 않을까 싶습니다.

반대나 거절의 뜻을 에둘러 말하는 패턴입니다. '안 된다'고 하는 직접적인 부정을 피하고, か 를 넣음으로써 보다 완곡한 뉘앙스를 주고 있습니다.

🎧031.MP3

STEP 1

1 コストの削減は難しいかと思います。

2 時間を変えるのは難しいかと思います。

3 このプランを進めるのは難しいかと思います。

4 部品の取り替えは難しいかと思います。

5 ユーザーを満足させるのは難しいかと思います。

1 비용 삭감은 어렵지 않을까 싶습니다.

2 시간 변경은 어렵지 않을까 싶습니다.

3 이 계획을 추진하는 것은 어렵지 않을까 싶습니다.

4 부품 교체는 어렵지 않을까 싶습니다.

5 사용자를 만족시키는 것은 어렵지 않을까 싶습니다.

STEP 2

1 A このプログラムを使えば、顧客管理が楽にできます。
B 今のプログラムでも間に合っていますが。
A 지금 사용하시는 것으로는 1,000명 이상의 관리는 어렵지 않을까 싶습니다.
B えっ、そうなんですか。

2 A 日本に来てどれぐらいですか。
B そろそろ1年になりますが、なかなか日本語がうまくなりません。
特にマニュアルは全然わかりません。
A 아직 매뉴얼을 이해하는 것은 어렵지 않을까 싶네요.
B 早く読めるようになりたいものです。

1 A 이 프로그램을 사용하면 고객 관리를 편하게 할 수 있습니다.
B 지금 프로그램으로도 충분합니다만.
A 今のでは1,000人以上の管理は難しいかと思います。
B 아, 그런가요?

2 A 일본에 온 지 얼마나 되셨죠?
B 거의 1년이 되어 가는데, 좀처럼 일본어 실력이 늘지 않네요. 특히 매뉴얼은 전혀 모르겠어요.
A まだマニュアルを理解するのは難しいかと思いますよ。
B 빨리 읽을 수 있게 되었으면 좋겠어요.

削減(さくげん) 삭감
取(と)り替(か)え 교환, 교체
満足(まんぞく) 만족
顧客管理(こきゃくかんり) 고객 관리
楽(らく)に 편하게
間(ま)に合(あ)う 충분하다
マニュアル 매뉴얼
理解(りかい)する 이해하다

とてもじゃないですが～

정말이지 ～

∩ 032.MP3

じゃない를 붙여 듣는 사람이 저항감을 크게 느끼지 않게 하면서도 실제로는 とても의 의미를 강조하는 표현인데요. 상대방의 제안을 우회적으로 거절하는 패턴입니다.

STEP 1

① とてもじゃないですが、**無理があります。**

② とてもじゃないですが、**私には務まりません。**

③ とてもじゃないですが、**私には理解できません。**

④ とてもじゃないですが、**私は多分だめですね。**

⑤ とてもじゃないですが、**10万円では生活できません。**

① 정말이지 무리한 감이 있습니다.

② 정말이지 저는 감당할 수 없습니다.

③ 정말이지 저는 이해할 수 없습니다.

④ 정말이지 저는 아마 안 될 거예요.

⑤ 정말이지 10만 엔으로는 생활할 수 없어요.

STEP 2

① A この前、社員旅行でバンジージャンプをしました。
　　B すごいですね。정말이지 저는 못해요.
　　A 意外と面白いですよ。
　　B 本当ですか。

② A 見積もりの価格が思ったより高いですね。
　　B 他のところよりは安いほうだと思いますが。
　　A それはそうですけど、ここから2%ほど安くなりませんか。
　　B 정말이지 그 금액으로는 안 됩니다.

① A 얼마 전에 회사 엠티에 가서 번지 점프를 했어요.
　　B 대단하시네요. とてもじゃないですが、私にはできません。
　　A 생각보다 재밌어요.
　　B 정말요?

② A 견적 가격이 생각보다 비싸네요.
　　B 다른 곳보다는 싼 편이라고 생각하는데요.
　　A 그건 그렇지만, 이 가격에서 2% 정도 싸게 안 될까요?
　　B とてもじゃないですが、その金額では無理です。

TIPS

외국인 입장에서 도저히 이해가 안 가는 일본어 표현이 있는데요. 이 패턴도 그중 하나입니다. 논리적으로 생각하면 とても에 じゃない가 붙었으므로 '대단한 정도는 아니다' (not very)라는 뜻이 되지만 실제 의미로는 '도저히 ~안 된다'니까요. 직설적인 표현을 꺼리는 일본어의 특성이 여기서도 여실히 드러나네요.

務(つと)まる 감당해 내다
理解(りかい) 이해
生活(せいかつ) 생활
社員旅行(しゃいんりょこう) 직장인 엠티
意外(いがい)と 의외로
価格(かかく) 가격
金額(きんがく) 금액

どうしても～できません。

도저히 ～할 수가 없습니다.

상대방의 부탁이나 권유를 확실히 거절하는 패턴입니다. 하지만 상대의 기대에 부합하려고
최선을 다했다는 뉘앙스와 함께 유감스러운 결과에 대한 안타까움이 묻어나는 표현입니다.

🎧 033.MP3

STEP 1

1 どうしても**賛成**できません。

2 どうしても**抜ける**ことができません。

3 どうしても**止める**ことができません。

4 どうしても**情報を得る**ことができません。

5 はずせない用事でどうしても**行く**ことができません。

1 도저히 찬성할 수 없습니다.

2 도저히 빠져나올 수가 없습니다.

3 도저히 그만둘 수가 없습니다.

4 도저히 정보를 얻을 수가 없습니다.

5 펑크 낼 수 없는 일 때문에 도저히 갈 수
가 없습니다.

STEP 2

1 A 中小企業の展示会があるんですが、いかがですか。
 B いつですか。
 A 1ヶ月後です。
 B 중요한 출장이 있어서 도저히 참가할 수가 없네요.

2 A マニュアルのことで相談があるんですが。
 B マニュアルに問題でもありましたか。
 A 아니요, 전문용어가 많아서 도저히 이해할 수가 없습니다.
 B パクさんでしたら、大丈夫だと思ったんですが。

1 A 중소기업 전시회가 있는데요, 어떠세요?
 B 언제죠?
 A 한 달 후예요.
 B 大事な出張があって、どうしても参加
  できませんね。

2 A 매뉴얼 건으로 상의드릴 게 있는데요.
 B 매뉴얼에 문제라도 있었나요?
 A いえ、専門用語が多くてどうしても理
  解ができません。
 B 박○○ 씨라면 괜찮을 거라고 생각했는데요.

원만한 인간관계를 유지하는 능숙한 거절(断
わり方)이란?
1. 無理ならはっきり断る。
 (무리라면 확실히 거절한다)
2. 納得いく理由を説明する。
 (납득할 수 있는 이유를 설명한다)
3. 謝る。(사과한다)
4. 別の提案をする。(다른 제안을 한다)

賛成(さんせい) 찬성
抜(ぬ)**ける** 빠지다
情報(じょうほう) 정보
中小企業(ちゅうしょうきぎょう) 중소기업
展示会(てんじかい) 전시회
専門用語(せんもんようご) 전문용어
理解(りかい) 이해
断(こと)**わる** 거절하다
納得(なっとく) 납득
謝(あやま)**る** 사과하다
提案(ていあん) 제안

今はできませんが〜

지금은 안 되지만 ~

상대방의 부탁을 일시적으로 거절하는 패턴입니다. 현재 하고 있는 일을 우선 끝내야 할 때 상당히 효과적입니다. 완전한 거절이 아니라 부탁받은 일을 잠시 보류하는 표현이기 때문에 비즈니스 관계를 원만히 유지할 수 있습니다.

🎧 034.MP3

STEP 1

1 今はできませんが、**後でやっておきます。**

2 今はできませんが、**明日の午前ならできます。**

3 今はできませんが、**これが終わったら手が空きます。**

4 今はできませんが、**明日なら大丈夫です。**

5 今はできませんが、**午後でしたら時間があります。**

1 지금은 안 되지만 나중에 해 두겠습니다.

2 지금은 안 되지만 내일 오전이라면 가능합니다.

3 지금은 안 되지만 이 일이 끝나면 시간이 납니다.

4 지금은 안 되지만 내일이라면 괜찮습니다.

5 지금은 안 되지만 오후라면 시간이 있습니다.

STEP 2

1 A ちょっと手伝いに来てもらえますか。
　　B 지금은 안 되지만 1시간 후라면 갈 수 있습니다.
　　A 人手が足りないので、できるだけはやく来てください。
　　B はい、わかりました。

2 A キムさん、この記事、翻訳していただけますか。
　　B 지금은 안 되지만 오늘 중으로 하겠습니다.
　　A 今から出かけるけど、終わったらデスクの上に置いておいてください。
　　B はい、わかりました。いってらっしゃい。

1 A 잠깐 도와주러 와 줄 수 있나요?
　　B 今はできませんが、1時間後でしたら伺えます。
　　A 일손이 부족해서요, 가능한 한 빨리 와 주세요.
　　B 네, 알겠습니다.

2 A 김○○ 씨, 이 기사, 번역해 주실 수 있나요?
　　B 今はできませんが、今日中にやります。
　　A 지금부터 일 보러 나가는데, 끝나면 책상 위에 놔 두세요.
　　B 네, 알겠습니다. 다녀오세요.

T I P S

Q '지금 매우 바쁘다'는 말은 어떻게 하나요?

A 手が離せない(손을 뗄 수 없다, 바쁘다)라는 관용 표현을 씁니다.

예 今は手が離せないので、5分後にかけ直します。(지금은 바빠서 5분 후에 다시 걸겠습니다)

午前(ごぜん) 오전
手(て)が空(あ)く 손이 비다
午後(ごご) 오후
伺(うかが)う 찾아뵙다
人手(ひとで) 일손
足(た)りない 부족하다
記事(きじ) 기사
翻訳(ほんやく) 번역
離(はな)す 떼다
かけ直(なお)す 다시 걸다

～は後でいいでしょうか。

～은(는) 나중에 해도 될까요?

상대방의 지시나 요청에 일단 제동을 걸어 뒤로 미루는 패턴입니다. 일의 우선순위를 자신의 생각이나 페이스에 맞게 주도할 수 있다는 점에서 매우 유용합니다.

🎧 035.MP3

STEP 1

1 リサーチは後でいいでしょうか。

2 返事は後でいいでしょうか。

3 手続きは後でいいでしょうか。

4 打ち合わせは後でいいでしょうか。

5 木村さんへの連絡は後でいいでしょうか。

1 리서치는 나중에 해도 될까요?

2 회신은 나중에 해도 될까요?

3 수속은 나중에 해도 될까요?

4 회의는 나중에 해도 될까요?

5 기무라 씨에게 연락하는 것은 나중에 해도 될까요?

STEP 2

1 A 商談はどうなりましたか。
  B 契約まで後一息ってところです。
  A そうですか。では、課長に報告しましょう。
  B 과장님께 보고하는 것은 나중에 해도 될까요? まだ決まったわけじゃないので。

2 A 田中君、製品のリスト作り、やってもらえる？
  B 일이 몰려서 그건 나중에 해도 될까요?
  A そうか。いいよ。
  B この仕事が終わったら、すぐやります。

1 A 거래 상담은 어떻게 되었나요?
  B 계약까지 얼마 안 남은 것 같습니다.
  A 그래요? 그럼, 과장님께 보고드립시다.
  B 課長への報告は後でいいでしょうか。아직 결정된 게 아니니까요.

2 A 다나카 군, 제품 리스트 작성, 해 줄 수 있나?
  B 仕事が立て込んでいて、それは後でいいでしょうか。
  A 그래? 그러지 뭐.
  B 이 일이 끝나면 바로 하겠습니다.

TIPS

仕事が立て込む **vs** 仕事が忙しい

仕事が立て込むは 일이 한꺼번에 몰려서 손을 뗄 수 없는 상황을 의미하고, 仕事が 忙しい는 바쁜 자신의 상태에 중점을 둔 표현입니다. 바쁘다는 핑계를 일 탓으로 돌리는 仕事が立て込む 쪽이 모나지 않게 들리기 때문에 일본 사람들은 바쁘다고 할 때 仕事が立て込む를 더 많이 씁니다.

手続(てつづ)**き** 절차, 수속
打(う)**ち合**(あ)**わせ** 회의
連絡(れんらく) 연락
商談(しょうだん) 거래 상담
後(あと)**一息**(ひといき) 얼마 안 남음
報告(ほうこく) 보고
決(き)**まる** 정해지다
製品(せいひん) 제품
立(た)**て込**(こ)**む** (일이) 겹치다, 바쁘다

Part 02

비즈니스는
전화로 발전한다!

비즈니스
전화 패턴

전화는 비즈니스를 할 때 가장 편리하고 보편적인
도구이지만, 오로지 '말'에만 의존해야 한다는 리스
크와 부담이 있습니다. 어떻게 전화를 걸고 받느냐
에 따라 그 회사의 이미지가 좌우되기도 하고, 비즈
니스에 영향을 줄 수 있기 때문입니다. 그렇다면 어
떻게 첫인사를 하고, 여러 가지 사항을 확인하고 메
시지를 남기며 부탁을 해야 할까요? 어떻게 하면
전화를 통해 비즈니스 효과를 높일 수 있을까요?
까다롭기로 유명한 일본 회사를 모두 녹여 버릴 수
있는 전화 패턴을 지금부터 소개합니다.

Unit 05   전화 걸기 패턴

Unit 06   전화 받기 패턴

Unit 05
전화 걸기 패턴

패턴 미리보기

036 はじめてお電話いたしますが～ 처음 전화드립니다만 ~ 처음 전화하기

037 ～はいらっしゃいますか。 ～은(는) 계신가요?(~를 바꿔 주실래요?) 통화 상대 찾기

038 ～ことでお電話しました。 ～때문에 전화드렸습니다. 용건 말하기

039 恐れ入りますが～ 죄송하지만 ~ 미안함 전하기

040 お手数ですが～ 번거로우시겠지만 ~ 귀찮은 일 부탁하기

041 ～はいつごろになりますか。 ～은(는) 언제쯤이 될까요? 일정 체크하기

042 ～についてお聞きしたいですが。 ～에 대해 질문드리고 싶은데요. 질문 시작하기

043 ～は確認できましたか。 ～은(는) 확인하셨나요? 확인 여부 체크하기

044 ～はその後いかがですか。 ～은(는) 어떻게 되어 가고 있나요? 진척 상황 묻기

045 ～じゃなかったんでしょうか。 ～(이)가 아니었나요? 사실 확인하기

046 ～はいつにしましょうか。 ～은(는) 언제로 할까요? 형편 묻기

047 ～について何かご存じですか。 ～에 대해서 뭔가 알고 계시나요? 정보 얻어내기

048 大変申し上げにくいですが～ 대단히 말씀드리기 송구스럽지만 ~ 곤란한 이야기 꺼내기

049 ～とお伝えください。 ～(이)라고 전해 주세요. 메시지 남기기

050 ～改めてお電話させていただきます。 ～다시 전화드리겠습니다. 통화 약속하기

051 それでは～ 그럼 ~ 전화 끝내기

はじめてお電話いたしますが～

처음 전화드립니다만 ～

처음 하는 일은 언제나 긴장되는 법입니다. 전화도 마찬가지죠. 처음 거는 전화는 이 패턴으로 시작합니다. 처음 전화했음을 알림으로써 주의를 집중시키는 효과를 기대할 수 있습니다.

🎧 036.MP3

STEP 1

1 はじめてお電話いたしますが、**私、パクと申します。**

2 はじめてお電話いたしますが、**お時間よろしいでしょうか。**

3 はじめてお電話いたしますが、**日本商事でしょうか。**

4 はじめてお電話いたしますが、**韓国電気のカンと申します。**

5 はじめてお電話いたしますが、**営業部の山田さんでいらっしゃいますか。**

1 처음 전화드립니다만, 저는 박○○이라고 합니다.

2 처음 전화드립니다만, 시간 괜찮으신가요?

3 처음 전화드립니다만, 일본상사인가요?

4 처음 전화드립니다만, 한국전기의 강○○이라고 합니다.

5 처음 전화드립니다만, 영업부의 야마다 씨이신가요?

STEP 2

1 A 처음 전화드립니다만, 한국상사의 김○○이라고 합니다.
　B はい、お電話、ありがとうございます。
　A お忙しいところすみませんが、販売担当の方とお話ししたいですが。
　B ただいま、担当のものと代わります。

2 A 처음으로 전화드립니다만, 다카하시 씨 부탁합니다.
　B 高橋は二人おりますが。
　A あ、失礼しました。営業部の高橋さんです。
　B 失礼ですが、お名前を伺ってもいいでしょうか。

1 A はじめてお電話しますが、韓国商事のキムと申します。
　B 네, 전화 감사합니다.
　A 바쁘신 중에 죄송한데요, 판매 담당하시는 분과 말씀을 나누고 싶은데요.
　B 바로 담당자를 바꿔 드리겠습니다.

2 A はじめてお電話しますが、高橋さん、お願いします。
　B 다카하시는 두 명이 있는데요.
　A 아, 실례했습니다. 영업부의 다카하시 씨입니다.
　B 죄송하지만, 성함을 여쭤 봐도 될까요?

TIPS

처음 전화를 걸 때 쓰는 다른 표현도 알아볼까요?
1. はじめてお電話しております。(처음 전화드립니다)
2. はじめてお電話させていただきます。(처음 전화드립니다)
3. お忙しいところ、突然のお電話で失礼いたします。(바쁘신데, 갑자기 전화드려서 죄송합니다)

はじめて 처음으로
商事(しょうじ) 상사
電気(でんき) 전기
販売(はんばい) 판매
代(か)わる 대신하다
営業部(えいぎょうぶ) 영업부
伺(うかが)う '묻다'의 겸양어
突然(とつぜん) 갑자기

〜はいらっしゃいますか。

〜은(는) 계신가요?
(〜를 바꿔 주실래요?)

037.MP3

통화하고 싶은 상대를 찾는 패턴입니다. 상대방의 이름이나 직함을 말하면 됩니다. 어떤 분야의 담당자를 찾을 때도 유용한 표현입니다.

STEP 1

1 **野村課長**はいらっしゃいますか。

2 **営業担当の方**はいらっしゃいますか。

3 **パクと申しますが、伊藤さん**はいらっしゃいますか。

4 **打ち合わせのことでお話しできる方**はいらっしゃいますか。

5 **お忙しいところ、すみませんが、木村さん**はいらっしゃいますか。

1 노무라 과장님은 계신가요?

2 영업 담당자는 계신가요?

3 박○○이라고 합니다만, 이토 씨는 계신가요?

4 회의에 대해 말씀 나눌 수 있는 분은 계신가요?

5 바쁘신데 죄송하지만, 기무라 씨는 계신가요?

STEP 2

1 **A** スカイ自動車のチェと申しますが。
　　B いつもお世話になっております。
　　A こちらこそ、お世話になっております。죄송하지만 계장님은 계신가요?
　　B 山村ですね。少々お待ちください。

2 **A** 인사 담당자는 계신가요?
　　B 失礼ですが、どちらさまでしょうか。
　　A あ、失礼いたしました。韓国商事のパクと申します。
　　B 韓国商事のパク様ですね。

1 **A** 스카이자동차의 최○○라고 하는데요.
　　B 항상 신세를 지고 있습니다.
　　A 저희야말로 늘 신세가 많습니다. すみませんが、係長はいらっしゃいますか。
　　B 야마무라 계장님 말이죠? 잠시 기다려 주세요.

2 **A** 人事担当の方はいらっしゃいますか。
　　B 실례지만 누구시죠?
　　A 아, 실례했습니다. 한국상사의 박○○이라고 합니다.
　　B 한국상사의 박○○ 님이시군요.

TIPS

비즈니스 전화의 기본 원칙을 알아볼까요?

1. 자신은 물론 자기 회사 사람(회장, 사장 포함)에게 〜さん이나 〜様를 붙이지 않는다.
2. いつもお世話になっております。(늘 신세 지고 있습니다)가 기본 인사이며, 아침이라면 おはようございます도 되지만, こんにちは는 안 된다.

課長(かちょう) 과장
打(う)ち合(あ)わせ 회의, 협의
自動車(じどうしゃ) 자동차
世話(せわ) 신세, 폐
係長(かかりちょう) 계장
少々(しょうしょう) 잠시
人事担当(じんじたんとう) 인사 담당
商事(しょうじ) 상사

～ことでお電話しました。

～때문에 전화드렸습니다.

전화를 건 용건을 밝히는 패턴입니다. 간단한 인사 후에 이 패턴을 이용하여 용건을 말합니다. 간단명료하게 내용을 전달하는 것이 중요합니다.

🎧 038.MP3

STEP 1

1 会議のことでお電話しました。

2 プロジェクトのことでお電話しました。

3 お支払のことでお電話しました。

4 ご注文のことでお電話しました。

5 見積書のことでお電話しました。

1 회의 때문에 전화드렸습니다.

2 프로젝트 때문에 전화드렸습니다.

3 지불 때문에 전화드렸습니다.

4 주문 때문에 전화드렸습니다.

5 견적서 때문에 전화드렸습니다.

STEP 2

1 A 다음 주 회의 때문에 전화드렸습니다.

B はい、何でしょうか。

A 12日の打ち合わせを13日にしていただきたいですが。

B そうですか、かしこまりました。

2 A キムと申しますが、前田さんはいらっしゃいますか。

B 申し訳ございません。前田はただいま会議中でして。

A 그렇습니까? 납기 때문에 전화했는데요, 다시 걸겠습니다.

B 申し訳ございません。

1 A 来週の打ち合わせのことでお電話しました。

B 네, 무슨 일이시죠?

A 12日会議を13日로 해 주셨으면 합니다만.

B 그렇습니까? 알겠습니다.

2 A 김○○이라고 하는데요, 마에다 씨는 계신가요?

B 죄송합니다. 마에다는 지금 회의 중이라서요.

A そうですか。納期のことでお電話しましたが、またかけ直します。

B 죄송합니다.

T I P S

かけ直しの電話(다시 거는 전화) 관련 표현을 알아볼까요?

1. それじゃ、後ほど、こちらからかけ直します。
   (그럼, 나중에 제가 다시 걸겠습니다)
2. 田中さんはお戻りでしょうか。
   (다나카 씨는 돌아오셨나요?)
3. 先ほどお電話させていただいたキムと申します。
   (좀 전에 전화드렸던 김○○이라고 합니다)

お支払(しはらい) 지불

見積書(みつもりしょ) 견적서

打(う)**ち合**(あ)**わせ** 회의

かしこまる わかる의 겸양어

納期(のうき) 납기

かけ直(なお)**す** 다시 걸다

後(のち)**ほど** 나중에

戻(もど)**る** 돌아오다

先(さき)**ほど** 좀 전

恐れ入りますが～

🎧039.MP3

아무리 사소한 부탁이나 요청도 상대방의 시간과 노력을 요합니다. 상대방에게 미안하거나
실례되는 일에는 이 패턴을 꼭 붙여 주세요. 恐縮ですが도 같은 의미로 쓸 수 있습니다.

STEP 1

1 恐れ入りますが、どちらにおかけでしょうか。

2 恐れ入りますが、このままお待ちいただけますか。

3 恐れ入りますが、タクシーを呼んでいただけますか。

4 恐れ入りますが、お名前をもう一度教えていただけますか。

5 恐れ入りますが、営業部の鈴木さんをお願いします。

1 죄송하지만 어디로 거셨나요?

2 죄송하지만 이대로 기다려 주시겠습니까?

3 죄송하지만 택시를 불러 주시겠습니까?

4 죄송하지만 성함을 다시 한 번 알려 주시겠습니까?

5 죄송하지만 영업부의 스즈키 씨를 부탁드립니다.

STEP 2

1 A はじめてお電話しますが、韓国貿易のカンと申します。
　B お世話になります。で、どのようなご用件でしょうか。
　A 注文のことでお電話しました。죄송하지만 시간 괜찮으신가요?
　B 10分ほどでしたら。

2 A ソンさんはいらっしゃいますか。
　B 申し訳ございません。ただいまソンはお休みをいただいております。
　A 그렇다면, 죄송하지만 말씀 좀 전해 주세요.
　B かしこまりました。どうぞ。

TIPS

申し訳ございませんが
vs 恐れ入りますが

申し訳ございませんが는 자기 쪽에 과실이 있을 경우에 주로 사용하고, 恐れ入りますが는 자기 쪽에는 잘못이 없지만 상대에게 부탁을 해야 하는 경우에 주로 사용합니다.

1 A 처음 전화드립니다만, 한국무역의 강○○이라고 합니다.
　B 잘 부탁드립니다. 그런데 어떤 용건이신가요?
　A 주문 때문에 전화드렸습니다. 恐れ入りますが、お時間よろしいでしょうか。
　B 10분 정도라면.

2 A 손○○ 씨는 계신가요?
　B 죄송합니다. 현재 손은 휴가 중입니다.
　A それでは、恐れ入りますが、伝言をお願いします。
　B 알겠습니다. 말씀하세요.

恐(おそ)れ入(い)る 황송해하다
呼(よ)ぶ 부르다
教(おし)える 가르치다
営業部(えいぎょうぶ) 영업부
貿易(ぼうえき) 무역
用件(ようけん) 용건
注文(ちゅうもん) 주문
お休(やす)み 휴가
伝言(でんごん) 전언, 메시지

お手数ですが～

번거로우시겠지만 ～

🎧 040.MP3

번거롭고 귀찮은 일을 부탁할 때 가장 많이 쓰는 패턴입니다. 手数는 '귀찮음, 수고'라는 뜻의 명사로, 한자읽기에 유의하세요.

STEP 1

1 お手数ですが、**お電話いただけませんか。**

2 お手数ですが、**コメントをご確認ください。**

3 お手数ですが、**明日までにお聞かせください。**

4 お手数ですが、**書留で送っていただけますか。**

5 お手数ですが、**もう少し詳しく説明していただけませんか。**

1 번거로우시겠지만, 전화 주시지 않을래요?

2 번거로우시겠지만, 코멘트를 확인해 주세요.

3 번거로우시겠지만, 내일까지 말씀해 주세요.

4 번거로우시겠지만, 등기로 보내 주시겠어요?

5 번거로우시겠지만, 좀 더 자세히 설명해 주시지 않을래요?

STEP 2

1 **A** 来週あたりに打ち合わせをしたいですが。
  B 来週ですか。
  A 번거로우시겠지, 시간 내 주실래요?
  B はい、もちろんです。

2 **A** お願いがありまして、お電話さしあげました。
  B 何でしょう。パクさんの頼みなら。
  A 번거로우시겠지, 샘플을 EMS로 보내 주실래요?
  B EMSですね。わかりました。お安いご用ですよ。

1 **A** 다음 주쯤에 회의를 하고 싶은데요.
  B 다음 주 말인가요?
  A お手数ですが、お時間いただけますか。
  B 네, 물론입니다.

2 **A** 부탁이 있어서 전화드렸습니다.
  B 뭐죠? 박○○ 씨의 부탁이라면.
  A お手数ですが、サンプルをEMSで送っていただけますか。
  B EMS 말이군요. 알겠습니다. 그 정도야 당연히 해 드려야지요.

T I P S

비즈니스 회화에서 자주 사용되는 관용 표현을 알아볼까요?

鶴の一声 (유력자의 한마디)
備えあれば憂いなし (유비무환)
棒に振る (망치다, 그르치다)

手数(てすう) 수고
聞(き)**かせる** 들려주다
書留(かきとめ) 등기
説明(せつめい) 설명
打(う)**ち合**(あ)**わせ** 회의, 협의
頼(たの)**み** 부탁
お安(やす)**いご用**(よう) 손쉬운 일
鶴(つる) 학
備(そな)**え** 준비
憂(うれ)**い** 걱정
棒(ぼう) 막대기

〜はいつごろになりますか。

〜은(는) 언제쯤이 될까요?

구체적인 날짜나 시간 등의 일정을 묻는 패턴입니다. 이 패턴은 외출했다 돌아오는 시간, 출하 일시, 납기일 등의 일정을 체크하는 데 꼭 필요합니다. なりますか를 なるでしょうか로 하면 좀 더 정중해집니다.

🎧 041.MP3

STEP 1

1 配送はいつごろになりますか。

2 決まるのはいつごろになりますか。

3 暇になるのはいつごろになりますか。

4 戻ってくるのはいつごろになりますか。

5 注文したものが届くのはいつごろになりますか。

1 배송은 언제쯤이 될까요?

2 정해지는 것은 언제쯤이 될까요?

3 한가해지는 것은 언제쯤이 될까요?

4 돌아오는 것은 언제쯤이 될까요?

5 주문한 물건이 도착하는 것은 언제쯤이 될까요?

STEP 2

1 A スター電気のイですが、大森さんはいらっしゃいますか。
  B 申し訳ございません。大森はただいま席をはずしておりますが。
  A そうですか? そも、戻ってるのはいつごろになりますか。
  B 午後2時ごろになると思います。

2 A 제품이 도착하는 것은 언제가 될까요?
  B ご注文から1ヶ月後になります。
  A もうすこし早くできませんか。
  B 工場に連絡してみます。

1 A 스타전기의 이○○라고 하는데요. 오모리 씨는 계신가요?
  B 죄송합니다. 오모리는 지금 자리를 비웠는데요.
  A 그렇습니까? 그럼, 돌아오시는 것은 언제쯤이 될까요?
  B 오후 2시경이 될 것 같습니다.

2 A 製品が着くのはいつごろになりますか。
  B 주문하고 한 달 후가 됩니다.
  A 좀 더 빨리는 안 되나요?
  B 공장에 연락해 보겠습니다.

T I P S

着く VS 届く

가장 큰 차이는 着く가 사람이나 물건에 모두 쓸 수 있는 데 비해, 届く는 물건에만 사용할 수 있다는 점입니다. 따라서 제품이나 상품이 도착한다고 할 때는 둘 다 쓸 수 있지만, 거래처 사람이 공항에 도착한다고 할 때는 着く를 써야 합니다.

配送(はいそう) 배송
暇(ひま) 여유
届(とど)く 도착하다
電気(でんき) 전기
席(せき)をはずす 자리를 비우다
製品(せいひん) 제품
着(つ)く 도착하다
注文(ちゅうもん) 주문
工場(こうじょう) 공장

～についてお聞きしたいですが。

～에 대해 질문드리고 싶은데요.

🎧 042.MP3

구체적인 질문으로 들어가기에 앞서 어떤 성격의 질문인지에 대해 운을 띄우는 패턴입니다. 질문의 아웃라인을 보여주는 표현이라고 할 수 있겠네요. ～について伺いたいですが라고 해도 됩니다.

STEP 1

1 サービスについてお聞きしたいですが。

2 カタログについてお聞きしたいですが。

3 納期についてお聞きしたいですが。

4 取引条件についてお聞きしたいですが。

5 製品のラインナップについてお聞きしたいですが。

1 서비스에 대해 질문드리고 싶은데요.

2 카탈로그에 대해 질문드리고 싶은데요.

3 납기에 대해 질문드리고 싶은데요.

4 거래 조건에 대해 질문드리고 싶은데요.

5 제품 라인업에 대해 질문드리고 싶은데요.

STEP 2

1 **A** 농구용 신발에 대해 질문드리고 싶은데요.

    B はい、どうぞ。

    A 28以上のものも取り扱っているでしょうか。

    B 29までありますが、オーダーメイドも承っております。

2 **A** 이번 설문 조사에 대해 질문드리고 싶은데요.

    B はい、どのようなことでしょうか。

    A 3点ほど、確認させてください。

    B すみません。今手元に資料がないので、すぐ持って参ります。

1 **A** バスケットボール用のシューズについてお聞きしたいですが。
B 네, 그러시죠.
A 280 이상의 신발도 취급하고 있나요?
B 290까지 있습니다만, 주문 제작도 하고 있습니다.

2 **A** 今回のアンケートについてお聞きしたいですが。
B 네, 무슨 일이시죠?
A 세 가지 정도, 확인시켜 주세요.
B 죄송합니다. 지금 제 앞에 자료가 없어서요. 바로 가지고 오겠습니다.

納期(のうき) 납기
取引条件(とりひきじょうけん) 거래 조건
製品(せいひん) 제품
取(と)**り扱**(あつか)**う** 취급하다
承(うけたまわ)**る** 삼가 받다
確認(かくにん) 확인
手元(てもと) 자기 앞
参(まい)**る** くる의 겸양어
話(はな)**し** 이야기, 통화

〜は確認できましたか。

〜은(는) 확인하셨나요?

🎧 043.MP3

중요한 사안은 상대방에게 생각할 시간을 주기 위해 먼저 메일을 보내 놓고 며칠 후에 전화를 걸어 확인하는 경우가 많은데요. 메일 내용이나 업무 및 거래에 관련된 사항을 상대방이 확인했는지 체크하는 패턴입니다.

STEP 1

1 パスワードは確認できましたか。

2 在庫は確認できましたか。

3 内容は確認できましたか。

4 入金は確認できましたか。

5 どこに問題があったかは確認できましたか。

1 패스워드는 확인하셨나요?

2 재고는 확인하셨나요?

3 내용은 확인하셨나요?

4 입금은 확인하셨나요?

5 어디에 문제가 있었는지는 확인하셨나요?

STEP 2

1 A はじめてお電話しますが、コリアナのパクと申します。
　 B あ、そうですか。営業部の小林と申します。
　 A 이틀 전에 보내 드린 팸플릿은 확인하셨나요?
　 B そうでしたか。大変失礼いたしました。まだ、詳しくは……。

2 A おはようございます。木村です。
　 B 기무라 씨, 한국상사의 김○○인데요, 대금이 입금되었는지는 확인하셨나요?
　 A 申し訳ありません。確認のメール、出すのを忘れていました。
　 B いえいえ、確認できたならそれでいいです。

TIPS
Q 〜は確認しましたか라고 하면 안 되나요? 왜 できましたか로 쓰는 거죠?

A 〜は確認しましたか가 틀린 표현은 아니지만, 너무 직접적인 것이 문제입니다. 상대방에게 확인했는지를 직접적으로 추궁하는 것은 실례입니다. 그래서 좀 더 부드럽게 '당신이 〜를 확인할 수 있는 상황에 있었느냐'라고 돌려서 묻는 거죠.

1 A 처음 전화드립니다만, 코리아나의 박○○이라고 합니다.
　 B 아, 그러십니까? 영업부의 고바야시라고 합니다.
　 A 이틀 전에 보내드린 팸플릿은 확인하셨나요?
　 B 그러셨어요? 대단히 실례했습니다. 아직 자세히는…….

2 A 안녕하세요. 기무라입니다.
　 B 木村さん、한국상사의 김○○이지만, 代金の振り込みは確認できましたか。
　 A 죄송합니다. 확인 메일 보내는 것을 깜박했네요.
　 B 아닙니다. 확인하셨으면 그걸로 됐습니다.

確認(かくにん) 확인
在庫(ざいこ) 재고
内容(ないよう) 내용
入金(にゅうきん) 입금
二日前(ふつかまえ) 이틀 전
お送(おく)**りした** 보내 드린
詳(くわ)**しく** 자세하게
代金(だいきん) 대금
振(ふ)**り込**(こ)**み** 계좌 입금

〜はその後いかがですか。

〜은(는) 어떻게 되어 가고 있나요?

🎧 044.MP3

비즈니스 업무와 관련하여 일의 진척 정도를 묻는 패턴입니다. 일의 진행을 하나하나 확인하며 묻는 것은 자칫 불쾌감을 줄 수 있습니다. 따라서 이 패턴과 같이 '그 후의 상황 전반'을 에둘러 묻는 것이 바람직합니다.

STEP 1

1 マーケットはその後いかがですか。

2 会社はその後いかがですか。

3 状況はその後いかがですか。

4 機械の調子はその後いかがですか。

5 新製品の開発はその後いかがですか。

1 시장은 어떻게 되어 가고 있나요?

2 회사는 어떻게 되어 가고 있나요?

3 상황은 어떻게 되어 가고 있나요?

4 기계의 상태는 그 후 어떻습니까?

5 신제품 개발은 어떻게 되어 가고 있나요?

STEP 2

1 A 진행 상황은 그 후 어떻습니까?
   B 明日、船積みに入ります。
   A でしたら、船積み書類を送っていただけますか。
   B もちろんです。そのつもりでおりました。

2 A 이번 프로젝트는 어떻게 되어 가고 있나요?
   B あまり進んでおりません。
   A ひとつ提案させていただいてよろしいですか。
   B ぜひお願いします。こちらとしては願ってもないことです。

1 A 進み具合いはその後いかがですか。
   B 내일 선적에 들어갑니다.
   A 그렇다면 선적 서류를 보내 주시겠어요?
   B 물론입니다. 그럴 생각이었습니다.

2 A 今回のプロジェクトはその後いかがですか。
   B 별로 진전이 없네요.
   A 한 가지 제안드려도 될까요?
   B 꼭 좀 부탁드립니다. 저희로서는 더 바랄 나위 없는 일이죠.

状況(じょうきょう) 상황
機械(きかい) 기계
開発(かいはつ) 개발
具合(ぐあい) 상태, 형편
船積(ふなづ)み 선적
書類(しょるい) 서류
進(すす)む 진행되다
提案(ていあん) 제안

～じゃなかったんでしょうか。

～이(가) 아니었나요?

자신이 알고 있는 사실이나 정보를 상대방에게 확인하는 패턴입니다. 언어가 다른 나라와 무역을 할 경우에는 정보 교류에 있어서 착오가 생길 수 있으니 중요한 사안은 전화로 직접 확인하세요.

🎧 045.MP3

STEP 1

① 山田さんが来る**ん**じゃなかったんでしょうか。

② カタログを送ってくださる**ん**じゃなかったんでしょうか。

③ 納品日は昨日じゃなかったんでしょうか。

④ 打ち合わせは来週じゃなかったんでしょうか。

⑤ 仕様変更はないとのことじゃなかったんでしょうか。

① 야마다 씨가 오는 게 아니었나요?

② 카탈로그를 보내 주시는 게 아니었나요?

③ 납품일은 어제가 아니었나요?

④ 회의는 다음 주가 아니었나요?

⑤ 사양 변경은 없다고 하지 않으셨나요?

STEP 2

① A お聞きしたいことがあってお電話しました。
B はい、何でしょうか。
A 発注したジャケットは防水加工がされた物じゃなかったんでしょうか。
B はい、全商品、防水加工を施していますが。

② A 会議は2時からじゃなかったんでしょうか。
B いいえ、12時からでした。
A そうですか。12時でしたか。
B たぶん、聞き間違いだったようですね。

① A 여쭤 보고 싶은 것이 있어서 전화드렸습니다.
B 네, 말씀하세요.
A 발주한 재킷은 방수 가공이 된 것이 아니었나요?
B 네, 모든 상품은 방수 가공 처리를 하고 있는데요.

② A 회의는 2時からじゃなかったんでしょうか。
B 아니요, 12시부터였습니다.
A 그래요? 12시부터였군요.
B 아마 잘못 들으셨나 보네요.

T I P S
전화로 전화번호를 말할 때는 상대방이 잘못 듣는 일이 없도록 배려하는 것이 필요합니다. 우선 숫자를 하나하나 끊어서 천천히 읽어 주고, 2와 5는 2음절로 길게 발음해 주는 것이 좋습니다. 7은 しち로 발음하면 1의 いち와 헷갈릴 수 있으므로 なな로 읽어 줍니다. 하이픈은 の라고 읽어 주면 됩니다.

納品日(のうひんび) 납품일
打(う)ち合(あ)わせ 회의
仕様(しよう) 사양
変更(へんこう) 변경
発注(はっちゅう) 발주
防水加工(ぼうすいかこう) 방수 가공
施(ほどこ)す 처리하다, 가공하다

〜はいつにしましょうか。

〜은(는) 언제로 할까요?

일정을 조정할 때 상대방에게 시간 결정을 맡기는 패턴입니다. 주로 회의나 모임 일시를 정할 때 많이 쓰는 패턴으로, 상대방의 일정에 따르겠다는 의지를 나타냅니다.

🎧 046.MP3

STEP 1

1 セミナーはいつにしましょうか。

2 飲み会はいつにしましょうか。

3 プレゼンテーションはいつにしましょうか。

4 次の打ち合わせはいつにしましょうか。

5 見積書を送るのはいつにしましょうか。

1 세미나는 언제로 할까요?

2 회식은 언제로 할까요?

3 프레젠테이션은 언제로 할까요?

4 다음 회의는 언제로 할까요?

5 견적서를 보내는 것은 언제로 할까요?

STEP 2

1 A 신상품 전시회는 언제로 할까요?
   B そうですね。カンさんのお考えは？
   A 来月の中旬はいかがですか。
   B いろいろ準備もありますし、それがいいですね。

2 A 납기는 언제로 할까요?
   B 10月15日にしてください。
   A 二、三日、延ばしていただけないでしょうか。
   B 二、三日でしたら、分かりました。

1 A 新商品の展示会はいつにしましょうか。
   B 글쎄요. 강○○ 씨의 생각은 어떠세요?
   A 다음 달 중순은 어떻습니까?
   B 여러 가지 준비도 있으니까 그때가 좋겠네요.

2 A 納期はいつにしましょうか。
   B 10月15日로 해 주세요.
   A 2, 3일 늦춰 주실 수 없을까요?
   B 2, 3일이라면 알겠습니다.

TIPS

스케줄을 조정하거나 약속 시간을 잡는 표현으로는 〜のご都合はいかがですか。(〜시간은 어떠세요?)가 있습니다. 자신에게 편한 시간을 먼저 제시하는 패턴입니다.

예 明後日、午後のご都合はいかがですか。
(내일 모레 오후 시간은 어떠세요?)
課長、明日のご都合はいかがですか。(과장님, 내일 시간은 어떠세요?)

飲(の)み会(かい) 회식
見積書(みつもりしょ) 견적서
展示会(てんじかい) 전시회
中旬(ちゅうじゅん) 중순
納期(のうき) 납기
延(の)ばす 연기하다
都合(つごう) 형편, 사정
明後日(あさって) 내일 모레

～について何かご存じですか。

～에 대해서 뭔가 알고 계시나요?

비즈니스맨에게 정보는 재산과 같은데요. 알고 싶은 정보를 넌지시 물어 보는 패턴입니다. 何か가 사소한 정보라도 괜찮다는 뉘앙스를 줌으로써 상대방에게 큰 부담을 주지 않는 표현입니다.

🎧 047.MP3

STEP 1

1 手続きについて何かご存じですか。

2 この問題について何かご存じですか。

3 どういう技術かについて何かご存じですか。

4 合併の話について何かご存じですか。

5 今度いらっしゃる社長について何かご存じですか。

1 절차에 대해서 뭔가 알고 계시나요?

2 이 문제에 대해서 뭔가 알고 계시나요?

3 어떤 기술인지에 대해서 뭔가 알고 계시나요?

4 합병설에 대해서 뭔가 알고 계시나요?

5 이번에 오시는 사장님에 대해서 뭔가 알고 계시나요?

STEP 2

1 A 最近、いかがですか。
   B 新しい部長が来るといううわさがありまして……。
   A 昔、ひまわり建設にいらっしゃった林さんじゃありませんか。
   B 하야시 씨에 대해서 뭔가 알고 계시나요?

2 A 高橋さんのところのメインバンクは三菱銀行でしたよね。
   B はい、そうですが。
   A 미쓰비시은행에 대해서 뭔가 알고 계신가요?
   B いつでも相談できるし、頼りになりますよ。

1 A 요즘 어떠세요?
   B 새 부장님이 오신다는 소문이 있어서요.
   A 예전에 해바라기건설에 계셨던 하야시 씨가 아닌가요?
   B 林さんについて何かご存じですか。

2 A 다카하시 씨 회사의 주거래 은행은 미쓰비시은행이었죠?
   B 네, 그렇습니다만.
   A 三菱銀行について何かご存じですか。
   B 언제나 상의할 수 있고, 믿음이 가는 곳입니다.

TIPS

ファミ・コン言葉という言葉があるんですけど、ファミリー レストランやコンビニ等のアルバイト生が使う間違った敬語を指します。

例 メニューになっております。(×)
   ➡ メニューでございます。(○)
   (메뉴입니다)
   説明書になっております。(×)
   ➡ 説明書でございます。(○)
   (설명서입니다)

手続(てつづ)き 절차
ご存(ぞん)じ 아심
技術(ぎじゅつ) 기술
合併(がっぺい) 합병
最近(さいきん) 요즘
昔(むかし) 예전
建設(けんせつ) 건설
頼(たよ)りになる 의지가 되다

大変申し上げにくいですが～

대단히 말씀드리기 송구스럽지만 ～

곤란한 이야기를 해야 할 때는 이 패턴을 쓰세요. 비슷한 표현으로는 失礼とは存じますが(실례인 줄은 알지만)가 있습니다. 참고로 'ます형+にくい'는 '～하기 어렵다(힘들다)'입니다.

🎧 048.MP3

STEP 1

1️⃣ 大変申し上げにくいですが、**まだサンプルが届いておりません。**

2️⃣ 大変申し上げにくいですが、**数字が間違っていました。**

3️⃣ 大変申し上げにくいですが、**書類が一枚足りません。**

4️⃣ 大変申し上げにくいですが、**高橋が高箸になっていました。**

5️⃣ 大変申し上げにくいですが、**これ以上入金が遅れると困ります。**

1️⃣ 대단히 말씀드리기 송구스럽지만, 아직 샘플이 도착하지 않았어요.

2️⃣ 대단히 말씀드리기 송구스럽지만, 숫자가 틀렸습니다.

3️⃣ 대단히 말씀드리기 송구스럽지만, 서류가 한 장 부족합니다.

4️⃣ 대단히 말씀드리기 송구스럽지만, 다카하시(高橋)가 다카하시(高箸)로 되어 있었습니다.

5️⃣ 대단히 말씀드리기 송구스럽지만, 더 이상 입금이 늦어지면 곤란합니다.

STEP 2

1️⃣ **A** 昨日送ったレポートは確認できましたか。
   B あのう、確認はしましたが。
   A どうなさいましたか。
   B 대단히 말씀드리기 송구스럽지만, 그림이 전부 빠져 있었습니다.

2️⃣ **A** 대단히 말씀드리기 송구스럽지만, 3월분 지불이 아직이라서요.
   B 申し訳ありません。少し事情がありまして。
   A ご事情は分かりますが、弊社としても資金繰りが大変なんです。
   B 来週の火曜日までには必ず振り込みます。

1️⃣ **A** 어제 보낸 리포트는 확인하셨나요?
   B 저, 확인은 했습니다만.
   A 왜 그러시죠?
   B 大変申し上げにくいですが、図が全部抜けていました。

2️⃣ **A** 大変申し上げにくいですが、3月分のお支払がまだでして。
   B 죄송합니다. 조금 사정이 있어서요.
   A 사정은 이해하지만, 저희로서도 자금 융통이 힘듭니다.
   B 다음 주 화요일까지는 반드시 입금하겠습니다.

TIPS

이 패턴은 뭔가를 거절하거나 사퇴할 때도 자주 사용됩니다.

예 大変申し上げにくいですが、お断りさせていただきます。(대단히 말씀드리기 송구스럽지만, 거절하겠습니다)

申(もう)し上(あ)げる 말씀드리다
数字(すうじ) 숫자
間違(まちが)う 틀리다
入金(にゅうきん) 입금
図(ず) 그림
抜(ぬ)ける 빠지다
事情(じじょう) 사정
資金繰(しきんぐ)り 자금 융통
振(ふ)り込(こ)む 계좌에 입금하다
断(ことわ)る 거절하다

～とお伝えください。

～(이)라고 전해 주세요.

🎧 049.MP3

통화를 하고자 했던 상대와 연결되지 못했을 때 메시지를 남기는 패턴입니다. 내용은 간단명료하게 정리해서 말하고, 만약을 위해서 전화를 받은 사람의 이름을 메모해 두는 것이 좋습니다.

STEP 1

1 お話があるとお伝えください。

2 こちらからお電話するとお伝えください。

3 できるだけ早くご連絡くださいとお伝えください。

4 説明会は予定どおり行うとお伝えください。

5 韓国商事のパクから電話があったとお伝えください。

1 할 이야기가 있다고 전해 주세요.

2 제가 전화하겠다고 전해 주세요.

3 가능한 한 빨리 연락 달라고 전해 주세요.

4 설명회는 예정대로 실시된다고 전해 주세요.

5 한국상사의 박○○이 전화했다고 전해 주세요.

STEP 2

1 A 部長はただいま社内におりませんが。
　 B そうですか。急な用事で、すぐに連絡をとりたいのですが。
　 A では、こちらで部長に連絡をとってみます。
　 B 그럼, 제 휴대폰으로 전화해 달라고 전해 주세요.

2 A ソウル商事のオと申しますが、鈴木さんはいらっしゃいますか。
　 B ただいま鈴木は接客中ですが。
　 A 그렇다면, 견적서를 보냈다고 전해 주세요.
　 B はい、かしこまりました。

1 A 부장님은 현재 사내에 안 계신데요.
　 B 그렇습니까? 갑작스런 일로 바로 연락을 취하고 싶은데요.
　 A 그럼, 저희 쪽에서 부장님과 연락을 해 보겠습니다.
　 B 그럼, 저희 쪽에서 부장님과 연락을 해 보겠습니다.
　 B では、私の携帯にお電話くださるようにとお伝えください。

2 A 서울상사의 오○○라고 합니다만, 스즈키 씨 계신가요?
　 B 지금 스즈키는 상담 중입니다만.
　 A でしたら、見積書を送ったとお伝えください。
　 B 네, 알겠습니다.

伝(つた)える 전하다
説明会(せつめいかい) 설명회
予定(よてい)どおり 예정대로
用事(ようじ) 볼일
連絡(れんらく)をとる 연락을 취하다
接客中(せっきゃくちゅう) 접객(상담) 중
見積書(みつもりしょ) 견적서
電話(でんわ)に出(で)る 전화를 받다
席(せき)をはずす 자리를 비우다
外出(がいしゅつ) 외출

～改めてお電話させていただきます。

～다시 전화드리겠습니다.

통화를 못했을 때 전화를 건 쪽에서 다시 걸겠다고 말하는 패턴입니다. 전화를 다시 거는 시간을 알리거나, 전화를 거는 주체를 말할 때 유용합니다.

🎧 050.MP3

STEP 1

1 こちらから改めてお電話させていただきます。

2 後ほど改めてお電話させていただきます。

3 昼過ぎに改めてお電話させていただきます。

4 水曜日に改めてお電話させていただきます。

5 午後3時ぐらいに改めてお電話させていただきます。

1 제가 다시 전화드리겠습니다.

2 나중에 다시 전화드리겠습니다.

3 점심시간 지나서 다시 전화드리겠습니다.

4 수요일에 다시 전화드리겠습니다.

5 오후 3시 정도에 다시 전화드리겠습니다.

STEP 2

1 A 渡辺ですが、営業２課の佐藤さんをお願いします。
  B 佐藤は外出中で、本日は直帰する予定です。
  A 그렇습니까? 그럼, 내일 아침에 다시 전화드리겠습니다.
  B はい、かしこまりました。

2 A ソンさん、いらっしゃいますか。
  B ソンは取引先を回っておりまして、帰社は午後5時の予定です。
  A 그렇다면 그때 다시 전화드리겠습니다.
  B 恐れ入ります。では、失礼いたします。

전화를 하다 보면 번호를 잘못 눌러 예상치 못한 상대가 전화를 받는 경우가 있습니다. 그럴 때는 침착하게 우선 번호를 확인하고(▶すみません、そちら、1212の5656(또는 회사 이름)じゃありませんか), 만약 잘못 걸었다면 정중히 사과한 후(▶あ、間違えました。大変失礼いたしました) 전화를 끊습니다.

1 A 와타나베라고 하는데요, 영업 2과의 사토 씨 부탁합니다.
  B 사토는 외출 중으로, 오늘은 바로 퇴근할 예정입니다.
  A 그렇습니까. では、明日の朝、改めてお電話させていただきます。
  B 네, 알겠습니다.

2 A 손○○ 씨, 계십니까?
  B 손○○은 거래처를 돌고 있어서요, 돌아오는 것은 오후 5시 예정입니다.
  A それでは、そのころ改めてお電話させていただきます。
  B 죄송합니다. 그럼, 안녕히 계세요.

改(あらた)めて 다시
後(のち)ほど 나중에
昼過(ひるす)ぎに 점심시간 지나서
課(か) 과
外出(がいしゅつ) 외출
直帰(ちょっき) 바로 퇴근함
取引先(とりひきさき) 거래처
帰社(きしゃ) 회사로 돌아옴
間違(まちが)える 틀리다

PATTERN 051

전화 끝내기

それでは〜

그럼 〜

🎧 051.MP3

용건이 끝나고 전화 통화를 마무리하는 패턴입니다. 이 패턴은 이제 끊을 준비를 시작하겠다는 신호탄이기도 합니다. 부드럽고 자연스럽게 통화를 마무리할 수 있도록 활용 예문을 암기하세요.

STEP 1

1 それでは、よろしくお願いします。

2 それでは、午後3時に伺います。

3 それでは、明日、お待ちしております。

4 それでは、何かございましたらお電話ください。

5 それでは、木村さんによろしくお伝えください。

1 그럼, 잘 부탁드립니다.

2 그럼, 오후 3시에 찾아뵙겠습니다.

3 그럼, 내일 기다리고 있겠습니다.

4 그럼, 무슨 일 있으면 전화 주세요.

5 그럼, 기무라 씨에게 안부 전해 주세요.

STEP 2

1 **A** すみませんが、操作についてお聞きしたいですが。
　　B こちらは事業部ですので、サポートセンターのほうにおかけください。
　　A あ、失礼いたしました。
　　B いいえ、お役にたてませんで……。それでは、失礼いたします。

2 **A** 明日の会議のことですが、急に都合がつかなくなりました。
　　B そうですか。それでは、いつにしましょうか。
　　A 明後日なら都合がつきます。
　　B はい、わかりました。それでは、明後日の10時ということで。

TIPS

都合를 활용하여 상대방의 형편을 묻는 표현을 만들어 볼까요?

1. ご都合はいかがですか。
　(시간은 어떠신가요?)
2. ご都合がよろしければ〜
　(시간이 괜찮으시면)
3. ご都合のいい日を教えてください。
　(편하신 날을 알려 주세요)

1 **A** 죄송하지만, 조작에 대해서 여쭤 보고 싶은데요.
　　B 여기는 사업부니까 지원 센터 쪽으로 다시 걸어 주세요.
　　A 아, 실례했습니다.
　　B 아니요, 도움이 되지 못해서……. 그럼, 실례하겠습니다.

2 **A** 내일 회의 말인데요. 갑자기 참석을 못하게 되었습니다.
　　B 그렇습니까? 그럼 언제로 할까요?
　　A 내일 모레라면 시간이 됩니다.
　　B 네, 알겠습니다. 그럼, 내일 모레 10시로.

後(ごご) 오후

〜によろしく伝(つた)**える**
〜에게 안부 전하다

操作(そうさ) 조작

事業部(じぎょうぶ) 사업부

都合(つごう)**がつく** 형편이 되다

Unit 06
전화 받기 패턴

패턴 미리보기

052　～でございます。　～입니다.　　　　　　　　　　　　이름과 소속 밝히기

053　～でいらっしゃいますね。　～이시군요.　　　　　　　상대방 확인하기

054　あいにくですが～　공교롭게도 ～　　　　　　　　　　부재 알리기

055　差し支えなければ～　만약 폐가 되지 않는다면 ～　　상대방 배려하기

056　～なら大丈夫です。　～(이)라면 괜찮습니다.　　　　　시간 제시하기

057　～におつなぎします。　～(으)로(에게) 연결해 드리겠습니다.　전화 연결하기

058　私からは答えかねますので～　제가 답변하기는 어려우니 ～　답변 피하기

059　～がかかりそうです。　～이(가) 걸릴(들) 것 같습니다.　시간과 경비 예상하기

060　念のために～　혹시 몰라서 ～　　　　　　　　　　　만일에 대비하기

061　～と伝えておきます。　～(라)고 전해 두겠습니다.　　복창하기

062　～とのことです。　～(라)는 내용이었습니다.　　　　내용 전달하기

063　～て(で)からご連絡します。　～(하)고 나서 연락드리겠습니다.　연락 시점 알리기

064　～ということですね。　～(라)는 말씀이시죠?　　　　내용 확인하기

065　～かチェックしてみます。　～(는)지 체크해 보겠습니다.　체크 사항 말하기

066　何かありましたら～　무슨 일 있으시면 ～　　　　　　좋은 인상 주기

〜でございます。

~입니다.

🎧 052.MP3

따르릉~ 전화가 왔습니다. 전화 받는 사람의 이름이나 소속 부서명을 밝히는 패턴으로, 회사의 첫인상을 결정짓는 만큼 활기차고 정확하게 발음해 주세요.

STEP 1

1 ソウル商事でございます。

2 おはようございます。木村でございます。

3 お待たせしました。輸入担当のキムでございます。

4 お久しぶりです。ソウルでお世話になった佐藤でございます。

5 お電話ありがとうございます。営業部のパクでございます。

1 서울상사입니다.

2 안녕하세요. 기무라입니다.

3 오래 기다리셨습니다. 수입 담당 김○○입니다.

4 오랜만입니다. 서울에서 신세 졌던 사토입니다.

5 전화 감사합니다. 영업부의 박○○입니다.

STEP 2

1 A 네, 한국물산입니다.

　　B いつもお世話になっております。日本電気の野村です。

　　A 野村さん、ご無沙汰しております。

　　B こちらこそ。お元気でしたか。

2 A 전화 바꿨습니다. 서비스부 다카하시입니다.

　　B お忙しいところすみません。韓国貿易のイです。

　　A イさん、いつもお世話になっております。

　　B 10分ほどでけっこうですので、お時間いただけますか。

1 A 　はい、韓国物産でございます。
　　B 　늘 신세 지고 있습니다. 일본전기의 노무라입니다.
　　A 　노무라 씨, 격조했습니다.
　　B 　저야말로요. 잘 지내셨어요?

2 A 　お電話代わりました。サービス部の高橋でございます。
　　B 　바쁘신데 죄송해요. 한국무역의 이○○입니다.
　　A 　이○○ 씨, 항상 신세 지고 있습니다.
　　B 　10분 정도면 되는데, 시간 내 주실래요?

T I P S

전화를 받는 사람은 그 회사의 대변자입니다. 전화를 받을 때는 다음 사항에 주의하세요.

1. 항상 메모지와 펜을 챙겨 둔다.
2. 전화벨 소리가 3번 울리기 전에 수화기를 집는다.
3. '솔'에 해당하는 톤으로 밝고 명랑하게 회사명과 이름을 밝히고, 간단한 인사를 한다.
4. 용건을 잘 듣고 그에 맞게 대처한다.

輸入(ゆにゅう) 수입
担当(たんとう) 담당
営業部(えいぎょうぶ) 영업부
物産(ぶっさん) 물산
電気(でんき) 전기
ご無沙汰(ぶさた) 오래 연락을 못함
代(か)**わる** 대신하다
貿易(ぼうえき) 무역

～でいらっしゃいますね。

~이시군요.

상대방의 이름과 회사명, 직함 등을 확인하는 패턴입니다. 전화는 소리라는 청각적 정보에만 의존해야 하므로 틀리게 듣거나, 잘못 이해하는 경우가 있습니다. 이 패턴을 적극 활용하여 실수하는 일이 없도록 주의합시다.

🎧 053.MP3

STEP 1

1 韓国の方でいらっしゃいますね。

2 ご本人様でいらっしゃいますね。

3 山本課長でいらっしゃいますね。

4 ご出身は日本でいらっしゃいますね。

5 日本商事の山田様でいらっしゃいますね。

1 한국 분이시군요.

2 본인이시군요.

3 야마모토 과장님이시군요.

4 출신은 일본이시군요.

5 일본상사의 야마다 님이시군요.

STEP 2

1 A ソウル自動車のキムでございますが。
  B 안녕하세요. 서울자동차의 김○○이시군요.
  A はい、木村課長をお願いしたいですけど。
  B ただいま、木村に代わりますので、少々お待ちください。

2 A お待たせいたしました。韓国商事でございます。
  B 日本電気の加藤です。恐れ入りますが、鈴木さんはいらっしゃいますか。
  A 가토 씨이시군요. 申し訳ありませんが、鈴木はただいま会議中でして。
  B では、電話があったとお伝えください。

1 A 서울자동차의 김○○입니다만.
  B おはようございます。ソウル自動車のキム様でいらっしゃいますね。
  A 네, 기무라 과장님을 부탁드리고 싶은데요.
  B 바로 기무라 과장님을 바꿔 드릴 테니, 잠시만 기다려 주세요.

2 A 오래 기다리셨습니다. 한국상사입니다.
  B 일본전기의 가토입니다. 죄송하지만, 스즈키 씨 계신가요?
  A 加藤様でいらっしゃいますね。 죄송합니다만, 스즈키는 지금 회의 중이라서요.
  B 그럼, 전화가 왔다고 전해 주십시오.

TIPS
전화 통화 중에 문제가 생겼을 때 대처하는 표현을 알아볼까요?
1. 전화 내용을 못 들었을 때
  ● 申し訳ございませんが、もう一度お名前を伺ってもいいでしょうか。
2. 전화 내용이 잘 들리지 않을 때
  ● 恐れ入りますが、お電話が遠いようなので、もう一度お願いします。
3. 전화하다가 도중에 전화가 끊겼을 때
  ● 失礼いたしました。途中でお電話が切れてしまいまして。

本人(ほんにん) 본인
課長(かちょう) 과장
出身(しゅっしん) 출신
自動車(じどうしゃ) 자동차
少々(しょうしょう) 잠시
電気(でんき) 전기
恐(おそ)**れ入**(い)**る** 송구스러워하다
会議中(かいぎちゅう) 회의 중
伺(うかが)**う** '묻다'의 겸양
電話(でんわ)**が遠**(とお)**い** 전화감이 멀다
電話(でんわ)**が切**(き)**れる** 전화가 끊어지다

あいにくですが～

공교롭게도 ～

🎧 054.MP3

생각지 못했거나 뜻하지 않은 일 때문에 상대방의 기대와 목적에 부응하지 못함을 알리는 패턴입니다. 상대방에 대한 미안함, 상황에 대한 안타까움을 어필하는 표현으로, 전화에서 부재를 알릴 때 자주 사용합니다.

STEP 1

1 あいにくですが、**先約があります。**

2 あいにくですが、**品切になってしまいました。**

3 あいにくですが、**急な用事がありまして。**

4 あいにくですが、**高橋は席をはずしております。**

5 あいにくですが、**9月15日は都合が悪いです。**

1 공교롭게도 선약이 있습니다.

2 공교롭게도 품절이 되어 버렸습니다.

3 공교롭게도 급한 볼일이 생겨서요.

4 공교롭게도 다카하시는 자리에 없습니다.

5 공교롭게도 9월 15일은 시간이 안 됩니다.

STEP 2

T I P S

다양한 あいにく 활용 표현을 알아볼까요?

1 A 田中さんはいらっしゃいますか。
　　B 공교롭게도 다나카는 외근을 나가서요.
　　A そうですか。では、戻りましたら、折り返しお電話いただけますか。
　　B はい、そのように伝えます。

1. あいにくの雨で運動会は中止です。
   (마침 비가 와서 운동회는 중지됩니다)
2. あいにくのお天気ですが、
   (좋지 않은 날씨지만)
3. その日はあいにく時間があいておりません。(그날은 마침 스케줄이 있네요)

2 A 商品は準備できましたか。
　　B 아뇨, 공교롭게도 작업에 시간이 걸려서 아직입니다.
　　A 大丈夫でしょうか。予約はすでに1,000件を超えていますよ。
　　B 納期に遅れないように全力でがんばります。

1 A 다나카 씨 계신가요?
　　B あいにくですが、田中は外回り中でして。
　　A 그렇습니까? 그럼, 돌아오면 바로 전화 주실래요?
　　B 네, 그렇게 전하겠습니다.

2 A 상품은 준비되었나요?
　　B いえ、あいにくですが、作業に時間がかかってしまい、まだです。
　　A 괜찮을까요? 예약은 이미 1,000건을 넘었는데요.
　　B 납기에 늦지 않도록 전력을 다해 노력하겠습니다.

先約(せんやく) 선약
品切(しなぎれ) 품절
都合(つごう)**が悪**(わる)**い** 형편이 안 좋다
外回(そとまわ)**り** 외근
折(お)**り返**(かえ)**し** 바로, 즉시
作業(さぎょう) 작업
超(こ)**える** 넘다
遅(おく)**れる** 늦어지다
中止(ちゅうし) 중지
時間(じかん)**があく** 시간이 비다

差し支えなければ～

만약 폐가 되지 않는다면 ～

일본의 직장인이라면 거의 습관처럼 사용하는 패턴입니다. 업무에 조금이라도 지장이 있다면 부탁을 거절해도 괜찮다는 뉘앙스를 어필하여 상대를 최대한 배려해 주는 표현입니다.

🎧 055.MP3

STEP 1

1 差し支えなければ、**お聞きしていいですか。**

2 差し支えなければ、**アドバイスをお願いしたいですが。**

3 差し支えなければ、**後ほどお電話いただけませんか。**

4 差し支えなければ、**お名前を教えていただけますか。**

5 差し支えなければ、**ご希望の値段をおっしゃってくださいませんか。**

1 만약 폐가 되지 않는다면 여쭤 봐도 될까요?

2 만약 폐가 되지 않는다면 조언을 부탁드리고 싶은데요.

3 만약 폐가 되지 않는다면 나중에 전화해 주시지 않을래요?

4 만약 폐가 되지 않는다면 성함을 가르쳐 주실래요?

5 만약 폐가 되지 않는다면 원하시는 가격을 말씀해 주실래요?

STEP 2

1 A　営業部の田中でございます。
 B　どうも、人事部の伊藤です。
 A　파일의 숫자가 조금 이상해서요, 만약 폐가 되지 않는다면 와 주시지 않을래요?
 B　そうですか。ただいま、参ります。

2 A　昨日のメール、読みましたが。
 B　申し訳ありません。
 A　만약 폐가 되지 않는다면 취소하신 이유를 가르쳐 주세요.
 B　大変申し上げにくいですが、品質の面で少し不安がありまして
　　……。

1 A　영업부의 다나카입니다.
 B　안녕하세요, 인사부의 이토입니다.
 A　ファイルの数字が少しおかしいので、差し支えなければ、来ていただけませんか。
 B　그렇습니까? 바로 가겠습니다.

2 A　어제 메일 봤는데요.
 B　죄송합니다.
 A　差し支えなければ、キャンセルの理由をお聞かせください。
 B　대단히 말씀드리기 어렵지만, 품질 면에서 조금 불안한 점이 있어서요.

後(のち)ほど 나중에
希望(きぼう) 희망
値段(ねだん) 가격
人事部(じんじぶ) 인사부
数字(すうじ) 숫자
参(まい)る 行(い)く의 겸양어
理由(りゆう) 이유
品質(ひんしつ) 품질
不安(ふあん) 불안, 걱정
可能(かのう) 가능
支障(ししょう) 지장

〜なら大丈夫です。

〜(이)라면 괜찮습니다.

🎧 056.MP3

업무 관련 미팅이나 모임, 회사 방문 등의 일정을 전화로 협의할 때, 자신이 원하는 시간을 제시하는 패턴입니다. 상대방의 제안을 받아들이는 경우에도 사용할 수 있고, 시간 외의 조건에도 활용할 수 있습니다.

STEP 1

1 今からなら大丈夫です。

2 火曜日なら大丈夫です。

3 何時までなら大丈夫ですか。

4 私はチェさんがオッケーなら大丈夫です。

5 午後2時から3時までなら大丈夫です。

1 지금부터라면 괜찮습니다.

2 화요일이라면 괜찮습니다.

3 몇 시까지라면 괜찮습니까?

4 나는 최○○ 씨가 오케이라면 괜찮습니다.

5 오후 2시부터 3시까지라면 괜찮습니다.

STEP 2

1 A 飲み会のことでお電話しました。
　 B 確か来週の木曜日でしたよね。
　 A そうなんです。ぜひ来てください。
　 B 목요일이라면 괜찮아요. 久しぶりに飲みましょう。

2 A ご連絡できるのは6時過ぎになりそうです。
　 B そうですか。
　 A 小林さん、退社は何時ですか。
　 B 7시까지라면 괜찮으니까 전화 주세요.

T I P S

電話アレルギー라는 말이 있는데요. 신입사원들이 입사해서 가장 두려운 것이 전화가 걸려왔을 때라고 합니다. 수명이 줄어 드는(寿命が縮む) 기분이라고 하네요. 이런 이야기를 들으면 왠지 위로가 됩니다. 일본 사람들조차도 電話恐怖症(전화공포증)을 겪는다고 하니, 우리가 긴장하는 것은 어쩌면 당연한 일이 아닐까요? 우리 모두 힘냅시다!

1 A 회식 때문에 전화드렸습니다.
　 B 아마 다음 주 목요일이었죠?
　 A 그렇습니다. 꼭 와 주세요.
　 B 木曜日なら大丈夫です。 오랜만에 마셔 봅시다.

2 A 연락이 가능한 것은 6시 지나서가 될 것 같아요.
　 B 그렇습니까?
　 A 고바야시 씨, 퇴근 시간이 언제죠?
　 B 7時までなら大丈夫ですので、お電話ください。

飲(の)み会(かい) 술자리, 회식
確(たし)か 아마
久(ひさ)しぶりに 오랜만에
連絡(れんらく) 연락
退社(たいしゃ) 퇴근
寿命(じゅみょう) 수명
縮(ちぢ)む 오그라들다
恐怖症(きょうふしょう) 공포증

〜におつなぎします。

〜(으)로(에게) 연결해 드리겠습니다.

🎧 057.MP3

내선을 이용하여 타 부서나 담당자에게 전화를 연결하는 패턴입니다. つなぐ는 '잇다, 연결하다'란 의미의 동사로, 겸양어 공식(お+ます형+する)을 활용하여 정중함을 더해 주고 있습니다.

STEP 1

1 販売部におつなぎします。

2 サービスセンターにおつなぎします。

3 責任者におつなぎします。

4 私どものどちらにおつなぎしますか。

5 担当部署におつなぎします。

1 판매부로 연결해 드리겠습니다.

2 서비스 센터로 연결해 드리겠습니다.

3 책임자에게 연결해 드리겠습니다.

4 저희 회사의 어디(어느 부서)로 연결해 드릴까요?

5 담당 부서로 연결해 드리겠습니다.

STEP 2

1 A はい、人事部でございます。
B 林さんをお願いしたいですが。
A 林ですね。그럼, 하야시에게 연결해 드리겠습니다.
B ありがとうございます。お世話をおかけします。

2 A 韓国マーケットのイですが、プレゼンの件でお電話しました。
B あのう、失礼ですが、どちらにおかけでしょうか。
A 日本商事の営業部じゃないでしょうか。
B こちらは総務部でございます。영업부로 연결해 드리겠습니다.

1 A 네, 인사부입니다.
B 하야시 씨를 부탁드리고 싶은데요.
A 하야시 말이군요. 그럼, 林에게 연결해 드리겠습니다.
B 감사합니다. 폐를 끼쳐 죄송합니다.

2 A 한국마켓의 이○○인데요, 프레젠테이션 건으로 전화드렸습니다.
B 저, 실례지만 어디로 거셨나요?
A 일본상사 영업부 아닌가요?
B 여기는 총무부입니다. 영업부에 연결해 드리겠습니다.

販売部(はんばいぶ) 판매부
責任者(せきにんしゃ) 책임자
部署(ぶしょ) 부서
人事部(じんじぶ) 인사부
世話(せわ)**をかける** 폐를 끼치다
総務部(そうむぶ) 총무부
保留(ほりゅう) 보류
折(お)**り返**(かえ)**し** 바로, 즉시

私からは答えかねますので～

제가 답변하기는 어려우니 ～

답변을 피하거나 잠시 보류함으로써 신중을 기하는 패턴입니다. 중대 사안이나 자신이 잘 모르는 내용이라면 일단 답변을 유보하고 먼저 상사나 담당 책임자와 상의하는 것이 좋습니다.

🎧 058.MP3

STEP 1

1 私からは答えかねますので、**セールス部のほうにおつなぎします。**

2 私からは答えかねますので、**改めてお電話いたします。**

3 私からは答えかねますので、**担当の者に代わります。**

4 私からは答えかねますので、**部長と相談してみます。**

5 私からは答えかねますので、**少々お時間いただけませんか。**

1 제가 답변하기는 어려우니 영업부로 연결해 드리겠습니다.

2 제가 답변하기는 어려우니 다시 전화드리겠습니다.

3 제가 답변하기는 어려우니 담당자를 바꿔드리겠습니다.

4 제가 답변하기는 어려우니 부장님과 상의해 보겠습니다.

5 제가 답변하기는 어려우니 잠시 시간을 주시지 않겠습니까?

STEP 2

1 A あのう、実は在庫がすべて切れてしまいまして。

B もう少し早い段階でご連絡いただかないと。

A 申し訳ありません。そこで、代替品のことなんですが。

B 제가 답변하기는 어려우니 상사와 이야기해 보겠습니다.

2 A 失礼ですが、どのようなご用件でしょうか。

B 実は出店の件でお電話しました。

A 제가 답변하기는 어려우니 마케팅부 직원을 바꿔 드리겠습니다.

B ありがとうございます。

T I P S

'ます형+かねる'(~하기 어렵다)와 'ます형+かねない'(~지도 모른다, ~할 수 있다)는 형태가 비슷해서 혼동하기 쉬운데요. ~かねる 자체에 부정의 의미가 포함되어 있음을 꼭 기억하세요.

例 その件についてこちらではわかりかねます。(그 건에 대해서 저희로서는 잘 모르겠습니다)

1 A 저, 사실은 재고가 모두 바닥나 버려서요.
B 좀 더 일찍 연락을 주셔야지요.
A 죄송합니다. 그래서 대체품 말인데요.
B 私からは答えかねますので、上の者と話してみます。

2 A 실례지만, 어떤 용건이신가요?
B 실은 출점 건으로 전화드렸습니다.
A 私からは答えかねますので、マーケティング部の者に代わります。
B 감사합니다.

答(こた)える 대답하다
～かねる ~하기 어렵다
改(あらた)めて 다시
担当(たんとう) 담당
在庫(ざいこ) 재고
段階(だんかい) 단계
代替品(だいたいひん) 대체품
用件(ようけん) 용건
出店(しゅってん) 출점

〜がかかりそうです。

~이(가) 걸릴(들) 것 같습니다.

회사끼리 주고받는 견본이나 서류, 이메일 등이 도착하기까지 걸리는 시간이나 비용을 예상하는 패턴입니다. 비즈니스는 시간과 돈의 거래인 만큼 아주 빈번하게 사용되는 표현입니다.

🎧 059.MP3

STEP 1

1 数日がかかりそうです。

2 二日ぐらいがかかりそうです。

3 すこし時間がかかりそうですね。

4 費用として2万円がかかりそうです。

5 完成までかなりのお金がかかりそうです。

1 며칠이 걸릴 것 같습니다.

2 이틀 정도가 걸릴 것 같습니다.

3 조금 시간이 걸릴 것 같네요.

4 비용으로 2만 엔이 들 것 같습니다.

5 완성까지 상당한 돈이 들 것 같습니다.

STEP 2

1 A クリスマスツリーが300本ほど必要ですが。
B 300本ですね。納期はいつですか。
A 2週間後ですが、発注から納品までどれぐらいかかりますか。
B 300개라면 일주일 정도가 걸릴 것 같습니다.

2 A 新商品のサンプルをいくつか送っていただけませんか。
B いつもの住所でいいですよね。
A 届くまでどれぐらいかかりそうですか。
B 요즘 같은 때면 5일은 걸릴 것 같네요.

1 A 크리스마스트리가 300개 정도 필요한데요.
B 300개 말씀이죠? 납기는 언제입니까?
A 2주 후입니다만, 발주에서 납품까지 얼마나 걸리죠?
B 300본이었다면, 1주일 정도 걸리겠어요.

2 A 신상품의 샘플을 몇 개 보내 주시지 않을래요?
B 늘 보내던 주소로 보내면 되죠?
A 도착하기까지 얼마나 걸릴 것 같아요?
B 今の時期ですと、5日はかかりそうですね。

数日(すうじつ) 며칠
費用(ひよう) 비용
完成(かんせい) 완성
納期(のうき) 납기
発注(はっちゅう) 발주
納品(のうひん) 납품
新商品(しんしょうひん) 신상품
いつもの 늘 ~하던
大名(だいみょう) 다이묘
言葉(ことば) 말
苦労(くろう) 고생
世話(せわ) 신세

念のために～

혹시 몰라서 ~

🎧 060.MP3

상대방에게 다짐을 받거나, 만일의 경우에 대비하여 다시 한 번 확인하겠다는 뉘앙스의 패턴입니다. 유비무환이라는 말이 있죠? 준비성이 철저한 일본 비즈니스에서는 가장 환영받는 자세가 아닌가 싶네요.

STEP 1

1 念のために**確認したいのですが**。

2 念のために**もう一度言いますね**。

3 念のために**領収書のコピーを送ります**。

4 念のために**申しますが、締め切りは明日です**。

5 念のために**お聞きしますが、お見積りに間違いはありませんか**。

1 혹시 몰라서 확인해 두고 싶은데요.

2 혹시 몰라서 한 번 더 말할게요.

3 혹시 몰라서 영수증 사본을 보냅니다.

4 혹시 몰라서 말씀드리는데, 마감은 내일입니다.

5 혹시 몰라서 여쭙는 건데요, 견적에 착오는 없나요?

STEP 2

1　A　スタンドを1,000個、単価は1,000円でお願いできますか。
　　B　一つあたり、1,000円ですか……。
　　A　長いつきあいじゃありませんか。
　　B　わかりました。そうも、혹시 몰라서 주문 내용을 복창하겠습니다. スタンドを1,000個、単価は1,000円で。

2　A　あいにく鈴木は出張中ですが。
　　B　スカイの木村から電話があったとお伝えください。
　　A　혹시 모르니까 전화번호를 여쭤 봐도 될까요?
　　B　はい、03-3434-2525です。

1　A　스탠드를 1,000개, 단가는 1,000엔으로 부탁드릴 수 있을까요?
　　B　한 개당 1,000엔입니까…….
　　A　오래 거래해 왔잖아요.
　　B　알겠습니다. 그럼, 念のためにご注文を繰り返させていただきます。スタンド 1,000개, 단가는 1,000엔으로.

2　A　공교롭게도 스즈키는 출장 중인데요.
　　B　스카이의 기무라가 전화했다고 전해 주십시오.
　　A　念のためにお電話番号をお聞きしてよろしいですか。
　　B　네, 03-3434-2525입니다.

T I P S

상대방에게 전할 말이 있는지를 묻는 표현에는 어떤 것이 있을까요?

1. ご伝言はございますか。(남기실 말씀 있나요?)
2. ご用件を承りましょうか。 (용건을 전해 드릴까요?)

領収書(りょうしゅうしょ) 영수증
締(し)**め切**(き)**り** 마감(일)
間違(まちが)**い** 실수, 착오
単価(たんか) 단가
繰(く)**り返**(かえ)**す** 반복하다
伝(つた)**える** 전하다
伝言(でんごん) 전언
用件(ようけん) 용건
承(うけたまわ)**る** 삼가 듣다

〜と伝えておきます。

〜(라)고 전해 두겠습니다.

거래처나 고객이 찾는 사람이 없을 때, 그 사람을 대신해서 용건을 접수하게 되는데요. 그 내용을 복창함으로써 연락 실수를 미연에 방지하는 패턴입니다.

🎧 061.MP3

STEP 1

1 田中に送ったと伝えておきます。

2 明日発注すると伝えておきます。

3 もう一度検討してほしいと伝えておきます。

4 パク様からご連絡があったと伝えておきます。

5 あらかじめアイテムを選んでおくようにと伝えておきます。

1 다나카에게 보냈다고 전해 두겠습니다.

2 내일 발주한다고 전해 두겠습니다.

3 한 번 더 검토해 주었으면 좋겠다고 전해 두겠습니다.

4 박○○ 씨에게 연락이 왔다고 전해 두겠습니다.

5 미리 아이템을 골라 두라고 전해 두겠습니다.

STEP 2

1 A 林ですが、鈴木さんはいらっしゃいますか。
　　B ただいま鈴木は接客中でして。私でよろしければ、ご用件を伺いますが。
　　A デザインコンセプトの件でお電話したと伝えてください。
　　B かしこまりました。디자인 콘셉트 건으로라고 전해 두겠습니다.

2 A ウェブサイトを見てお電話したんですが。
　　B そうですか。お電話ありがとうございます。
　　A お取引のことで、お話できればと思いますが。
　　B 申し訳ありません。みんな出払っておりまして。돌아오는 대로 전화 드리도록 전해 두겠습니다.

1 A 하야시인데요. 스즈키 씨는 계신가요?
　　B 마침 스즈키는 접객 중이라서요. 괜찮으시면 제가 용건을 (대신해서) 듣겠습니다만.
　　A 디자인 콘셉트 건으로 전화했다고 전해 주십시오.
　　B 알겠습니다. 디자인 콘셉트의 건으로 전해 두겠습니다.

2 A 웹 사이트를 보고 전화했는데요.
　　B 그러세요? 전화 감사합니다.
　　A 거래 건으로 말씀을 나눴으면 좋겠는데요.
　　B 죄송합니다. 모두 외근을 나가서요. 돌아오는 대로 전화 드리도록이라고 전해 두겠습니다.

T I P S
伝言メモ用紙라는 것이 있는데요. 구글 등에서 검색하면 무료로 포맷을 다운받을 수 있습니다. 전화를 건 사람, 받은 사람, 찾는 사람의 이름과 전화가 걸려온 시간, 내용을 적게 되어 있고, □電話がありました。□もう一度電話をします。□電話をください。□ご用件は以下の通りです。 등과 같은 체크 항목이 있습니다.

発注(はっちゅう) 발주
検討(けんとう) 검토
接客(せっきゃく) 접객
取引(とりひき) 거래
出払(ではら)う 다 나가고 없다
次第(しだい) 〜하는 대로
用紙(ようし) 용지
以下(いか) 이하
通(とお)り 〜와 같음

〜とのことです。

부탁받은 메시지를 본인에게 전달할 때 필요한 패턴입니다. 이 패턴은 전화에서뿐만 아니라 일상 회화에서도 남의 이야기를 전하는 경우에 사용되어 그 활용 범위가 넓습니다. との는 というのは의 준말입니다.

STEP 1

1 今日は直帰するとのことです。

2 山田は風邪で休むとのことです。

3 夕方の6時には着くとのことです。

4 田中様よりお電話いただきたいとのことです。

5 今日は移動が多いので、明日連絡するとのことです。

1 오늘은 (외근지에서) 바로 퇴근한다는 내용이었습니다.

2 야마다는 감기로 쉰다는 내용이었습니다.

3 저녁 6시에는 도착한다는 내용이었습니다.

4 다나카 씨가 전화해 달라는 내용이었습니다.

5 오늘은 이동이 많아서 내일 연락한다는 내용이었습니다.

STEP 2

1 **A** 部長、先ほどスカイコーポレーションからお電話がありました。
　　B 何と言っていました？
　　A 오늘 회의에 10분 정도 늦는다는 내용이었습니다.
　　B そうか。ありがとう。

2 **A** 留守の間、連絡ありましたか。
　　B 네, 다카하시 씨가 급히 전화해 달라고 하시네요.
　　A 何かあったのかなあ。
　　B 移動中なので、携帯のほうにかけてほしいともおっしゃっていました。

T I P S

Q 상대방이 전화했을 때 받지 못했다면 나중에 어떻게 사과해야 할까요?

A 韓国商事のキムでございます。先ほどはお電話に出られなくてすみませんでした。(한국상사의 김○○입니다. 좀 전에는 전화를 받을 수 없어서 죄송했습니다)라고 하면 됩니다.

1 **A** 부장님, 좀 전에 스카이 코퍼레이션에서 전화가 왔었습니다.
　　B 뭐라고 하던가요?
　　A 今日の打ち合わせに10分ほど遅れるとのことです。
　　B 그렇군. 고마워요.

2 **A** 내가 없는 동안 연락 왔어요?
　　B はい、高橋さまから至急電話してほしいとのことです。
　　A 무슨 일이 있나?
　　B 이동 중이라서 휴대전화로 연락해 달라고도 하셨습니다.

直帰(ちょっき) 곧바로 퇴근
着(つ)く 도착하다
移動(いどう) 이동
打(う)ち合(あ)わせ 회의
留守(るす) 부재
連絡(れんらく) 연락
商事(しょうじ) 상사
電話(でんわ)に出(で)る 전화를 받다

～て(で)ご連絡します。

～(하)고 나서 연락드리겠습니다.

🎧 063.MP3

어떤 상황이 끝난 후에 연락을 드리겠다는 의미로, 연락하는 시점을 알려 주는 패턴입니다. 양해를 구하는 표현으로 자주 이용되며, ～てから 대신에 'ます형＋次第'를 쓰면 좀 더 정중해집니다.

STEP 1

① 調べてからご連絡します。

② 会議が終わってからご連絡します。

③ 見積書を見てからご連絡します。

④ 明細書が届いてからご連絡します。

⑤ 係の者が戻ってからご連絡します。

① 조사해 보고 나서 연락드리겠습니다.

② 회의가 끝나고 나서 연락드리겠습니다.

③ 견적서를 보고 나서 연락드리겠습니다.

④ 명세서가 도착하고 나서 연락드리겠습니다.

⑤ 담당자가 돌아오고 나서 연락드리겠습니다.

STEP 2

① A メールで見積書を送りましたが。ご確認できましたか。
　B すみません。今電鉄の中なので、会社に戻ってから連絡드리겠습니다.
　A あ、そうでしたか。すみませんでした。
　B いえいえ。では、後ほど。

② A 追加注文の件でお電話しました。
　B そうですか。ありがとうございます。
　A 在庫はいかがですか。500ケースほど追加したいですが。
　B 그럼, 확인하고 나서 연락드리겠습니다.

T I P S

일본의 휴대전화 자동응답전화(留守番電話) 서비스에서는 어떤 메시지가 흘러나올까요?

ただいま電話に出ることができません。ピーという発信音の後にお名前とご用件をお話しください。
(지금 전화를 받을 수가 없습니다. 삐─라는 발신음 후에 성함과 용건을 말씀해 주세요)

① A 메일로 견적서를 보냈는데요. 확인하셨나요?
　B 미안합니다. 今電車の中なので、会社に戻ってからご連絡します。
　A 아, 그러셨군요. 죄송합니다.
　B 아닙니다. 그럼, 나중에.

② A 추가 주문 건으로 전화드렸습니다.
　B 그러세요? 감사합니다.
　A 재고는 어떤가요? 500케이스 정도 추가하고 싶은데요.
　B では、確認してからご連絡します。

調(しら)べる 조사하다
明細書(めいさいしょ) 명세서
係(かかり) 담당
確認(かくにん) 확인
後(のち)ほど 나중에
追加(ついか) 추가
在庫(ざいこ) 재고
留守番電話(るすばんでんわ) 자동응답전화
発信音(はっしんおん) 발신음

～ということですね。

～(라)는 말씀이시죠?

🎧 064.MP3

전화는 얼굴이 보이지 않기 때문에 서로의 이야기가 제대로 전달되었는지 확인할 필요가 있는데요. 이렇게 전화의 용건이나 내용을 확인할 때 필요한 패턴입니다. 하나의 단어를 읽듯이 자연스럽게 발음해 주세요.

STEP 1

1 在庫があるということですね。

2 契約期間は一年ということですね。

3 3月 5 日に3名様、ということですね。

4 この価格より値引きはできないということですね。

5 手数料は注文側が払うということですね。

1 재고가 있다는 말씀이시죠?

2 계약 기간은 1년이라는 말씀이시죠?

3 3월 5일, 세 분이라는 말씀이시죠?

4 이 가격에서 할인은 안 된다는 말씀이시죠?

5 수수료는 주문하는 쪽에서 지불한다는 말씀이시죠?

STEP 2

1 A 今週の打ち合わせのことですが。
　　B はい。
　　A 急な出張で、来週にしていただきたいですが。
　　B わかりました。다음 주로 변경한다는 말씀이시죠?

2 A お手数ですが、サンプルをお願いできますか。
　　B 10個限定になりますが、よろしいですか。
　　A 10個までという 말씀이시죠?
　　B 申し訳ありません。数に限りがありまして。

1 A 이번 주 회의 말인데요.
　　B 네.
　　A 급히 출장을 가게 되어서 다음 주로 해 주셨으면 하는데요.
　　B 알겠습니다. 来週に変更ということですね。

2 A 번거로우시겠지만, 샘플을 부탁드릴 수 있을까요?
　　B 10개 한정인데, 괜찮으세요?
　　A 10個までということですね。
　　B 죄송합니다. 개수에 제한이 있어서요.

TIPS

Q 맞게 이해했는지를 상대에게 확인하는 또 다른 표현을 알려 주세요.

A ～と理解して(=ということで)よろしいでしょうか。(～(이)라고 이해해도 될까요?)

예 これ以上は無理と理解して(=ということで)よろしいでしょうか。(이 이상은 무리라고 이해해도 될까요?)

契約期間(けいやくきかん) 계약 기간
値引(ねび)**き** 가격 인하, 할인
手数料(てすうりょう) 수수료
急(きゅう)**な** 급한
出張(しゅっちょう) 출장
変更(へんこう) 변경
限定(げんてい) 한정
数(かず) 숫자
限(かぎ)**り** 제한
理解(りかい) 이해

～かチェックしてみます。

～(는)지 체크해 보겠습니다.

전화를 받는 쪽에서 앞으로 체크할 사항에 대해 언급하는 패턴입니다. 주로 확인을 요청하는 상대방의 전화에 대한 답변으로 사용됩니다.

🎧 065.MP3

STEP 1

1 誤字がないかチェックしてみます。

2 伝言があるかチェックしてみます。

3 別の色があるかチェックしてみます。

4 ファックスが来ているかチェックしてみます。

5 未払料金はないかチェックしてみます。

1 오자가 없는지 체크해 보겠습니다.

2 전언이 있는지 체크해 보겠습니다.

3 다른 색깔이 있는지 체크해 보겠습니다.

4 팩스가 와 있는지 체크해 보겠습니다.

5 미지급된 요금은 없는지 체크해 보겠습니다.

STEP 2

1 A 先ほど請求書をファックスで送りましたが、来てますか。

　　B 와 있는지 체크해 보겠습니다.

　　　（しばらくして）

　　B 確かに来ています。

　　A それでは、よろしくお願いします。

2 A 水曜日に例の口座に代金を振り込みましたが、ご確認できましたか。

　　B 아, 그러세요? 입금이 됐는지 체크해 볼게요.

　　A ご確認できましたら、メールかお電話ください。

　　B はい。では、失礼します。

1 A 좀 전에 청구서를 팩스로 보냈는데, 왔나요?
　　B 来ているかチェックしてみます。
　　　(잠시 후)
　　B 확실히 받았습니다.
　　A 그럼, 잘 부탁드립니다.

2 A 수요일에 그 계좌로 대금을 입금했는데요, 확인하셨나요?
　　B あ、そうですか。入金があったかチェックしてみますね。
　　A 확인하시면 메일이나 전화 주세요.
　　B 네, 그럼 끊겠습니다.

T I P S

Q 일반 사원이나 콜센터(카스타마서비스, 사포트서비스, 코루센터) 직원들은 고객들의 불만 전화(쿠레무電話)를 받으면 어떻게 말하나요?

A それは大変失礼いたしました。どのような点でご迷惑をおかけしたのか、伺ってもよろしいでしょうか。(대단히 실례가 많았습니다. 어떤 점이 나빴는지 여쭤 봐도 되겠습니까?)

誤字(ごじ) 오자, 틀린 글자
伝言(でんごん) 전언
未払(みばらい) 미지불, 미지급
請求書(せいきゅうしょ) 청구서
確(たし)**かに** 확실히
例(れい)**の** 늘 하는
口座(こうざ) 계좌
代金(だいきん) 대금
振(ふ)**り込**(こ)**む** 입금하다
カスタマー 고객, 커스터머

何かありましたら〜

무슨 일 있으시면 ~

🎧 066.MP3

상대방에게 신뢰와 안심을 주는 표현으로 어떤 부탁이나 문의에도 적극적인 자세로 임할 것임을 어필하는 패턴입니다. 통화를 끝내기 전에 쓰면 상대방에게 좋은 인상을 줄 수 있습니다.

STEP 1

1 何かありましたら、**お知らせください。**

2 何かありましたら、**ご相談ください。**

3 何かありましたら、**お問い合わせください。**

4 何かありましたら、**お申し付けください。**

5 何かありましたら、**私にお電話してください。**

1 무슨 일 있으시면 알려 주세요.

2 무슨 일 있으시면 상의해 주세요.

3 무슨 일 있으시면 문의해 주세요.

4 무슨 일 있으시면 분부만 내리세요.

5 무슨 일 있으시면 저에게 전화 주세요.

STEP 2

1
A 今回のご注文、ありがとうございました。
B こちらこそ、ご丁寧にありがとうございます。
A 제가 할 수 있는 일이 뭔가 있다면 사양 마시고 말씀해 주세요.
B 恐れ入ります。

2
A 先ほど山田さんという方にいろいろお聞きしたんですが……。
B 申し訳ありません。山田は担当ではないもので。
A そうでしたか。
B 무슨 일 있으시면 제가 듣겠습니다.

1
A 이번 주문, 감사드립니다.
B 저야말로 꼼꼼하게 잘해 주셔서 감사드립니다.
A 私にできることが何かありましたら、遠慮なくおっしゃってください。
B 괜히 죄송해지네요.

2
A 좀 전에 야마다 씨라는 분에게 여러 가지 여쭤 봤는데요.
B 죄송합니다. 야마다는 담당이 아니라서요.
A 그랬군요.
B 何かありましたら、私が伺います。

TIPS

이 패턴을 조금 응용해 볼까요?
1. 何か問題がありましたら、お知らせください。 (뭔가 문제가 생기면 알려 주세요)
2. 何かご用件がありましたら、メールください。 (뭔가 용건이 있으시면 메일 주세요)

問(と)い合(あ)わせる 문의하다
申(もう)し付(つ)ける 명령하다, 분부하다
丁寧(ていねい) 정중함, 신중함
遠慮(えんりょ) 사양
恐(おそ)れ入(い)る 황송해하다
担当(たんとう) 담당
伺(うかが)う '듣다'의 겸양어
用件(ようけん) 용건

Part 03

비즈니스의
성공은 호감도이다!

비즈니스
접대 패턴

사실상 비즈니스 접대는 바이어와의 첫만남에서 시
작됩니다. 처음 만나는 상대에게 좋은 인상과 신뢰
감을 줌으로써 친분을 쌓을 수 있는 패턴과, 비즈니
스에서는 빠질 수 없는 접대에서 긴장을 풀고 인간
적인 교류를 통해 여러 정보를 교환할 수 있는 패
턴, 그리고 접대를 받을 때 필요한 패턴이 여러분을
기다립니다.

우선 인간적으로 친해져야 비즈니스도 성공합니다.
원리 원칙을 따지는 일본 사람들을 상대로 접대를
하려면 그 나름의 노하우가 필요하겠죠? 우리나라
의 접대 방식과는 조금 다른 일본의 접대 문화도 함
께 확인해 볼까요?

Unit 07 첫만남&친분 쌓기 패턴

Unit 08 접대 패턴

Unit 07
첫만남&친분 쌓기 패턴

🔍 패턴 미리보기

067 こちらは～   이쪽은 ～   남 소개하기

068 ～ますので、少々お待ちください。   ～(할) 테니 잠시 기다려 주십시오.   기다리게 하기

069 ～仕事をしています。   ～일을 하고 있습니다.   하는 일 설명하기

070 ところでですね～   그런데 말이죠 ～   화제 바꾸기

071 ～た(だ)ことがありますか。   ～한 적이 있나요?   경험 유무 묻기

072 どうぞ、お～ください。   자, 어서 ～하시죠.   행동 유도하기

073 ～ますか、それとも～   ～할까요, 아니면 ～   양자택일로 묻기

074 ～(に)は何をなさいますか。   ～(에)는 무엇을 하시나요?   행동 패턴 묻기

こちらは〜

이쪽은 ~

다른 사람을 소개하는 패턴입니다. 자기 회사 사람에게는 절대 さん이나 様 같은 존칭을 붙이지 않습니다. '상대 회사의 누구든 우리 회장님보다 높다'고 생각하는 것이 일본 비즈니스의 기본입니다.

🎧 067.MP3

STEP 1

1 こちらは**課長のカン**です。

2 こちらは**同じ課のユン**です。

3 こちらは**加藤さんでいらっしゃいます。**

4 こちらは**日本物産の林課長**です。

5 こちらは**弊社の営業部長のキムでございます。**

1 이쪽은 강과장님입니다. (자기 회사)

2 이쪽은 같은 과의 윤○○입니다. (자기 회사)

3 이쪽은 가토 씨이십니다. (남의 회사)

4 이쪽은 일본물산의 하야시 과장님입니다. (남의 회사)

5 이쪽은 저희 회사 영업부장이신 김○○입니다. (자기 회사)

STEP 2

1 **A** ご紹介します。이쪽은 영업을 담당하는 김○○ 씨입니다.
   B はじめまして、営業担当のキムと申します。よろしくお願いします。
   C 日本商事の加藤です。どうぞよろしく。
   B 長い飛行でお疲れじゃありませんか。

2 **A** 이쪽은 도쿄상사의 기무라 부장님입니다.
   B はじめまして、東京商事の木村です。
   C 韓国商事のカンです。お目にかかれて光栄です。
   B こちらこそ、どうかよろしくお願いいたします。

1 **A** 소개합니다. こちらは営業担当のキムです。
   B 처음 뵙겠습니다. 영업을 담당하고 있는 김○○이라고 합니다. 잘 부탁드립니다.
   C 일본상사의 가토입니다. 잘 부탁해요.
   B 긴 비행으로 피곤하시지는 않나요?

2 **A** こちらは東京商事の木村部長です。
   B 처음 뵙겠습니다. 도쿄상사의 기무라입니다.
   C 한국상사의 강○○입니다. 만나 뵙게 되어 영광입니다.
   B 저야말로 아무쪼록 잘 부탁드립니다.

課(か) 과
〜でいらっしゃる 〜이시다
弊社(へいしゃ) 저희 회사
商事(しょうじ) 상사
飛行(ひこう) 비행
お目(め)にかかる 만나 뵙다
光栄(こうえい) 영광
名刺(めいし) 명함
切(き)らす 끊어진 상태로 두다
本日(ほんじつ) 오늘
越(こ)す 오시다

～ますので、少々お待ちください。

～(할) 테니 잠시 기다려 주십시오.

∩ 068.MP3

일본을 상대로 하는 비즈니스에서의 첫만남은 주로 공항에서 이루어지는데요. 회의나 계약 협상을 위해 한국을 방문하는 바이어를 공항에서 잠시 기다리게 할 때 사용하는 패턴입니다.

STEP 1

1 何か買ってきますので、少々お待ちください。

2 チケットを買ってきますので、少々お待ちください。

3 書くものを持ってきますので、少々お待ちください。

4 課長を呼んできますので、少々お待ちください。

5 会社に電話を入れてきますので、少々お待ちください。

1 뭔가 사올 테니 잠시 기다려 주십시오.

2 표를 사올 테니 잠시 기다려 주십시오.

3 쓸 것을 가져올 테니 잠시 기다려 주십시오.

4 과장님을 불러올 테니 잠시 기다려 주십시오.

5 회사에 전화를 하고 올 테니 잠시 기다려 주십시오.

STEP 2

1 A 林さんでいらっしゃいますね。
B はじめまして、林です。韓国物産の方ですか。
A はい、イと申します。車を가져올 테니까 잠시 기다려 주십시오.
B はい、恐れ入ります。

2 A はじめまして、大阪貿易の高橋です。
B 電話では何度かお話しましたが、お会いするのははじめてですね。
A そうですね。택시를 불러올 테니까 잠시 기다려 주십시오.
B はい、お手数をかけます。

1 A 하야시 씨이시죠?
B 반갑습니다. 하야시입니다. 한국물산에서 나오신 분인가요?
A 네, 이○○라고 합니다. 車를 돌려오겠으니, 少々お待ちください.
B 네, 감사합니다.

2 A 처음 뵙겠습니다. 오사카무역의 다카하시입니다.
B 전화로는 몇 번인가 통화했었는데, 뵙는 것은 처음이네요.
A 맞습니다. タクシー를 불러오겠으니, 少々お待ちください.
B 네, 번거롭게 해 드리네요.

손님을 맞이할 때 필요한 표현을 알아볼까요?
1. 잘 오셨습니다.
   ❶ ようこそ、おいでくださいました。
2. 자동차를 대기시켜 놓았습니다. 가시죠.
   ❶ 車を待たせています。どうぞ。
3. 회사까지는 차로 1시간 정도 걸립니다.
   ❶ 会社までは車で1時間ほどかかります。

少々(しょうしょう) 잠시
課長(かちょう) 과장
物産(ぶっさん) 물산
回(まわ)**す** 돌리다
恐(おそ)**れ入**(い)**る** 황송해하다
貿易(ぼうえき) 무역
手数(てすう) 수고
おいで 오심
待(ま)**たせる** 기다리게 하다

～仕事をしています。

～일을 하고 있습니다.

자신이 하고 있는 일을 설명하는 패턴입니다. 박람회나 회사 설명회 등에서 만난 사람들에게 자신의 일을 구체적으로 설명하는 것은 새로운 비즈니스 찬스로 이어질 수 있습니다.

🎧 069.MP3

STEP 1

1 マーケティングの仕事をしています。

2 プログラミングの仕事をしています。

3 ファッション関係の仕事をしています。

4 ホームページ製作の仕事をしています。

5 自動車部品を作る仕事をしています。

1 마케팅 일을 하고 있습니다.

2 프로그래밍 일을 하고 있습니다.

3 패션 관련 일을 하고 있습니다.

4 홈페이지를 제작하는 일을 하고 있습니다.

5 자동차 부품을 만드는 일을 하고 있습니다.

STEP 2

1 **A** はじめまして。小林と申します。

   B はじめまして。キムです。よろしくお願いします。

   A こちらこそ。キムさんはどういったお仕事をされていますか。

   B 앱을 개발하는 일을 하고 있습니다.

2 **A** 田中さんのお仕事は？

   B '막걸리'라는 한국 술을 판매하는 일을 하고 있습니다.

   A そうですか。「マッコリ」は日本でも大人気ですよ。

   B これからは、他のお酒も紹介していきたいと思っています。

1 **A** 처음 뵙겠습니다. 고바야시라고 합니다.
   B 반갑습니다. 김○○입니다. 잘 부탁드립니다.
   A 저야말로요. 김○○ 씨는 어떠한 일을 하고 계시나요?
   B アプリケーションを開発する仕事をしています。

2 **A** 다나카 씨는 무슨 일을 하시나요?
   B 「マッコリ」という韓国のお酒を販売する仕事をしています。
   A 그래요? '막걸리'는 일본에서도 상당한 인기가 있어요.
   B 앞으로는 다른 술도 소개해 나가고 싶습니다.

T I P S

일본 비즈니스맨들은 처음 만나는 사람들과 다음과 같은 주제로 이야기를 나눈다고 합니다.

예 美(미), 食(식), 住(주), 癒し(힐링), 健康(건강), ビジネス(비즈니스), 趣味(취미), 恋愛(연애), 夢(꿈), 生きがい(보람), ビジョン(비전)

関係(かんけい) 관계
製作(せいさく) 제작
部品(ぶひん) 부품
開発(かいはつ) 개발
販売(はんばい) 판매
大人気(だいにんき) 대단한 인기
紹介(しょうかい) 소개
癒(いや)し 힐링
健康(けんこう) 건강
趣味(しゅみ) 취미
恋愛(れんあい) 연애

ところでですね～

그런데 말이죠 ～

🎧070.MP3

화제를 바꾸는 패턴입니다. 처음 만나는 사람과 친해지려면 공통점을 찾는 것이 중요한데요. 화제를 바꿔가며 다양한 이야기를 나누고 그 속에서 공통 화제를 찾는 커뮤니케이션 스킬을 익혀봅시다.

STEP 1

1 ところでですね、**寒くありませんか。**

2 ところでですね、**ご出身はどちらですか。**

3 ところでですね、**今夜のご都合はいかがですか。**

4 ところでですね、**東京のお天気はどうですか。**

5 ところでですね、**明日の予定は入っていますか。**

1 그런데 말이죠, 춥지 않나요?

2 그런데 말이죠, 고향은 어디신가요?

3 그런데 말이죠, 오늘 밤에 시간 있으신가요?

4 그런데 말이죠, 도쿄의 날씨는 어떤가요?

5 그런데 말이죠, 내일 스케줄은 있으신가요?

STEP 2

1 A フライトはいかがでしたか。
　　B やはり近いですね。韓国は。
　　A ははは、そうですか。그런데 말이죠, 한국은 처음이신가요?
　　B 実は2回目なんです。

2 A 日本は景気がよくなっていますよね。
　　B いえ、肌で感じるのはそうでもありません。
　　A そうですか。그런데 말이죠, 견적서는 도착했나요?
　　B ええ、昨日いただきました。

1 A 비행은 어떠셨나요?
　　B 역시 가깝네요. 한국은.
　　A 하하하, 그래요? ところでですね、韓国は はじめてですか。
　　B 실은 두 번째입니다.

2 A 일본은 경기가 좋아지고 있죠?
　　B 아뇨, 체감 경기는 그렇지도 않습니다.
　　A 그렇군요. ところでですね、見積書は届きましたか。
　　B 네, 어제 받았습니다.

T I P S

이 패턴과 아주 비슷하게 생겼지만 뜻이 전혀 다른 패턴이 있습니다. 바로 ところがですね～인데요. 이 패턴은 '그러나'의 뜻으로 역접의 의미를 갖고 있습니다.

예 サンプルをお願いしました。ところがですね、1ヶ月が発っても何の連絡もないんです。
(샘플을 부탁했습니다. 그러나 말이죠, 한달이 지나도 아무런 연락이 없어요)

出身(しゅっしん) 출신
都合(つごう) 형편, 사정
予定(よてい) 예정
実(じつ)**は** 실은
景気(けいき) 경기
肌(はだ) 피부
見積書(みつもりしょ) 견적서
届(とど)**く** 도착하다

～た(だ)ことがありますか。

~한 적이 있나요?

경험의 유무를 묻는 패턴입니다. 이 패턴을 통해 얻은 정보를 토대로 대화를 발전시켜 갈 수 있습니다. ~た(だ)ことはありませんか(~한 적은 없나요?)라고 물을 수도 있습니다.

🎧 071.MP3

STEP 1

1 これを使ったことがありますか。

2 富士山に登ったことがありますか。

3 海外旅行に行ったことがありますか。

4 外国で危険な目にあったことがありますか。

5 日本以外の国と取引したことがありますか。

1 이것을 사용해 본 적이 있나요?

2 후지산에 올라 본 적이 있나요?

3 해외여행을 가 본 적이 있나요?

4 외국에서 위험한 일을 당한 적이 있나요?

5 일본 이외의 나라와 거래한 적이 있나요?

STEP 2

1 **A** 東京ははじめてですから、少し迷いました。
　　B そうですか。お電話くだされば、迎えに行ったのに……。
　　A いえいえ、すぐ分かりましたから。
　　B 도쿄 이외는 오신 적이 있나요?

2 **A** 일본에서 한국요리를 드신 적이 있나요?
　　B もちろんあります。焼き肉とか、石焼きビビンバとか。
　　A せっかくですから、本場の料理を味わってみませんか。
　　B ぜひ、お願いします。

1 **A** 도쿄는 처음이라서 좀 헤맸습니다.
　　B 그래요? 전화 주시면 마중하러 나갔을 텐데 …….
　　A 아닙니다. 바로 찾았으니까요.
　　B 東京以外はいらっしゃったことがありますか。

2 **A** 日本で韓国の料理を召し上がったことがありますか。
　　B 물론 있습니다. 숯불구이라든가, 돌솥비빔밥 라든가.
　　A 좋은 기회니까 본고장의 요리를 맛보시지 않을래요?
　　B 꼭 부탁드립니다.

T I P S

'동사 원형+ことがありますか'는 '~경우가 있나요?'라는 의미로 해석이 달라집니다. 현재의 상황을 묻는 패턴이 되죠.
1. 円高で困ることがありますか。
　(엔 강세로 어려움을 겪는 경우가 있나요?)
2. 売り切れることがありますか。
　(매진되는 경우가 있나요?)

危険(きけん)な 위험한
目(め)にあう 일을 당하다
取引(とりひき) 거래
迷(まよ)う 헤매다
迎(むか)えに行(い)く 맞이하러 가다
以外(いがい) 이외
召(め)し上(あ)がる 드시다
石焼(いしや)き 돌솥
本場(ほんば) 본고장
味(あじ)わう 맛보다
円高(えんだか) 엔 강세
売(う)り切(き)れる 매진되다

どうぞ、お~ください。

자, 어서 ~하시죠.

상대방에게 어떤 행동을 적극적으로 권하고 유도하는 패턴으로, 동사의 ます형을 넣어 주면
완성됩니다. 상대방에게 편의를 제공하는 패턴으로, 어떤 행위를 권유할 때 주로 사용합니다.

🎧 072.MP3

STEP 1

1 どうぞ、お**書き**ください。

2 どうぞ、お**乗り**ください。

3 どうぞ、お**取り**ください。

4 どうぞ、お**入り**ください。

5 どうぞ、お**持ち帰り**ください。

1 자, 어서 쓰시죠.

2 자, 어서 타시죠.

3 자, 어서 잡으시죠.

4 자, 어서 들어가시죠.

5 자, 어서 가져가시죠.

STEP 2

1 A はじめてお目にかかります。ソウル貿易のイと申します。
  B 営業1課の山田です。자, 어서 앉으시죠.
  A 本日はご挨拶に参りました。
  B わざわざ恐れ入ります。

2 A 外、寒かったでしょう。
  B ソウルは大阪より随分と寒いですね。
  A 차인데, 자, 어서 드시죠.
  B ありがとうございます。いただきます。

1 A 처음 뵙겠습니다. 서울무역의 이○○입니다.
  B 영업 1과의 야마다입니다. どうぞ、おかけ
  ください。
  A 오늘은 인사차 왔습니다.
  B 일부러 죄송합니다.

2 A 밖에 추우셨죠?
  B 서울은 오사카보다 상당히 춥네요.
  A 粗茶ですが、どうぞ、お飲みください。
  B 감사합니다. 잘 마시겠습니다.

取(と)る 집다, 들다
持(も)ち帰(かえ)る 가져가다
お目(め)にかかる 만나 뵙다
挨拶(あいさつ) 인사
参(まい)る '오다'의 겸양어
粗茶(そちゃ) 좋지 못한 채(겸손)

～ますか、それとも～

～할까요, 아니면 ～

🎧 073.MP3

양자택일로 묻는 패턴입니다. 이 패턴은 상대방에게 가장 유익하다고 생각되는 두 가지 솔루션을 제시하고, 그중에 하나를 선택하게 하는 표현입니다.

STEP 1

1 歩きますか、それとも**車で行きますか。**

2 プロジェクトを止めますか、それとも**続けますか。**

3 紅茶はすぐにお持ちしますか、それとも**後にしますか。**

4 この意見に賛成しますか、それとも**反対ですか。**

5 打ち合わせは今週にしますか、それとも**来週にしますか。**

1 걷겠습니까, 아니면 차로 가겠습니까?

2 프로젝트를 그만두겠습니까, 아니면 계속하겠습니까?

3 홍차는 바로 가져올까요, 아니면 나중에할까요?

4 이 의견에 찬성합니까, 아니면 반대입니까?

5 회의는 이번 주로 하나요, 아니면 다음 주로 하나요?

STEP 2

1 **A** どうぞお乗りください。
　　B わざわざ迎えに来ていただいてすみません。
　　A いえいえ。あの、ホテルへ直接行きますか、それとも会社に寄りますか。
　　B 差し支えなければ、ホテルに直行したいですが。

2 **A** 緑茶で할까요, 아니면 커피로 할까요?
　　B コーヒーいただいていいですか。
　　A はい、かしこまりました。少々お待ちください。
　　B お手数をおかけします。

TIPS

명사나 형용사의 경우에는 '～ですか、それとも～'의 패턴을 사용합니다.

1. 4日ですか、それとも8日ですか。
　(4일인가요, 아니면 8일인가요?)

2. この技術は新しいですか、それとも古いですか。(이 기술은 새로운가요, 아니면 오래되었나요?)

---

1 **A** 자, 어서 타시죠.
　　B 일부러 나와 주셔서 감사합니다.
　　A 별말씀을요. 아으, 호텔로 직행합니까, 그렇지 않으면 회사에 들릅니까.
　　B 괜찮으시면 호텔로 바로 가고 싶은데요.

2 **A** 녹차로 할까요, 아니면 커피로 하시겠습니까.
　　B 커피로 해도 될까요?
　　A 네, 알겠습니다. 잠시 기다려 주세요.
　　B 번거롭게 해 드려서 죄송합니다.

続(つづ)ける 계속하다
賛成(さんせい) 찬성
反対(はんたい) 반대
直行(ちょっこう) 직행
寄(よ)る 들르다
緑茶(りょくちゃ) 녹차
少々(しょうしょう) 조금
手数(てすう)をかける 수고를 끼치다
4日(よっか) 4일
8日(ようか) 8일
技術(ぎじゅつ) 기술

〜(に)は何をなさいますか。

〜(에)는 무엇을 하시나요?

일본 사람과 어느 정도 친분이 생기면 개인적인 이야기도 많이 하게 되는데요. 상대방이 업무 이외의 시간을 어떻게 보내는지 물어보는 패턴으로, 상대방에 대한 정보를 얻는 데 유용한 표현입니다.

🎧 074.MP3

STEP 1

1 暇な時は何をなさいますか。

2 お仕事の後は何をなさいますか。

3 出勤する前は何をなさいますか。

4 息抜きをしたい時は何をなさいますか。

5 出張に行って時間があまった時は何をなさいますか。

1 한가할 때는 무엇을 하시나요?

2 퇴근 후에는 무엇을 하시나요?

3 출근하기 전에는 무엇을 하시나요?

4 스트레스를 풀고 싶을 때는 무엇을 하시나요?

5 출장 가서 시간이 남았을 때는 무엇을 하시나요?

STEP 2

1 A 박○○ 씨, 일이 없는 날에는 무엇을 하십니까?
B ゴルフに行きますね。
A そうですか。うまいでしょうね。
B いえ、それほどでも。下手の横好きです。

2 A 佐藤さんの会社も週休二日制ですよね。
B 1年前からです。
A 토요일 같은 때는 무엇을 하시나요?
B ずっと寝ていますね。本当に情けないです。

1 A パクさん、オフの時は何をなさいますか。
B 골프를 하죠.
A 그래요? 잘하시겠네요.
B 아뇨, 그 정도는 아니에요. 못하지만 좋아합니다.

2 A 사토 씨 회사도 주 5일제죠?
B 1년 전부터 그렇습니다.
A 土曜日などは何をなさいますか。
B 계속 잠만 잡니다. 정말 한심한 일이죠.

TIPS

이 패턴과 비슷한 표현으로는 〜はどのようにお過ごしですか。(〜은(는) 어떻게 보내십니까?)가 있습니다.

1. 休日はどのようにお過ごしですか。(휴일은 어떻게 보내십니까?)
2. 年末年始はどのようにお過ごしですか。(연말연시는 어떻게 보내십니까?)

出勤(しゅっきん) 출근
息抜(いきぬ)き 숨을 돌림
下手(へた)の横好(よこず)き 서툴지만 좋아함
週休二日制(しゅうきゅうふつかせい) 주 5일제
情(なさ)けない 한심하다
過(す)ごす 지내다
年末年始(ねんまつねんし) 연말연시

Unit 08
접대 패턴

🔍 패턴 미리보기

075	〜でもいかがですか。	〜(이)라도 어떠십니까?	의향 묻기
076	〜にご案内します。	〜(으)로 안내하겠습니다.	안내하기
077	〜になさいますか。	〜(으)로 하시겠습니까?	선택 내용 묻기
078	〜がおすすめです。	〜이(가) 좋습니다.	추천하기
079	〜が入っています。	〜이(가) 들어 있습니다.	성분 말하기
080	〜という意味です。	〜(이)라는 뜻입니다.	뜻 설명하기
081	お口に合うかどうか分かりませんが〜	입맛에 맞으실지 모르겠지만 〜	음식 권하기
082	〜が限界です。	〜(이)가 제 주량이에요.	주량 말하기
083	せっかくですが〜	모처럼의 기회지만 〜	술자리 거절하기
084	〜お開きにしましょうか。	〜끝낼까요?	술자리 끝내기

～でもいかがですか。

～(이)라도 어떠십니까?

상대방에게 뭔가를 권하거나 의향을 물어볼 때 쓰는 패턴으로, 다양한 비즈니스 상황에서 활용도가 높습니다.

🎧 075.MP3

STEP 1

1 お茶かコーヒーでもいかがですか。

2 金曜日にでもいかがですか。

3 カウンターでお話でもいかがですか。

4 何か熱い飲み物でもいかがですか。

5 気分転換に温泉でもいかがですか。

1 차나 커피라도 어떠십니까?

2 금요일에라도 어떠십니까?

3 카운터에서 이야기라도 어떠십니까?

4 뭔가 뜨거운 음료라도 어떠십니까?

5 기분 전환 겸 온천이라도 어떠십니까?

STEP 2

1 A 이로써 계약도 성사되었으니 오늘 밤 식사라도 어떻습니까?
　 B そうですね。
　 A 中華料理はどうでしょう。
　 B いいですね。

2 A 今日もずいぶん暑かったですね。
　 B 퇴근할 때 시원한 맥주라도 어때요?
　 A やはりこういう時はビールに限りますね。
　 B そうですね。課長も誘ってみましょうか。

T I P S

보통 일본에서는 첨잔을 하는데요. 맥주의 경우에는 맛이 떨어지기 때문에 일본 사람들도 첨잔을 하지 않습니다. 맥주를 따를 때는 모 우잇빠이 이까가데스까라고 의향을 물어보는 것이 좋고, 상대가 손윗사람이라 해도 몸을 옆으로 돌려서 마시지 않습니다. 몸을 옆으로 돌려서 마시면 일본에서는 오히려 실례입니다.

1 A これで契約もまとまったし、今夜食事でもいかがですか。
　 B 그게 좋겠네요.
　 A 중국요리는 어떨까요?
　 B 찬성입니다.

2 A 오늘도 상당히 더워네요.
　 B 帰りに冷たいビールでもいかがですか。
　 A 역시 이럴 때는 맥주가 최고조.
　 B 맞습니다. 과장님도 같이 가자고 해 볼까요?

熱(あつ)**い** 뜨겁다
気分転換(きぶんてんかん) 기분 전환
温泉(おんせん) 온천
契約(けいやく) 계약
まとまる 성사되다
中華料理(ちゅうかりょうり) 중국요리
帰(かえ)**り** 귀가
～に限(かぎ)**る** ～가 최고다
誘(さそ)**う** 권유하다

～にご案内します。

～(으)로 안내하겠습니다.

식당이나 찻집, 관광명소로 안내할 때 쓰는 패턴입니다. 접대용이라면 예약과 사전 답사는 물론이고, 음식과 관광지에 대해 일본어로 간단하게 설명할 수 있도록 공부해 두는 것도 필요하겠죠?

🎧 076.MP3

STEP 1

1️⃣ レストランにご案内します。

2️⃣ 知る人ぞ知る穴場にご案内します。

3️⃣ 私の行きつけの店にご案内します。

4️⃣ 本場の味が味わえるところにご案内します。

5️⃣ 韓国茶が飲めるお茶所にご案内します。

1️⃣ 레스토랑으로 안내하겠습니다.

2️⃣ 알려지지 않은 싸고 맛있는 곳으로 안내하겠습니다.

3️⃣ 제가 자주 가는 가게로 안내하겠습니다.

4️⃣ 본고장의 맛을 느낄 수 있는 곳으로 안내하겠습니다.

5️⃣ 한국 전통차를 마실 수 있는 찻집으로 안내하겠습니다.

STEP 2

1️⃣ A 田中さんは、辛いものは大丈夫ですか。
　　B 平気です。
　　A 그렇다면 맵지만 자꾸 먹고 싶어지는 음식점으로 안내하겠습니다.
　　B 楽しみですね。

2️⃣ A 오늘은 새로 오픈한 'N서울타워'로 안내하겠습니다.
　　B 「Nソウルタワー」ですか。
　　A はい、ソウル全体を一望できます。夜のライトアップもいいです。
　　B 早く見てみたいですね。

1️⃣ A 다나카 씨는 매운 것은 괜찮습니까?
　　B 괜찮아요.
　　A 그럼, 이렇지만, 병이 될 걸 알면서도 자꾸 찾게 되는 店にご案内します。
　　B 기대되는데요.

2️⃣ A 今日はリニューアルオープンした「Nソウルタワー」にご案内します。
　　B 'N서울타워'라고요?
　　A 네, 서울 전체가 한눈에 들어오죠. 밤의 야간 조명도 멋있습니다.
　　B 빨리 보고 싶네요.

TIPS

일본 사람들이 좋아하는 우리나라의 음식 이름을 일본어로 알아볼까요?

냉면－冷麺(れいめん)
생선구이－焼(や)き魚(ざかな)
조림－煮付(につけ)
전복죽－あわびがゆ
삼계탕－サムゲタン
김치찌개－キムチチゲ
불고기－プルゴギ
미역국－わかめスープ
한정식－韓定食(かんていしょく)
빈대떡－チヂミ
김치전골－キムチの寄(よ)せ鍋(なべ)
육회－ユッケ

穴場(あなば) 싸고 맛있는 곳
行(い)きつけ 단골
本場(ほんば) 본고장
お茶所(ちゃどころ) 전통찻집
平気(へいき) 아무렇지 않음
病(や)み付(つ)き 고질
楽(たの)しみ 기대
一望(いちぼう) 한눈에 보임

〜になさいますか。

〜(으)로 하시겠습니까?

🎧 077.MP3

상대방에게 선택 내용을 묻는 패턴으로, 찻집이나 식당, 공항, 회사 등 다양한 장소에서 사용됩니다. する의 존경어 なさる(하시다)를 써서 정중함을 높였습니다.

STEP 1

1 明日になさいますか。

2 お支払はカードになさいますか。

3 肉になさいますか、魚になさいますか。

4 窓側か通路側、どちらになさいますか。

5 コーヒーは、ショート、トール、グランデのどれになさいますか。

1 내일로 하시겠습니까?

2 계산은 카드로 하시겠습니까?

3 고기로 하시겠습니까, 생선으로 하시겠습니까?

4 창가 쪽이나 통로 쪽, 어느 쪽으로 하시겠습니까?

5 커피는 쇼트, 톨, 그란데의 어느 것으로 하시겠습니까?

STEP 2

1 A 음료수는 무엇으로 하시겠습니까?
   B コーヒーにします。
   A ここはゆず茶がおいしいですが、試してみませんか。
   B そうですか。では、ゆず茶をください。

2 A 중식과 일식, 어느 쪽으로 하시겠습니까?
   B どちらでもかまいません。
   A 昨日は中華でしたから、今日は和食にしましょうか。
   B それがいいですね。

1 A お飲み物は何になさいますか。
   B 커피로 하겠습니다.
   A 여기는 유자차가 맛있는데, 드셔 보시지 않을래요?
   B 그래요? 그럼, 유자차를 주세요.

2 A 中華と和食、どちらになさいますか。
   B 둘 다 좋습니다.
   A 어제는 중국요리였으니까 오늘은 일식으로 할까요?
   B 그게 좋겠네요.

TIPS

음료나 술 등도 일본어로 바꿔 말하기가 쉽지 않은데요. 잠시 살펴보고 갈까요?

냉커피ーアイスコーヒー
콜라ーコーラ
전통차ー伝統茶(でんとうちゃ)
식혜ーシケ
녹차ー緑茶(りょくちゃ)
옥수수차ーとうもろこし茶
보리차ームギ茶
율무차ーハトムギ茶
막걸리ーマッコリ
병맥주ービンビール
캔맥주ーカンビール
소주ーショウチュウ

支払(しはらい) 지불
窓側(まどがわ) 창가 쪽
通路側(つうろがわ) 통로 쪽
ゆず 유자
試(ため)**す** 시도하다
中華(ちゅうか) 중국(요리), 중식
和食(わしょく) 일식

～がおすすめです。

～이(가) 좋습니다.

한국의 음식, 관광, 쇼핑, 숙박 등에 대해 추천할 때 필요한 패턴입니다. 상대방이 한국에 대해 좋은 인상을 가질수록 비즈니스 찬스로 이어질 가능성도 높아집니다.

🎧 078.MP3

STEP 1

1 どのツアーがおすすめです**か**。

2 こちらのスープがおすすめです。

3 魚ならサーモンがおすすめです。

4 「韓国ホテル」がおすすめです。

5 この店ではAコースがおすすめです。

1 어느 투어가 좋습니까?

2 이 수프가 좋습니다.

3 생선이라면 연어가 좋습니다.

4 '한국호텔'이 좋습니다.

5 이 가게에서는 A코스가 좋습니다.

STEP 2

1 A 明日、日本にお帰りになるんですよね。
　　B ええ、それで今日はお土産を買うつもりです。
　　A 선물이라면 명동이 좋습니다. よろしければ、ご一緒します。
　　B 本当ですか。助かります。

2 A 山田さんは何になさいますか。
　　B どれもおいしそうで迷います。
　　A 여기는 '파전'이 좋습니다. 日本のお好み焼きに似た料理です。
　　B そうですか。じゃ、それにします。

1 A 내일 일본으로 돌아가시는 거였죠?
　　B 네, 그래서 오늘은 선물을 사려고요.
　　A お土産でしたら、明洞がおすすめです。 괜찮으시면 함께 가죠.
　　B 정말입니까? 큰 도움이 됩니다.

2 A 야마다 씨는 무엇으로 하시겠습니까?
　　B 다 맛있어 보여서 고민되네요.
　　A ここは「パジョン」がおすすめです。일본의 오코노미야키와 비슷한 요리입니다.
　　B 그래요? 그럼, 그것으로 하겠습니다.

すすめ 추천
お土産(みやげ) 선물
ご一緒(いっしょ) 함께
助(たす)かる 도움이 되다
迷(まよ)う 망설이다
お好(この)み焼(や)き 오코노미야키
似(に)る 닮다
近(ちか)く 근처
観光地(かんこうち) 관광지
自信(じしん) 자신감

〜が入っています。

〜이(가) 들어 있습니다.

🎧 079.MP3

음식의 재료나 구성 성분에 대해 알려주는 패턴입니다. 한국 음식을 처음 접해 본 사람이라면 아무래도 거부감을 느낄 수 있는데요. 음식 안에 무엇이 들어있는지 어떤 재료로 만들어졌는지에 대해 설명해 줌으로써 접대 효과를 높일 수 있습니다.

STEP 1

1 アルコールが入っています。

2 なつめと栗が入っています。

3 ごま油とのりが入っています。

4 この料理には卵が入っています。

5 このソースにはぴりっとからい唐辛子としょうがなどが入っています。

1 알코올 성분이 들어 있습니다.

2 대추와 밤이 들어 있습니다.

3 참기름과 김이 들어 있습니다.

4 이 요리에는 계란이 들어 있습니다.

5 이 소스에는 알싸한 맛의 고춧가루와 생강 등이 들어 있습니다.

STEP 2

1 A 「サムゲタン」をご存じですか。
   B 聞いたことはありますが、食べたことはありません。
   A 닭 한 마리를 통째로 사용하고 있고, 인삼과 마늘 등이 들어 있습니다.
   B 体によさそうですね。

2 A ここでのおすすめは何ですか。
   B やはり「あわびがゆ」でしょう。
   A あの高いあわびで作るんですか。
   B 전복뿐만 아니라 오징어와 인삼이 들어 있습니다.

1 A '삼계탕'을 아십니까?
   B 들어 본 적은 있지만, 먹은 적은 없습니다.
   A ニワトリ一匹をまるまる使っていて、高麗人参やニンニクなどが入っています。
   B 몸에 좋을 것 같네요.

2 A 이곳의 추천(음식)은 뭐죠?
   B 역시 '전복죽'이겠죠.
   A 그 비싼 전복으로 만드는 겁니까?
   B あわびだけじゃなくて、いかや人参が入っています。

TIPS

이 패턴은 업무 상황에서도 활용할 수 있습니다.

1. 別のスケジュールが入っています。(다른 일정이 잡혀 있습니다)
2. 田中様から2番に電話が入っています。(다나카 씨로부터 2번에 전화가 와 있습니다)
3. とても重要なデーターが入っています。(매우 중요한 데이터가 들어 있습니다)

栗(くり) 밤
ごま油(あぶら) 참기름
唐辛子(とうがらし) 고춧가루
ご存(ぞん)じ 아심
高麗人参(こうらいにんじん) 인삼
別(べつ) 별도
重要(じゅうよう) 중요

125

～という意味です。

～(이)라는 뜻입니다.

접대를 하다 보면 상대방으로부터 다양한 질문을 받습니다. 우리말에 관심을 갖고 어떤 의미인지 물어온다면 이 패턴으로 뜻을 설명해 주면 됩니다.

🎧 080.MP3

STEP 1

1 何という意味ですか。

2 すぐ戻るという意味です。

3 日本語で市場という意味です。

4 「Nソウルタワー」のNは新しいという意味です。

5 民芸品を売っているところという意味です。

1 무슨 뜻입니까?

2 금방 돌아온다는 뜻입니다.

3 일본어로 시장이라는 뜻입니다.

4 'N서울타워'의 N은 새롭다는 뜻입니다.

5 민예품을 팔고 있는 곳이라는 뜻입니다.

STEP 2

1
A あそこに看板があるんですが、何と書いてありますか。
B 「직진」と書いてありますね。
A どういう意味ですか。
B '곧바로 가라'는 뜻입니다.

2
A さっき店員さんが何か言っていましたけど、どういう意味ですか。
B さきほどですか。그건 '어서 오세요'란 뜻입니다.
A そうでしたか。では、「ありがとう」は韓国語で何と言いますか。
B 「감사합니다」と言います。

1
A 저기에 간판이 있는데요, 뭐라고 쓰여 있나요?
B '직진'이라고 쓰여 있네요.
A 무슨 의미인가요?
B 「まっすぐ行きなさい」という意味です.

2
A 좀 전에 점원이 뭐가 말했는데, 무슨 의미죠?
B 아까 말인가요? あれは「いらっしゃいませ」という意味です.
A 그랬군요. 그럼, '아리가토'는 한국어로 뭐라고 합니까?
B '감사합니다'라고 합니다.

意味(いみ) 의미
市場(いちば) 시장
民芸品(みんげいひん) 민예품
看板(かんばん) 간판
店員(てんいん) 점원
徹(てっ)する 철저하다
相手(あいて) 상대
好(この)み 취향
勧(すす)める 권하다

お口に合うかどうか分かりませんが～

입맛에 맞으실지 모르겠지만 ～

음식이나 음료를 권할 때 쓰는 패턴입니다. 맛있는지 어떤지 모르겠습니다가는 별로 좋은 표현이 아닙니다. 중요한 것은 상대방의 입맛에 맞느냐 하는 점이니까요.

🎧 081.MP3

STEP 1

1 お口に合うかどうか分かりませんが、**いかがですか。**

2 お口に合うかどうか分かりませんが、**お飲みください。**

3 お口に合うかどうか分かりませんが、**よろしかったらどうぞ。**

4 お口に合うかどうか分かりませんが、**気持ちばかりですから。**

5 お口に合うかどうか分かりませんが、**田舎でとれたものです。**

1 입맛에 맞으실지 모르겠지만, 어떠십니까?

2 입맛에 맞으실지 모르겠지만, 드셔 보세요.

3 입맛에 맞으실지 모르겠지만, 괜찮으시면 드셔 보세요.

4 입맛에 맞으실지 모르겠지만, 작은 정성이니까요.

5 입맛에 맞으실지 모르겠지만, 고향에서 재배한 것입니다.

STEP 2

1 A おかずがすごいですね。
B 입맛에 맞으실지 모르겠지만, 드세요.
A 何から食べたらいいか、迷います。
B でしたら、おかゆから召し上がってください。

2 A 입맛에 맞으실지 모르겠지만 시험 삼아 어떻습니까?
B これは何ですか。
A 「ポッサム」と言って、この茹でた豚肉とキムチを一緒に食べるんです。
B どれどれ、(食べてから)とてもおいしいですね。驚きました。

1 A 반찬이 굉장하네요.
B お口に合うかどうか分かりませんが、召し上がってください。
A 무엇부터 먹어야 할지 망설여집니다.
B 그렇다면 죽부터 드셔 보세요.

2 A お口に合うかどうか分かりませんが、試しにいかがですか。
B 이건 뭐죠?
A '보쌈'이라고 해서, 이 삶은 돼지고기와 김치를 함께 먹는 겁니다.
B 어디어디, (먹어 보고 나서) 정말 맛있네요. 깜짝 놀랐습니다.

TIPS

접대하는 입장에서는 접대할 때 어떤 이야기를 해야 할지 상당히 고민됩니다. 접대할 때는 다음과 같은 주제로 이야기하면 좋다고 하네요.
1. 時事ニュース (시사 뉴스)
2. 趣味の話 (취미 이야기)
3. 業界の情報交換 (업계 정보 교환)
4. 子供の学校行事 (아이의 학교 행사)

田舎(いなか) 시골
とれる 잡다, 수확하다
迷(まよ)う 망설이다
試(ため)し 시도
茹(ゆ)**でる** 삶다
豚肉(ぶたにく) 돼지고기
驚(おどろ)く 놀라다
時事(じじ) 시사
情報交換(じょうほうこうかん) 정보 교환
行事(ぎょうじ) 행사

127

〜が限界です。

〜(이)가 제 주량이에요.

주량을 말하는 패턴입니다. 접대에서는 술이 빠지지 않는데요. 상대방이 이 패턴으로 주량을 넌지시 알려온다면 더 이상 술을 권하지 않는 것이 좋겠죠?

🎧 082.MP3

STEP 1

1 ビール1杯が限界です。

2 ウイスキーなら、2杯が限界です。

3 ショウチュウ1本が限界です。

4 ワインでしたら、1本ぐらいが限界です。

5 日本酒なら、4、5杯ぐらいが限界です。

1 맥주 한 잔이 제 주량이에요.

2 위스키라면 두 잔이 제 주량이에요.

3 소주 한 병이 제 주량이에요.

4 와인이라면 한 병 정도가 제 주량이에요.

5 청주라면 4, 5잔 정도가 제 주량이에요.

STEP 2

1 A 契約も終わったし、今日は飲みましょう。
　 B 一仕事が終わって、ほっとしました。
　 A 鈴木さんはいける口ですか。
　 B 겨우 청주 2병이 제 주량이에요.

2 A パクさん、今日は本当にお疲れ様でした。
　 B 高橋さんのおかげで、無事に終わりました。
　 A 今日はワインにしましょうか。パクさんはどれぐらい飲めますか。
　 B 1병이 제 주량이에요.

1 A 계약도 끝났고, 오늘은 한잔합시다.
　 B 일이 마무리되어서 안심했습니다.
　 A 스즈키 씨는 주량이 세신가요?
　 B せいぜい日本酒2本が限界です。

2 A 박○○ 씨, 오늘은 정말로 수고가 많으셨습니다.
　 B 다카하시 씨 덕분에 무사히 마쳤습니다.
　 A 오늘은 와인으로 할까요? 박○○ 씨는 어느 정도 마시나요?
　 B 1本が限界ですね。

杯(はい) 잔
限界(げんかい) 한계
日本酒(にほんしゅ) (주로) 청주
契約(けいやく) 계약
一仕事(ひとしごと) 어떤 큰 일
いける 술을 마실 줄 안다
無事(ぶじ)に 무사히
不調法(ぶちょうほう) 술·담배·유흥 따위를 못함

せっかくですが～

모처럼의 기회지만 ～

여러 가지 이유를 들어 접대를 거절하는 패턴입니다. 상대방의 제의를 받아들일 수 없음에 대한 안타까움과 아쉬움, 미안함, 그리고 상대방에 대한 감사의 마음이 묻어나는 표현입니다.

🎧 083.MP3

STEP 1

1 せっかくですが、**先約がありまして。**

2 せっかくですが、**次回にお願いします。**

3 せっかくですが、**はずせない用事がありまして。**

4 せっかくですが、**ご遠慮させていただきます。**

5 せっかくですが、**まだ仕事が残っていますので。**

1 모처럼의 기회지만 선약이 있어서요.

2 모처럼의 기회지만 다음 기회에 부탁드립니다.

3 모처럼의 기회지만 해야 할 일이 있어서요.

4 모처럼의 기회지만 사양하겠습니다.

5 모처럼의 기회지만 아직 일이 남아 있어서요.

STEP 2

1 A 今日、いっぱいいかがですか。
  B すみません。모처럼의 기회지만 오늘은 개인적인 스케줄이 있습니다.
  A そうですか。残念ですね。
  B また、お誘いください。

2 A 今日、飲み会があるんですが、小林さんもいっしょにいかがですか。
  B 내일 귀국이라서 모처럼의 기회지만 오늘은 먼저 실례하겠습니다.
  A ちょっとだけでも寄って行きませんか。
  B すみません。体調もよくなくて。

1 A 오늘 한잔하실래요?
  B 죄송해요. せっかくですが、今日はプライベートな予定があります。
  A 그래요? 아쉽네요.
  B 다음에도 불러 주세요.

2 A 오늘 회식이 있는데요, 고바야시 씨도 함께 가면 어떠세요?
  B 明日帰国なので、せっかくですが、今日は先に失礼します。
  A 잠깐만이라도 들렀다 가지 않으실래요?
  B 미안합니다. 컨디션도 좋지 않아서요.

TI**P**S**

せっかくは せっかくの의 형태로도 활용이 가능합니다.

1. せっかくのご招待ですが、事情がありまして。(모처럼의 초대지만 사정이 있어서요)

2. せっかくのお誘いだけど、息子の誕生日で……。(모처럼의 권유지만 아들 생일이라서요)

次回(じかい) 다음 기회
はずす 빼다, 놓치다
遠慮(えんりょ) 사양
予定(よてい) 예정
帰国(きこく) 귀국
寄(よ)る 들르다
体調(たいちょう) 컨디션
招待(しょうたい) 초대
事情(じじょう) 사정

〜お開きにしましょうか。

~끝낼까요?

🎧 084.MP3

무슨 일이든 마무리가 중요한데요, 간단한 이유나 시점을 언급하면서 술자리나 모임을 끝내는 패턴입니다. 서로 기분 좋게 술을 마셨을 때 접대를 끝내는 매너가 필요합니다.

STEP 1

1 これでお開きにしましょうか。

2 そろそろお開きにしましょうか。

3 遅くなったので、お開きにしましょうか。

4 今日はみんな疲れたから、お開きにしましょうか。

5 明日に差し支えるので、お開きにしましょうか。

1 이것으로 끝낼까요?

2 이제 슬슬 끝낼까요?

3 시간이 늦었으니까 끝낼까요?

4 오늘은 모두 피곤하니까 끝낼까요?

5 내일 (일에) 지장이 있으니까 끝낼까요?

STEP 2

1 A 今日はいろいろと話ができて楽しかったです。

   B そう言ってもらえてうれしいです。そ럼, 내일도 아침 일찍부터 일정이 있으니까 끝낼까요?

   A そうですね。

   B これからもよろしくお願いします。

2 A 明日、何時の飛行機ですか。

   B 12時です。

   A 그럼, 이쯤에서 끝낼까요?

   B それがいいですね。

---

1 A 오늘은 이런저런 이야기를 할 수 있어서 즐거웠습니다.

   B 그렇게 말씀해 주시니 기쁩니다. では、明日も早いので、お開きにしましょうか。

   A 그게 좋겠어요.

   B 앞으로도 잘 부탁드립니다.

2 A 내일 몇 시 비행기입니까?

   B 12시입니다.

   A でしたら、この辺でお開きにしましょうか。

   B 그게 좋겠네요.

T I P S

'끝내다'를 왜 '열다'라는 뜻의 開く로 표현할까요? 切る(자르다), 終わる(끝나다), 割れる(깨지다) 등의 마이너스적인 의미의 단어를 忌み言葉라고 하는데요, 일본 사람들은 되도록 이런 단어를 피합니다. 그래서 '끝내다'도 '새로운 시작'이라는 의미에서 お開きにする라고 하는 것입니다.

開(ひら)く 열다
疲(つか)れる 피곤하다
差(さ)し支(つか)える 지장이 있다
割(わ)れる 깨지다
忌(い)み言葉(ことば) 꺼려 하는 말

Part 04

비즈니스
출장 패턴

업무차 일본에 출장을 가게 되었다면 가장 절실하게 필요한 패턴은 무엇일까요? 그렇습니다. 교통수단을 이용해서 목적지에 가거나 숙박을 할 때 쓰는 표현일 겁니다. 그럼, 이것만으로 충분할까요? 절대 아니죠. 보통 출장을 가면 거래 회사를 방문하거나 새로운 거래처를 만들기 위해 동분서주하게 됩니다. 거래 회사를 방문할 때는 어떻게 인사를 해야 하는지, 새로운 거래처를 개척하려면 어떤 식으로 자기 회사를 소개하고 제품에 대해 설명해야 하는지 이 파트를 보면 자세히 알 수 있습니다. 불안하게만 느껴지던 출장이 이제 재밌어집니다!

Unit 09 해외 출장 패턴

Unit 10 회사 방문&공장 견학 패턴

Unit 11 회사 및 제품 소개 패턴

Unit 09
해외 출장 패턴

패턴 미리보기

085 　～を予約したいんですが。　～을(를) 예약하고 싶은데요.　　　　　예약하기

086 　～にしてください。　～(으)로 해 주세요.　　　　　희망사항 말하기

087 　～で来ました。　～ 때문에(로) 왔습니다.　　　　　방문 목적 밝히기

088 　～までいくらですか。　～까지의 요금은 얼마죠?　　　　　요금 묻기

089 　～はどのぐらいかかりますか。　～은(는) 얼마나 걸리나요?　　　　　소요 시간 묻기

090 　～はどう行けばいいですか。　～(에)는 어떻게 가면 되나요?　　　　　길 묻기

091 　～ところはありませんか。　～곳은 없나요?　　　　　장소 물색하기

092 　～の調子がよくないんです。　～에 문제가 있는데요.　　　　　고장 알리기

093 　～ことはできますか。　～(할) 수 있나요?　　　　　가능 여부 묻기

～を予約したいんですが。

～을(를) 예약하고 싶은데요.

출장 갈 때 교통편, 숙박, 음식점 등을 예약하는 패턴입니다. 교통수단, 날짜, 인원수, 행선지, 체재 기간 등의 정보와 함께 활용해 주세요.

⌒ 085.MP3

STEP 1

① シングルルームを予約したいんですが。

② 5人で泊まれる部屋を予約したいんですが。

③ 4月14日から3泊を予約したいんですが。

④ 3時発、博多行きの切符を予約したいんですが。

⑤ 東京から京都までの新幹線を予約したいんですが。

① 싱글 룸을 예약하고 싶은데요.

② 다섯 명이 묵을 수 있는 방을 예약하고 싶은데요.

③ 4월 14일부터 3박을 예약하고 싶은데요.

④ 3시 출발, 하카타행 표를 예약하고 싶은데요.

⑤ 도쿄에서 교토까지의 신칸센을 예약하고 싶은데요.

STEP 2

① **A** 5월 7일 도쿄행을 예약하고 싶은데요.
B 成田行きでしょうか、それとも羽田でしょうか。
A 成田でお願いします。
B 何名様でいらっしゃいますか。

② **A** 어른 한 명을 예약하고 싶은데요.
B ご指定の日でしたら、午後2時の便がございますが。
A それで結構です。
B お手数ですが、お名前とお電話番号をお願いできますか。

① **A** 5月7日の東京行きを予約したいんですが。
B 나리타행인가요, 아니면 하네다인가요?
A 나리타로 부탁합니다.
B 몇 분이신가요?

② **A** 大人一人を予約したいんですが。
B 지정하신 날짜라면 오후 2시편이 있는데요.
A 그걸로 해 주세요.
B 번거로우시겠지만, 성함과 전화번호를 부탁드릴 수 있을까요?

TIPS

일본에 가면 JR역 안에 みどりの窓口라는 곳이 있는데요. 말 그대로 녹색 간판이어서 바로 알 수 있습니다. 이곳은 JR그룹에서 운영하는 승차권 발매소로, 우리나라의 KTX에 해당하는 신칸센과 열차표를 취급합니다. 필요에 따라 乗車券(승차권), 特急券(특급표), 指定券(지정석표), JRパス(JR패스) 등을 구입할 수 있습니다.

予約(よやく) 예약
泊(と)まる 묵다
博多(はかた) 하카타
新幹線(しんかんせん) 신칸센
何名様(なんめいさま) 몇 분
指定(してい) 지정
～便(びん) ～편
結構(けっこう) 좋음
窓口(まどぐち) 창구
乗車券(じょうしゃけん) 승차권
特急券(とっきゅうけん) 특급표
指定券(していけん) 지정석표

〜にしてください。

〜(으)로 해 주세요.

086.MP3

상대방에게 자신의 요구 사항을 말하는 패턴으로, 예약을 하거나 음식점이나 호텔 등에서 자신의 희망사항을 이야기할 때 자주 사용합니다.

STEP 1

1 **コレクトコール**にしてください。

2 **奥の部屋**にしてください。

3 **海の見える部屋**にしてください。

4 **朝食は和食**にしてください。

5 **クイーンサイズのベッドの部屋**にしてください。

1 콜렉트 콜로 해 주세요.

2 제일 안쪽 방으로 해 주세요.

3 바다가 보이는 방으로 해 주세요.

4 조식은 일식으로 해 주세요.

5 퀸 사이즈의 침대가 있는 방으로 해 주세요.

STEP 2

1 A 가능하면 통로 쪽으로 해 주세요.
   B 申し訳ありません。ただいま、通路側は埋まっておりまして。
   A ないんですか。
   B あのう、一つ残ってはいるんですが、お連れの方と別々になってしまうんです。

2 A 금연 층으로 해 주세요.
   B 5、8、9階が禁煙フロアーになっておりますが、いかがいたしましょうか。
   A じゃ、5階で。
   B はい、かしこまりました。

1 A できれば通路側にしてください。
   B 죄송합니다. 현재 통로 쪽은 차 버려서요.
   A 없나요?
   B 저, 하나 남아 있기는 한데, 동행하시는 분과 따로 앉게 됩니다.

2 A 禁煙フロアーにしてください。
   B 5, 8, 9층이 금연 층으로 되어 있습니다만, 어떻게 할까요?
   A 그럼, 5층으로.
   B 네, 알겠습니다.

TIPS

일본의 비즈니스호텔 객실에 구비되어 있는 비품을 일본어로 알아볼까요?

드라이어ー ドライヤ
에어컨ー エアコン
알람시계ー 目覚(めざ)まし時計(どけい)
옷걸이ー ハンガー
구두닦이ー シューペーパー
가습기ー 加湿器(かしつき)
전기포트ー 電気(でんき)ポット
면도기ー カミソリ
숙면 베개ー 快眠枕(かいみんまくら)
바지 다리미ー ズボンプレッサー
바느질함ー ソーイングセット

奥(おく) 안
朝食(ちょうしょく) 조식
和食(わしょく) 일식
通路側(つうろがわ) 통로 쪽
埋(う)**まる** 가득 차다
お連(つ)**れ** 동행, 일행
別々(べつべつ) 따로따로
禁煙(きんえん) 금연

135

〜で来ました。

〜때문에(로) 왔습니다.

🎧 087.MP3

일본을 방문하는 이유나 탑승한 비행기 편명을 말하는 패턴입니다. 입국심사대나 세관신고서를 제출할 때 방문 목적과 머무는 호텔명을 물어오는 경우가 있는데, 이 패턴으로 간단히 대답할 수 있습니다.

STEP 1

1 セミナーで来ました。

2 ビジネスで来ました。

3 休暇で来ました。

4 JAL767便で来ました。

5 親族訪問で来ました。

1 세미나 때문에 왔습니다.

2 비즈니스로 왔습니다.

3 휴가로 왔습니다.

4 JAL767편으로 왔습니다.

5 친족 방문 때문에 왔습니다.

STEP 2

1 A パスポートと搭乗券を見せてください。
   B はい、どうぞ。
   A 訪れた目的は何ですか。
   B 일 때문에 왔습니다.

2 A 観光で来ましたか。
   B 아니요, 연수 때문에 왔습니다.
   A そうですか。どちらにお泊まりですか。
   B 研修が行われるヒルトンホテルです。

1 A 여권과 탑승권을 보여 주세요.
   B 네, 여기 있습니다.
   A 오신 목적은 뭐죠?
   B 仕事で来ました。

2 A 관광으로 왔나요?
   B いいえ、研修で来ました。
   A 그래요? 어디에 묵으시죠?
   B 연수가 진행되는 힐튼호텔입니다.

TIPS

입국심사대에서 예상되는 질문을 알아볼까요?

1. どれぐらい滞在しますか。
   (얼마나 머무시나요?)
2. どちらに滞在する予定ですか。(어디에 머무실 예정입니까?)
3. お帰りのチケットはお持ちですか。
   (돌아오는 티켓은 가지고 계십니까?)

休暇(きゅうか) 휴가
〜便(びん) 〜편
親族訪問(しんぞくほうもん) 친족 방문
搭乗券(とうじょうけん) 탑승권
訪(おとず)**れる** 방문하다
目的(もくてき) 목적
観光(かんこう) 관광
研修(けんしゅう) 연수
泊(と)**まり** 숙박
滞在(たいざい) 체재

～までいくらですか。

～까지의 요금은 얼마죠?

행선지까지의 요금을 묻는 패턴입니다. 택시를 타거나 지하철역 매표 창구에서 표를 살 경우에 사용합니다. 구체적 지명이나 거리 이름, 역명, 주요 관공서명 등을 패턴에 붙여 활용합니다.

🎧 088.MP3

STEP 1

1 このホテルまでいくらですか。

2 赤坂までいくらですか。

3 近くの駅までいくらですか。

4 この住所までいくらですか。

5 東京都庁までいくらですか。

1 이 호텔까지의 요금은 얼마죠?

2 아카사카까지의 요금은 얼마죠?

3 가까운 역까지의 요금은 얼마죠?

4 이 주소까지의 요금은 얼마죠?

5 도쿄도청까지의 요금은 얼마죠?

STEP 2

1 A 어림잡아 신주쿠까지의 요금은 얼마죠?
　 B 道の状況によりますが、初乗り料金ぐらいですね。
　 A では、新宿の東口までお願いします。
　 B はい、かしこまりました。

2 A 아키하바라까지의 요금은 얼마죠?
　 B 160円です。
　 A 大人、3枚ください。
　 B はい、480円になります。

1 A 대이다이데이이오데, 新宿までいくらですか。
　 B 도로 상황에 따라 다르지만, 기본요금 정도죠.
　 A 그럼, 신주쿠 동쪽 입구까지 부탁해요.
　 B 네, 알겠습니다.

2 A 秋葉原까지 요금은 얼마죠?
　 B 160엔입니다.
　 A 어른, 3장 주세요.
　 B 네, 480엔입니다.

住所(じゅうしょ) 주소
都庁(とちょう) 도청
状況(じょうきょう) 상황
初乗(はつの)り料金(りょうきん) 기본요금
東口(ひがしぐち) 동쪽 입구
秋葉原(あきはばら) 아키하바라
～枚(まい) ～장
電車(でんしゃ) 전철
地下鉄(ちかてつ) 지하철
路線図(ろせんず) 노선도

～はどのぐらいかかりますか。

~은(는) 얼마나 걸리나요?

이동하는데 드는 소요 시간을 묻는 패턴입니다. 행선지에 해당하는 지명이나 역명을 구체적으로 제시하거나, 자동차, 버스, 도보 등의 교통수단에 따라 달라지는 소요 시간을 물을 때도 사용할 수 있습니다.

🎧 089.MP3

STEP 1

1 バスではどのぐらいかかりますか。

2 羽田空港まではどのぐらいかかりますか。

3 この公園に行くにはどのぐらいかかりますか。

4 車で会社まではどのぐらいかかりますか。

5 最寄りの駅から、貿易センターまではどのぐらいかかりますか。

1 버스로는 얼마나 걸리나요?

2 하네다 공항까지는 얼마나 걸리나요?

3 이 공원에 가는 데는 얼마나 걸리나요?

4 차로 회사까지는 얼마나 걸리나요?

5 가장 가까운 역에서 무역센터까지는 얼마나 걸리나요?

STEP 2

1 A ちょっとお聞きします。
　　B はい、どうぞ。
　　A 걸어서 시부야역까지는 얼마나 걸리나요?
　　B 5分ほどです。

2 A 六本木までお願いします。
　　B はい、かしこまりました。
　　A 롯폰기까지는 얼마나 걸리나요?
　　B 今の時間帯ですと、20分はかかると思います。

1 A 잠깐 여쭙겠습니다.
　　B 네, 무슨 일이시죠?
　　A 歩いて渋谷駅まではどのぐらいかかりますか。
　　B 5分 정도입니다.

2 A 롯폰기까지 부탁합니다.
　　B 네, 알겠습니다.
　　A 六本木まではどのぐらいかかりますか。
　　B 지금 시간대라면 20분은 걸릴 것 같습니다.

TIPS

일본 출장은 교통비가 많이 듭니다. 하지만 여러 가지 할인 패스를 이용하면 싸고 편하게 이동할 수 있는데요. 다양한 할인 카드로는 都内パス(730円), 東京フリーきっぷ(1,580円), 東京メトロ一日乗車券(1,000円), 東京地下鉄一日乗車券(710円), 都営まるごときっぷ(700円) 등이 있습니다.

空港(くうこう) 공항
最寄(もよ)り 가장 가까움
貿易(ぼうえき) 무역
渋谷駅(しぶやえき) 시부야역
六本木(ろっぽんぎ) 롯폰기
時間帯(じかんたい) 시간대
都内(とない) 도내
一日(いちにち) 일일, 하루
乗車券(じょうしゃけん) 승차권
都営(とえい) 도영

〜はどう行けばいいですか。

〜(에)는 어떻게 가면 되나요?

일본에 처음 가보신 분은 물론이고 여러 번 가는 분들도 지하철의 乗り換え(환승)는 어렵습니다. 그럴 때는 당황하지 말고 이 패턴을 이용하세요.

🎧 090.MP3

STEP 1

1 空港へはどう行けばいいですか。

2 会場まではどう行けばいいですか。

3 中華街はどう行けばいいですか。

4 中央駅からはどう行けばいいですか。

5 すみません、幕張メッセはどう行けばいいですか。

1 공항에는 어떻게 가면 되나요?

2 행사장까지는 어떻게 가면 되나요?

3 차이나타운은 어떻게 가면 되나요?

4 중앙역에서는 어떻게 가면 되나요?

5 실례해요, 마쿠하리 멧세는 어떻게 가면 되나요?

STEP 2

1 **A** 죄송하지만, 도쿄역은 어떻게 가면 되나요?
  B この半蔵門線で大手町まで行って、丸の内線に乗り換えてください。
  A どれくらいかかるでしょうか。
  B 30分もかからないと思いますよ。

2 **A** 그쪽으로는 어떻게 가면 되나요?
  B 渋谷駅のハチ公口からすぐのところです。
  A 何線に乗ればいいでしょうか。
  B 山手線、東横線、銀座線のどれかに乗ってください。

1 **A** すみませんが、東京駅はどう行けばいいですか。
  B 이 한조몬선으로 오테마치까지 가서 마루노우치선으로 갈아타세요.
  A 어느 정도 걸릴까요?
  B 30분도 걸리지 않을 거예요.

2 **A** そちらにはどう行けばいいですか。
  B 시부야역의 하치코 입구에서 아주 가깝습니다.
  A 무슨 선을 타면 될까요?
  B 야마노테선, 도요코선, 긴자선 중에 하나를 타세요.

T I P S

일일이 표를 사는 것은 시간도 많이 들고, 환승이 많으면 정산도 힘듭니다. 그래서 スイカ라는 선불형 교통카드가 인기인데요. 철도 모양을 마크화한 모습이 수박과 닮아서 이런 이름이 붙여졌다고 합니다. 처음에는 보증금 500엔을 포함해서 2000엔에 구입하고, 다 쓰면 티켓 발매기에서 충전하면 됩니다. 편의점에서 간단한 물건도 살 수 있답니다.

会場(かいじょう) 회장, 행사장
中華街(ちゅうかがい) 차이나타운
半蔵門線(はんぞうもんせん) 한조몬선
大手町(おおてまち) 오테마치
丸(まる)**の内線**(うちせん) 마루노우치선
乗(の)**り換**(か)**える** 환승하다
ハチ公口(こうぐち) 하치코 입구
東横線(とうよこせん) 도요코선
銀座線(ぎんざせん) 긴자선

〜ところはありませんか。

〜곳은 없나요?

자신이 원하는 조건에 맞는 장소를 찾는 패턴입니다. 출장이든 여행이든 그곳 사정을 잘 아는 사람에게 물어보는 것이 가장 좋은 정보를 편하게 얻을 수 있는 지름길이겠죠?

🎧 091.MP3

STEP 1

1 タバコが吸えるところはありませんか。

2 ファックスが送れるところはありませんか。

3 荷物を預けるところはありませんか。

4 近くに手頃なレストランでいいところはありませんか。

5 無料でインターネットが使えるところはありませんか。

1 담배를 피울 수 있는 곳은 없나요?

2 팩스를 보낼 수 있는 곳은 없나요?

3 짐을 맡기는 곳은 없나요?

4 근처에 적당한 가격의 레스토랑으로 좋은 곳은 없나요?

5 무료로 인터넷을 사용할 수 있는 곳은 없나요?

STEP 2

1 A 이 주변에 컴퓨터를 쓸 수 있는 곳은 없나요?

　　B あそこにインターネットカフェがあります。見えますか。

　　A あ、はい。ありがとうございます。

　　B いいえ、どういたしまして。

2 A (キーを預けながら) 저기요, 근처에 식사할 수 있는 곳은 없나요?

　　B 駅ビルの中にございます。

　　A ありがとうございます。

　　B では、いってらっしゃいませ。

1 A この辺にパソコンが使えるところはありませんか。
　　B 저기에 PC방이 있습니다. 보이나요?
　　A 아, 있네요. 감사합니다.
　　B 아뇨, 별말씀을요.

2 A (호텔 열쇠를 맡기면서) あのう、近くに食事ができるところはありませんか。
　　B 역 빌딩 안에 있습니다.
　　A 감사합니다.
　　B 그럼, 다녀오십시오.

荷物(にもつ) 짐
預(あず)**ける** 맡기다
手頃(てごろ)**な** 적당한
無料(むりょう) 무료
辺(へん) 주변
使(つか)**う** 사용하다
食事(しょくじ) 식사
駅(えき)**ビル** 역을 중심으로 식당 등의 각종 시설이 있는 종합 빌딩
喫茶(きっさ) 차를 마심

〜の調子がよくないんです。

〜에 문제가 있는데요.

호텔에 묵다 보면 간혹 문제 상황이 발생합니다. 하룻밤이라면 참아볼 수도 있겠지만 며칠씩 묵어야 한다면 해결해야겠죠? 호텔 설비나 기기의 고장을 알리는 패턴입니다.

🎧 092.MP3

STEP 1

1 スタンドの調子がよくないんです。

2 空調の調子がよくないんです。

3 ズボンプレッサーの調子がよくないんです。

4 ウオッシュレットの調子がよくないんです。

5 トイレの換気扇の調子がよくないんです。

1 스탠드에 문제가 있는데요.

2 에어컨에 문제가 있는데요.

3 바지 다리미에 문제가 있는데요.

4 비데에 문제가 있는데요.

5 화장실 환기팬에 문제가 있는데요.

STEP 2

1 **A** フロントですか。

　B はい、いかがなさいましたか。

　A 1120号室ですが、エアコンに問題があるんです。

　B 申し訳ございません。ただいま、まいります。

2 **A** あのう、冷蔵庫に問題があるんですが。

　B そうですか。申し訳ございません。

　A 今から、出かけますが、今日中に直していただけますか。

　B はい、かしこまりました。いってらっしゃいませ。

1 **A** 프런트인가요?
　B 네, 무엇을 도와 드릴까요?
　A 1120호실이지만, 쿨러의 조자가 좋지 않습니다.
　B 죄송합니다. 지금 바로 찾아뵙겠습니다.

2 **A** あのう、冷蔵庫の調子がよくないんですが。
　B 그래요? 죄송합니다.
　A 지금 외출할 건데요, 오늘 중으로 고쳐 주실 수 있나요?
　B 네, 알겠습니다. 다녀오십시오.

T I P S

호텔에서 발생할 수 있는 다른 문제에 대해 생각해 볼까요?

1. 물이 잘 안 나올 때
   ❶ 水の出が悪いんです。
2. 방의 개인 금고가 잘 닫히지 않을 때
   ❶ セキュリティーボックスが閉らないんです。
3. 화장실에서 냄새가 날 때
   ❶ ユニットバスからいやな臭いがします。

調子(ちょうし) 상태
空調(くうちょう) 에어 컨디셔닝(에어컨)
換気扇(かんきせん) 환기팬
いかが 어떻게
号室(ごうしつ) ~호실
冷蔵庫(れいぞうこ) 냉장고
直(なお)**す** 고치다
水(みず)**の出**(で) 물이 나오는 정도
臭(にお)**い** (나쁜) 냄새

～ことはできますか。

～(할) 수 있나요?

🎧 093.MP3

출장을 가면 여러 가지 확인해야 하는 일이나, 예기치 않은 상황이 벌어졌을 때 이를 문의하고 요청해야 하는 경우가 많은데요. 이처럼 어떤 일이 가능한지 문의하는 패턴입니다. こと 앞에는 동사 원형이 오도록 문장을 만들어 주세요.

STEP 1

1️⃣ インターネットを使うことはできますか。

2️⃣ モーニングコールをしてもらうことはできますか。

3️⃣ バスタオルを余分にもらうことはできますか。

4️⃣ クリーニングサービスを利用することはできますか。

5️⃣ チェックアウト時間を延長することはできますか。

1️⃣ 인터넷을 사용할 수 있나요?

2️⃣ 모닝콜을 해 줄 수 있나요?

3️⃣ 목욕 타월을 여분으로 주실 수 있나요?

4️⃣ 드라이클리닝 서비스를 이용할 수 있나요?

5️⃣ 체크아웃 시간을 연장할 수 있나요?

STEP 2

1️⃣ A (キーを渡しながら)チェックアウト、お願いします。
　 B はい、こちらが領収書でございます。
　 A 저, 3시 정도까지 짐을 맡아 주실 수 있나요?
　 B かしこまりました。では、お預かりいたします。

2️⃣ A あのう、となりがうるさくて眠れないんですけど。
　 B そうでしたか。申し訳ございません。
　 A 다른 층으로 방을 바꿀 수 있나요?
　 B 空いている部屋があるか、調べてみます。

1️⃣ A (열쇠를 건네면서) 체크아웃, 부탁합니다.
　 B 네, 이것이 영수증입니다.
　 A 아의우, 3時ぐらいまで荷物を預かってもらうことはできますか。
　 B 알겠습니다. 그럼, 맡아 놓겠습니다.

2️⃣ A 저, 옆방이 시끄러워서 잠을 잘 수가 없는데요.
　 B 그러셨어요? 죄송합니다.
　 A 他の階に部屋を変えることはできますか。
　 B 빈방이 있는지 알아보겠습니다.

🅣🅘🅟🅢
일본을 여행하거나 출장하면서 가장 불편하게 느끼는 것은 아무래도 인터넷 서비스일 겁니다. 호텔을 예약할 때는 홈페이지에 다음과 같은 문구가 있는지 꼭 확인하세요.
1. Wi-Fi接続サービス無料
　 (Wi-Fi 접속 서비스 무료)
2. 全室有線LAN高速インターネット無料接続(모든 객실 유선랜 고속인터넷 무료 접속)

余分(よぶん)に 여분으로
利用(りよう) 이용
延長(えんちょう) 연장
渡(わた)す 건네다
領収書(りょうしゅうしょ) 영수증
預(あず)かる 맡다
眠(ねむ)る 잠들다
空(あ)く 비다
調(しら)べる 조사하다
接続(せつぞく) 접속
有線(ゆうせん) 유선
高速(こうそく) 고속

Unit 10
회사 방문&공장 견학 패턴

🔍 **패턴 미리보기**

094 **~会う約束をしております。** ~만나기로 되어 있습니다.   약속 방문하기

095 **~件で伺いました。** ~때문에 찾아뵈었습니다.   방문 목적 밝히기

096 **~紹介で参りました。** ~소개를 받고 왔습니다.   소개자 알리기

097 **~ですが、よろしかったらどうぞ。** ~인데요, 괜찮으시면 받아 주세요.   선물 주기

098 **~印象を受けました。** ~인상을 받았습니다.   인상 말하기

099 **~には何が要りますか。** ~에는(하려면) 무엇이 필요합니까?   필요조건 묻기

100 **本日は~** 오늘은 ~   방문 마치기

～会う約束をしております。

～만나기로 되어 있습니다.

회사를 방문해서 안내 데스크의 직원이나 사무실 직원에게 방문 약속이 되어 있음을 알리는 패턴입니다. 우선 자신의 소속과 이름을 밝히고 나서, 몇 시에 누구와 약속이 되어 있는지 말하면 됩니다.

🎧 094.MP3

STEP 1

1 ロビーで会う約束をしております。

2 午後2時に会う約束をしております。

3 10分後に会う約束をしております。

4 本田部長と10時に会う約束をしております。

5 韓国輸出担当の方と会う約束をしております。

1 로비에서 만나기로 되어 있습니다.

2 오후 2시에 만나기로 되어 있습니다.

3 10분 후에 만나기로 되어 있습니다.

4 혼다 부장님과 10시에 만나기로 되어 있습니다.

5 한국 수출 담당자와 만나기로 되어 있습니다.

STEP 2

1 A いらっしゃいませ。

B 한국물산의 김○○이라고 하는데요, 4시에 하야시 과장님과 만나기로 되어 있습니다.

A 恐れ入りますが、お名前をもう一度お願いできますか。

B 韓国物産のキムです。

2 A おはようございます。

B 한국에서 온 박○○이라고 하는데요, 다나카 부장님과 만나기로 되어 있습니다.

A そうですか。では、そちらで少々お待ちいただけますか。

B はい、ありがとうございます。

1 A 어서 오십시오.
B 韓国物産のキムと申しますが、4時に林課長と会う約束をしております。
A 죄송하지만 성함을 다시 한 번 부탁드려도 될까요?
B 한국물산의 김○○입니다.

2 A 안녕하세요.
B 韓国から参りましたパクと申しますが、田中部長と会う約束をしております。
A 그러세요? 그럼, 저쪽에서 잠시 기다려 주시겠습니까?
B 네, 감사합니다.

輸出(ゆしゅつ) 수출
担当(たんとう) 담당
物産(ぶっさん) 물산
少々(しょうしょう) 잠시
受付(うけつけ) 안내 데스크
用件(ようけん) 용건
ちょうだい (윗사람으로부터) 받음

〜件で伺いました。

〜때문에 찾아뵈었습니다.

회사를 방문한 목적을 설명하는 패턴입니다. 伺うは 여기서 訪ねる의 겸양어로 쓰여 '찾아뵙다'의 의미를 갖고 있습니다. 〜件で参りました도 같은 의미로 사용할 수 있습니다.

🎧 095.MP3

STEP 1

1 プレゼンの件で伺いました。

2 見積もりの件で伺いました。

3 契約の件で伺いました。

4 引き継ぎの件で伺いました。

5 打ち合わせの件で伺いました。

1 프레젠테이션 때문에 찾아뵈었습니다.

2 견적 때문에 찾아뵈었습니다.

3 계약 때문에 찾아뵈었습니다.

4 인수인계 때문에 찾아뵈었습니다.

5 회의 때문에 찾아뵈었습니다.

STEP 2

1 A 恐れ入りますが、どのようなご用件でしょうか。

B 회사 소개 때문에 찾아뵈었습니다.

A お約束はしておいででしょうか

B アポは取ってないのですが、名刺だけでもお渡ししたいと思いまして。

2 A お待たせしました。営業部の小林と言います。

B お忙しい中、申し訳ありません。오늘은 상품 PR 때문에 찾아뵈었습니다.

A 10分しか時間がありませんが、よろしいでしょうか。

B はい、10分で結構です。

TIPS

영업 때문에 약속 없이 회사를 방문하는 것을 飛び込み営業라고 합니다. 특히 4월과 5월은 신입 영업사원들의 飛び込み営業가 많아지는데요. 담력을 키우기 위해서랍니다. 곧바로 거래가 성사되지는 않아도 명함과 회사 팸플릿을 직접 건넴으로써 얻어지는 コンタクト 효과는 크다고 하네요.

1 A 죄송하지만 무슨 용건이신가요?
B 会社紹介の件で伺いました。
A 약속은 하셨나요?
B 약속은 안했지만, 명함이라도 드리고 싶어서요.

2 A 오래 기다리셨습니다. 영업부의 고바야시라고 합니다.
B 바쁘신 와중에 죄송합니다. 本日は商品PRの件で伺いました。
A 10분밖에 시간이 없는데, 괜찮으시겠어요?
B 네, 10분이면 충분합니다.

見積(みつ)もり 견적
引(ひ)き継(つ)ぎ 인계
名刺(めいし) 명함
本日(ほんじつ) 오늘
商品(しょうひん) 상품
結構(けっこう) 충분함
飛(と)び込(こ)み 뛰어듦
営業(えいぎょう) 영업
コンタクト 연락, 접촉

〜紹介で参りました。

〜소개를 받고 왔습니다.

소개해 준 사람이나 단체를 밝힘으로써 친밀감을 높이는 패턴입니다. 일본 회사는 다른 나라에 비해 누군가의 소개를 상당히 중요시합니다. 소개 없이 무조건 방문했을 때는 담당자를 만나기 힘들지만, 소개를 받고 가면 대우가 전혀 달라집니다.

🎧 096.MP3

STEP 1

1. 鈴木部長の紹介で参りました。

2. ソウル貿易のイさんの紹介で参りました。

3. 貿易協会の紹介で参りました。

4. 中小企業庁の紹介で参りました。

5. 日本商事の加藤さんの紹介で参りました。

1. 스즈키 부장님의 소개를 받고 왔습니다.

2. 서울무역의 이○○ 씨 소개를 받고 왔습니다.

3. 무역협회의 소개를 받고 왔습니다.

4. 중소기업청의 소개를 받고 왔습니다.

5. 일본상사의 가토 씨 소개를 받고 왔습니다.

STEP 2

1. A お待たせしました。私が、高橋ですが。
   B はじめまして。パクと申します。주식회사 사쿠라의 소개를 받고 왔습니다.
   A そうでしたか。ところで、今日は。
   B 弊社の商品を紹介させていただきたく伺いました。

2. A 일본공업의 마쓰시타 과장님의 소개를 받고 왔습니다. カンと申します。
   B お待ちしておりました。松下課長から連絡をいただいております。
   A 会社の説明から始めてもよろしいでしょうか。
   B よろしくお願いします。

1. A 기다리시게 해서 죄송합니다. 제가 다카하시입니다만.
   B 반갑습니다. 박○○이라고 합니다. 株式会社サクラの紹介で参りました。
   A 그러셨군요? 그런데 오늘은……
   B 저희 회사 상품을 소개해 드리고 싶어서 찾아뵈었습니다.

2. A 日本工業の松下課長の紹介で参りました。강○○이라고 합니다.
   B 기다리고 있었습니다. 마쓰시타 과장님께 연락 받았습니다.
   A 회사 설명부터 시작해도 될까요?
   B 잘 부탁드립니다.

TIPS

일본 회사를 방문할 때 꼭 지켜야 할 매너는 무엇일까요? 첫째, 반드시 방문 약속(아포인트먼트)을 잡고 확인합니다. 둘째, 방문 시 가져갈 명함(名刺)이나 서류(書類), 자료(資料) 등을 꼼꼼히 체크합니다. 셋째, 복장(服裝)을 단정히 합니다. 마지막으로, 방문 시간에 절대 늦지 않도록 합니다. 약 5분 전에 회사 앞에 도착하는 것이 좋습니다.

紹介(しょうかい) 소개
貿易(ぼうえき) 무역
協会(きょうかい) 협회
中小企業(ちゅうしょうきぎょう) 중소기업
株式会社(かぶしきがいしゃ) 주식회사
工業(こうぎょう) 공업
連絡(れんらく) 연락
説明(せつめい) 설명

〜ですが、よろしかったらどうぞ。

〜인데요, 괜찮으시면 받아 주세요.

회사를 방문하거나 감사의 뜻을 전할 때는 선물을 하는 것이 보통인데요. 선물을 주면서 그 내용물이 무엇인지 밝히는 패턴입니다. 선물의 내용물을 알면 받기에도 부담이 없겠죠?

⌂ 097.MP3

STEP 1

1 つまらないものですが、よろしかったらどうぞ。

2 ほんの気持ちですが、よろしかったらどうぞ。

3 韓国のノリですが、よろしかったらどうぞ。

4 クルミ饅頭ですが、よろしかったらどうぞ。

5 これは高麗人参ですが、よろしかったらどうぞ。

1 변변치 않은 물건인데요, 괜찮으시면 받아 주세요.

2 작은 정성인데요, 괜찮으시면 받아 주세요.

3 한국 김인데요, 괜찮으시면 받아 주세요.

4 호두과자인데요, 괜찮으시면 받아 주세요.

5 이것은 인삼인데요, 괜찮으시면 받아 주세요.

STEP 2

1 A 本日は会社まで来ていただいてありがとうございました。
　 B お目にかかれてうれしいです。
　 A こちらこそ。
　 B 이것은 한국 과자인데요, 괜찮으시면 받아 주세요.

2 A 迎えに行けなくてすみませんでした。
　 B いえいえ、大丈夫です。 이것은 한국 전통차인데요, 괜찮으시면 받아 주세요.
　 A いや、そんな。
　 B お口に合うかどうか分かりませんが、飲んでみてください。

1 A 오늘은 회사까지 와 주셔서 감사합니다.
　 B 뵙게 되어 기쁩니다.
　 A 저야말로 (기쁩니다).
　 B これは韓国のお菓子ですが、よろしかったらどうぞ。

2 A 마중하러 못 가서 죄송했습니다.
　 B 아니에요, 괜찮습니다. これは韓国のお茶ですが、よろしかったらどうぞ。
　 A 그렇게까지…….
　 B 입에 맞으실지 모르겠지만 드셔 보세요.

T I P S

회사에 방문할 때 들고 가는 선물을 手みやげ라고 하는데요. 일본 사람들은 다음과 같은 사항에 주의해서 고른다고 하네요.

1. 仕事中でも簡単に食べられるもの
(일하는 중에도 간단히 먹을 수 있는 것)
2. 近所の店では買わない
(회사 근처에서는 사지 않기)
3. 食べる人の人数をチェック
(먹는 사람의 인원수를 체크)
4. 賞味期限が短すぎるものは避ける
(유통기한이 너무 짧은 것은 피하기)

饅頭(まんじゅう) 만두, 찐빵
高麗人参(こうらいにんじん) 인삼
お目(め)にかかる 뵙다
迎(むか)える 맞이하다
近所(きんじょ) 근처
人数(にんずう) 인원수
賞味期限(しょうみきげん) 유통 기한
避(さ)ける 피하다

～印象を受けました。

～인상을 받았습니다.

회사 방문이나 공장 견학을 통해 벤치마킹을 하는데요. 회사와 공장의 전체적인 분위기나 인상을 말하는 패턴입니다. 보고 느낀 바를 적극적으로 어필함으로써 대화에 깊이를 더할 수 있습니다.

🎧 098.MP3

STEP 1

1 どのような印象を受けましたか。

2 設備があたらしいような印象を受けました。

3 管理が行き届いている印象を受けました。

4 作業員があまりいない印象を受けました。

5 品質に力を入れているような印象を受けました。

1 어떠한 인상을 받으셨나요?

2 설비를 새로 한 것 같은 인상을 받았습니다.

3 관리가 빈틈없이 이루어지고 있다는 인상을 받았습니다.

4 작업하는 사람이 별로 없다는 인상을 받았습니다.

5 품질에 주력하고 있는 것 같은 인상을 받았습니다.

STEP 2

1 **A** 見学できて、本当によかったです。
   B いかがでしたか。
   A 実は工場内が少し暗いという印象を受けたんですが。
   B 電気代を節約するために、必要ないところは消してあります。

2 **A** 会社をご覧になって、ご感想はいかがですか。
   B グローバルだという印象を受けました。
   A 外国人の社員が多いですからね。
   B こういう所で働きたいなあと思いました。

1 **A** 견학을 해서 정말 좋습니다.
   B 어떠셨나요?
   A 실은, 공장 내가 조금 어두운 것 같은 인상을 받았습니다만.
   B 전기세를 절약하기 위해 필요 없는 곳은 꺼둡니다.

2 **A** 회사를 보시고 어떤 느낌이 드셨나요?
   B 글로벌한 인상을 받았습니다.
   A 외국인 사원이 많으니까요.
   B 이런 곳에서 일하고 싶은 생각이 들었습니다.

TIPS

출장 중에 여유가 있다면 다양한 공장을 견학해 보는 것은 어떨까요? 자신과 업종이 다르더라도 물건이 만들어지는 과정을 보는 일은 여러모로 도움이 됩니다. 미리 신청을 해야 하는 곳도 있고 당일 직접 가서 신청하는 곳도 있는데요. ビール(맥주), お酒(술), ワイナリー(와이너리), ガラス(유리), ヤクルト(야쿠르트), ショウユ(간장) 등 그 종류도 다양합니다.

印象(いんしょう) 인상
設備(せつび) 설비
管理(かんり) 관리
品質(ひんしつ) 품질
見学(けんがく) 견학
工場内(こうじょうない) 공장 내부
電気代(でんきだい) 전기세
節約(せつやく) 절약
ご覧(らん)になる 보시다
感想(かんそう) 감상
外国人(がいこくじん) 외국인

〜には何が要りますか。

〜에는(하려면) 무엇이 필요합니까?

099.MP3

회사 방문이나 공장 견학 시 여러 가지 질문을 하게 되는데요. 어떤 사안에 대한 필요조건을 질문할 때는 이 패턴을 사용해 주세요. 경영 철학이나 경영 방침 같은 깊이 있는 질문을 할 때도 활용할 수 있습니다.

STEP 1

1 ムダをなくすには何が要りますか。

2 アップグレードするには何が要りますか。

3 情報管理には何が要りますか。

4 作業環境をよくするには何が要りますか。

5 社員のやる気をアップさせるには何が要りますか。

1 낭비를 없애려면 무엇이 필요합니까?

2 업그레이드하려면 무엇이 필요합니까?

3 정보 관리에는 무엇이 필요합니까?

4 작업 환경을 좋게 하려면 무엇이 필요합니까?

5 사원의 의욕을 증진시키려면 무엇이 필요합니까?

STEP 2

1 **A** 大変勉強になりました。
   B 気になる点など、ございましたら、お聞きください。
   A 생산성을 높이려면 무엇이 필요합니까?
   B 何より選択と集中をうまく使うことですね。

2 **A** 一つお聞きしていいですか。
   B もちろんです。どうぞ。
   A 손실을 막기 위해서는 무엇이 필요합니까?
   B やはり社員の健康管理が大事じゃないでしょうか。

1 **A** 매우 유익했습니다.
   B 궁금하신 점이 있으시면 물어보세요.
   A 생산성을 올리는 데는 무엇이 요립니까.
   B 무엇보다 선택과 집중을 요령 있게 쓰는 일이죠.

2 **A** 한 가지 여쭤 봐도 될까요?
   B 물론입니다. 말씀하세요.
   A 손실을 방지하는 데는 무엇이 요립니까.
   B 역시 사원들의 건강 관리가 중요하지 않을까요?

要(い)る 필요하다
情報管理(じょうほうかんり) 정보 관리
作業環境(さぎょうかんきょう) 작업 환경
気(き)になる 궁금하다
生産性(せいさんせい) 생산성
選択(せんたく) 선택
集中(しゅうちゅう) 집중
損失(そんしつ) 손실
防(ふせ)ぐ 막다
健康管理(けんこうかんり) 건강 관리
大事(だいじ) 중요함

本日は～

오늘은 ~

회사 방문 일정을 마치고 일어서야 할 때가 왔습니다. 어느 정도 이야기가 정리되면 이 패턴으로 방문을 마치겠다는 신호를 상대방에게 전달합니다. 비즈니스 방문일 경우, 방문이 너무 길어지지 않도록 주의하세요.

🎧 100.MP3

STEP 1

1 本日はお世話になりました。

2 本日はこれで失礼いたします。

3 本日はお忙しいところ、すみませんでした。

4 本日はお手間を取らせてすみませんでした。

5 本日は貴重なお時間、ありがとうございました。

1 오늘은 신세 졌습니다.

2 오늘은 이것으로 실례하겠습니다.

3 오늘은 바쁘신 가운데 감사했습니다.

4 오늘은 번거롭게 해 드려서 죄송했습니다.

5 오늘은 귀중한 시간을 내 주셔서 감사했습니다.

STEP 2

1 A　오늘은 시간을 내 주셔서 감사했습니다.
　　B　こちらこそ、ありがとうございました。
　　A　では、失礼いたします。
　　B　では、お気をつけて。

2 A　오늘은 여러 가지로 이야기를 들어주셔서 감사합니다.
　　B　いいえ、何のおかまいもできず。
　　A　今後ともよろしくお願いいたします。
　　B　こちらこそ、よろしくお願いします。

1 A　本日はお時間をいただき、ありがとうございました。
　　B　저야말로 감사했습니다.
　　A　그럼, 실례하겠습니다.
　　B　그럼, 살펴 가세요.

2 A　本日はいろいろとお話を聞いてくださいまして、ありがとうございました。
　　B　아니요, 아무런 대접 못하고…….
　　A　앞으로도 잘 부탁드립니다.
　　B　저야말로 잘 부탁드립니다.

手間(てま) 수고, 품
貴重(きちょう)**な** 귀중한
気(き)**をつける** 조심하다
おかまい 손님 접대
今後(こんご) 앞으로
有意義(ゆういぎ)**な** 유익한
実(みの)**り** 결실
結果(けっか) 결과
得(え)**る** 얻다

Unit 11
회사 및 제품 소개 패턴

🔍 **패턴 미리보기**

101	弊社は〜	저희 회사는 〜	회사 소개하기
102	〜を販売しています。	〜을(를) 판매하고 있습니다.	취급 제품 소개하기
103	〜を持っています。	〜을(를) 가지고 있습니다.	규모나 특징 말하기
104	〜を生産しています。	〜을(를) 생산하고 있습니다.	생산 내용 말하기
105	〜シェアを占めています。	〜을(를) 차지하고 있습니다.	점유율 말하기
106	この製品は〜	이 제품은 〜	제품 설명하기
107	〜が使われています。	〜이(가) 사용되었습니다.	재료 말하기
108	〜向けです。	〜용입니다(에게 좋습니다).	판매 타깃 밝히기
109	〜機能がついています。	〜기능이 있습니다.	기능 말하기
110	〜サービスを行っています。	〜서비스를 하고 있습니다.	서비스 설명하기
111	〜に優れています。	〜이(가) 뛰어납니다.	우수성 표현하기
112	〜で大好評です。	〜에서 선풍적인 인기를 끌고 있어요.	반응 말하기
113	詳しい内容は〜	자세한 내용은 〜	상세 정보 소개하기

弊社は〜

저희 회사는 〜

회사에 대한 개략적인 설명을 하는 패턴입니다. 업종이나 취급 품목, 역사 등을 소개합니다. 회사 소개는 너무 장황하거나 길어지지 않도록 주의하고, 간결하면서도 임팩트 있는 설명이 되도록 합니다.

🎧 101.MP3

STEP 1

1️⃣ 弊社はソウルにあります。

2️⃣ 弊社は**流通会社**です。

3️⃣ 弊社は**創業30年**になります。

4️⃣ 弊社は**インターネットサービスを行って**います。

5️⃣ 弊社は**東京にオフィスが**あります。

1️⃣ 저희 회사는 서울에 있습니다.

2️⃣ 저희 회사는 유통회사입니다.

3️⃣ 저희 회사는 창업 30년이 됩니다.

4️⃣ 저희 회사는 인터넷 서비스를 하고 있습니다.

5️⃣ 저희 회사는 도쿄에 사무실이 있습니다.

STEP 2

1️⃣ A 弊社についてお聞きになったこと、ありますか。
B すみません。はじめてです。
A 저희 회사는 한국에서 엄선된 재료를 가지고 김치를 만들고 있습니다.
B そうですか。本場の味ということですね。

2️⃣ A はじめまして。輸入担当の佐藤です。
B はじめまして。販売担当のアンです。
A 御社は韓国の会社なんですか。
B 네, 저희 회사는 한국의 건강 음료 회사로, 미국과도 거래가 있습니다.

1️⃣ A 저희 회사에 대해서 들어 보신 적 있나요?
B 죄송해요, 처음입니다.
A 弊社は韓国で素材にこだわったキムチを作っています。
B 그래요? 본고장의 맛을 느낄 수 있겠군요.

2️⃣ A 처음 뵙겠습니다. 수입 담당 사토입니다.
B 반갑습니다. 판매 담당 안○○입니다.
A 귀사는 한국 회사인가요?
B はい、弊社は韓国の健康飲料会社で、アメリカとも取引があります。

流通(りゅうつう) 유통
創業(そうぎょう) 창업
お聞(き)きになる 들으시다
素材(そざい) 소재, 재료
こだわる 구애되다
本場(ほんば) 본고장
輸入(ゆにゅう) 수입
販売(はんばい) 판매
健康飲料(けんこういんりょう) 건강 음료
取引(とりひき) 거래
業界(ぎょうかい) 업계
動向(どうこう) 동향
社風(しゃふう) 사풍

～を販売しています。

～을(를) 판매하고 있습니다.

판매하고 있는 제품과 상품을 소개하는 패턴입니다. 주요 취급 아이템을 간결하게 말하는 것이 좋습니다. います를 おります로 바꾸면 좀 더 정중해집니다.

🎧 102.MP3

STEP 1

1 **文具類**を販売しています。

2 **化粧品**を販売しています。

3 **ヘルスケア製品**を販売しています。

4 **韓国のインスタントラーメン**を販売しています。

5 **コンピュータ部品**を販売しています。

1 문구류를 판매하고 있습니다.

2 화장품을 판매하고 있습니다.

3 헬스 케어 제품을 판매하고 있습니다.

4 한국 인스턴트 라면을 판매하고 있습니다.

5 컴퓨터 부품을 판매하고 있습니다.

STEP 2

1 **A** 御社では何を扱っていますか。
B 휴대전화 스트랩과 스마트폰 케이스 등을 판매하고 있습니다.
A 売上げはどうですか。
B 上々です。韓国のデパートなどにも納品しています。

2 **A** どんなものを取り扱っていますか。
B 일용품이나 식료품 등을 판매하고 있습니다.
A 生産もしているんでしょうか。
B いえ、今のところは販売だけです。

1 **A** 귀사는 무엇을 취급하고 있나요?
B 携帯ストラップやスマホのケースなどを販売しています。
A 매출은 어떻습니까?
B 상당히 좋습니다. 한국의 백화점 등에도 납품하고 있습니다.

2 **A** 어떤 물건을 취급하고 있나요?
B 日用品や食料品などを販売しています。
A 생산도 하고 있는 건가요?
B アイヤ、現在는 판매만 합니다.

TIPS

～を取り扱っています(～를 취급하고 있다)도 이 패턴과 같은 의미입니다.

1. 雑貨を取り扱っています。
(잡화를 취급하고 있습니다)

2. 韓国の食材を取り扱っています。
(한국 식재료를 취급하고 있습니다)

文具類(ぶんぐるい) 문구류
化粧品(けしょうひん) 화장품
製品(せいひん) 제품
扱(あつか)**う** 취급하다
売上(うりあ)**げ** 매상
上々(じょうじょう) 최상
納品(のうひん) 납품
取(と)**り扱**(あつか)**う** 취급하다
日用品(にちようひん) 일용품
食料品(しょくりょうひん) 식료품
雑貨(ざっか) 잡화
食材(しょくざい) 식재료

～を持っています。

～을(를) 가지고 있습니다.

회사의 규모나 특징, 강점, 실적 등을 말하는 패턴입니다. 특히 현재까지의 실적이나 다른 나라와의 거래 상황 등은 상대방이 가장 알고 싶어 하는 정보입니다.

🎧 103.MP3

STEP 1

1 長年の経験を持っています。

2 優れた技術者を持っています。

3 シンガポールに二つの店を持っています。

4 全国に販売網を持っています。

5 現在、二つの工場を持っています。

1 오랜 경험을 가지고 있습니다.

2 우수한 기술자를 보유하고 있습니다.

3 싱가포르에 두 개의 점포를 가지고 있습니다.

4 전국에 판매망을 가지고 있습니다.

5 현재 두 곳의 공장을 가지고 있습니다.

STEP 2

1 A 弊社は韓国の食品を扱っています。
   B 例えばどんなものですか。
   A 김이나 통조림, 김치 등으로 중국에 수출한 실적을 가지고 있습니다.
   B そうですか。

2 A この春、弊社は東京の大久保に店を出します。
   B いよいよ日本進出ですか。
   A 실은, 이미 온라인 사이트를 가지고 있어서 좋은 반응을 얻고 있습니다.
   B そうでしたか。すごいですね。

1 A 저희 회사는 한국 식품을 취급하고 있습니다.
   B 예를 들면 어떤 것이죠?
   A ノリやカンづめ、キムチなどで、中国へ輸出した実績を持っています。
   B 그래요?

2 A 올봄 저희 회사는 도쿄의 오쿠보에 점포를 오픈합니다.
   B 드디어 일본 진출이군요?
   A 実は、すでにオンラインサイトを持っていまして、好評をいただいております。
   B 그랬군요. 대단하시네요.

TIPS

新大久保 거리에 가면 한류를 확인할 수 있는데요, 한국 음식점은 물론 카페, 전통찻집, 한국 상품을 파는 가게 등이 많이 있습니다. 한류 백화점은 新大久保역 근처에 있죠. 아이돌 상품(スターのグッズ), 한국 차(韓国のお茶), 과자, 화장품 등 일본에서 잘 팔리는 상품을 체크하다 보면 사업 아이템에 대한 힌트도 얻을 수 있겠죠?

長年(ながねん) 오랜 기간
優(すぐ)**れた** 뛰어난
技術者(ぎじゅつしゃ) 기술자
販売網(はんばいもう) 판매망
食品(しょくひん) 식품
輸出(ゆしゅつ) 수출
実績(じっせき) 실적
新大久保(しんおおくぼ) 신오쿠보

〜を生産しています。

~을(를) 생산하고 있습니다.

어떤 품목을 어느 정도 생산하고 있는지 설명하는 패턴입니다. 일본의 작고 큰 회사들이 모이는 전람회나 상품 전시회 등에서 유용하게 활용할 수 있습니다.

🎧 104.MP3

STEP 1

1 韓流グッズを生産しています。

2 スポーツ用品を生産しています。

3 ダイエット食品を生産しています。

4 一日平均500個を生産しています。

5 弊社は省エネのエアコンを生産しています。

1 한류 상품을 생산하고 있습니다.

2 스포츠용품을 생산하고 있습니다.

3 다이어트 식품을 생산하고 있습니다.

4 하루 평균 500개를 생산하고 있습니다.

5 저희 회사는 에너지 절약 에어컨을 생산하고 있습니다.

STEP 2

1 A 저희 회사는 생활용품을 생산하고 있습니다.
  B 生活用品と言いますと。
  A 掃除用品や洗濯用品、トイレ用品などですね。
  B 収納ケースもありますか。

2 A どのようなものを扱っていますか。
  B 주로 아이디어 상품을 생산하고 있습니다.
  A 例えばどんなものですか。
  B 風が抜けるカサとか握りやすいスプーンとかですね。

1 A 弊社は生活用品を生産しています。
  B 생활용품이라면…….
  A 청소용품이나 세탁용품, 화장실용품 등이죠.
  B 수납 케이스도 있나요?

2 A 어떤 물건을 취급하고 있나요?
  B 主にアイデアグッズを生産しています。
  A 이를테면 어떤 거죠?
  B 바람이 통하는 우산이라든가 잡기 편한 숟가락 같은 것이죠.

TIPS

요즘은 스마트폰 앱으로 명함을 그때그때 찍어 두니까 편하더군요. 명함뿐만 아니라 문서 스캔도 같이 되는 앱이 있어서 스마트폰 하나로 비즈니스가 훨씬 편해졌습니다. 일본 사람들은 名刺管理アプリ(명함 관리 앱)를 많이 사용하는데요. 여러분도 한번쯤 사용해 보는 건 어떨까요?

生産(せいさん) 생산
平均(へいきん) 평균
省(しょう)エネ 에너지 절약
掃除(そうじ) 청소
収納(しゅうのう) 수납
主(おも)に 주로
抜(ぬ)ける 빠지다
握(にぎ)る 쥐다
名刺管理(めいしかんり) 명함 관리

～シェアを占めています。

～을(를) 차지하고 있습니다.

🎧 105.MP3

시장 점유율의 정도를 나타내는 패턴입니다. 셰어란 시장 점유율을 말하는데요. 주로 %로 말하지만, 일본에서는 割로 표현하기도 합니다.

STEP 1

1 2割近くのシェアを占めています。

2 この商品は高いシェアを占めています。

3 ソフトウェア分野で10%のシェアを占めています。

4 この業界で5割のシェアを占めています。

5 国内生産の20%のシェアを占めています。

1 20% 가까이 차지하고 있습니다.

2 이 상품은 높은 점유율을 보이고 있습니다.

3 소프트웨어 분야에서 10%를 차지하고 있습니다.

4 이 업계에서 50%를 차지하고 있습니다.

5 국내 생산의 20%를 차지하고 있습니다.

STEP 2

1 **A** このノートパソコンは韓国でもよく売れていますか。
　 B 特に学生の間で人気があります。
　 A 業界全体ではいかがですか。
　 B 같은 사양으로는 25% 정도를 차지하고 있습니다.

2 **A** 이 부품은 한국에서 50% 이상을 차지하고 있습니다.
　 B では、日本ではどうですか。
　 A 今は8%ぐらいですが、どんどん伸びています。
　 B 部品の仕様など、もう少し詳しく聞かせてください。

1 **A** 이 노트북은 한국에서도 잘 팔리나요?
　 B 특히 학생들 사이에서 인기가 있습니다.
　 A 업계 전체로는 어떤가요?
　 B 같은 사양에서는, 25%쯤의 셰어를 차지하고 있습니다.

2 **A** この部品は韓国で5割以上のシェアを占めています。
　 B 그럼, 일본에서는 어떤가요?
　 A 지금은 8% 정도지만 점점 신장하고 있습니다.
　 B 부품의 사양 등, 좀 더 자세히 말씀 주세요.

T I P S

셰어를 이용해 다양한 문장을 만들어 볼까요?

1. 우리의 시장 점유율은 20%입니다.
   ❶ 私達の市場シェアは20%です。
2. 세계 제일의 점유율을 자랑합니다.
   ❶ 世界一のシェアを誇ります。
3. 중국에서 점유율을 넓혀가고 있어요.
   ❶ 中国でシェアを広げています。

割(わり) 할
占(し)**める** 차지하다
分野(ぶんや) 분야
業界(ぎょうかい) 업계
仕様(しよう) 사양
伸(の)**びる** 늘다
詳(くわ)**しく** 자세히
市場(しじょう) 시장
世界一(せかいいち) 세계 제일
誇(ほこ)**る** 자랑하다
広(ひろ)**げる** 확장하다

この製品は〜

이 제품은 ~

🎧 106.MP3

제품에 대해서 설명하는 패턴입니다. 타사와 차별화된 제품의 특징 등을 효과적으로 전달하여 구매 의욕을 불러일으키는 데에 유용합니다.

STEP 1

1 この製品は、**よく売れています。**

2 特にこの製品は、**女性に人気です。**

3 この製品は、**高い評価を受けています。**

4 この製品は、**安全で軽く、省エネです。**

5 この製品は、**日本の工場で作られています。**

1 이 제품은 잘 팔리고 있습니다.

2 특히 이 제품은 여성에게 인기가 많습니다.

3 이 제품은 높은 평가를 얻고 있습니다.

4 이 제품은 안전하고 가벼우며, 에너지 절약형입니다.

5 이 제품은 일본의 공장에서 만들어지고 있습니다.

STEP 2

1 **A** この製品について説明してくださいませんか。
　　B これはベビー用品のギフトセットです。
　　A 他社のものとどこが違うんですか。
　　B 이 제품은 천연 소재를 사용하고 있어서 피부 자극이 적습니다.

2 **A** これはスマホ手袋ですが、大変好評を得ています。
　　B そうですか。ちょっとはめてみていいですか。
　　A どうぞ。이 제품은 3만 번의 터치패널 테스트를 통과했습니다.
　　B 長く使えそうですね。

1 **A** 이 제품에 대해서 설명해 주시지 않겠습니까?
　　B 이것은 아기용품 선물 세트입니다.
　　A 타사 제품과 어디가 다르죠?
　　B この製品は、天然の素材を使っているので、はだにやさしいです。

2 **A** 이것은 스마트폰 장갑인데요, 매우 반응이 좋습니다.
　　B 그래요? 잠깐 껴 봐도 될까요?
　　A 그러세요. この製品は3万回のタッチパネルテストをクリアしました。
　　B 오래 쓸 수 있을 것 같네요.

TIPS

東京ビッグサイト라는 곳을 아시나요? 일본 도쿄의 お台場에 있는 일본 최대의 국제 종합 전시장입니다. 이곳에서 열리는 전시장이나 박람회에 가면 새로운 비즈니스 아이템을 많이 접할 수 있습니다. 참고로, 2014년 7월에도 東京デザイン製品展이 열렸습니다. 앞으로도 많은 행사가 있으니 홈페이지를 방문해 보세요.

特(とく)**に** 특히
評価(ひょうか) 평가
工場(こうじょう) 공장
説明(せつめい) 설명
用品(ようひん) 용품
天然(てんねん) 천연
素材(そざい) 소재
手袋(てぶくろ) 장갑
好評(こうひょう) 호평
クリア 합격하다
お台場(だいば) 오다이바
製品展(せいひんてん) 제품 전시회

〜が使われています。

〜이(가) 사용되었습니다.

상품이나 제품을 만든 재료를 설명하는 패턴입니다. 건강에 대한 관심이 증가함에 따라 재료나 성분에 주목하는 기업들이 많은데요. 특히 아토피 환자가 상대적으로 많은 일본에서는 더욱 그렇습니다.

🎧 107.MP3

STEP 1

1 多くの色が使われています。

2 質のいいウールが使われています。

3 無農薬の野菜が使われています。

4 環境にやさしい素材が使われています。

5 コムギコは北海道産が使われています。

1 많은 색깔이 사용되었습니다.

2 질 좋은 울이 사용되었습니다.

3 무농약 채소가 사용되었습니다.

4 친환경 소재가 사용되었습니다.

5 밀가루는 홋카이도산이 사용되었습니다.

STEP 2

1 A 本日、ご紹介したいものはフライパンのフタです。
  B 韓国のものですか。
  A 네, 여기에는 강화 유리가 사용되었습니다.
  B サイズは何センチからあるんですか。

2 A このキムチはニンニクを使っていないので、においを気にせずに食べられます。
  B 本当ですか。
  A 게다가 100% 국산 배추가 사용되었습니다.
  B 新しいジャンルのキムチというわけですね。

1 A 오늘 소개해 드릴 물건은 프라이팬 뚜껑입니다.
  B 한국 제품인가요?
  A はい、これには強化ガラスが使われています。
  B 사이즈는 몇 센티부터 있는 건가요?

2 A 이 김치는 마늘을 사용하지 않아서 냄새를 걱정하지 않고 먹을 수 있습니다.
  B 정말인가요?
  A しかも、100%国産白菜が使われています。
  B 새로운 장르의 김치인 셈이네요.

質(しつ) 질
無農薬(むのうやく) 무농약
環境(かんきょう) 환경
素材(そざい) 소재
紹介(しょうかい) 소개
強化(きょうか) 강화
国産(こくさん) 국산
白菜(はくさい) 배추
地球(ちきゅう) 지구

〜向けです。

방향, 대상의 의미를 갖는 向け를 써서 판매 타깃을 밝히는 패턴이 됩니다. 공략 대상을 명확히 함으로써 상품의 특성을 보다 강조할 수 있는 효과가 있습니다.

STEP 1

1 子供向けです。

2 妊婦さん向けです。

3 初心者向けです。

4 日本の方向けです。

5 単身赴任の人向けです。

1 어린이용입니다.

2 임산부용입니다.

3 초보자용입니다.

4 일본 사람용입니다.

5 가족과 떨어져 지방에서 근무하는 직장인 용입니다.

STEP 2

1 A これはワイヤレススピーカーでしょうか。
　 B はい、ブルートゥース(bluetooth)で音楽も通話も楽しめます。
　 A 手のひらサイズで持ち運びもいいですね。
　 B ね、特に飾りを楽しむ女性用で作りました。

2 A この扇風機は少し高さがありますね。
　 B テー블 생활에 맞춘 일반 가정용입니다.
　 A 重さはどのぐらいありますか。
　 B 4キロぐらいです。

1 A 이것은 무선 스피커인가요?
　 B 네, 블루투스로 음악도 통화도 즐길 수 있습니다.
　 A 손바닥 크기라 가지고 다니기도 좋네요.
　 B 네, 特におしゃれを楽しむ女性向けに作りました。

2 A 이 선풍기는 조금 높이가 있네요.
　 B テーブル生活に合わせた一般家庭向けです。
　 A 무게는 어느 정도입니까?
　 B 4킬로 정도입니다.

전국에 체인점을 갖고 있는 東急ハンズ가 취급하는 아이템 수는 약 30만 점. 일상용품부터 생활에 재미를 주는 상품까지 다양합니다. 새로운 아이템을 발굴한다거나 샘플을 구입할 때 유용하죠. 휘어 있는 足用爪切り, 맥주에 거품을 추가해 주는 비어의 泡つけ器, 뜨거운 물만 부으면 밥이 되는 アルファ米 등 재미있는 상품이 가득하답니다.

妊婦(にんぷ) 임산부

初心者(しょしんしゃ) 초보자

単身赴任(たんしんふにん) 단신부임
(가족과 떨어져 지방으로 전근가는 것)

通話(つうわ) 통화

持(も)ち運(はこ)ぶ 휴대하다

特(とく)に 특히

扇風機(せんぷうき) 선풍기

一般家庭(いっぱんかてい) 일반 가정

重(おも)さ 무게

足用爪切(あしようつめき)り 발톱깎이

泡(あわ)つけ器(き) 거품기

アルファ米(まい) 알파미

〜機能がついています。

~기능이 있습니다.

제품의 부가적인 기능에 대해 설명하는 패턴입니다. 매뉴얼에도 자세히 나와 있겠지만, 세일즈 포인트가 되는 기능은 이 패턴으로 직접 설명해 주는 것이 좋겠죠?

🎧 109.MP3

STEP 1

① カメラ機能がついています。

② アラーム機能がついています。

③ セキュリティ機能がついています。

④ オフタイマー機能がついています。

⑤ ストリーミング機能がついています。

① 카메라 기능이 있습니다.

② 알람 기능이 있습니다.

③ 보안 기능이 있습니다.

④ 오프 타이머 기능이 있습니다.

⑤ 스트리밍 기능이 있습니다.

STEP 2

① **A** この加湿器は省エネです。
B 他にどんな機能がありますか。
A 가습 양 조절 기능이 있습니다.
B なるほど。快適な温度をキープしてくれるんですね。

② **A** この スマ트폰은 방수 기능이 있습니다.
B バスルームでも使えるわけですね。
A そうです。洗っても大丈夫ですよ。
B これは驚きですね。

① **A** 이 가습기는 에너지 절약형입니다.
B 그 밖에 어떤 기능이 있나요?
A 加湿量のコントロール機能がついています。
B 그렇군요. 쾌적한 온도를 유지해 주는 것이군요.

② **A** このスマホは防水機能がついています。
B 목욕탕에서도 사용할 수 있다는 말씀이군요.
A そうです。씻어도 괜찮습니다.
B 이거 놀랍네요.

機能(きのう) 기능
加湿器(かしつき) 가습기
他(ほか)に 그 밖에
量(りょう) 양
快適(かいてき)な 쾌적한
防水(ぼうすい) 방수
驚(おどろ)き 놀람
秋葉原(あきはばら) 아키하바라
化粧品(けしょうひん) 화장품
〜街(がい) ~가

～サービスを行っています。

～서비스를 하고 있습니다.

운영하고 있는 각종 서비스의 내용을 설명하는 패턴입니다. 제품 판매 후, 유지 보수를 위한
서비스를 언급할 때 많이 사용합니다.

🎧 110.MP3

STEP 1

1 ウェブでのサービスを行っています。

2 宅配サービスを行っています。

3 送迎サービスを行っています。

4 貸出サービスを行っています。

5 24時間電話での受付サービスを行っています。

1 웹에서의 서비스를 하고 있습니다.

2 택배 서비스를 하고 있습니다.

3 송영 서비스를 하고 있습니다.

4 대출 서비스를 하고 있습니다.

5 24시간 전화 대응 접수 서비스를 하고 있습니다.

STEP 2

1 A インターネットが使えるところ、ありますか。
　 B ノートパソコンはお持ちですか。
　 A はい、持っています。
　 B 1층 로비에서 인터넷 접속 서비스를 하고 있으니 사용하세요.

2 A 1년간 애프터서비스를 하고 있습니다.
　 B 一年ですか。
　 A はい、部品代は別にいただいております。
　 B 少し考えさせてください。

1 A 인터넷을 사용할 수 있는 곳, 있나요?
　 B 노트북은 가지고 계신가요?
　 A 네, 가지고 있습니다.
　 B 1階ロビーでインターネット接続サービスを行っていますので、どうぞ。

2 A 1年間アフターサービスを行っています。
　 B 1년인가요?
　 A 네, 부품 비용은 별도로 받고 있습니다.
　 B 잠시 생각해 볼게요.

TIPS

서비스라고 하면 생각나는 단어가 있는데요.
바로 サービス残業입니다. 정규의 임금을
지불하지 않는 시간외 노동에 대한 속칭인데
요. 원래 잔업을 하면 당연히 残業手当(잔업
수당)를 받는 것이 정상인데 받지 못하고 일
만 하는 거죠. サービス残業가 주는 어감이
별로 좋지 않기 때문에 요즘은 不払い残業
라고도 합니다.

行(おこな)う 시행하다
宅配(たくはい) 택배
送迎(そうげい) 송영
貸出(かしだし) 대출
階(かい) 층
接続(せつぞく) 접속
部品代(ぶひんだい) 부품 비용
別(べつ)に 별도로
手当(てあて) 수당
不払(ふばら)い 미지급

～に優れています。

～이(가) 뛰어납니다.

타사의 제품과 차별화된 우수성을 어필하는 패턴입니다. 優れる는 '뛰어나다, 우수하다'는 의미로, 구매 의욕을 불러일으키는 동사입니다. 제품의 가장 확실한 강점을 이 패턴으로 설명해 보세요.

🎧 111.MP3

STEP 1

1 通気性に優れています。

2 安全性に優れています。

3 デザイン感覚に優れています。

4 耐久性に優れています。

5 美白効果に優れています。

1 통기성이 뛰어납니다.

2 안전성이 뛰어납니다.

3 디자인 감각이 뛰어납니다.

4 내구성이 뛰어납니다.

5 미백 효과가 뛰어납니다.

STEP 2

1 A このソックスは自信を持っておすすめできます。
B 何か違うんですか。
A 발열 소재로 만들었기 때문에 보온성이 뛰어납니다.
B 冷え症の女性にいいですね。

2 A 이 소프트웨어는 고객 관리 기능이 뛰어납니다.
B 実際入力してみてもいいですか。
A もちろんです。どうぞ。
B お客さまのデータが一目で分かるのでいいですね。

1 A 이 양말은 자신 있게 추천드릴 수 있습니다.
B 뭔가 다른가요?
A 発熱素材で作ったので、保温性に優れています。
B 손발이 찬 여성들에게 좋겠네요.

2 A このソフトウェアは顧客管理に優れています。
B 実際入力してみても 될까요?
A 물론입니다. 해 보시죠.
B 고객 데이터를 한눈에 볼 수 있어서 좋네요.

TIPS

キャラクターグッズ(캐릭터 상품)라면 역시 일본이 최고가 아닐까 싶은데요. 일본 소호무역을 하시는 분들 중에는 이러한 상품을 취급하는 분들이 많습니다. 楽天만 검색해도 정말 엄청난 캐릭터 상품이 나옵니다. 우리에게도 친숙한 リラックマ, ハローキティ, ワンピース 등, 그 밖에 알려지지 않은 것도 정말 많습니다.

通気性(つうきせい) 통기성
感覚(かんかく) 감각
耐久性(たいきゅうせい) 내구성
美白効果(びはくこうか) 미백 효과
発熱(はつねつ) 발열
保温性(ほおんせい) 보온성
冷(ひ)え症(しょう) 냉한 체질
顧客(こきゃく) 고객
管理(かんり) 관리
実際(じっさい) 실제
入力(にゅうりょく) 입력

～で大好評です。

～에서 선풍적인 인기를 끌고 있어요.

제품이 어떤 계층, 어느 지역에서 인기인지를 설명하는 패턴입니다. 어떤 반응을 얻고 있는가에 대한 객관적 준거를 제시함으로써 상대방에게 신뢰감을 줄 수 있습니다.

🎧 112.MP3

STEP 1

1 ヨーロッパで大好評です。

2 マニアの間で大好評です。

3 韓国内で大好評です。

4 ビジネスマンの間で大好評です。

5 若者の間で大好評です。

1 유럽에서 선풍적인 인기를 끌고 있어요.

2 마니아들 사이에서 선풍적인 인기를 끌고 있어요.

3 한국 내에서 선풍적인 인기를 끌고 있어요.

4 비즈니스맨들 사이에서 선풍적인 인기를 끌고 있어요.

5 젊은 층에서 선풍적인 인기를 끌고 있어요.

STEP 2

1 **A** これは砂糖をいっさい使っていないので、体にいいです。
  B ダイエットにもいいわけですね。
  A そうです。지금 젊은 여성들 사이에서 선풍적인 인기를 끌고 있어요.
  B 少し味見してみていいですか。

2 **A** これが本当にメモ帳ですか。
  B いかがですか。本物のリンゴに見えませんか。
  A 本当にかわいらしいですね。
  B 현재 여고생 사이에서 선풍적인 인기를 끌고 있어요.

1 **A** 이것은 설탕을 전혀 사용하지 않아서 몸에 좋습니다.
  B 다이어트에도 좋은 셈이네요.
  A 그렇습니다. 今、若い女性の間で大好評です。
  B 조금 먹어 봐도 될까요?

2 **A** 이게 정말 메모장인가요?
  B 어때세요? 진짜 사과로 보이지 않으세요?
  A 정말 귀엽네요.
  B 今、女子高生の間で大好評です。

TIPS

100円ショップ(100엔 숍)는 우리나라에도 다이소가 진출해 있는데요. 일본에는 다이소 외에도 캔두, 세리아 등이 있습니다. 제가 100엔 숍에서 산 USBライト(USB 라이트)는 크기에 비해 정말 밝아서 비행기에서 책을 읽을 때도 참 좋습니다. 이처럼 싸면서 좋은 물건들이 많으니 일본에 가시면 꼭 本場의 100엔 숍을 구경해 보세요.

好評(こうひょう) 호평
間(あいだ) 사이
若者(わかもの) 젊은이
砂糖(さとう) 설탕
味見(あじみ) 맛보기
メモ帳(ちょう) 메모장
本物(ほんもの) 진짜, 실물
女子高生(じょしこうせい) 여고생
本場(ほんば) 본고장

詳しい内容は〜

자세한 내용은 〜

🎧 113.MP3

시간 관계상 제품에 관한 자세한 설명을 할 수 없을 때, 내용을 알 수 있는 방법을 제시하는
패턴입니다. 이 패턴은 상대가 제품에 관심을 갖도록 유도하는 데에 유용합니다.

STEP 1

① 詳しい内容は、**こちらにあります。**

② 詳しい内容は、**これをご覧ください。**

③ 詳しい内容は、**マニュアルに書かれています。**

④ 詳しい内容は、**この番号までお問い合わせください。**

⑤ 詳しい内容は、**来週の会議でお話します。**

① 자세한 내용은 여기에 있습니다.

② 자세한 내용은 이것을 봐 주십시오.

③ 자세한 내용은 매뉴얼에 쓰여 있습니다.

④ 자세한 내용은 이 번호로 문의 바랍니다.

⑤ 자세한 내용은 다음 주 회의에서 말씀드
리겠습니다.

STEP 2

① A ものはいいですが、値段が……。
　 B 注文量によって、値段は相談できます。
　 A 上の者と話してみます。
　 B 그럼, 자세한 내용은 이 팸플릿에 있으니 잘 부탁드립니다.

② A すみません。もう少しお聞きしたいんですが、次の予定がありま
　　 して。
　 B あ、そうですか。分かりました。
　 A このパンフはいただきます。
　 B はい、どうぞ。제품의 자세한 내용은 웹에서도 볼 수 있습니다.

① A 제품은 좋은데요, 가격이…….
　 B 주문량에 따라 가격은 조정 가능합니다.
　 A 상사하고 이야기해 보겠습니다.
　 B 그럼, 자세한 내용은, 이 팸플릿
　　 에 있으므로, 잘 부탁합니다.

② A 죄송합니다. 좀 더 듣고 싶은데 다음 일정이
　　 있어서요.
　 B 아, 그러세요? 알겠습니다.
　 A 이 팸플릿 받아 두겠습니다.
　 B 네, 그러세요. 製品의 자세한 내용은, 웹
　　 에서도 볼 수 있습니다.

詳(くわ)**しい** 자세하다
内容(ないよう) 내용
問(と)**い合**(あ)**わせ** 문의
値段(ねだん) 가격
注文量(ちゅうもんりょう) 주문량
相談(そうだん) 상의, 상담
次(つぎ) 다음
予定(よてい) 예정
製品(せいひん) 제품

Part 05

비즈니스 프레젠테이션 패턴

마케팅이나 리서치 업무에서 프레젠테이션은 비즈니스의 성패를 좌우하는 매우 중요한 이벤트입니다. 아무리 좋은 기획을 세우고 제품을 만들었다 하더라도 그것을 보여 주고 설명하는 프레젠테이션이 엉망이라면 비즈니스 기회를 놓쳐 버릴 수 있기 때문입니다. 이 파트에서는 프레젠테이션을 시작하면서 청중의 주의를 집중시키고, 호감을 주며, 프레젠테이션의 목적에 맞게 내용을 전달하고, 깔끔하게 프레젠테이션을 마무리하는 패턴을 배워 봅니다. 청중의 마음을 사로잡는 프레젠테이션 현장으로 여러분을 초대합니다!

Unit 12 프레젠테이션 시작 패턴

Unit 13 프레젠테이션 진행 패턴

Unit 14 프레젠테이션 마무리 패턴

Unit 12

프레젠테이션 시작 패턴

🔍 패턴 미리보기

114 プレゼンをさせていただく〜   프레젠테이션을 하게 된 〜   발표 시작하기

115 今日お話するのは〜   오늘 말씀드릴 내용은 〜   주제 제시하기

116 〜を中心に説明します。   〜을(를) 중심으로 설명하겠습니다.   내용 좁히기

117 〜を予定しています。   〜을(를) 예정하고 있습니다.   예상 시간 말하기

プレゼンをさせていただく～

프레젠테이션을 하게 된 ～

프레젠테이션을 시작하면서 자신을 소개하는 패턴입니다. 회사 이름이나 소속 부서, 이름을 넣어 완성합니다. 가벼운 인사말과 함께 쓰면 더욱 좋습니다.

🎧 114.MP3

STEP 1

1️⃣ プレゼンをさせていただく**パクと申します**。

2️⃣ プレゼンをさせていただく**広報部のアンです**。

3️⃣ プレゼンをさせていただく**韓国物産のチェと言います**。

4️⃣ プレゼンをさせていただく**マーケティング部長のキムでございます**。

5️⃣ **本日**プレゼンをさせていただく**輸出担当の林と申します**。

1️⃣ 프레젠테이션을 하게 된 박○○이라고 합니다.

2️⃣ 프레젠테이션을 하게 된 홍보부의 안○○입니다.

3️⃣ 프레젠테이션을 하게 된 한국물산의 최○○라고 합니다.

4️⃣ 프레젠테이션을 하게 된 마케팅 부장 김○○입니다.

5️⃣ 오늘 프레젠테이션을 하게 된 수출 담당 하야시라고 합니다.

STEP 2

1️⃣ おはようございます。오늘 프레젠테이션을 하게 된 서울상사의 양○○이라고 합니다. 営業１課で働いています。皆様に弊社の商品をご紹介できることをうれしく思います。日本語でのプレゼンなので、少し緊張していますが、どうかよろしくお願いいたします。

2️⃣ 雨の降る中、展示会に来ていただき、ありがとうございます。프레젠테이션을 하게 된 개발부의 사토입니다. リーダーを勤めています。2年半の開発を経た新商品をお見せでき、大変嬉しく存じます。

1️⃣ 안녕하십니까? 本日プレゼンをさせていただくソウル商事のヤンと申します。영업 1과에서 일하고 있습니다. 여러분께 저희 회사 상품을 소개할 수 있는 것을 기쁘게 생각합니다. 일본어로 하는 프레젠테이션이라서 조금 긴장하고 있는데요. 아무쪼록 잘 부탁드립니다.

2️⃣ 비가 내리는 가운데, 전시회에 와 주셔서 감사합니다. プレゼンをさせていただく開発部の佐藤でございます。리더를 맡고 있습니다. 2년 반의 개발을 거친 신상품을 보여 드릴 수 있어서 매우 기쁩니다.

T|**I**|**P**|**S**

프레젠테이션을 시작할 때 유용한 표현을 알아볼까요?

1. 그럼, 프레젠테이션을 시작하겠습니다.
   ❍ それでは、プレゼンを始めさせていただきます。
2. 이번 기획을 담당하였습니다.
   ❍ 今度の企画を担当しました。
3. 프레젠테이션의 기회를 주셔서 영광입니다.
   ❍ プレゼンの機会をいただき、光栄です。

プレゼン 프레젠테이션
広報部(こうほうぶ) 홍보부
物産(ぶっさん) 물산
輸出担当(ゆしゅつたんとう) 수출 담당
緊張(きんちょう) 긴장
展示会(てんじかい) 전시회
開発部(かいはつぶ) 개발부
勤(つと)**める** 근무하다
経(へ)**る** 거치다
企画(きかく) 기획
機会(きかい) 기회
光栄(こうえい) 영광

今日お話するのは〜

오늘 말씀드릴 내용은 ~

🎧 115.MP3

프레젠테이션의 주제나 목적을 제시하는 패턴입니다. 주제와 목적을 확실히 제시함으로써 주의를 집중시키고 전체적으로 깔끔한 프레젠테이션이라는 인상을 줄 수 있습니다.

STEP 1

1 今日お話するのは、**マーケティング戦略です。**

2 今日お話するのは、**オンライン広告についてです。**

3 今日お話するのは、**アプリケーションの活用についてです。**

4 今日お話するのは、**弊社が行っているサービスです。**

5 今日お話するのは、**新商品についてのご説明です。**

1 오늘 말씀드릴 내용은 마케팅 전략입니다.

2 오늘 말씀드릴 내용은 온라인 광고에 대해 서입니다.

3 오늘 말씀드릴 내용은 앱 활용에 대해서입 니다.

4 오늘 말씀드릴 내용은 저희 회사가 실시하 고 있는 서비스입니다.

5 오늘 말씀드릴 내용은 신상품에 대한 설명 입니다.

STEP 2

1 プレゼンをさせていただくデザインチームの山田と申します。오늘 말씀드릴 내용은 올해의 트렌드에 대해서입니다. トレンドを知ることは商品開発のヒントになります。そういう意味でこのプレゼンがお役に立てればと思っております。

2 오늘 말씀드릴 내용은 저희 회사가 판매하고 있는 상품에 대해서입니다. **弊社では主にオーガニック商品を扱っていますが、大変好評を得ています。商品ごとの特徴と、今までの売上げについてお話します。**

1 프레젠테이션을 하게 된 디자인팀의 야마다라고 합니다. 오늘 말씀드릴 내용은, 올해의 트렌드 에 대해서입니다. 트렌드를 아는 것은 상품 개발의 힌트가 됩니다. 그러한 의미에서 이 프레젠테이션 이 도움이 되었으면 합니다.

2 오늘 말씀드릴 내용은, 저희가 판매하고 있는 상 품에 대해서입니다. 저희 회사에서는 주로 오가닉 상품을 취급하고 있는데, 상당히 호평을 받고 있습 니다. 각 상품의 특징과, 지금까지의 매출에 대해 말씀드리겠습니다.

T·I·P·S

프레젠테이션의 주제를 밝히는 다른 표현을 알아볼까요?

1. 本日は販売についてお話しします。
   (오늘은 판매에 대해서 이야기하겠습니다)
2. このプレゼンのテーマは売上げです。
   (이번 프레젠테이션의 테마는 매출입니다)

戦略(せんりゃく) 전략
広告(こうこく) 광고
活用(かつよう) 활용
商品(しょうひん) 상품
説明(せつめい) 설명
意味(いみ) 의미
役(やく)**に立**(た)**つ** 도움이 되다
販売(はんばい) 판매
主(おも)**に** 주로
扱(あつか)**う** 취급하다
特徴(とくちょう) 특징

〜を中心に説明します。

~을(를) 중심으로 설명하겠습니다.

어떤 점에 초점을 맞추어 프레젠테이션을 진행할 것인지 명료하게 제시하는 패턴입니다. 프레젠테이션의 전체적인 윤곽을 파악하는 데 도움이 되며 청중의 집중도가 높아집니다.

🎧 116.MP3

STEP 1

❶ プレゼンは資料を中心に説明します。

❷ 技術提携を中心に説明します。

❸ インターネット活用を中心に説明します。

❹ サービスがよくなった事例を中心に説明します。

❺ 今回は流通システムを中心に説明します。

❶ 프레젠테이션은 자료를 중심으로 설명하겠습니다.

❷ 기술 제휴를 중심으로 설명하겠습니다.

❸ 인터넷 활용을 중심으로 설명하겠습니다.

❹ 서비스가 좋아진 사례를 중심으로 설명하겠습니다.

❺ 이번에는 유통 시스템을 중심으로 설명하겠습니다.

STEP 2

❶ はじめまして。韓国商事のパクです。本日はお集まりいただき、ありがとうございます。이번에는 신상품 소개를 중심으로 설명하겠습니다. 日本向けに作ったので、日本でもよく売れると確信しています。では、プレゼンをはじめます。

❷ 今日お話しするのは海外進出についてです。現在、アメリカとは取引がありますが、日本と中国はまだです。그래서 오늘의 프레젠테이션에서는 아시아 여러 나라에 수출하기 위한 전략을 중심으로 설명하겠습니다.

❶ 반갑습니다. 한국상사의 박○○입니다. 오늘은 이렇게 모여 주셔서 감사합니다. 今回は新商品の紹介を中心に説明します。 일본 수출용으로 만들어서 일본에서도 많이 팔릴 것으로 확신합니다. 그럼, 프레젠테이션을 시작하겠습니다.

❷ 오늘 말씀드릴 내용은 해외 진출에 대해서입니다. 현재 미국과는 거래가 있습니다만, 일본과 중국은 아직입니다. そこで、今日のプレゼンではアジアの国々に輸出するための戦略を中心に説明します。

TIPS

프레젠테이션의 초점을 제시하는 다른 표현을 알아볼까요?

1. 3가지로 나누어 이야기하겠습니다.
   ◑ 三つに分けてお話します。
2. 먼저 저희 회사에 대해서 간단히 설명드리겠습니다.
   ◑ まず、弊社について簡単に説明します。
3. 마지막으로, 향후 계획에 대해서 말씀드리겠습니다.
   ◑ 最後にこれからの計画についてお話しします。

説明(せつめい) 설명
技術提携(ぎじゅつていけい) 기술 제휴
事例(じれい) 사례
流通(りゅうつう) 유통
集(あつ)まる 모이다
紹介(しょうかい) 소개
〜向(む)け 〜용
確信(かくしん) 확신
海外(かいがい) 해외
進出(しんしゅつ) 진출
輸出(ゆしゅつ) 수출
戦略(せんりゃく) 전략

～を予定しています。

～을(를) 예정하고 있습니다.

117.MP3

발표 시간이 어느 정도 걸릴지 예상 소요 시간을 알려 주는 패턴입니다. 프레젠테이션이 길 어지면 집중도가 떨어져 지루해집니다. 되도록 20분 내로 발표를 마치고, 바로 Q&A로 들어 가는 것이 좋습니다.

STEP 1

1 およそ30分を予定しています。

2 このプレゼンテーションは20分を予定しています。

3 休み時間を入れて1時間を予定しています。

4 昼食の前まで30分ぐらいを予定しています。

5 映像を見る時間を入れて40分ほどを予定しています。

1 약 30분을 예정하고 있습니다.

2 이 프레젠테이션은 20분을 예정하고 있습 니다.

3 휴식 시간을 넣어서 1시간을 예정하고 있 습니다.

4 점심시간 전까지 30분 정도를 예정하고 있습니다.

5 동영상을 보는 시간을 넣어서 40분 정도 를 예정하고 있습니다.

STEP 2

1 本日のプレゼンは食品の紹介を中心に説明します。프레젠테이션이 끝 난 후에는 시식 타임이 있는데요, 시식 타임을 포함해서 1시간을 예정하고 있습니 다. 遅くても12時には終わると思います。

2 今日は製品の特徴についてご説明します。이번 프레젠테이션은 약 15분 을 예정하고 있습니다만, 혹시 질문 등이 있으시면 언제라도 말씀해 주십시오. で は、はじめる前に資料をお配りします。資料は3枚になっていますの で、ご確認ください。

1 오늘 프레젠테이션은 식품 소개를 중심으로 설명 하겠습니다. 프레젠の後は試食タイムがご ざいますが、試食する時間을 넣어서、1 時間을 予定하고 있습니다. 늦어도 12時에는 끝날 것 같습니다.

2 오늘은 제품의 특징에 대해서 설명드리겠습니다. このプレゼン은 約15分을 予定하고 있습니다만、 혹시 質問 등이 있었다면、언제라도 お っしゃってください。 그럼、시작하기 전에 자료 를 나눠 드리겠습니다. 자료는 3장으로 되어 있으 니 확인 바랍니다.

TIPS

Q&A와 관련된 표현을 알아볼까요?

1. 질문은 프레젠테이션이 끝난 후에 부탁드 립니다.
   ❶ ご質問はプレゼンの後、お願いし ます。

2. 주저하지 마시고 질문해 주세요.
   ❶ ご遠慮なく、ご質問ください。

3. 어떤 질문이라도 상관없습니다.
   ❶ どのようなご質問でもかまいま せん。

予定(よてい) 예정
昼食(ちゅうしょく) 점심시간
映像(えいぞう) (동)영상
食品(しょくひん) 식품
試食(ししょく) 시식
遅(おそ)**くても** 늦어도
資料(しりょう) 자료
配(くば)**る** 나눠 주다
確認(かくにん) 확인
遠慮(えんりょ) 사양

Unit 13
프레젠테이션 진행 패턴

🔍 패턴 미리보기

118	ご存じのように〜　아시는 바와 같이 〜	배경 설명하기
119	次は〜　다음은 〜	다음으로 넘어가기
120	〜をご覧ください。　〜을(를) 봐 주십시오.	주목 시키기
121	〜を表わしています。　〜을(를) 보여 주고 있습니다.	표 설명하기
122	横軸は〜、縦軸は〜　가로축은 〜, 세로축은 〜	그래프 설명하기
123	〜傾向にあります。　〜경향이 있습니다.	경향 말하기
124	〜をご提案します。　〜을(를) 제안드립니다.	제안하기
125	具体的に言いますと〜　구체적으로 말씀드리면 〜	구체적으로 설명하기
126	〜と比べてみてください。　〜와(과) 비교해 보세요.	비교하기
127	例をあげますと〜　이를테면(예를 들면) 〜	사례 들기
128	〜は増えて、〜は減りました。　〜은(는) 늘고, 〜은(는) 줄었습니다.	대조하기
129	〜に注目しなければなりません。　〜에 주목해야 합니다.	강조하기

ご存じのように～

아시는 바와 같이 ～

배경을 설명함으로써 청중의 이목을 집중시키고 흥미와 관심을 유발하는 패턴입니다. 발표의 속도나 강약을 조절할 때 많이 사용합니다.

🎧 118.MP3

STEP 1

1 ご存じのように、**不景気が続いています。**

2 ご存じのように、**健康ブームが起きています。**

3 ご存じのように、**高齢化が進んでいます。**

4 ご存じのように、**オンライン市場は拡大しています。**

5 ご存じのように、**インターネットのない生活は考えられません。**

1 아시는 바와 같이 불경기가 계속되고 있습니다.

2 아시는 바와 같이 건강 붐이 일어나고 있습니다.

3 아시는 바와 같이 고령화가 진행되고 있습니다.

4 아시는 바와 같이 온라인 시장이 확대되고 있습니다.

5 아시는 바와 같이 인터넷이 없는 생활은 생각할 수 없습니다.

STEP 2

1 아시는 바와 같이 요즘 걷기가 유행하고 있습니다. そこで、足やひざ、こしへの負担を軽くしてくれる運動靴が必要になります。このシニア向けのウォーキングシューズは、長くはいていても疲れにくいです。それは靴底が衝撃を吸収してくれるからです。

2 本日、ご紹介したいのはこの飲み物です。아시는 바와 같이 다이어트를 하지 않는 여성은 없습니다. でも食事制限も、運動もいやですよね。そういう女性をターゲットにしました。これを飲むだけで、新陳代謝が活発になり、やせることができます。

1 아시는 바와 같이, 최근 워킹이 유행하고 있습니다. 그래서 발이나 무릎, 허리의 부담을 줄여 주는 운동화가 필요합니다. 이 시니어 층을 위한 워킹화는 오래 신어도 피로가 덜 쌓입니다. 왜냐하면 밑창이 충격을 흡수해 주기 때문입니다.

2 오늘 소개해 드릴 것은 이 음료수입니다. 아시는 바와 같이, 다이어트를 하지 않는 여성은 없습니다. 하지만 식이 요법도 운동도 싫죠? 그러한 여성을 타깃으로 잡았습니다. 이것을 마시기만 하면, 신진대사가 활발해져서 살이 빠질 수 있습니다.

T I P S

일본에도 ダイエット食品(다이어트 식품)이 많은데요. 주로 サプリメント(영양제), ドリンク(음료), 加工食品(가공식품), デザート(디저트) 등의 형태로 출시되고 있습니다. 하지만 다이어트에 성공한 사람은 극히 일부인 것을 보면 역시 꾸준한 運動(운동)과 食事制限(식이요법)이 가장 중요한 것 같습니다.

不景気(ふけいき) 불경기
健康(けんこう) 건강
高齢化(こうれいか) 고령화
拡大(かくだい) 확대
負担(ふたん) 부담
靴底(くつぞこ) 신발 밑창
衝撃(しょうげき) 충격
吸収(きゅうしゅう) 흡수
食事制限(しょくじせいげん) 식이 요법
新陳代謝(しんちんたいしゃ) 신진대사
活発(かっぱつ) 활발
加工食品(かこうしょくひん) 가공식품

次は～

다음은 ～

프레젠테이션에서 PPT의 슬라이드가 바뀔 때 사용하는 패턴입니다. 청중은 다음에 어떤 내용이 나오는지 예상할 수 있으므로 자료 화면을 보다 쉽게 이해할 수 있습니다. 비슷한 표현으로 次に移りまして(다음으로 넘어가서)가 있습니다.

🎧 119.MP3

STEP 1

1 次は、リサーチの結果です。

2 次は、プロジェクトの規模です。

3 次は、海外事業についてです。

4 次は、インターネットユーザーの反応です。

5 次は、契約条件についてお話します。

1 다음은 리서치 결과입니다.

2 다음은 프로젝트의 규모입니다.

3 다음은 해외 사업에 대해서입니다.

4 다음은 인터넷 이용자의 반응입니다.

5 다음은 계약 조건에 대해 말씀드리겠습니다.

STEP 2

1 ご存じのように、不景気で倒産する企業が増えています。その中、弊社の売上げは昨年より5%も伸びました。大量生産も可能になりましたので、今後さらなる伸びが期待できます。다음은 제품 소개입니다.

2 弊社はスマホ・アクセサリー市場で20%のシェアを占めています。今後、もっと伸ばしていきたいと思っております。다음은 액세서리를 사용해 주신 고객님들의 의견입니다. 一部を読ませていただきます。

T I P S

次를 활용한 표현을 알아볼까요?
1. 次の日、取引先の社長がいらっしゃいました。(다음날 거래처 사장님이 오셨습니다)
2. スケジュールは次の通りです。(일정은 다음과 같습니다)

1 아시는 바와 같이, 불경기로 도산하는 기업이 늘고 있습니다. 그런 가운데, 저희 회사의 매출은 작년보다 5%나 증가했습니다. 대량 생산도 가능해졌기 때문에 앞으로 더 큰 신장을 기대할 수 있습니다. 次は、製品の紹介です。

2 저희 회사는 스마트폰 액세서리 시장에서 20%의 점유율을 차지하고 있습니다. 앞으로 더욱 늘려가고 싶습니다. 次は、アクセサリーを使っていただいたお客様からのご意見です。일부를 읽어 드리겠습니다.

結果(けっか) 결과
規模(きぼ) 규모
海外事業(かいがいじぎょう) 해외 사업
反応(はんのう) 반응
倒産(とうさん) 도산
増(ふ)**える** 늘다
大量生産(たいりょうせいさん) 대량 생산
期待(きたい) 기대
市場(しじょう) 시장
占(し)**める** 차지하다
伸(の)**ばす** 늘리다
通(とお)**り** ～대로

～をご覧ください。

~을(를) 봐 주십시오.

🎧 120.MP3

프레젠테이션에서는 다양한 자료를 사용하는데, 특히 시각적인 자료에 시선을 집중시키는 패턴입니다. 프레젠테이션의 분위기를 발표자의 주도로 이끌어가는 데 유용한 패턴입니다.

STEP 1

1 図1をご覧ください。

2 表1をご覧ください。

3 資料の4ページをご覧ください。

4 お手元の資料をご覧ください。

5 お配りした資料のチャプター2をご覧ください。

1 그림 1을 봐 주십시오.

2 표 1을 봐 주십시오.

3 자료의 4페이지를 봐 주십시오.

4 가지고 계신 자료를 봐 주십시오.

5 나눠 드린 자료의 챕터 2를 봐 주십시오.

STEP 2

1 次は今年3月までの売上げです。이쪽 그래프를 봐 주십시오. 去年の売上げは一昨年より2倍になりました。扱う商品の数が増え、お客様のニーズに応えられたからだと考えています。

2 これは弊社の商品で、売上げナンバーワンのおもちゃです。全部段ボールでできています。これで机や椅子などを作ることができます。ちょっとやってみますね。(しばらくして) 자, 이 책상을 봐 주세요. このように2、3分で組み立てることができます。

TIPS

이 패턴은 일반 업무에서도 사용할 수 있습니다.

1. 先ほど送りましたメールをご覧ください。(좀 전에 보낸 메일을 봐 주십시오)
2. 詳しい内容はホームページをご覧ください。(자세한 내용은 홈페이지를 봐 주십시오)

1 다음은 올해 3월까지의 매출입니다. 이쪽의 그래프를 봐 주십시오. 작년 매출은 재작년보다 2배로 증가했습니다. 취급 상품의 개수가 늘어나, 고객들의 요구를 충족시킬 수 있었기 때문이라고 생각합니다.

2 이것은 저희 회사 상품으로 매출 1위인 장난감입니다. 모두 골판지로 되어 있습니다. 이것으로 책상이나 의자 등을 만들 수 있습니다. 잠깐 해 보죠. (잠시 후) 어서, 이 책상을 봐 주십시오. 이처럼 2, 3분이면 조립이 가능합니다.

表(ひょう) 표
資料(しりょう) 자료
手元(てもと) 자기 주위
配(くば)る 나눠 주다
倍(ばい) ~배
数(かず) 수
段(だん)**ボール** 골판지
組(く)**み立**(た)**てる** 조립하다
先(さき)**ほど** 좀 전에
詳(くわ)**しい** 자세한
内容(ないよう) 내용

〜を表わしています。

~을(를) 보여 주고 있습니다.

표, 그래프, 자료가 무엇을 의미하는지 그 내용을 간략하게 정리하여 설명해 주는 패턴입니다. 제시된 자료가 프레젠테이션의 전체 맥락에서 어떤 의미를 갖는지를 효과적으로 전달할 수 있습니다.

🎧 121.MP3

STEP 1

1 これは、マーケット規模を表わしています。

2 このグラフはトレンドの傾向を表わしています。

3 7月が一番暑かったことを表わしています。

4 年代別の利用時間を表わしています。

5 独り暮らしの人は何を食べているかを表わしています。

1 이것은 시장 규모를 보여 주고 있습니다.

2 이 그래프는 트렌드의 경향을 보여 주고 있습니다.

3 7월이 가장 더웠음을 보여 주고 있습니다.

4 연령대별 이용 시간을 보여 주고 있습니다.

5 혼자 사는 사람은 무엇을 먹는지를 보여 주고 있습니다.

STEP 2

1 次は、サプリメントについてです。이 표는 영양제를 먹는 연령이 빨라지고 있음을 보여 주고 있습니다. アンケートを行った結果、ご覧のとおり、10代から飲みはじめる人が多くなっています。栄養のバランスを考えたサプリメントの開発が急がれています。

2 次は、「辛くないキムチラーメン」の売上げについてお話します。이 그래프는 '맵지 않은 김치라면'의 매출을 보여 주고 있는데요, 보통의 김치라면보다 상당히 인기가 있습니다. この春にはカップラーメンも出ます。

1 다음은 영양제에 대해서입니다. 이 표는 샤프리멘트를 먹는 연령이 빨라지고 있음을 표를 먹는 연령이 빨라지고 있음을 표를 먹는 연령이 빨라지고 있다. 설문조사를 실시한 결과, 보시는 바와 같이 10대부터 먹기 시작하는 사람이 많아지고 있습니다. 영양적 균형을 생각한 영양제 개발이 시급합니다.

2 다음은 '맵지 않은 김치라면'의 매출에 대해 말씀 드리겠습니다. 이 그래프는 「辛くないキムチ ラーメン」の売上げを表わしていますが、普通のキムチラーメンより大変人気があります。 올봄에는 컵라면도 출시됩니다.

規模(きぼ) 규모
傾向(けいこう) 경향
利用(りよう) 이용
独(ひと)**り暮**(ぐ)**らし** 혼자 살기
年齢(ねんれい) 연령
結果(けっか) 결과
栄養(えいよう) 영양
開発(かいはつ) 개발
普通(ふつう) 보통
増(ふ)**える** 늘다

横軸は～、縦軸は～

가로축은 ~, 세로축은 ~

🎧 122.MP3

PPT를 이용한 프레젠테이션에는 대개 표와 그래프가 들어가는데, 표와 그래프의 가로축, 세로축을 설명하는 패턴입니다. 좀 더 간단하게 横は(가로는)～、縦は(세로는)～라고도 할 수 있습니다.

STEP 1

1 横軸は利益で、縦軸は月です。

2 横軸は地域で、縦軸は売上げです。

3 横軸は商品で、縦軸は価格です。

4 横軸は開発費で、縦軸は年度です。

5 横軸は運送料で、縦軸は国です。

1 가로축은 이익이고, 세로축은 월입니다.

2 가로축은 지역이고, 세로축은 매출입니다.

3 가로축은 상품이고, 세로축은 가격입니다.

4 가로축은 개발비이고, 세로축은 연도입니다.

5 가로축은 운송비이고, 세로축은 국가입니다.

STEP 2

1 このグラフは月別の売上げを表わしています。가로축은 매출이고, 세로축은 시간입니다. 分かりやすいように折れ線グラフにしました。ご覧のとおり、右肩あがりで上昇しています。

2 この棒グラフをご覧ください。こちらは新商品を使ったお客様のアンケート結果です。가로축은 만족도를 나타내고, 세로축은 연령입니다. 見ておわかりのように全体的に高い満足度を表わしています。

1 이 그래프는 월별 매출을 보여 주고 있습니다. 横軸は売上げで、縦軸は時間になっています。이해하기 쉽게 꺾은선 그래프로 나타내 보았습니다. 보시는 바와 같이 확실한 상승 곡선을 그리고 있습니다.

2 이 막대그래프를 봐 주십시오. 이것은 신상품을 사용한 고객님들의 설문조사 결과입니다. 横軸は満足度で、縦軸は年齢です。한눈에 알 수 있듯이 전체적으로 높은 만족도를 보여 주고 있습니다.

T I P S

그래프나 표를 설명할 때 자주 사용되는 단어를 배워 볼까요?

맨 위－一番上(いちばんうえ)
맨 아래－一番下(いちばんした)
오른쪽－右側(みぎがわ)
왼쪽－左側(ひだりがわ)
한가운데－真(ま)ん中(なか)
비율－割合(わりあい)

横軸(よこじく) 가로축
縦軸(たてじく) 세로축
年度(ねんど) 연도
運送料(うんそうりょう) 운송비
月別(つきべつ) 월별
折(お)**れ線**(せん) 꺾은선
右肩(みぎかた)**あがり** 오른쪽 위로 상승
上昇(じょうしょう) 상승
満足度(まんぞくど) 만족도

〜傾向にあります。

~경향이 있습니다.

🎧 123.MP3

자료나 그래프를 보면서 경향이나 트렌드에 대해 언급하는 패턴입니다. 경향을 제대로 파악해야 효과적인 판매 전략을 세울 수 있기 때문에 프레젠테이션에서 자주 사용되는 표현입니다.

STEP 1

1 いじめが多くなる傾向にあります。

2 日々悪化の傾向にあります。

3 値段が高くなる傾向にあります。

4 結婚が遅くなる傾向にあります。

5 独り暮らしが増える傾向にあります。

1 집단괴롭힘이 많아지는 경향이 있습니다.

2 매일 악화되는 경향이 있습니다.

3 가격이 높아지는 경향이 있습니다.

4 결혼이 늦어지는 경향이 있습니다.

5 혼자 사는 사람이 늘어나는 경향이 있습니다.

STEP 2

1 お手元にある資料をご覧ください。これは日本で生まれる子供の数を表わしています。이를 봐도 알 수 있듯이, 일본은 저출산화 경향이 있습니다. 하지만 표 2를 보면, 자녀에게 들이는 돈은 증가하는 경향이 있습니다.

2 ご存じのように、今はものが売れない時代です。それに、不景気で収入も減りました。일본 전체가 디플레이션 경향이 있습니다. しかし、ブランド品はよく売れています。これは何を意味するのでしょうか。

1 가지고 계신 자료를 봐 주십시오. 이 자료는 일본에서 태어나는 아이들의 수를 보여 주고 있습니다. これを見ても分かるように、日本は少子化の傾向にあります。でも、表2を見ますと、子供にかけるお金は増える傾向にあります。

2 아시는 바와 같이, 지금은 물건이 팔리지 않는 시대입니다. 게다가 불경기로 수입도 줄었습니다. 日本全体がデフレの傾向にあります。하지만 명품은 잘 팔립니다. 이것은 무엇을 의미하는 것일까요?

T I P S

~傾向にあります
VS ~傾向があります

~傾向にあります는 '변화하는 도중에 있다'는 뜻이고, ~傾向があります는 '자주 ~한다'는 의미입니다.

예 日本は高齢化の傾向にある。
(일본은 고령화의 경향이 있다)
彼は遅刻する傾向がある。
(그는 자주 지각한다)

悪化(あっか) 악화
お手元(てもと) 자기 주위
少子化(しょうしか) 저출산
増(ふ)える 증가하다
収入(しゅうにゅう) 수입
減(へ)る 줄다
デフレ 디플레이션
意味(いみ) 의미
高齢化(こうれいか) 고령화
遅刻(ちこく) 지각

～をご提案します。

～을(를) 제안드립니다.

프레젠테이션은 상품 소개나 구매를 유도하는 역할뿐만 아니라, 새로운 아이디어나 서비스, 대책 방안 등을 제시하기도 하는데요. 이렇게 아이디어나 전략을 제안할 때 유용한 패턴입니다.

🎧 124.MP3

STEP 1

1 リストラをご提案します。

2 さまざまなアイデアをご提案します。

3 新しいライフスタイルをご提案します。

4 具体的なサポートをご提案します。

5 マーケティング戦略をご提案します。

1 구조 조정을 제안드립니다.

2 여러 가지 아이디어를 제안드립니다.

3 새로운 라이프 스타일을 제안드립니다.

4 구체적인 서포트(지원)를 제안드립니다.

5 마케팅 전략을 제안드립니다.

STEP 2

1 4、5年前からお客様のニーズが変わってきました。今までのように商品を並べるだけで売れた時代は終わりました。商品の産地、作った人などを知りたいと思うお客様はたくさんいます。그래서 저는 상품 정보 관리 시스템을 제안드립니다.

2 このアンケートを見ますと、女性の意識が分かります。もう「結婚＝幸せ」という話は昔話になりました。それだけ仕事が大事になってきます。그래서 여성이 일에 집중할 수 있는 가정 만들기를 제안드립니다.

1 4, 5년 전부터 고객의 요구가 바뀌기 시작했습니다. 지금까지와 같이 상품을 진열해 놓기만 해도 팔리던 시절은 지났습니다. 상품의 산지, 생산자 등을 알고 싶어 하는 고객님이 많이 계십니다. 그래서 저는 상품정보관리시스템을 ご提案します.

2 이 설문조사를 보면, 여성의 의식을 알 수 있습니다. 이제 '결혼＝행복'이라는 이야기는 옛날이야기가 되었습니다. 그만큼 일이 중요해집니다. 그래서 여성이 일에 집중できる家作りをご提案します.

TIPS

Q 프레젠테이션에서 앞으로의 전망이나 예측을 말할 때 유용한 패턴을 알려 주세요.

A ～と予想している(～(이)라고 예상(전망)하고 있다)라는 패턴을 씁니다.

예 売上げが2％上がると予想しています。(매출이 2% 오를 거라고 전망하고 있습니다)

提案(ていあん) 제안
具体的(ぐたいてき) 구체적
戦略(せんりゃく) 전략
並(なら)**べる** 늘어놓다
産地(さんち) 산지
情報(じょうほう) 정보
管理(かんり) 관리
意識(いしき) 의식
昔話(むかしばなし) 옛날이야기
集中(しゅうちゅう) 집중
売上(うりあ)**げ** 매출
予想(よそう) 예상

具体的に言いますと～

구체적으로 말씀드리면 ~

🎧 125.MP3

보다 구체적인 정보를 제공하는 패턴입니다. 청중은 구체적인 내용이나 실례를 듣고 싶어 하는 만큼 주의를 집중시키는 데에 효과적입니다. 具体的に申し上げますと라고 하면 좀 더 정중해집니다.

STEP 1

1 具体的に言いますと、**問題はデザインです。**

2 具体的に言いますと、**キャンペーンが必要です。**

3 具体的に言いますと、**オンライン事業への投資です。**

4 具体的に言いますと、**1年間利益が出ていません。**

5 具体的に言いますと、**新しいマーケットを探す必要があります。**

1 구체적으로 말씀드리면, 문제는 디자인입니다.

2 구체적으로 말씀드리면, 캠페인이 필요합니다.

3 구체적으로 말씀드리면, 온라인 사업에 투자하는 것입니다.

4 구체적으로 말씀드리면, 1년간 이익이 나오지 않고 있습니다.

5 구체적으로 말씀드리면, 새로운 시장을 개척할 필요가 있습니다.

STEP 2

1 このプログラムを開発するまで2年かかりました。それだけに自信を持っておすすめできます。これは決済システムの一つですが、他社のプログラムよりとても簡単にできます。구체적으로 말씀드리면, 원클릭으로 결제가 완료되는 강점이 있습니다.

2 弊社はマーケティング・リサーチを行う会社です。資料の5ページをご覧ください。これはリサーチを行った会社とそうじゃなかった会社の売上高を表わしています。좀 더 구체적으로 말씀드리면, 리서치는 수익으로 바뀐다는 말씀입니다.

1 이 프로그램을 개발하기까지 2년 걸렸습니다. 그만큼 자신 있게 추천드릴 수 있습니다. 이 프로그램은 결제 시스템의 하나인데요, 타사 프로그램보다 매우 간단하게 할 수 있습니다. 구체적으로 말씀드리면, 원·클릭으로 결제가 끝난다는 강점이 있습니다.

2 저희 회사는 마케팅 리서치를 하는 회사입니다. 자료의 5페이지를 봐 주십시오. 이것은 리서치를 한 회사와 그렇지 않은 회사의 매출액을 보여 주고 있습니다. 좀 더 구체적으로 말씀드리면, 리서치는 돈으로 변한다는 것입니다.

T I P S

Q 앞서 이야기한 내용을 청중에게 환기시키고 싶을 때는 어떻게 말하나요?

A '말씀드리다, 말씀 올리다'라는 의미의 겸양어 申し上げる를 이용해서 先ほど申し上げたように라고 합니다.

예 先ほど申し上げましたように、コスト面でも改善されています。
(좀 전에 말씀드린 바와 같이, 비용 면에서도 개선되고 있습니다)

事業(じぎょう) 사업
投資(とうし) 투자
利益(りえき) 이익
開発(かいはつ) 개발
決済(けっさい) 결제
簡単(かんたん)に 간단하게
強(つよ)み 강점
売上高(うりあげだか) 매출액
変(か)わる 바뀌다
コスト 비용
改善(かいぜん) 개선

～と比べてみてください。

～와(과) 비교해 보세요.

자사 제품 홍보를 위한 프레젠테이션에서 제품의 특성을 보다 효과적으로 어필하기 위해 비교하는 준거를 제시하는 패턴입니다. 자사 제품의 우위성을 드러내는 효과가 있습니다.

🎧 126.MP3

STEP 1

1 サイズをこれと比べてみてください。

2 アンケートの結果と比べてみてください。

3 前の条件と比べてみてください。

4 コストを前の年と比べてみてください。

5 日本製品の品質と比べてみてください。

1 크기를 이것과 비교해 보세요.

2 설문조사 결과와 비교해 보세요.

3 이전의 조건과 비교해 보세요.

4 비용을 전년도와 비교해 보세요.

5 일본 제품의 품질과 비교해 보세요.

STEP 2

1 こちらは50％のシェアを占めている会社のものです。また、こちらは弊社の製品です。직접 들어서 이쪽의 무게와 비교해 보세요. どうぞ。いかがですか。弊社は300ｇほど軽くしました。主婦の手首にかかる負担を減らすことができると思っています。

2 実際に製品を持ってご説明します。これは積み木のおもちゃですが、1歳以上の赤ちゃんなら遊べます。다른 회사의 것과 비교해 보세요. 一つ一つ丁寧に面取り加工をしてあるので、とても安全です。

1 이쪽은 50%의 시장 점유율을 보이고 있는 회사의 것입니다. 그리고 이쪽은 저희 회사 제품입니다. 手にとって、こちらの重さと比べてみてください。 자, 어서요. 어떠십니까? 저희 회사는 300g 정도 가볍게 만들었습니다. 주부의 손목에 드는 부담을 줄일 수 있다고 생각합니다.

2 실제로 제품을 가지고 설명드리겠습니다. 이것은 블록 교구인데요, 1세 이상의 아이라면 가지고 놀 수 있습니다. 他の会社のものと比べてみてください。 하나하나 꼼꼼하게 모서리를 둥글게 처리해 두었으므로 매우 안전합니다.

T I P S

比べる는 다양한 패턴으로 활용될 수 있습니다. 조사에 유의하세요.

1. 安全性を比べてみてください。
   (안전성을 비교해 보세요)

2. 去年と今年を比べると、
   (작년과 올해를 비교하면)

比(くら)べる 비교하다
条件(じょうけん) 조건
品質(ひんしつ) 품질
主婦(しゅふ) 주부
手首(てくび) 손목
負担(ふたん) 부담
減(へ)らす 줄이다
実際(じっさい) 실제
丁寧(ていねい)に 꼼꼼하게
面取(めんと)り加工(かこう) 모서리 처리
安全(あんぜん) 안전

例をあげますと～

이를테면(예를 들면) ～

127.MP3

청중의 이해를 돕기 위해 사례를 드는 패턴입니다. 간단하게는 例えば, 例えばですね, 例をあげると 등으로 표현할 수 있습니다.

STEP 1

1 例をあげますと、**イベントを行うことです。**

2 例をあげますと、**時間を増やすことです。**

3 例をあげますと、**AS期間を伸ばすことです。**

4 例をあげますと、**送料をただにすることです。**

5 例をあげますと、**心地よい空間にすることです。**

1 이를테면 이벤트를 여는 것입니다.

2 이를테면 시간을 늘리는 것입니다.

3 이를테면 AS 기간을 늘리는 것입니다.

4 이를테면 배송료를 무료로 하는 것입니다.

5 이를테면 편안한 공간으로 만드는 것입니다.

STEP 2

1 売り場の雰囲気を変えることをご提案します。이를테면 입구 쪽을 따뜻한 분위기로 바꾸는 것입니다. それだけでもお客様が入りやすくなるので、売上げがアップします。それぞれの店に合った雰囲気作りをサポートします。

2 弊社では、主に文房具や事務用品を扱っています。이를테면 볼펜이나 메모지 등 사무실에서 사용하는 물건입니다. 最近はシステム手帳も売り出しました。汚れにくい素材で人気を得ています。

1 매장 분위기를 바꿀 것을 제안드립니다. 例をあげますと、入り口のところをあたたかい雰囲気に変えることです。그것만으로도 손님이 들어오기 쉬워지기 때문에 매상이 올라갑니다. 각 점포에 맞는 분위기 조성을 도와 드립니다.

2 저희 회사에서는 주로 문구나 사무용품을 취급하고 있습니다. 例をあげますと、ボールペンやメモ用紙など、オフィスで使うものです。요즘은 시스템 다이어리의 판매도 시작했습니다. 더러움이 덜 타는 소재로 인기를 얻고 있습니다.

TIPS

사례를 드는 다른 표현을 알아볼까요?
1. 알기 쉬운 예를 들면
   ○分かりやすい例をあげますと
2. 구체적인 예를 들면
   ○具体的な例をあげますと
3. 한 가지 예를 들면
   ○一つ例をあげますと

期間(きかん) 기간
伸(の)ばす 늘리다
送料(そうりょう) 배송료
空間(くうかん) 공간
売(う)り場(ば) 매장
雰囲気(ふんいき) 분위기
提案(ていあん) 제안
文房具(ぶんぼうぐ) 문구
事務用品(じむようひん) 사무용품
手帳(てちょう) 수첩
素材(そざい) 소재
具体的(ぐたいてき)な 구체적인

～は増えて、～は減りました。

～은(는) 늘고, ～은(는) 줄었습니다.

🎧 128.MP3

늘거나 줄어드는 상황을 표현하는 패턴입니다. 그래프와 같은 자료를 설명할 때 빠지지 않고 등장하는 단어가 바로 '늘다'와 '줄다'인데요. 반대어로 대조를 이룸으로써 말하고자 하는 의도가 더욱 확실히 드러납니다.

STEP 1

1 **お年より**は増えて、**子供**は減りました。

2 **消費**は増えて、**貯蓄**は減りました。

3 **男性**は増えて、**女性**は減りました。

4 **支出**は増えて、**収入**は減りました。

5 **オンライン・ショッピング**は増えて、**店での買い物**は減りました。

1 노인은 늘고, 아이는 줄었습니다.

2 소비는 늘고, 저축은 줄었습니다.

3 남자는 늘고, 여자는 줄었습니다.

4 지출은 늘고, 수입은 줄었습니다.

5 온라인 쇼핑은 늘고, 점포에서의 구입은 줄었습니다.

STEP 2

1 韓国も日本もライフスタイルが変わってきています。外食は늘고 집에서 밥을 먹는 횟수는 줄었습니다. しかし、ほとんどの人が外食に満足していません。このグラフをご覧ください。外食の満足度がこのように低くなっています。

2 こちらは仕事をしている人の一日を表わしたものです。작년과 비교하면 일은 늘고 휴일은 줄었습니다. そこでどうやって休み時間を過ごすかが問題になるわけです。

1 한국도 일본도 라이프 스타일이 변화되고 있습니다. 外食은 늘고, 家에서 ご飯을 먹는 回数는 줄었습니다. 하지만 사람들은 대부분 외식에 만족하지 못합니다. 이 그래프를 봐 주십시오. 외식에 대한 만족도가 이와 같이 낮아지고 있습니다.

2 이것은 일을 하는 사람들의 하루를 나타낸 것입니다. 去年과 比べますと、仕事는 늘고、休み는 줄었습니다. 그래서 어떻게 휴식 시간을 보내느냐가 문제가 되는 셈입니다.

増(ふ)える 늘다
減(へ)る 줄다
消費(しょうひ) 소비
貯蓄(ちょちく) 저축
支出(ししゅつ) 지출
回数(かいすう) 횟수
満足度(まんぞくど) 만족도
過(す)ごす 지내다
増加(ぞうか) 증가
減少(げんしょう) 감소

〜に注目しなければなりません。

〜에 주목해야 합니다.

129.MP3

내용을 강조하는 패턴입니다. 프레젠테이션에서 내용을 효과적으로 전달하려면 강약을 조절해야 하는데요. 모든 내용을 전달하기보다 핵심적인 내용 20%를 강조해서 전달하는 것이 훨씬 효과적입니다.

STEP 1

1 マーケットに注目しなければなりません。

2 株価に注目しなければなりません。

3 収益に注目しなければなりません。

4 この数字に注目しなければなりません。

5 お客様のニーズに注目しなければなりません。

1 시장에 주목해야 합니다.

2 주가에 주목해야 합니다.

3 수익에 주목해야 합니다.

4 이 숫자에 주목해야 합니다.

5 고객의 니즈(요구)에 주목해야 합니다.

STEP 2

1 이 자료를 보면 알 수 있듯이 우리는 해외 시장에 주목해야 합니다. **国内市場だけではやはり限界があります。例をあげますと、日本は韓国から近いので、運送料がやすく済みます。これは大きなメリットです。**

2 こちらの表1をご覧ください。20代から40代の女性、100人にたずねたアンケートです。お歳暮を選ぶときに何を一番先に考えるかという質問に、価格だと答えた人が一番多かったです。 우리는 여기에 주목해야 합니다.

1 この資料を見ても分かるように私たちは海外市場に注目しなければなりません。 국내 시장만으로는 역시 한계가 있습니다. 이를테면, 일본은 한국에서 가깝기 때문에 운송비가 싸게 먹힙니다. 이것은 큰 이점입니다.

2 이쪽의 표 1을 봐 주십시오. 20대부터 40대의 여성, 100명에게 물어본 설문조사입니다. 연말선물을 고를 때 무엇을 가장 먼저 생각하는가라는 질문에, 가격이라고 대답한 사람이 가장 많았습니다. 私たちはここに注目しなければなりません。

스티븐 잡스의 프레젠테이션 법칙을 일본어로 알아볼까요?

1. 専門用語を使わない。
   (전문 용어를 쓰지 않는다)
2. ツイッターのように短い文で製品を表わす。(트위터처럼 짧은 문장으로 제품을 표현한다)
3. ポイントを3つにする。
   (포인트를 3가지로 정리한다)

注目(ちゅうもく) 주목
株価(かぶか) 주가
収益(しゅうえき) 수익
数字(すうじ) 숫자
海外市場(かいがいしじょう) 해외 시장
限界(げんかい) 한계
運送料(うんそうりょう) 운송비
済(す)**む** 끝나다
歳暮(せいぼ) 연말에 보내는 선물
価格(かかく) 가격
専門用語(せんもんようご) 전문 용어
表(あら)**わす** 나타내다

Unit 14
프레젠테이션 마무리 패턴

🔍 패턴 미리보기

130 手短にまとめますと~   간단히 정리하자면 ~   요약하기

131 ~をお勧めします。   ~을(를) 권해 드립니다.   조언하기

132 ~についてお答えします。   ~에 대해 답변드리겠습니다.   질의 응답하기

133 最後になりますが~   끝으로 ~   끝맺기

手短にまとめますと～

간단히 정리하자면 ～

앞에서 언급했던 내용을 정리하거나 요약하는 패턴입니다. 간단히 정리하면서 프레젠테이션의 주요 내용을 강조하는 기능이 있습니다.

🎧 130.MP3

STEP 1

1 手短にまとめますと、**サービスに問題はありません。**

2 手短にまとめますと、**取引を増やそうということです。**

3 手短にまとめますと、**この計画は進めなければなりません。**

4 手短にまとめますと、**保証期間が長いということです。**

5 手短にまとめますと、**オンライン事業への投資が必要です。**

1 간단히 정리하자면, 서비스에 문제는 없습니다.

2 간단히 정리하자면, 거래를 늘리자는 것입니다.

3 간단히 정리하자면, 이 계획은 밀고 나가야 합니다.

4 간단히 정리하자면, 보증 기간이 길다는 것입니다.

5 간단히 정리하자면, 온라인 사업에 투자가 필요합니다.

STEP 2

1 지금까지를 간단히 정리하자면, 보기 쉽고 알기 쉬운 휴대전화에 대한 요구는 많다는 것입니다. **シニア製品として、いろいろなタイプのケータイを開発する必要があると思います。これで、プレゼンテーションを終わります。ありがとうございました。**

2 **弊社の製品を二つ紹介してきました。**간단히 정리하자면, 두 가지 모두 최신 기술로 만들어졌습니다. **他社の製品に負けない自信があります。では、これを持ちまして、プレゼンは終わりますが、ご質問などございますか。**

1 지금까지를 手短にまとめますと、見やすくてわかりやすいケータイへのニーズは多いということです。 시니어 제품으로서, 다양한 타입의 휴대전화를 개발할 필요가 있다고 생각합니다. 이것으로 프레젠테이션을 마치겠습니다. 감사합니다.

2 저희 회사 제품을 두 가지 소개해 드렸습니다. 手短にまとめますと、二つとも最新の技術によって作られました。타사 제품에 뒤지지 않을 자신이 있습니다. 그럼, 이로써 프레젠테이션을 끝내겠습니다만, 질문 있으신가요?

手短(てみじか)に 간단히
保証期間(ほしょうきかん) 보증 기간
事業(じぎょう) 사업
投資(とうし) 투자
製品(せいひん) 제품
開発(かいはつ) 개발
最新(さいしん) 최신
技術(ぎじゅつ) 기술
負(ま)ける 지다
自信(じしん) 자신감
一般的(いっぱんてき) 일반적

〜をお勧めします。

〜을(를) 권해 드립니다.

すすめる는 한자에 따라 여러 가지 뜻이 있는데요. 여기서는 勧める(권하다)입니다. 프레젠테이션을 마무리하면서 적극적인 조언을 통해 프레젠테이션의 목적을 완성하는 패턴입니다.

🎧 131.MP3

STEP 1

1 この**方法**をお勧めします。

2 ぜひこの**製品**をお勧めします。

3 **サービスの利用**をお勧めします。

4 **弊社のモデル**をお勧めします。

5 **年に一度の点検**をお勧めします。

1 이 방법을 권해 드립니다.

2 꼭 이 제품을 권해 드립니다.

3 서비스 이용을 권해 드립니다.

4 저희 회사의 모델을 권해 드립니다.

5 1년에 한 번은 점검을 권해 드립니다.

STEP 2

1 今やデータやプログラムは会社にとってとても**重要**です。もし**管理ミス**でデータがなくなってしまうと、大きな**損失**になります。そこで、データのバックアップを権해 드립니다。会社だけではなく、一人一人の心がけが必要だと思います。

2 他の**質問**はありませんか。……ありませんね。では、**最後**にひとつ。**当社**のホームページがオープンしました。제품의 자세한 정보가 실려 있으니, 꼭 한 번 접속해 보실 것을 권해 드립니다. では、これでプレゼンを**終わります**。ありがとうございました。

1 바야흐로 데이터나 프로그램은 회사에 있어서 매우 중요합니다. 만약 관리 소홀로 데이터가 없어져 버리면 큰 손실을 입게 됩니다. 그래서 데이터의 백업을 권해 드립니다. 회사뿐만 아니라, 한 사람 한 사람의 마음가짐이 필요하다고 생각합니다.

2 다른 질문은 없으십니까? 없군요. 그럼, 마지막으로 한 가지. 당사의 홈페이지가 문을 열었습니다. 제품의 자세한 정보가 실려 있으니, 꼭 한 번 접속해 보실 것을 권해 드립니다. 그럼, 이것으로 프레젠테이션을 마치겠습니다. 감사합니다.

利用(りよう) 이용
点検(てんけん) 점검
重要(じゅうよう) 중요
管理(かんり) 관리
損失(そんしつ) 손실
最後(さいご) 마지막
詳(くわ)**しい** 자세한
情報(じょうほう) 정보
載(の)**る** 실리다

～についてお答えします。

～에 대해 답변드리겠습니다.

프레젠테이션이 끝나면 질의응답 시간이 있는데요. 질문에 대답할 때 필요한 패턴입니다. 질문의 포인트를 잡는다는 점에서 중요한 표현이며, 질문의 핵심을 요약하여 대입하면 패턴이 완성됩니다.

🎧 132.MP3

STEP 1

1 その点についてお答えします。

2 今のマーケットについてお答えします。

3 プロジェクトの進め方についてお答えします。

4 予想される問題についてお答えします。

5 具体的な内容についてお答えします。

1 그 점에 대해 답변드리겠습니다.

2 현재의 시장에 대해 답변드리겠습니다.

3 프로젝트 진행 방법에 대해 답변드리겠습니다.

4 예상되는 문제에 대해 답변드리겠습니다.

5 구체적 내용에 대해 답변드리겠습니다.

STEP 2

1 これまで弊社の新商品をご紹介しました。時間の関係で、説明が足りなかった部分があったかと思います。それ、指定から質問に対して答えドリゲッスニダ。開発部の者も来ておりますので、開発での質問も大丈夫です。

2 A これでプレゼンを終わります。ご質問はありませんか。
　B 仕入れコストが高くありませんか。
　A 구입 비용에 대해 답변드리겠는데요, 공동 구입으로 줄일 수 있습니다.
　B なるほど、ありがとうございました。

1 지금까지 저희 회사의 신상품을 소개했습니다. 시간 관계상 설명이 부족한 부분이 있었다고 생각합니다. 그럼, 이제부터, 질문에 대해 답해 드리겠습니다. 개발부 직원도 와 있으니, 개발 단계에 대한 질문도 괜찮습니다.

2 A 이것으로 프레젠테이션을 마치겠습니다. 질문 없으신가요?
　B 구입 비용이 비싸지 않나요?
　A 仕入れコスト에 대해 답변드리겠지만, 공동 매입으로 줄일 수 있습니다.
　B 그렇군요. 감사합니다.

TIPS

질의응답 표현을 알아볼까요?
1. 그럼, 질문 받겠습니다.
　➡ では、ご質問をお受けします。
2. 질문 있으신 분이 안 계시나요?
　➡ ご質問のある方はいらっしゃいませんか。
3. 질문의 의미를 잘 모르겠는데요.
　➡ ご質問の意味がよく分からないのですが。

答(こた)える 대답하다
進(すす)め方(かた) 진행 방법
具体的(ぐたいてき) 구체적
内容(ないよう) 내용
関係(かんけい) 관계
質問(しつもん) 질문
開発(かいはつ) 개발
仕入(しい)れ 구입
共同(きょうどう) 공동

最後になりますが～

끝으로 ～

🎧 133.MP3

프레젠테이션을 끝맺는 패턴입니다. 주로 감사인사를 하거나 부탁의 말, 당부의 말을 할 때 사용합니다.

STEP 1

1 最後になりますが、**これからもよろしくお願いします。**

2 最後になりますが、**聞いてくださってありがとうございました。**

3 最後になりますが、**集まっていただき、ありがとうございました。**

4 最後になりますが、**次のプレゼンは来月に予定しています。**

5 最後になりますが、**サンプルをご希望の方はお申し込みください。**

1 끝으로, 앞으로도 잘 부탁드립니다.

2 끝으로, 들어 주셔서 감사드립니다.

3 끝으로, 모여 주셔서 감사드립니다.

4 끝으로, 다음 프레젠테이션은 다음 달로 예정하고 있습니다.

5 끝으로, 샘플을 원하시는 분은 신청해 주십시오.

STEP 2

1 他の製品についてもお話したいのですが、時間が来てしまいました。끝으로, 경청해 주신 여러분께 감사드립니다. 本日のプレゼンで足りなかったところは、電話やメールなどでご質問くだされば、お答えいたします。

2 手短にまとめますと、このデザインは他の会社ではまねできないものです。今日はみなさんに弊社の製品をお見せすることができ、とてもうれしく思います。끝으로, 구입 등에 관한 상담은 언제라도 접수하고 있습니다.

1 다른 제품에 대해서도 말씀드리고 싶지만, 시간이 다 되었네요. 最後になりますが、ご清聴ありがとうございました。오늘 프레젠테이션에서 부족했던 부분은 전화나 메일 등으로 질문 주시면 답변해 드리겠습니다.

2 간단히 정리하자면, 이 디자인은 다른 회사에서는 흉내 낼 수 없는 것입니다. 오늘은 여러분께 저희 회사의 제품을 보여 드릴 수 있어서 정말 기쁩니다. 最後になりますが、ご購入などのご相談はいつでも受け付けております。

T I P S

조리 있고 논리적인 프레젠테이션을 위해서는 이야기에 순서를 매겨 발표하는 것이 좋습니다. 내용에 순서를 부여하는 표현을 알아볼까요?

1. 第一に(첫 번째로), 第二に(두 번째로), そして最後に(그리고 마지막으로)
2. 最初に(맨 먼저), 次に(다음으로), 最後に(마지막으로)

最後(さいご) 마지막
集(あつ)**まる** 모이다
希望(きぼう) 희망
申(もう)**し込**(こ)**む** 신청하다
清聴(せいちょう) 경청
まねる 흉내 내다
購入(こうにゅう) 구입
相談(そうだん) 상의
第一(だいいち) 제일, 첫 번째
最初(さいしょ) 맨 처음

189

Part 06

비즈니스는
말의 전쟁이다!

비즈니스
회의 패턴

일상 업무 속에서 소소하게 발생할 수 있는 회의에서 유용하게 활용할 수 있는 패턴을 모았습니다. 여러분은 회의의 진행자일 수도 있고, 어떤 사안에 대해 보고하거나 설명하는 사람일 수도 있으며, 열띤 논쟁을 벌이는 회의 참석자의 일원이 될 수도 있습니다. 자신이 어떤 입장에 서든지 자신의 의견을 명료하게 밝히고, 흥분하지 말고 차분하게 상대방을 설득하는 자세가 중요합니다. 회사 전체의 이익을 창출하기 위해 중론을 모아가는 과정이 회의이고, 그러한 회의의 결과가 최상의 비즈니스 성과로 이어지기 때문이죠.

Unit 15　회의 진행 패턴

Unit 16　보고&설명 패턴

Unit 17　본격 논의 패턴

Unit 15
회의 진행 패턴

🔍 **패턴 미리보기**

134	～会議をはじめます。 ～회의를 시작하겠습니다.	회의 시작하기
135	本日のテーマは～ 오늘의 주제는 ～	주제 제시하기
136	前回の会議では～ 지난번 회의에서는 ～	되짚어보기
137	～についてどう思いますか。 ～에 대해서 어떻게 생각합니까?	의견 묻기
138	～を詳しく聞かせてください。 ～을(를) 자세히 들려주세요.	자세한 보고 요청하기
139	～方は手をあげてください。 ～분은 손을 들어 주세요.	거수 요청하기

～会議をはじめます。

～회의를 시작하겠습니다.

크고 작은 회의의 시작을 선언하는 패턴입니다. 소규모 회의라면 이 패턴으로 충분하지만, 격식을 차려야 하는 회의라면 ～会議をはじめさせていただきます와 같은 겸양 표현을 쓰는 것이 좋습니다.

🎧 134.MP3

STEP 1

1️⃣ マーケティング会議をはじめます。

2️⃣ 緊急会議をはじめます。

3️⃣ 非公開の会議をはじめます。

4️⃣ 営業1課の会議をはじめます。

5️⃣ 今年度はじめての会議をはじめます。

1️⃣ 마케팅 회의를 시작하겠습니다.

2️⃣ 긴급회의를 시작하겠습니다.

3️⃣ 비공개 회의를 시작하겠습니다.

4️⃣ 영업 1과의 회의를 시작하겠습니다.

5️⃣ 금년도 첫 회의를 시작하겠습니다.

STEP 2

1️⃣ おはようございます。今9時10分前です。조금 이르긴 하지만 여러분이 다 모이셨으니 영업부와 개발부 회의를 시작하겠습니다. 朝早くからお集まりいただき、ありがとうございます。私は営業2課の課長、小林です。よろしくお願いします。

2️⃣ みなさん、お疲れ様です。企画部のキムです。시간이 되었기 때문에 도쿄 물산과의 영상 회의를 시작하겠습니다. 時々会話がかみ合わなかったり、よく聞こえなかったりする場合があります。ご理解ください。

1️⃣ 안녕하십니까? 현재 9시 10분 전입니다. 少し 早이기만 하지만, 미여러분이 그로코이즈셨으미 영业부과 개발부 미팅 회의를 하겠습니다. 아침 일찍부터 모여 주셔서 감사합니다. 저는 영업 2과 과장, 고바야시입니다. 잘 부탁드립니다.

2️⃣ 여러분, 수고가 많으십니다. 기획부의 김○○입니다. 時間になりましたので、東京物産とのテレビ会議をはじめます. 때때로 대화가 어긋나거나 잘 들리지 않는 경우가 있습니다. 이해해 주시기 바랍니다.

TIPS

の의 쓰임에 대해 알아볼까요? 대체로 밀접한 관련이 있는 명사를 이어줄 때는 の가 필요 없고, 독립적인 명사를 연결할 때는 の가 필요합니다.

📝 ソウル大学(서울대학)
ソウルの大学(서울에 있는 대학)

따라서 テレビ会議와 같이 밀접한 관련 명사의 경우에는 の를 붙이지 않고, 営業1課の会議와 같이 독립적인 명사를 연결할 때는 の를 붙여줍니다.

緊急(きんきゅう) 긴급
非公開(ひこうかい) 비공개
課(か) 과
営業部(えいぎょうぶ) 영업부
開発部(かいはつぶ) 개발부
企画部(きかくぶ) 기획부
物産(ぶっさん) 물산
かみ合(あ)う 서로 맞다
理解(りかい) 이해

本日のテーマは〜

오늘의 주제는 ～

🎧 135.MP3

회의 참석자들에게 회의 주제와 목적을 설명하는 패턴입니다. 회의 주제를 명확히 함으로써 회의의 전체적 흐름과 방향성을 잡는 데 유용한 표현입니다.

STEP 1

1 本日のテーマは、トレンドの分析です。

2 本日のテーマは、インターンシップ・プログラムです。

3 本日のテーマは、日本でのマーケティングです。

4 本日のテーマは、取引の条件です。

5 本日のテーマは、新しい工場の建設です。

1 오늘의 주제는 트렌드 분석입니다.

2 오늘의 주제는 인턴쉽 프로그램입니다.

3 오늘의 주제는 일본에서의 마케팅입니다.

4 오늘의 주제는 거래 조건입니다.

5 오늘의 주제는 새로운 공장 건설입니다.

STEP 2

1 **A** おはようございます。マーケティング部のイです。みなさん、そろいましたか。

B はい。はじめてもよさそうです。

A では、業務会議をはじめます。오늘의 주제는 다음 달 이벤트에 대해서입니다.

B 東京でのイベント、決まったんですか。

2 **A** 오늘의 주제는 가격 조정입니다.

B 価格は、先月決めたはずですが。

A その後、原材料の値段があがったので、もう一度決めます。

B 何パーセントを上げるかが問題ですね。

1 **A** 안녕하십니까? 마케팅부의 이○○입니다. 여러분, 모두 모이셨나요?
B 네, 시작해도 좋을 것 같습니다.
A 그럼, 업무 회의를 시작하겠습니다. 本日のテーマは、来月のイベントについてです。
B 도쿄에서 열릴 이벤트, 정해졌나요?

2 **A** 本日のテーマは、価格の調整です。
B 가격은 지난달 정했을 텐데요.
A 그 후에 원재료 가격이 올라서 다시 한 번 정합니다.
B 몇 퍼센트를 올릴지가 문제네요.

TIPS

회의의 주제와 목적을 알리는 표현을 좀 더 알아볼까요?

1. 今日話し合いたいのは〜
   (오늘 의견을 나누고 싶은 것은 ～)
2. 今日集まったのは〜
   (오늘 우리가 모인 것은 ～)
3. 今日の案件は〜 (오늘의 안건은 ～)

分析(ぶんせき) 분석
取引(とりひき) 거래
条件(じょうけん) 조건
建設(けんせつ) 건설
業務(ぎょうむ) 업무
決(き)**まる** 결정되다
価格(かかく) 가격
調整(ちょうせい) 조정
原材料(げんざいりょう) 원재료
案件(あんけん) 안건

前回の会議では～

지난번 회의에서는 ～

136.MP3

지난 회의 내용을 정리하고 확인하는 패턴입니다. 의견 조율이 한 번에 끝나는 경우는 거의 없기 때문에 이미 논의된 사항을 확인해야 합니다. 시간과 노력의 낭비를 줄이고, 회의의 주제를 명확히 하는 효과가 있습니다.

STEP 1

1 前回の会議では、**予算を決めました。**

2 前回の会議では、**リサーチの結果を聞きました。**

3 前回の会議では、**意見をまとめることができませんでした。**

4 前回の会議では、**スケジュールを決めるところまでやりました。**

5 前回の会議では、**営業部から報告がありました。**

1 지난번 회의에서는 예산을 정했습니다.

2 지난번 회의에서는 리서치 결과를 들었습니다.

3 지난번 회의에서는 의견을 하나로 모으지 못했습니다.

4 지난번 회의에서는 일정을 정하는 데까지 했습니다.

5 지난번 회의에서는 영업부로부터 보고가 있었습니다.

STEP 2

1 A 今日集まったのは、新商品を企画するためです。
B 지난번 회의에서는 좋은 아이디어가 많이 나왔죠?
A いくつかのアイデアについて、アンケート調査はやってみましたか。
B まだ途中ですが、商品のコンセプトはだいたいまとまりました。

2 A 지난번 회의에서는 일본 진출에 대해 이야기를 나누었습니다.
B 今日は、何を売るかを決めないとだめですね。
A そのとおりです。何がいいでしょうか。
B まずは、今何が売れているかを知らないといけませんね。

1 A 오늘 모인 것은 신상품을 기획하기 위해서입니다.
B 前回の会議では、いいアイデアがたくさん出ましたね。
A 몇 가지 아이디어에 대해서 설문조사는 해 보았나요?
B 아직 하고 있는데요. 상품의 콘셉트는 대체로 윤곽이 잡혔습니다.

2 A 前回の会議では、日本進出について話し合いました。
B 오늘은 무엇을 팔 것인지를 정해야겠네요.
A 맞는 말씀입니다. 무엇이 좋을까요?
B 우선은 지금 무엇이 팔리고 있는지를 알아야겠죠.

TIPS

회의의 효과적인 진행을 위해서는 사전 조사(下調べ)가 중요한데요. 일본에서 어떤 물건이 잘 팔리는지 일본 사이트를 통해 체크하는 거죠. 楽天, ヤフーショッピング, アマゾン 등을 검색해서 상품을 조사하고, 가격 비교 사이트(価格比較サイト)를 통해 가격대를 비교한다면 일본에 가지 않고도 훌륭한 사전 조사가 가능합니다.

予算(よさん) 예산
結果(けっか) 결과
意見(いけん) 의견
報告(ほうこく) 보고
企画(きかく) 기획
調査(ちょうさ) 조사
途中(とちゅう) 도중
進出(しんしゅつ) 진출
売(う)れる 팔리다
下調(したしら)べ 사전 조사
楽天(らくてん) 라쿠텐(일본 쇼핑몰)
価格比較(かかくひかく) 가격 비교

～についてどう思いますか。

～에 대해서 어떻게 생각합니까?

회의 주제에 대한 의견이 모아지도록 참석자들의 의견이나 생각을 묻는 표현입니다. 회의 흐름을 주도하고 결론을 이끌어내는 효과가 있습니다.

🎧 137.MP3

STEP 1

1 この問題についてどう思いますか。

2 パクさんのアイデアについてどう思いますか。

3 今回の計画についてどう思いますか。

4 日本への進出についてどう思いますか。

5 営業部とのプロジェクトについてどう思いますか。

1 이 문제에 대해서 어떻게 생각하십니까?

2 박○○ 씨의 아이디어에 대해서 어떻게 생각하십니까?

3 이번 계획에 대해서 어떻게 생각하십니까?

4 일본에 진출하는 것에 대해서 어떻게 생각하십니까?

5 영업부와의 프로젝트에 대해서 어떻게 생각하십니까?

STEP 2

1 A 今日の案件はオンライン事業です。ご意見ありますか。
　　B 今はオンライン事業が当たり前になりました。
　　A そうですね。Cさんは B씨의 의견에 대해서 어떻게 생각합니까?
　　C 私は少し違います。

2 A 今日は、営業について話し合いたいですが。
　　B オンライン広告やメールでアタックしてみましたが、あまり効果がありません。
　　A その理由に対해서 어떻게 생각합니까?
　　B 日本は、誰かの紹介がないと難しいような気がします。

1 A 오늘의 안건은 온라인 사업입니다. 의견 있으신가요?
　　B 지금은 온라인 사업이 당연해졌습니다.
　　A 맞습니다. C씨는 B씨의 의견에 대해서 어떻게 생각하십니까?
　　C 저는 조금 다릅니다.

2 A 오늘은 영업에 대해서 말씀 나누고 싶은데요.
　　B 온라인 광고나 메일로 공략해 보았지만, 별로 효과가 없습니다.
　　A 그 이유에 대해서 어떻게 생각합니까?
　　B 일본의 경우는 누군가의 소개가 없으면 어려운 것 같습니다.

T I P S

다른 사람의 의견을 묻는 다양한 표현을 알아볼까요?

1. 박 과장님의 의견은 어떻습니까?
　パク課長の意見はどうですか。
2. 이에 대해서 하실 말씀은 없요?
　これについてコメントしたいことはありませんか。
3. 사토 씨의 의견을 듣고 싶은데요.
　佐藤さんのご意見を伺いたいですが。

計画(けいかく) 계획
進出(しんしゅつ) 진출
案件(あんけん) 안건
事業(じぎょう) 사업
意見(いけん) 의견
広告(こうこく) 광고
効果(こうか) 효과
理由(りゆう) 이유
伺(うかが)**う** '듣다'의 겸양어

〜を詳しく聞かせてください。

〜을(를) 자세히 들려주세요.

자세한 보고를 요청하거나 구체적인 내용 설명을 유도하는 패턴입니다. 회의 주제와 관련이 깊고, 참석자들의 이해를 돕기 위해 필요하다고 판단될 때 사용합니다.

🎧 138.MP3

STEP 1

① プランを詳しく聞かせてください。

② その話を詳しく聞かせてください。

③ あなたの考えを詳しく聞かせてください。

④ 木村さんが調べたことを詳しく聞かせてください。

⑤ 取引先の要求を詳しく聞かせてください。

① 계획을 자세히 들려주세요.

② 그 이야기를 자세히 들려주세요.

③ 당신의 생각을 자세히 들려주세요.

④ 기무라 씨가 조사한 것을 자세히 들려주세요.

⑤ 거래처의 요구 사항을 자세히 들려주세요.

STEP 2

① A コンピューターシステムのセキュリティが必要です。
　 B その理由を自세히 들려주세요.
　 A 会社のデータなどがもれる可能性があります。
　 B そういうことはよくあるんですか。

② A 取引先から苦情が来ました。
　 B 어떤 내용이었는지를 자세히 들려주세요.
　 A 担当者の対応が遅かったと言っています。
　 B その担当者というのはどなたですか。

① A 컴퓨터 시스템의 보안이 필요합니다.
　 B その理由を詳しく聞かせてください。
　 A 회사의 데이터 등이 새어 나갈 가능성이 있습니다.
　 B 그런 일은 자주 있나요?

② A 거래처로부터 불만 사항이 접수되었습니다.
　 B どんな内容だったかを詳しく聞かせてください。
　 A 담당자의 대처가 늦었다고 합니다.
　 B 그 담당자는 누구입니까?

TIPS

상대방의 말이 잘 이해되지 않는다면 다음과 같이 요청하세요.

1. すみませんが、おっしゃることがよく分かりません。(죄송하지만, 무슨 말씀이신지 잘 모르겠는데요)
2. もう一度お話ください。(다시 한 번 말씀해 주세요)
3. 別の言い方をすれば、どうなりますか。(다른 말로 표현하면 어떻게 되죠?)

詳(くわ)しく 자세히
聞(き)かせる 들려주다
調(しら)べる 조사하다
要求(ようきゅう) 요구
理由(りゆう) 이유
もれる 새다
可能性(かのうせい) 가능성
苦情(くじょう) 불만
内容(ないよう) 내용
担当者(たんとうしゃ) 담당자
おっしゃる 말씀하시다

～方は手をあげてください。

～분은 손을 들어 주세요.

논의를 계속해도 결론이 나지 않을 때 사안을 표결에 붙임으로써 회의를 마무리하는 패턴입니다. 이 패턴은 인원 파악이나 발언 기회를 부여하는 경우에도 사용됩니다.

🎧 139.MP3

STEP 1

1 反対の**方は手をあげてください**。

2 ご意見のある**方は手をあげてください**。

3 ご質問のある**方は手をあげてください**。

4 これに同意する**方は手をあげてください**。

5 問題があると思う**方は手をあげてください**。

1 반대하시는 분은 손을 들어 주세요.

2 의견이 있으신 분은 손을 들어 주세요.

3 질문이 있으신 분은 손을 들어 주세요.

4 이에 동의하시는 분은 손을 들어 주세요.

5 문제가 있다고 생각하시는 분은 손을 들어 주세요.

STEP 2

1 **A** これ以上注文を受けるのは無理です。

 B 取引先との関係もありますから……。

 A では、多数決で決めましょう。

 B そうですね。주문을 받아도 좋다고 생각하시는 분은 손을 들어 주세요.

2 **A** 会議をはじめて2時間ですが、決まりませんね。

 B 仕方ありません。決をとりましょう。

 A 그럼, 이 계획에 찬성이신 분은 손을 들어 주세요.

 B (数えてから)全部で6人ですね。

1 **A** 이 이상 주문을 받는 것은 무리입니다.
 B 거래처와의 관계도 있으니까요.
 A 그럼, 다수결로 정합시다.
 B 그게 좋겠군요. 注文を受けてもいいと思う方は手をあげてください。

2 **A** 회의를 시작하고 2시간이 지났는데, 제자리걸음이네요.
 B 어쩔 수 없네요. 표결에 붙이죠.
 A では、このプランに賛成の方は手をあげてください。
 B (수를 세고 나서) 전부해서 6명이군요.

反対(はんたい) 반대
同意(どうい) 동의
以上(いじょう) 이상
取引先(とりひきさき) 거래처
関係(かんけい) 관계
多数決(たすうけつ) 다수결
決(き)**まる** 정해지다
決(けつ)**をとる** 체결하다
賛成(さんせい) 찬성
生産的(せいさんてき) 생산적
出席(しゅっせき) 출석

Unit 16
보고&설명 패턴

🔍 패턴 미리보기

140 　~についてご報告します。　~에 대해 보고드리겠습니다.　　　보고하기

141 　~に直面しています。　~에 직면해 있습니다.　　　위기의식 고취하기

142 　~て(で)いるところです。　~(하)는 중입니다.　　　현 상황 보고하기

143 　~ことなんですが。　~말인데요.　　　회의 흐름 바꾸기

144 　~必要があります。　~할 필요가 있습니다.　　　필요성 강조하기

145 　~見込みです。　~(할) 전망입니다.　　　전망 말하기

146 　~によりますと　~에 따르면　　　인용하기

147 　~は予想外でした。　~은(는) 생각지도 못했어요.　　　뜻밖의 상황 보고하기

148 　~を計画しています。　~을(를) 계획하고 있습니다.　　　계획 밝히기

〜についてご報告します。

〜에 대해 보고드리겠습니다.

회의에서 보고를 시작하는 패턴으로 어떤 내용에 대해 보고할 것인지를 간략하게 밝히는 표현입니다.

🎧 140.MP3

STEP 1

① プロジェクトについてご報告します。

② その件についてご報告します。

③ 最近の動きについてご報告します。

④ 契約の内容についてご報告します。

⑤ 話し合いの結果についてご報告します。

① 프로젝트에 대해 보고드리겠습니다.

② 그 건에 대해 보고드리겠습니다.

③ 최근 동향에 대해 보고드리겠습니다.

④ 계약 내용에 대해 보고드리겠습니다.

⑤ 합의 결과에 대해 보고드리겠습니다.

STEP 2

① A 먼저 일본상사와의 협상에 대해 보고드리겠습니다.
   B お願いします。
   A 向こうは3％の値下げを求めています。
   B 3％もですか。

② A 商品の在庫は今どうなっていますか。
   B 재고 상황에 대해 보고드리겠습니다.
   A はい、どうぞ。
   B 今のところ、1,000個しか残っていません。

① A まず、日本商事との交渉についてご報告します。
   B 부탁합니다.
   A 저쪽은 3%의 가격 인하를 요구하고 있습니다.
   B 3%나 말입니까?

② A 상품 재고는 지금 어떤 상황이죠?
   B 在庫の状況についてご報告します。
   A 네, 그러시죠.
   B 현재 1,000개밖에 남아 있지 않습니다.

T I P S

製品 VS 商品
製品은 제조업에 종사하는 사람들이 자신들이 만든 물건을 지칭하는 말입니다. 이에 비해 판매업자들은 자신들의 물건을 商品이라고 부릅니다. 즉 똑같은 '옷'이라고 해도 판매점은 제조회사로부터 製品을 구입하는 것이고, 손님은 판매점에서 商品을 구입하는 것이 됩니다.

件(けん) 건
最近(さいきん) 최근
動(うご)**き** 동향
結果(けっか) 결과
交渉(こうしょう) 교섭
向(む)**こう** 저쪽
値下(ねさ)**げ** 가격 인하
求(もと)**める** 요구하다
在庫(ざいこ) 재고
状況(じょうきょう) 상황
残(のこ)**る** 남다

～に直面しています。

～에 직면해 있습니다.

현재 직면해 있는 위기 상황을 설명함으로써 문제를 가시화하는 패턴입니다. 회의 참석자들의 위기의식을 고취시켜 진지한 논의를 이끌어내는 데 효과가 있습니다.

🎧 141.MP3

STEP 1

1 きびしい**現実**に直面しています。

2 **人手不足**に直面しています。

3 **苦しい立場**に直面しています。

4 **エネルギー問題**に直面しています。

5 **電力不足**に直面しています。

1 냉혹한 현실에 직면해 있습니다.

2 인력 부족에 직면해 있습니다.

3 어려운 입장에 직면해 있습니다.

4 에너지 문제에 직면해 있습니다.

5 전력 부족에 직면해 있습니다.

STEP 2

1 A 営業部から一つ、お話がありますが。

B はい、何でしょうか。お話ください。

A （生産が）注文を追らつかない状況に直面しています。

B この問題についてみなさんはどう思いますか。

2 A 前回の納品で不良品が見つかりました。

B 不良品が見つかったのは、東京商事ですか。

A はい。現在次の注文が取り消される危機に直面しています。

B まずは原因を調べましょう。

1 A 영업부에서 한 가지 말씀드릴 것이 있는데요.

B 네, 뭐죠? 말씀하세요.

A （生産이）주문에 따라붙지 못하는 상황에 직면해 있습니다.

B 이 문제에 대해서 여러분은 어떻게 생각하시나요?

2 A 지난번 납품에서 불량품이 발견되었습니다.

B 불량품이 발견된 것은 도쿄상사입니까?

A 네. 지금, 다음 주문이 취소되는 위기에 직면해 있습니다.

B 일단 원인을 조사해 봅시다.

現実(げんじつ) 현실
人手不足(ひとでぶそく) 인력 부족
立場(たちば) 입장
電力(でんりょく) 전력
追(お)い付(つ)く 따라잡다
状況(じょうきょう) 상황
納品(のうひん) 납품
不良品(ふりょうひん) 불량품
取(と)り消(け)す 취소하다
危機(きき) 위기
世間話(せけんばなし) 세상사
冗談話(じょうだんばなし) 농담

～て(で)いるところです。

～(하)는 중입니다.

현재 상황의 진행 상태를 보고하는 패턴입니다. ところ에는 '마침 그때'라는 뜻이 있어서, 그 앞에 ～ている를 붙이면 '그 동작이 한창 진행 중이다'라는 의미가 됩니다.

⌂ 142.MP3

STEP 1

1 修理をしているところです。

2 人を探しているところです。

3 値段をかけあっているところです。

4 計画を立てているところです。

5 契約の手続きをしているところです。

1 수리를 하는 중입니다.

2 사람을 찾는 중입니다.

3 가격을 협상하는 중입니다.

4 계획을 세우는 중입니다.

5 계약 수속을 하는 중입니다.

STEP 2

1 **A** 次は、広告ですが、広報部の林さん、どうなりましたか。

    B 현재 CM을 만들고 있는 중입니다.

    A 雑誌とか新聞には出さないんですか。

    B 今回はテレビとラジオを中心に行きたいと思っています。

2 **A** 大阪商事との取引についてご報告します。

    B お願いします。

    A 7日付で見積を出して、返事を待っている中입니다.

    B 契約の見込みはありますか。

1 **A** 다음은 광고에 대해서입니다. 홍보부의 하야시 씨, 어떻게 되었나요?
    B 今コマーシャルを作っているところです。
    A 잡지나 신문에는 내지 않나요?
    B 이번에는 텔레비전과 라디오를 중심으로 진행하려고 생각 중입니다.

2 **A** 오사카상사와의 거래에 대해 보고드리겠습니다.
    B 부탁합니다.
    A 7日付けで見積もりを出して、返事を待っているところです。
    B 계약 가능성은 있나요?

T I P S

ところ를 활용한 다른 패턴을 알아볼까요?
'동사 원형+ところ'는 '～할 참'이란 뜻이고,
'동사 과거형+ところ'는 '막 ～했음, ～한 지 얼마 안 되었음'의 의미입니다.

1. これから面接をするところです。
   (지금부터 면접을 할 참이에요)
2. 帰ってきたところです。
   (지금 막 돌아왔어요)

修理(しゅうり) 수리
値段(ねだん) 가격
計画(けいかく)**を立**(た)**てる** 계획을 세우다
手続(てつづ)**き** 수속
広告(こうこく) 광고
広報部(こうほうぶ) 홍보부
雑誌(ざっし) 잡지
中心(ちゅうしん) 중심
～付(づ)**け** ～자
見積(みつ)**もり** 견적
返事(へんじ) 답변
見込(みこ)**み** 가망, 전망
面接(めんせつ) 면접

～ことなんですが。

～말인데요.

회의 중에 새로운 주제에 대해 발언하는 패턴입니다. 새로운 안건을 제시함으로써 회의의 흐름을 바꾸거나, 상대방의 말을 이어받아 그 내용을 확장시키는 역할을 하는 표현입니다.

🎧 143.MP3

STEP 1

1 アイテムのことなんですが。

2 これは別のことなんですが。

3 消費税のことなんですが。

4 今度のイベントのことなんですが。

5 広告代理店を選ぶことなんですが。

1 아이템 말인데요.

2 이건 다른 일인데요.

3 소비세 말인데요.

4 이번 이벤트 말인데요.

5 광고 대리점을 선정하는 일 말인데요.

STEP 2

1 **A** 他の意見がなければ、次に移りましょうか。

　　B 과장님, 카탈로그 말인데요.

　　A どうかしましたか。

　　B 今のは新商品がのっていないので、新しく作るのはいかがですか。

2 **A** 見本市の準備はうまくいっていますか。

　　B 그 견본시 말인데요, 저쪽의 사정으로 연기된다고 합니다.

　　A いつ連絡がありましたか。

　　B 会議の直前に電話がありました。

1 **A** 다른 의견이 없으시면 다음으로 넘어갈까요?
　　B 課長、カタログのことなんですが。
　　A 무슨 일이죠?
　　B 현재 쓰는 것은 신상품이 실려 있지 않아서,
　　　　새로 만드는 것은 어떤가요?

2 **A** 견본시 준비는 잘돼 가고 있나요?
　　B その見本市のことなんですが、向こう
　　　　の事情で延期されるそうです。
　　A 언제 연락이 왔죠?
　　B 회의 직전에 전화가 왔었습니다.

T I P S

Q 보고 내용을 요약해서 말할 때는 어떻게 하나요?

A かいつまむ(간추리다)라는 동사를 이용해서 かいつまんで言いますと～(간추려서 말씀드리면～)라고 합니다. 또는 簡単に言いますと나 短くまとめますと 등으로 표현할 수 있습니다.

消費税(しょうひぜい) 소비세
広告代理店(こうこくだいりてん) 광고 대리점
選(えら)ぶ 고르다
移(うつ)る 옮기다
新商品(しんしょうひん) 신상품
見本市(みほんいち) 견본시(상품 견본을 진열하여 선전·소개하는 행사)
事情(じじょう) 사정
延期(えんき) 연기
直前(ちょくぜん) 직전

～必要があります。

～할 필요가 있습니다.

어떤 사안의 필요성을 강조하는 패턴입니다. 현재 무엇이 가장 필요한 조치인지를 주장할 때 많이 씁니다.

🎧 144.MP3

STEP 1

1 話し合う必要があります。

2 オプションをつける必要があります。

3 今確認する必要があります。

4 マニュアルを見直す必要があります。

5 市場調査を行う必要があります。

1 논의할 필요가 있습니다.

2 옵션을 붙일 필요가 있습니다.

3 지금 확인할 필요가 있습니다.

4 매뉴얼을 재고할 필요가 있습니다.

5 시장 조사를 할 필요가 있습니다.

STEP 2

1 A 今日は納期について話し合いたいですが。
　　B 連休続きで、納期に間に合わせるのは無理かと思います。
　　A 납기를 늦출 필요가 있겠군요.
　　B 会議の後、メールと電話で知らせます。

2 A 特別オーダーで作った製品をキャンセルされました。
　　B 今日集まったのもそのためです。
　　A 이 사안은 바로 연락을 취해서 설명을 들을 필요가 있습니다.
　　B 私もそう思います。

1 A 오늘은 납기에 대해서 의견을 나누고 싶은데요.
　　B 연휴가 계속되어 납기에 맞추는 것은 무리가 아닐까 싶습니다.
　　A 納期를 延ばす 필요가 있습니다네.
　　B 회의 후에 메일과 전화로 알리겠습니다.

2 A 특별 주문으로 만든 제품을 취소당했습니다.
　　B 오늘 모인 것도 그 때문입니다.
　　A これはさっそく連絡を取って説明を受ける必要があります。
　　B 저도 그렇게 생각합니다.

T I P S

'～할 필요는 없습니다'는 ～必要はありません으로 표현합니다.

1. 急ぐ必要はありません。
   (서두를 필요는 없습니다)
2. 課長が行く必要はありません。
   (과장님이 갈 필요는 없습니다)
3. 謝る必要はありません。
   (사과할 필요는 없습니다)

必要(ひつよう) 필요
確認(かくにん) 확인
見直(みなお)す 재검토하다
市場調査(しじょうちょうさ) 시장 조사
納期(のうき) 납기
間(ま)に合(あ)わせる 납기에 맞추다
延(の)ばす 연기하다
知(し)らせる 알리다
特別(とくべつ) 특별
集(あつ)まる 모이다
説明(せつめい) 설명
急(いそ)ぐ 서두르다
謝(あやま)る 사과하다

～見込みです。

～(할) 전망입니다.

실현될 가능성이 높다고 전망하는 패턴입니다. 見込み는 '예상'이나 '전망', '장래의 가능성' 등의 뜻으로 비즈니스 회화에서 자주 사용되는 단어입니다.

🎧 145.MP3

STEP 1

1 回復する見込みです。

2 出荷できる見込みです。

3 代金をもらえる見込みです。

4 今月末までに終わる見込みです。

5 5000万ウォンほどの黒字を出す見込みです。

1 회복될 전망입니다.

2 출하가 가능할 전망입니다.

3 대금을 받을 수 있을 전망입니다.

4 이달 말까지 끝날 전망입니다.

5 5000만 원 정도의 흑자를 낼 전망입니다.

STEP 2

1 A 最近、日本はどうですか。
　B 경기가 좋아져서 주가도 오를 전망입니다.
　A でも消費税が8％になると、どうなるか分かりません。
　B それはそうですが……。

2 A 昨日出張から帰ってきました。
　B いかがでしたか。
　A 지진 피해로 발송이 늦어질 전망입니다.
　B やっぱりそうでしたか……。

1 A 요즘 일본은 어떤가요?
　B 景気がよくなって、株価も上がる見込みです。
　A 하지만 소비세가 8%가 되면 어떻게 될지 모르죠.
　B 그건 그렇지만…….

2 A 어제 출장에서 돌아왔습니다.
　B 어떠셨어요?
　A 震災で発送が遅れる見込みです。
　B 역시 그랬군요.

TIPS

이 패턴의 반대말은 ～見込みじゃない가 아니라 ～見込みがない입니다.

1. 勝てる見込みがありません。
　(이길 가망이 없습니다)
2. 相場がこれ以上あがる見込みはありません。
　(시세가 더 이상 오를 가망은 없습니다)
3. 彼が来る見込みはほとんどありません。(그가 올 가능성은 거의 없습니다)

出荷(しゅっか) 출하
代金(だいきん) 대금
黒字(くろじ) 흑자
景気(けいき) 경기
株価(かぶか) 주가
消費税(しょうひぜい) 소비세
震災(しんさい) 지진 피해
発送(はっそう) 발송

〜によりますと

~에 따르면

🎧 146.MP3

다른 사람의 말이나 의견, 각종 보고서와 자료 등을 인용할 때 쓰는 패턴입니다. 자신의 주장을 뒷받침하는 객관적인 근거나 제반 상황을 제시하고 설명할 때 효과적입니다.

STEP 1

1 データによりますと、見込みはなさそうです。

2 うわさによりますと、契約をキャンセルしたそうです。

3 報告によりますと、納期に間に合うそうです。

4 専門家によりますと、リストラが必要だそうです。

5 新聞によりますと、その会社は倒産したそうです。

1 데이터에 따르면 가망은 없을 것 같습니다.

2 소문에 따르면 계약을 취소했다고 합니다.

3 보고에 따르면 납기를 맞출 수 있다고 합니다.

4 전문가의 의견으로는 구조 조정이 필요하다고 합니다.

5 신문에 따르면 그 회사는 도산했다고 합니다.

STEP 2

1 A 作業スピードを速めることはできませんか。

　　B 工場長の話に따르면 도저히 무리라고 합니다.

　　A 契約がかかっていますよ。

　　B もう一度、工場長と話してみましょう。

2 A 사토 씨 말에 따르면, 100대 이상 발주하면 할인이 된다고 하네요.

　　B 100台以上だといくらになりますか。

　　A 100万円近くなりますね。

　　B 厳しい金額ですね。

1 A 작업 속도를 높일 수는 없나요?

　　B 工場長の話によりますと、どうしても無理だそうです。

　　A 계약이 걸려 있어요.

　　B 한 번 더 공장장과 얘기해 보죠.

2 A 佐藤さんによりますと、100台以上の発注では、割引があるそうです。

　　B 100대 이상이라면 얼마가 되죠?

　　A 100만 엔 가까이 되죠.

　　B 적지 않은 금액이군요.

TIPS

ことによると라는 표현도 함께 익혀 두세요. ことによると는 '어쩌면, 경우에 따라서는'이라는 의미로, ～かもしれません을 동반하는 경우가 많습니다.

예 ことによると、今日中に終わらないかもしれません。(어쩌면 오늘 중에 끝나지 않을지도 몰라요)

報告(ほうこく) 보고
納期(のうき) 납기
専門家(せんもんか) 전문가
倒産(とうさん) 도산
速(はや)める 빠르게 하다
工場長(こうじょうちょう) 공장장
どうしても 아무리 해도, 도저히
以上(いじょう) 이상
発注(はっちゅう) 발주
厳(きび)しい 심한
金額(きんがく) 금액

～は予想外でした。

~은(는) 생각지도 못했어요.

전혀 예상치 못했던 뜻밖의 상황을 이야기할 때 쓰는 패턴입니다. 그런 상황이 불가항력적이었다는 뉘앙스를 담고 있습니다.

🎧 147.MP3

STEP 1

1 こうなるとは予想外でした。

2 故障は予想外でした。

3 注文の取り消しは予想外でした。

4 輸出がこんなに増えるとは予想外でした。

5 社長がいらっしゃるとは予想外でした。

1 이렇게 되리라고는 생각지도 못했어요.

2 고장은 생각지도 못했어요.

3 주문 취소는 생각지도 못했어요.

4 수출이 이렇게 늘어나리라고는 생각지도 못했어요.

5 사장님이 오시리라고는 생각지도 못했어요.

STEP 2

1 **A** 「パスタをスムーズに巻き付けるフォーク」の反応がいいそうですね。

B 일본에서의 대박은 생각지도 못했어요.

A 日本の人はパスタが好きですね。

B それに、日本で先に売り出そうというアイデアがよかったんです。

2 **A** 日本物産からの支払いが遅れていることなんですが。

B 向こうは何と言っていますか。

A 不景気のせいにしています。저렇게 강한 태도로 나오리라고는 생각지도 못했어요.

B 困ったものですね。

1 **A** '파스타 면을 쉽게 감는 포크'의 반응이 좋다면서요?

B 日本での大ヒットは予想外でした。

A 일본 사람들은 파스타를 좋아하나 봐요.

B 그리고 일본에서 먼저 팔아 보자는 아이디어가 좋았어요.

2 **A** 일본물산의 지불이 늦어지고 있는 일 말인데요.

B 일본물산은 뭐라고 하고 있어요?

A 불경기 탓으로 돌리고 있어요. 안하게 강한 태도에 나오리라고는 생각지도 못했어요.

B 일이 곤란하게 되었군요.

巻(ま)き付(つ)ける 둘러 감다
反応(はんのう) 반응
売(う)り出(だ)す 팔기 시작하다
支払(しはら)い 지불
向(む)こう 저쪽
不景気(ふけいき) 불경기, 불황
態度(たいど) 태도
長引(ながび)く 길어지다
休憩(きゅうけい) 휴식
気分(きぶん) 기분
～ごとに ～마다

～を計画しています。

～을(를) 계획하고 있습니다.

앞으로의 계획을 밝히는 패턴입니다. 여러 팀의 사람들이 모였을 때, 각 팀에서 진행 중인 사안의 예정이나 계획에 대해 정보를 공유할 때 유용합니다.

🎧 148.MP3

STEP 1

① プレゼンを計画しています。

② 食事会を計画しています。

③ 工場を立てることを計画しています。

④ 見本市への参加を計画しています。

⑤ 新製品の説明会を計画しています。

① 프레젠테이션을 계획하고 있습니다.

② 식사 모임을 계획하고 있습니다.

③ 공장 건설을 계획하고 있습니다.

④ 견본시 참가를 계획하고 있습니다.

⑤ 신제품 설명회를 계획하고 있습니다.

STEP 2

① **A** 広報部からお知らせがあります。
　 B そうですか。では、お願いします。
　 A 製品をより広く知ってもらうために、キャンペーンを計画しています。
　 B どんなキャンペーンですか。

② **A** うまく売り込むにはどうすればいいかを話し合いましょう。
　 B やはり直接会って、製品を見てもらうのが一番です。
　 A なるほど。
　 B そこで、今度の出張でも会社訪問を計画しています。

① **A** 홍보부에서 전달 사항이 있습니다.
　 B 그렇습니까? 그럼, 말씀하시죠.
　 A 제품을 더 널리 알리기 위해서 캠페인을 계획하고 있습니다.
　 B 어떤 캠페인이죠?

② **A** 영업을 잘하기 위해서는 어떻게 하면 좋은지 논의해 봅시다.
　 B 아무래도 직접 만나서 제품을 보여 드리는 것이 제일 좋다고 생각합니다.
　 A 맞습니다.
　 B 그래서, 이번 출장에서도 회사 방문을 계획하고 있습니다.

TIPS

비즈니스 명언을 하나 소개할까요? 스위스의 심리학자 알렉산드로 비네의 말입니다. 바로 "一番忙しい人が、一番たくさんの時間を持つ"(가장 바쁜 사람이 가장 많은 시간을 갖는다)인데요. 바쁠수록 스케줄을 더 열심히 연구하게 되니까 그만큼 시간을 유용하게 쓸 수 있다는 의미가 아닐까 싶네요.

計画(けいかく) 계획
見本市(みほんいち) 견본시
参加(さんか) 참가
説明会(せつめいかい) 설명회
広報部(こうほうぶ) 홍보부
お知(し)**らせ** 알림
売(う)**り込**(こ)**む** 팔다
直接(ちょくせつ) 직접
訪問(ほうもん) 방문
名言(めいげん) 명언

Unit 17
본격 논의 패턴

🔍 **패턴 미리보기**

149	〜か疑問です。	〜(일)지 의문입니다.	우려 표명하기
150	〜に問題がありますか。	〜에 문제가 있나요?	문제 여부 묻기
151	〜は確かです。	〜은(는) 확실합니다.	확신하기
152	〜しかありません。	〜수밖에 없어요.	불가피함 어필하기
153	〜につながります。	〜(으)로 이어집니다.	연관 지어 말하기
154	〜に賛成します。	〜에 찬성합니다.	찬성하기
155	〜には反対です。	〜은(는) 반대입니다.	반박하기
156	〜べきです。	〜(해)야 합니다.	강하게 주장하기
157	〜のはなぜでしょうか。	〜이유는 무엇일까요?	이유 묻기

〜か疑問です。

〜(일)지 의문입니다.

어떤 내용에 대한 우려를 표명하는 패턴입니다. 제시된 사안의 실효성이 의심스럽거나 초래되는 결과를 확신할 수 없을 때, 또는 상대방의 의견에 동의할 수 없을 때 사용합니다.

🎧 149.MP3

STEP 1

1 間に合うか疑問です。

2 コストダウンできるか疑問です。

3 自分にできるか疑問です。

4 成功できるか疑問です。

5 提案を受け入れてもらえるか疑問です。

1 시간에 댈 수 있을지 의문입니다.

2 비용 절감이 가능할지 의문입니다.

3 제가 할 수 있을지 의문입니다.

4 성공할 수 있을지 의문입니다.

5 제안을 받아 줄지 의문입니다.

STEP 2

1 A 新商品の反応はどうですか。
B 今のところ、まあまあです。
A 何か問題でもありますか。
B 문제랄 것까지는 없지만, 엔 강세가 되면 어떻게 될지 의문입니다.

2 A 今日のテーマは、どうやって経費を下げるかです。
B ミスコピーの裏紙を使うとかでしょうか。
A 그걸로 얼마나 경비를 절약할 수 있을지 의문입니다.
B よりやすい材料を探すこととかはどうですか。

1 A 신상품의 반응은 어떤가요?
B 현재 나쁘지는 않습니다.
A 뭔가 문제라도 있나요?
B 問題ほどではないんですが、円高になるとどうなるか疑問です。

2 A 오늘의 주제는 어떻게 해서 경비를 줄이느냐 하는 것입니다.
B 이면지를 사용한다든가 하는 것일까요?
A それでどれぐらい経費が節約できるか疑問です。
B 보다 저렴한 재료를 찾는다든지 하는 것은 어떻습니까?

疑問(ぎもん) 의문
成功(せいこう) 성공
提案(ていあん) 제안
受(う)け入(い)れる 받아들이다
反応(はんのう) 반응
問題(もんだい) 문제
円高(えんだか) 엔 강세
経費(けいひ) 경비
裏紙(うらがみ) 뒷장
節約(せつやく) 절약
材料(ざいりょう) 재료

～に問題がありますか。

～에 문제가 있나요?

🎧 150.MP3

문제성 여부를 묻는 패턴입니다. 문제 해결은 문제점을 제대로 파악했느냐에 달려 있는 만큼 회의에서 자주 사용됩니다.

STEP 1

1 テストに問題がありますか。

2 内容に問題がありますか。

3 この統計に問題がありますか。

4 契約書に問題がありますか。

5 取引条件に問題がありますか。

1 테스트에 문제가 있나요?

2 내용에 문제가 있나요?

3 이 통계에 문제가 있나요?

4 계약서에 문제가 있나요?

5 거래 조건에 문제가 있나요?

STEP 2

1 **A** 私の考えでは、会社のロゴを変えたほうがいいと思います。

B 로고에 문제가 있나요?

A 日本で事故を起した会社のロゴととても似ています。

B そうでしたか。知りませんでした。

2 **A** 本当に大事なのはブランドの価値を上げることです。

B 회사의 방식에 문제가 있나요?

A 商品の価格を下げることばかり考えているような気がします。

B なるほど、そういう面もありますね。

1 **A** 제 생각으로는, 회사 로고를 바꾸는 것이 좋을 것 같습니다.

B 로고에 문제가 있습니까.

A 일본에서 사고를 일으킨 회사의 로고와 매우 비슷합니다.

B 그랬나요? 몰랐습니다.

2 **A** 정말로 중요한 것은 브랜드의 가치를 높이는 일입니다.

B 회사의 야리 방식에 문제가 있습니까.

A 상품 가격을 낮추는 일만 생각하고 있는 것 같습니다.

B 그렇죠, 그런 면도 있죠.

TIPS

회의 중에 쓸 수 있는 표현을 알아볼까요?
1. 발언할 기회를 얻고 싶을 때
   ❍ 発言してもいいですか。
     (발언해도 되나요?)
2. 발언의 중복을 피할 때
   ❍ すでに説明があったかもしれませんが。(이미 설명이 있었는지도 모르지만)
3. 회의의 논점이 빗나가고 있을 때
   ❍ 話がそれているようですが。
     (이야기가 옆길로 새는 것 같은데요)

内容(ないよう) 내용
統計(とうけい) 통계
条件(じょうけん) 조건
事故(じこ) 사고
似(に)る 닮다
大事(だいじ) 중요
価値(かち) 가치
価格(かかく) 가격
発言(はつげん) 발언
説明(せつめい) 설명
それる 벗어나다

～は確かです。

～은(는) 확실합니다.

확실함을 강조하는 패턴입니다. 발언에 대한 책임이 따를 수 있으므로 패턴의 사용은 신중해야 하지만, 듣는 사람들을 안심시킬 수 있는 표현이기도 합니다.

🎧 151.MP3

STEP 1

1 データは確かです。

2 これだけは確かです。

3 危険なのは確かです。

4 バイヤーが来ることは確かです。

5 マーケット情報は確かです。

1 데이터는 확실합니다.

2 이것만은 확실합니다.

3 위험한 것은 확실합니다.

4 바이어가 오는 것은 확실합니다.

5 시장 정보는 확실합니다.

STEP 2

1 A 今日、集まったのは、連絡ミスについて話し合うためです。
B 何かありましたか。
A 주문을 받은 것은 확실한데, 공장에 연락이 가지 않은 것 같습니다.
B どうしてそんなことが……。

2 A バッテリーがすぐ切れる問題で、苦情がたくさん来ています。
B 배터리에 문제가 있는 것은 확실하지만, 앱도 문제입니다.
A とおっしゃいますと。
B マップ系アプリやセキュリティ系アプリなどを使いすぎるとバッテリーは持ちません。

1 A 오늘 모인 것은 (업무) 연락 실수에 대해 이야기를 나누기 위해서입니다.
B 무슨 일이 있었나요?
A 注文を受けたのは確かですが、工場に連絡がいかなかったようです。
B 왜 그런 일이…….

2 A 배터리가 금방 나가는 문제로 불만이 많이 접수되고 있습니다.
B バッテリーに問題があるのは確かですが、アプリも問題です。
A 무슨 말씀이시죠?
B 지도 앱이나 보안 앱 등을 너무 사용하면 배터리는 오래가지 못해요.

TIPS

'회의'에는 会議, 打ち合わせ, ミーティング 등 여러 가지가 있는데요. 打ち合わせ와 ミーティング는 주로 소규모로 장소나 횟수, 테마 등이 유연한데 비해, 会議는 打ち合わせ나 ミーティング보다 많은 사람이 참석하고 기본적인 규칙이 있는 경우가 많습니다.

確(たし)か 확실함
危険(きけん) 위험
情報(じょうほう) 정보
集(あつ)まる 모이다
連絡(れんらく) 연락
受(う)ける 받다
工場(こうじょう) 공장
バッテリーが切(き)れる 배터리가 다 되다
苦情(くじょう) 불평, 불만
持(も)つ 오래가다

213

〜しかありません。

~수밖에 없어요.

그렇게 할 수밖에 없는 불가피한 상황임을 어필하는 패턴입니다. 선택의 여지가 없다는 점에서 상황에 따라서는 다소 불만적이고 체념적으로 들리기도 하지만 그만큼 절박하게 느껴지기도 합니다.

🎧 152.MP3

STEP 1

1 謝るしかありません。

2 結果を待つしかありません。

3 値段を上げるしかありません。

4 サンプルは10個までにするしかありません。

5 新品と交換するしかありません。

1 사과할 수밖에 없어요.

2 결과를 기다릴 수밖에 없어요.

3 가격을 올릴 수밖에 없어요.

4 샘플은 10개까지로 할 수밖에 없어요.

5 새 제품과 교환할 수밖에 없어요.

STEP 2

1 A うちの食品からノロウィルスが検出されました。
　 B すぐに生産をストップさせましょう。
　 A そうするしかありませんね。
　 B すでに出回っているものも回収しなければなりませんね。

2 A 営業部から何かありますか。
　 B はい。注文と違うものが届けられたという苦情が来ています。
　 A 発送前に確認をしたはずですが。
　 B 確認を더욱 엄격하게 할 수밖에 없습니다.

1 A 우리 식품에서 노로 바이러스가 검출되었습니다.
　 B 즉시 생산을 중지시킵시다.
　 A 그렇게 할 수밖에 없네요.
　 B 이미 출하한 것도 회수해야겠네요.

2 A 영업부에서 뭔가 (하실 말씀) 있나요?
　 B 네, 주문과 다른 것이 배달되었다는 불만이 접수되어 있습니다.
　 A 발송 전에 확인을 했을 텐데요.
　 B 체크를 더욱 엄격하게 할 수밖에 없습니다.

T I P S

Q 회사의 직함(肩書き)에 대해 가르쳐 주세요.
A 사장-社長(しゃちょう)
　 부사장-副社長(ふくしゃちょう)
　 이사-取締役(とりしまりやく)
　 상무-常務(じょうむ)
　 전무-専務(せんむ)
　 부장-部長(ぶちょう)
　 과장-課長(かちょう)
　 계장-係長(かかりちょう)
　 평사원-平社員(ひらしゃいん)

結果(けっか) 결과
新品(しんぴん) 신품, 새 제품
交換(こうかん) 교환
検出(けんしゅつ) 검출
生産(せいさん) 생산
出回(でまわ)る 나돌다
回収(かいしゅう) 회수
苦情(くじょう) 불만, 불평
発送(はっそう) 발송
確認(かくにん) 확인
肩書(かたが)き 직함

〜につながります。

~(으)로 이어집니다.

결과를 예상하여 그 관련성을 설명하는 패턴입니다. 긍정적인 결과를 제시하면 희망적인 뉘 앙스가 되고, 부정적인 결과를 제시하면 경각심을 일깨우는 표현이 됩니다.

🎧 153.MP3

STEP 1

1 チャンスにつながります。

2 事故につながります。

3 利益につながります。

4 次のステップにつながります。

5 景気の悪化につながります。

1 기회로 이어집니다.

2 사고로 이어집니다.

3 이익으로 이어집니다.

4 다음 단계로 이어집니다.

5 경기 악화로 이어집니다.

STEP 2

1 A 3,000個を注文するという話があるんですが。

　　B 今のペースだと、少しきびしいです。

　　A 다음 주문으로 이어지니까 꼭 받아들입시다.

　　B 少し考えさせてください。

2 A 今度の展覧会でプレゼンを行うのはいかがですか。

　　B いいアイデアかもしれませんね。

　　A 회사의 이미지 상승으로도 이어질 겁니다.

　　B あまり時間がありませんが、みなさん、がんばりましょう。

1 A 3,000개를 주문하겠다는 이야기가 있는데요.

　　B 현재 속도라면 조금 어렵겠는데요.

　　A 次の注文につながりますので、ぜひ引き受けましょう。

　　B 잠깐 생각할 시간을 주세요.

2 A 이번 전람회에서 프레젠테이션을 하는 것은 어떨까요?

　　B 좋은 아이디어일지도 모르겠네요.

　　A 会社のイメージアップにもつながると思います。

　　B 별로 시간이 없지만 모두들 힘냅시다.

事故(じこ) 사고
利益(りえき) 이익
悪化(あっか) 악화
個(こ) ~개
次(つぎ) 다음
引(ひ)**き受**(う)**ける** 맡다
今度(こんど) 이번
展覧会(てんらんかい) 전람회
行(おこな)**う** 시행하다
謝(あやま)**る** 사과하다
値段(ねだん) 가격

〜に賛成します。

〜에 찬성합니다.

상대방의 생각이나 의견에 찬성하고 동의하는 패턴입니다. 〜に賛成です라고 해도 OK입니다. 部分的に(부분적으로)나 全面的に(전면적으로)와 같은 부사를 함께 써서 변화를 줄 수 있습니다.

🎧 154.MP3

STEP 1

1 あなたに賛成します。

2 そのアイデアに賛成します。

3 その計画に賛成します。

4 課長の考えに賛成します。

5 営業部の提案に賛成します。

1 당신 의견에 찬성합니다.

2 그 아이디어에 찬성합니다.

3 그 계획에 찬성합니다.

4 과장님 생각에 찬성합니다.

5 영업부 제안에 찬성합니다.

STEP 2

1 A 工場をもう一つ建てる必要があります。
   B 그 필요성에 찬성합니다.
   A 注文が増えているので、早くしないと間に合いません。
   B では、社長に話してみます。

2 A 日本に支店を出すのはいかがですか。
   B 今のような不景気にですか。
   A 不景気だからこそです。
   C 저도 그의 의견에 찬성합니다.

1 A 공장을 하나 더 지을 필요가 있습니다.
   B 그 필요성에 찬성합니다.
   A 주문이 늘고 있기 때문에 빨리 하지 않으면 늦습니다.
   B 그럼, 사장님께 건의해 보죠.

2 A 일본에 지점을 내는 것은 어떨까요?
   B 요즘 같은 불경기에 말인가요?
   A 바로 불경기이기 때문입니다.
   C 저도 그의 의견에 찬성합니다.

TIPS

조건부로 찬성하는 경우가 있죠? 다시 말해서 특정한 조건을 제시한 후 그 조건이 만족되면 찬성하겠다는 '조건부 동의'인 경우에는 〜条件でしたら、賛成します라는 패턴을 사용합니다.

예 500台以上という条件でしたら、賛成します。
(500대 이상이라는 조건이라면 찬성합니다)

賛成(さんせい) 찬성
提案(ていあん) 제안
工場(こうじょう) 공장
建(た)**てる** 세우다
必要性(ひつようせい) 필요성
支店(してん) 지점
不景気(ふけいき) 불경기
意見(いけん) 의견
条件(じょうけん) 조건
台(だい) 〜대
以上(いじょう) 이상

〜には反対です。

〜은(는) 반대입니다.

🎧 155.MP3

강하게 반대하는 패턴입니다. 반대할 때는 私にはそう思えません(저에게는 그렇게 생각되지 않습니다)이라든지 私は違う意見を持っています(저는 다른 의견을 가지고 있습니다)와 같이 말할 수도 있습니다.

STEP 1

1 値上げには反対です。

2 賃上げには反対です。

3 合併には反対です。

4 その提案には反対です。

5 社長の方針には反対です。

1 가격 인상은 반대입니다.

2 임금 인상은 반대입니다.

3 합병은 반대입니다.

4 그 제안은 반대입니다.

5 사장님의 방침은 반대입니다.

STEP 2

1 A 社員を減らさないと、この先やっていけません。

　 B リストラということですか。

　 A 仕方のないことじゃないでしょうか。

　 B 저는 구조 조정은 반대입니다.

2 A 原発の問題で騒がしいですね。

　 B 脱原発は難しいかと思います。

　 A でも、原子力に頼らない社会を作らないと。

　 B 현실을 고려해서 탈 원전은 반대입니다.

1 A 사원을 줄이지 않으면 앞으로 해 나갈 수 없어요.

　 B 구조 조정을 하자는 말씀인가요?

　 A 어쩔 수 없는 일이 아닐까요?

　 B 私はリストラには反対です。

2 A 원전 문제로 시끄럽네요.

　 B 탈 원전은 어렵지 않을까 싶어요.

　 A 하지만 원자력에 의존하지 않는 사회를 만들어야죠.

　 B 現実を考えて、脱原発には反対です。

TIPS

부드럽게 반대할 때는 イエス・バット(yes-but) 화법을 사용합니다. 상대의 생각을 일단 인정(yes)하고 나서, (but) 자신의 의견을 말하는 방법인데요. 이를테면 반대 주장을 펴기 전에 다음과 같이 말하는 거죠.

1. おっしゃることは分かりますが。
   (말씀하시는 것은 알겠는데요)
2. 確かにそうですが。
   (확실히 그렇습니다만)
3. そういう見方もありますが。
   (그런 관점도 있습니다만)

値上(ねあ)げ 가격 인상
賃上(ちんあ)げ 임금 인상
合併(がっぺい) 합병
方針(ほうしん) 방침
減(へ)らす 줄이다
リストラ 구조 조정
原発(げんぱつ) 원자력 발전소
騒(さわ)がしい 시끄럽다
原子力(げんしりょく) 원자력
頼(たよ)る 의지하다

〜べきです。

〜(해)야 합니다.

직접적인 표현을 꺼려하는 일본에서도 강하게 주장해야 할 때는 이 패턴을 사용합니다. 확신을 가지고 자신의 의견을 관철시키고자 할 때 유용한 표현입니다.

🎧156.MP3

STEP 1

1 はっきりさせるべきです。

2 チャンスをつかむべきです。

3 株を買うべきです。

4 専門家に頼むべきです。

5 条件を受け入れるべきです。

1 확실히 해 두어야 합니다.

2 기회를 잡아야 합니다.

3 주식을 사야 합니다.

4 전문가에게 부탁해야 합니다.

5 조건을 받아들여야 합니다.

STEP 2

1 A 山田商事が値上げに応じないそうです。
B 그렇다면 거래를 그만둬야 합니다.
A それは無理があります。
B 支払いもいつも遅いし、注文量も減っています。

2 A これからはネット・ビジネスにも力を入れていきたいんですが、どう思いますか。
B 지금은 물건을 만드는 일에 중점을 두어야 합니다.
A それでは、時代に乗り遅れますよ。
B 時間を持って、準備したほうがいいという意味です。

TIPS

비즈니스 상황에서 많이 쓰는 관용 표현을 정리해 볼까요?
1. 腕をみがく (실력을 연마하다)
2. 大目に見る (너그럽게 봐 주다)
3. 長い目で見る (긴 안목으로 보다)
4. 一肌脱ぐ (힘이 되어 주다)
5. ベストをつくす (최선을 다하다)

1 A 야미다상사기 가격 인상에 응히지 않겠다고 합니다.
B でしたら、取引をやめるべきです。
A 그것은 좀 힘듭니다.
B 지불도 항상 늦고, 주문량도 줄고 있습니다.

2 A 이제부터는 인터넷 비즈니스에도 주력하고 싶은데, 어떻게 생각합니까?
B 今はものを作ることにフォーカスを置くべきです。
A 그래서는 시대에 뒤떨어집니다.
B 시간을 가지고 준비하는 편이 좋다는 의미입니다.

株(かぶ) 주식
専門家(せんもんか) 전문가
頼(たの)む 부탁하다
値上(ねあ)げ 가격 인상
応(おう)じる 응하다
注文量(ちゅうもんりょう) 주문량
力(ちから)を入(い)れる 주력하다
乗(の)り遅(おく)れる 뒤떨어지다
意味(いみ) 의미
腕(うで) 팔
一肌(ひとはだ) 피부

〜のはなぜでしょうか。

~이유는 무엇일까요?

이유를 묻는 패턴입니다. 같은 뜻의 표현으로는 〜はどうしてですか, 〜理由は何ですか, 何のために〜(무엇 때문에〜) 등이 있습니다.

🎧 157.MP3

STEP 1

1 損失が出たのはなぜでしょうか。

2 プロジェクトを諦めるのはなぜでしょうか。

3 アフターサービスを受けられないのはなぜでしょうか。

4 データベースを新しく作るのはなぜでしょうか。

5 日本商事から注文がないのはなぜでしょうか。

1 손실이 난 이유는 무엇일까요?

2 프로젝트를 포기하는 이유는 무엇일까요?

3 애프터서비스(AS)를 받을 수 없는 이유는 무엇일까요?

4 데이터베이스를 새로 만드는 이유는 무엇일까요?

5 일본상사로부터 주문이 없는 이유는 무엇일까요?

STEP 2

1 A 낙찰이 안 된 이유는 무엇일까요?
　 B ライバルの会社がうちより低い価格を出したようです。
　 A 予想がはずれましたね。
　 B 申し訳ありません。私の責任です。

2 A ほかの質問、ございませんか。
　 B 제2 생산라인이 멈춘 이유는 무엇일까요?
　 A あ、報告が遅れました。点検のためです。
　 B そうでしたか。

T **I** **P** **S**

ほうれんそう란 원래 시금치를 말하는데요. 비즈니스에서는 報(ほう)連(れん)相(そう)(보고, 연락, 상의)를 뜻합니다. 일본에서는 무슨 일이든 먼저 상사에게 보고하고, 서로 연락하며, 하나하나 상의하는 프로세스를 거칩니다. ほうれんそう가 잘 이루어져야 업무의 흐름이 원활해지고, 작업 능률이 향상된다고 믿기 때문이죠.

---

1 A 落札できなかったのはなぜでしょうか。
　 B 경쟁사가 저희보다 낮은 가격을 낸 것 같습니다.
　 A 예상이 빗나갔군요.
　 B 죄송합니다. 제 책임입니다.

2 A 다른 질문, 없나요?
　 B 第２の生産ラインが動いていないのはなぜでしょうか。
　 A 아, 보고가 늦었습니다. 점검 때문입니다.
　 B 그랬군요.

損失(そんしつ) 손실
諦(あきら)める 포기하다
落札(らくさつ) 낙찰
価格(かかく) 가격
予想(よそう) 예상
責任(せきにん) 책임
生産(せいさん) 생산
報告(ほうこく) 보고
点検(てんけん) 점검

Part 07

비즈니스 교섭
및 협상 패턴

비즈니스 협상은 회사의 이익과 직결되는 문제이므로 상당한 집중력과 스킬이 필요합니다. 단순하고 간략한 문장으로 명확하게 내용을 전달하는 것이 가장 중요하며, 금액이나 날짜, 수량 등 숫자에 관해서는 특히 주의를 기울여야 합니다. 이 파트에는, 협상에 들어가기 전에 불필요한 긴장감을 풀어 주는 표현에서부터 협상을 성공적으로 이끌어가는 과정에서 필요한 패턴까지 총망라되어 있습니다. 여러분은 이 파트를 통해 협상 테이블에서 목적을 제시하고 서로의 의견을 조정하는 방법뿐만 아니라 협상이 결렬되었을 때 대안을 제시하는 표현도 배울 수 있습니다.

Unit 18　긴장감 해소 패턴

Unit 19　거래 상담(商談) 패턴

Unit 20　협상 패턴

Unit 18
긴장감 해소 패턴

🔍 **패턴 미리보기**

158 ～天気ですね。 ～날씨네요.   날씨 이야기하기

159 先日は～ 요전 날에는 ～   지난 일 언급하기

160 ～くなりました。 ～(해)졌습니다.   변화 말하기

161 ～が続いています。 ～이(가) 계속되고 있습니다.   대화 이어가기

〜天気ですね。

〜날씨네요.

'날씨'라는 키워드를 가지고 대화를 시작하는 패턴입니다. 가벼운 대화는 서로의 긴장을 풀어 주고 친밀감을 조성하여 협상에 도움이 됩니다.

🎧 158.MP3

STEP 1

1 いい天気ですね。

2 まったくいやな天気ですね。

3 変わりやすい天気ですね。

4 とてもさわやかな天気ですね。

5 実に冬らしい天気ですね。

1 좋은 날씨네요.

2 정말 고약한 날씨네요

3 변덕스러운 날씨네요.

4 정말 상쾌한 날씨네요.

5 정말 겨울다운 날씨네요.

STEP 2

1 A 本日は遠いところまで、ありがとうございました。

   B お会いできてうれしいです。

   A 공교롭게도 비 오는 날씨네요. 길 막히지 않으셨어요?

   B いえ、わりとすいていました。

2 A 外、暑かったでしょう。

   B 네, 오늘은 꽤 푹푹 찌는 날씨네요.

   A まさに、夏本番という感じですね。

   B 本当にそうですね。

1 A 오늘은 먼 곳까지 와 주셔서 감사합니다.

   B 만나 뵙게 되어 기쁩니다.

   A あいにく雨の天気ですね。道、込んでませんでしたか。

   B 아뇨, 비교적 한산했습니다.

2 A 밖에 더우셨죠?

   B ええ、今日はずいぶんと蒸し暑い天気ですね。

   A 그야말로 본격적인 여름 같네요.

   B 정말 그러네요.

実(じつ)に 실로
遠(とお)い 멀다
込(こ)む 붐비다
蒸(む)し暑(あつ)い 푹푹 찌다
夏本番(なつほんばん) 본격적인 여름
足労(そくろう) 걷는 수고
恐縮(きょうしゅく) 송구스러움

先日は～

요전 날에는 ～

🎧 159.MP3

지난 일에 대한 감사나 미안함을 표현하는 패턴입니다. 일본 사람들은 과거에 폐를 끼쳤거나 도움을 받은 사실에 대해서 만날 때마다 두고두고 언급하는 경향이 있습니다.

STEP 1

1 先日はお世話になりました。

2 先日はお話できてよかったです。

3 先日はお電話で失礼しました。

4 先日はアドバイスをいただき、ありがとうございました。

5 先日はうちの部下が失礼なことを言ったそうで……。

1 요전 날에는 신세를 졌습니다.

2 요전 날에는 이야기를 나눌 수 있어서 좋았습니다.

3 요전 날에는 전화로 실례가 많았습니다.

4 요전 날에는 조언을 해 주셔서 감사했습니다.

5 요전 날에는 저희 직원이 실언을 했다면서요?

STEP 2

1 A 本日はお越しいただき、ありがとうございました。
   B お元気でしたか。
   A はい、おかげさまで。
   B 요전 날에는 너무 좋은 선물을 주셔서 감사했습니다.

2 A 요전 날에는 참석해 주셔서 감사했습니다.
   B 盛り上がりましたね。
   A みなさんのおかげです。
   B いろいろと勉強になりました。

1 A 오늘은 와 주셔서 감사합니다.
   B 안녕하셨어요?
   A 네, 덕분에요.
   B 先日は結構なものをいただき、ありがとうございました。

2 A 先日はご出席いただき、恐縮でした。
   B 대성황이었죠.
   A 여러분들 덕분입니다.
   B 여러모로 많이 배웠습니다.

T I P S
先日란 과거의 언제까지를 말하는 것일까요? 대개 일주일 전(1週間前)부터 많게는 한 달 이내(1ヶ月前)를 말합니다. 대략 2～3주일 (2-3週間) 정도로 보면 적당하겠네요. 한편, 그 이전의 일에 대해서는 その節는(그때는) 라는 표현을 많이 씁니다.
예   その節はお世話になりました。
      (그때는 신세를 졌습니다)

先日(せんじつ) 요전 날
部下(ぶか) 부하
お越(こ)し 왕림
結構(けっこう) 훌륭함
出席(しゅっせき) 출석
盛(も)り上(あ)がる (분위기가) 고조되다
週間(しゅうかん) 주간
節(せつ) 때, 시기

〜くなりました。

〜(해)졌습니다.

🎧 160.MP3

변화에 대해 말하는 패턴입니다. 협상 전 긴장을 푸는 데에는 기후 변화나 날씨 변화, 서로의 근황 등을 이야기하는 것이 가장 무난합니다. 명사나 な형용사의 어간에는 に를, い형용사의 어간에는 く를 접속해 주세요.

STEP 1

1 日が長くなりましたね。

2 めっきり涼しくなりましたね。

3 ずいぶんと暖かくなりました。

4 職員さんが多くなりましたね。

5 事務室が前より広くなりました。

1 해가 길어졌네요.

2 부쩍 서늘해졌네요.

3 상당히 따뜻해졌습니다.

4 직원이 많아졌네요.

5 사무실이 전보다 넓어졌습니다.

STEP 2

1 A 이제 땀이 나는 계절이 되었네요.
   B そうですね。もう夏ですね。
   A 夏休みはいつからですか。
   B 仕事が忙しくて休めそうにありません。

2 A 先日、入院されたと聞きましたが。
   B 네, 하지만 완전히 나았습니다.
   A 健康が一番ですから、あまり無理しないでくださいね。
   B そうですね。ありがとうございます。

1 A もう汗ばむ季節になりましたね。
   B 그러게요. 벌써 여름이네요.
   A 여름휴가는 언제부터인가요?
   B 일이 바빠서 쉴 수 없을 것 같아요.

2 A 얼마 전에 입원하셨다고 들었는데요.
   B ええ、でもすっかり元気になりました。
   A 건강이 최고니까 너무 무리하지 마세요.
   B 맞는 말씀입니다. 감사합니다.

TIPS

비즈니스 대화의 시작은 역시 '날씨'인데요. 단순히 춥다, 덥다 등에서 끝나지 말고 대화를 확장시켜 가는 것이 중요합니다. 이를테면, 天気予報はどうしていつもはずれるんでしょうかね.(일기예보는 왜 항상 틀리는 걸까요)와 같이 말이죠.

涼(すず)しい 서늘하다
職員(しょくいん) 직원
事務室(じむしつ) 사무실
汗(あせ)ばむ 땀이 나다
季節(きせつ) 계절
〜そうにない 〜할 것 같지 않다
入院(にゅういん) 입원
健康(けんこう) 건강
天気予報(てんきよほう) 일기예보
はずれる 빗나가다

〜が続いています。

~이(가) 계속되고 있습니다.

대화의 시작이 날씨였다면 다음은 세상 이야기겠죠? 정치, 경제, 사회 관련 이슈 중에서 누구나 공감할 수 있는 내용으로 대화를 이어가는 패턴입니다.

🎧 161.MP3

STEP 1

1 トラブルが続いています。

2 人気が続いています。

3 地震が続いています。

4 低迷が続いています。

5 暑い日が続いています。

1 트러블이 계속되고 있습니다.

2 인기가 계속되고 있습니다.

3 지진이 계속되고 있습니다.

4 침체가 계속되고 있습니다.

5 더운 날이 계속되고 있습니다.

STEP 2

1 A 最近、会社はどうですか。

B 불경기가 계속되는 것도 있어서 별로…….

A どこも同じですね。

B こういう時こそお互いにがんばりましょう。

2 A 한류 붐이 계속되고 있네요.

B 確か、はじまりはドラマでしたよね。

A 多分「冬のソナタ」だったと思いますが。

B あれは本当に感動的でした。

1 A 요즘 회사는 어떤가요?

B 不景気が続いていることもあって、なかなか……。

A 어디나 마찬가지네요.

B 이럴 때야말로 서로 힘을 냅시다.

2 A 韓流ブームが続いていますね。

B 아마 시작은 드라마였죠?

A 아마도 '겨울연가'였던 것 같은데요.

B 그 드라마는 정말 감동적이었습니다.

T I P S

続く vs 続ける

続くは 자동사로서 '~계속되다'이고, 続けるは 타동사로서 '~계속하다'입니다. 가장 확실한 차이점은 바로 조사입니다. 続く 앞에는 를이 올 수 없지만 続ける 앞에는 를이와야 합니다.

例 授業が続く.(수업이 이어지다)
授業を続ける.(수업을 계속하다)

続(つづ)く 계속되다
地震(じしん) 지진
低迷(ていめい) 침체
最近(さいきん) 요즘
不景気(ふけいき) 불경기
お互(たが)いに 서로
韓流(かんりゅう) 한류
確(たし)か 틀림없이, 아마
多分(たぶん) 아마
感動的(かんどうてき) 감동적

Unit 19
거래 상담(商談) 패턴

🔍 **패턴 미리보기**

162	～に関心があります。 ～에 관심이 있습니다.	관심 표명하기
163	～を注文したいんですが。 ～을(를) 주문하고 싶은데요.	주문 의사 밝히기
164	～で送ってもらえますか。 ～(으)로 보내 줄 수 있나요?	운송 수단 협의하기
165	～はいかほどでしょうか。 ～은(는) 얼마입니까?	가격 묻기
166	～で決済できますか。 ～(으)로 결제할 수 있나요?	결제 수단 묻기
167	～はどちらが持ちますか。 ～은(는) 어느 쪽이 부담합니까?	비용 부담 정하기
168	～は含まれていますか。 ～은(는) 포함되어 있나요?	포함 내용 묻기
169	～にはどのような保証がついていますか。 ～은(는) 어떤 보증을 받을 수 있나요?	보증 내용 묻기
170	～場合はどうなりますか。 ～경우에는 어떻게 되나요?	대응책 묻기
171	～をご説明ください。 ～을(를) 설명해 주십시오.	설명 요청하기

〜に関心があります。

〜에 관심이 있습니다.

관심을 표명하는 패턴입니다. 구입 의지가 있는 제품이나 상품의 협상 가능성을 넌지시 암시함으로써 협상 시작의 신호탄이 되는 표현입니다. 〜に興味がありますと 바꾸어 쓸 수 있습니다.

🎧 162.MP3

STEP 1

1 こちらの製品に関心があります。

2 この度のプロジェクトに関心があります。

3 韓国の食品に関心があります。

4 御社との取引に関心があります。

5 ここで開発されたシステムに関心があります。

1 이 제품에 관심이 있습니다.

2 이번 프로젝트에 관심이 있습니다.

3 한국 식품에 관심이 있습니다.

4 귀사와의 거래에 관심이 있습니다.

5 여기서 개발된 시스템에 관심이 있습니다.

STEP 2

1 **A** カタログを見てきましたが。

B そうでしたか。

A 귀사에서 만든 마스크에 관심이 있어서요.

B これはナノテクノロジーを使ったものなので、効果が高いです。

2 **A** 이 텐트에 관심이 있습니다.

B さすがお目が高い! 重さが2キロしかないので女性でも簡単に組み立てることができます。

A この扉はどうなっているんですか。

B 二重になっているので、虫などが入りにくいんです。

1 **A** 카탈로그를 보고 왔는데요.
B 그러셨어요?
A 이쪽의 마스크에 관심이 있어서요
……
B 이것은 나노 기술을 사용했기 때문에 효과가 큽니다.

2 **A** 이 텐트에 관심이 있습니다.
B 과연 안목이 높으시네요. 무게가 2킬로밖에 안돼서 여성들도 간단히 조립할 수 있습니다.
A 이 문은 어떻게 되어 있는 거죠?
B 이중으로 되어 있어서 해충이 들어가지 못합니다.

TIPS

관심을 표명하는 다른 표현을 알아볼까요?
1. 저희는 부품을 만들어 줄 회사를 찾고 있는데요.
   ❍ 私達は部品を作ってくれる会社を探していますが。
2. 타사 제품과 어디가 다른지 알고 싶은데요.
   ❍ 他社の製品とどこが違うか知りたいんですが。

関心(かんしん) 관심
この度(たび) 이번
開発(かいはつ) 개발
効果(こうか) 효과
目(め)が高(たか)い 눈이 높다
組(く)み立(た)てる 조립하다
扉(とびら) 문
二重(にじゅう) 이중
部品(ぶひん) 부품
探(さが)す 찾다
他社(たしゃ) 타사

〜を注文したいんですが。
~을(를) 주문하고 싶은데요.

제품명이나 모델명, 제품 종류, 수량 등을 제시하여 주문 의사를 전달하는 패턴입니다.

🎧 163.MP3

STEP 1

1 このデザインのものを注文したいんですが。

2 ピンクとブラックを注文したいんですが。

3 予備の部品を注文したいんですが。

4 1ケース30個入りのものを注文したいんですが。

5 前回と同じものを注文したいんですが。

1 이 디자인의 물건을 주문하고 싶은데요.

2 핑크와 블랙을 주문하고 싶은데요.

3 예비 부품을 주문하고 싶은데요.

4 한 상자에 30개들이 물건을 주문하고 싶은데요.

5 지난번과 같은 물건을 주문하고 싶은데요.

STEP 2

1 A カタログを持ってきましょうか。
　 B お願いできますか。
　 A (카탈로그를 보면서) 제품 번호 No.345, 1,000개를 주문하고 싶은데요.
　 B 在庫を確認してみます。

2 A 이 사양의 물건을 주문하고 싶은데요.
　 B それでしたら、少し時間がかかりますけど、よろしいですか。
　 A どれぐらいですか。
　 B 1ヶ月ぐらい後になりますね。

1 A 카탈로그를 가져올까요?
　 B 부탁드려도 될까요?
　 A (カタログを見ながら) 製品番号No.345、1,000個を注文したいんですが。
　 B 재고를 확인해 보겠습니다.

2 A この仕様のものを注文したいんですが。
　 B 그 사양이라면 조금 시간이 걸립니다만, 괜찮으신가요?
　 A 얼마나요?
　 B 한 달 정도 뒤가 되겠네요.

T I P S
주문과 관련된 표현을 알아볼까요?
1. 인터넷 주문도 가능한가요?
　 ❍ ネットでの注文もできますか。
2. 한꺼번에 주문하고 싶은데요.
　 ❍ まとめて注文したいんですが。
3. 넉넉하게 주문할 생각입니다.
　 ❍ 多めに注文するつもりです。

注文(ちゅうもん) 주문
予備(よび) 예비
部品(ぶひん) 부품
前回(ぜんかい) 지난번
在庫(ざいこ) 재고
確認(かくにん) 확인
仕様(しよう) 사양
1ヶ月(いっかげつ) 1개월
後(あと) 후
まとめる 통합하다

～で送ってもらえますか。

~(으)로 보내 줄 수 있나요?

送る(보내다)라는 친숙한 동사를 활용하여 운송 수단을 협의하는 패턴입니다. 물품을 발송하는 수단에는 항공 운송, 해상 운송, 우편 운송, 복합 운송 등이 있는데요. 가격이나 납기일에 따라 결정합니다.

🎧 164.MP3

STEP 1

1 郵便で送ってもらえますか。

2 宅配で送ってもらえますか。

3 書留で送ってもらえますか。

4 航空便で送ってもらえますか。

5 費用を考えて船で送ってもらえますか。

1 우편으로 보내 줄 수 있나요?

2 택배로 보내 줄 수 있나요?

3 등기로 보내 줄 수 있나요?

4 항공편으로 보내 줄 수 있나요?

5 비용을 고려해서 배로 보내 줄 수 있나요?

STEP 2

1 A アクセサリーですから、あまり重くないですよね。
   B そうですね。
   A それなら 성수기 때는 EMSで送ってもらえますか?
   B EMSは送料別になりますが、よろしいでしょうか。

2 A 今注文すると、納品はいつになりますか。
   B 2、3日あれば、送ることができます。
   A 두 달 후의 세일용이니 배편으로 보내 줄 수 있나요?
   B 船でも十分間に合いますね。

1 A 액세서리니까 별로 무겁지 않겠죠?
   B 그렇죠.
   A 그렇다면 성수기 때는 EMS로 보내 줄 수 있나요?
   B EMS는 배송비가 별도로 청구되는데, 괜찮으신가요?

2 A 지금 주문하면 납품은 언제가 되죠?
   B 2, 3일 정도면 보내 드릴 수 있습니다.
   A 두 달 후의 세일용이니, 배로 보내 줄 수 있나요?
   B 배로 보내도 충분히 시간에 맞출 수 있겠네요.

T I P S

운송 방법을 결정하는 데 있어서 중요한 납기일을 묻는 표현입니다.

1. 納期はいつですか。
   (납기는 언제인가요?)
2. いつ届けてもらえますか。
   (언제 보내 줄 수 있나요?)
3. 納品はいつまでにできますか。
   (납품은 언제까지 가능한가요?)

郵便(ゆうびん) 우편
書留(かきとめ) 등기
航空便(こうくうびん) 항공편
重(おも)い 무겁다
送料別(そうりょうべつ) 배송비 별도
納品(のうひん) 납품
船便(ふなびん) 배편
船(ふね) 배
納期(のうき) 납기
届(とど)**ける** 보내 주다

231

〜はいかほどでしょうか。

〜은(는) 얼마입니까?

상품의 가격이나 각종 서비스 요금에 대해 묻는 패턴입니다. いかほど는 いくらほど의 경어로서 고상한 느낌을 줍니다.

🎧 165.MP3

STEP 1

1 送料はいかほどでしょうか。

2 手数料はいかほどでしょうか。

3 キャンセル料金はいかほどでしょうか。

4 メンテナンス費用はいかほどでしょうか。

5 この商品の小売り単価はいかほどでしょうか。

1 배송료는 얼마입니까?

2 수수료는 얼마입니까?

3 취소 요금은 얼마입니까?

4 유지 · 보수 비용은 얼마입니까?

5 이 상품의 소매 단가는 얼마입니까?

STEP 2

1 A それでは、ビジネスの話に入りましょうか。
   B そうですね。
   A この商品なんですが、手にとってご覧ください。どうぞ。
   B 悪くないですね。도매가격은 얼마입니까?

2 A 이 제품의 제시 가격은 얼마입니까?
   B 1個あたり500円です。
   A 500円はどう考えても高い気がします。
   B 独自の技術で作られたので、500円も安いところですよ。

1 A 그럼, 비즈니스에 관한 이야기로 들어가 볼까요?
   B 그러시죠.
   A 이 상품 말인데요. 직접 보세요. 자!
   B 나쁘지 않군요. 卸値はいかほどでしょうか。

2 A この製品の提示価格はいかほどでしょうか。
   B 1個당 500엔입니다.
   A 500엔은 아무리 생각해도 비싼 것 같은데요.
   B 독자적인 기술로 만들어졌기 때문에 500엔도 싼 편이에요.

日本 젊은이들의 유행을 확인할 수 있는 종합 쇼핑센터 중 하나가 '돈 · 키호테'인데요. 사업 아이템을 구상하는 데도 좋고, 거래처로 개척할 수도 있습니다. 電気製品(전기 제품)부터 日用雑貨(일용 잡화), スポーツ(스포츠), 食品(식품)까지 다 있습니다. 홈페이지를 통해서 직접 거래를 신청할 수도 있다고 하네요.

手数料(てすうりょう) 수수료
小売(こう)り 소매
単価(たんか) 단가
手(て)にとる 손으로 잡다
卸値(おろしね) 도매가
提示価格(ていじかかく) 제시 가격
独自(どくじ) 독자
技術(ぎじゅつ) 기술
電気製品(でんきせいひん) 전기 제품
日用雑貨(にちようざっか) 일용 잡화

～で決済できますか。

～(으)로 결제할 수 있나요?

166.MP3

주문을 결정하기 전에 반드시 체크해야 하는 것이 바로 결제 방법입니다. ～決済でお願いできますか(～결제로 부탁드릴 수 있을까요?)라고 해도 의미는 같습니다.

STEP 1

① **分割**で決済できますか。

② **現金**で決済できますか。

③ **ネットバンキング**で決済できますか。

④ **クレジットカード**で決済できますか。

⑤ **代金引き替え**で決済できますか。

① 할부로 결제할 수 있나요?

② 현금으로 결제할 수 있나요?

③ 인터넷뱅킹으로 결제할 수 있나요?

④ 신용카드로 결제할 수 있나요?

⑤ 대금 상환으로 결제할 수 있나요?

STEP 2

① **A** 2,000個ぐらいを注文したいんですが。
   B すぐご用意できます。
   A 취소 불능 신용장으로 결제할 수 있나요?
   B もちろんです。

② **A** 은행 입금으로 결제할 수 있나요?
   B できますが、**現金**でなさいますと、**割引**が利きます。
   A そうですか。上の者に話してみます。
   B はい、分かりました。

① **A** 2,000개 정도를 주문하고 싶은데요.
   B 바로 준비해 드릴 수 있습니다.
   A 取消不能信用状で決済できますか。
   B 물론입니다.

② **A** 銀行振込で決済できますか。
   B 가능하지만, 현금으로 하시면 할인이 됩니다.
   A 그래요? 상사와 상의해 보겠습니다.
   B 네, 알겠습니다.

TIPS

대표적인 무역 거래 조건 용어를 일본어로 정리해 볼까요?
1. FOB (본선 인도 조건)
   ❍ 本船渡し条件
2. CFR (운임 포함 인도 조건)
   ❍ 運賃込み条件
3. CIF (운임 및 보험료 포함 인도 조건)
   ❍ 運賃・保険料込み条件

分割(ぶんかつ) 분할

現金(げんきん) 현금

代金(だいきん) 대금

引(ひ)**き替**(か)**え** 상환

用意(ようい) 준비

取消不能信用状(とりけしふのうしんようじょう) 취소 불능 신용장

銀行振込(ぎんこうふりこみ) 은행 입금

割引(わりびき) 할인

本船(ほんせん) 본선

渡(わた)**し** 인도

条件(じょうけん) 조건

運賃(うんちん) 운임

保険料(ほけんりょう) 보험료

〜はどちらが持ちますか。

〜은(는) 어느 쪽이 부담합니까?

각종 부대비용을 어느 쪽이 부담할 것인가에 대해 묻는 패턴입니다. 비용 부담에 대한 조율은 거래 이익으로 직결되는 문제이므로 하나하나 꼼꼼히 체크해야 합니다.

🎧 167.MP3

STEP 1

1 保険料はどちらが持ちますか。

2 キャンセル料はどちらが持ちますか。

3 運送料はどちらが持ちますか。

4 保管費用はどちらが持ちますか。

5 収入印紙代はどちらが持ちますか。

1 보험료는 어느 쪽이 부담합니까?

2 취소 요금은 어느 쪽이 부담합니까?

3 운송비는 어느 쪽이 부담합니까?

4 보관 비용은 어느 쪽이 부담합니까?

5 수입 인지대는 어느 쪽이 부담합니까?

STEP 2

1 A 一つお聞きしてよろしいでしょうか。
　 B どうぞ。
　 A 입금 수수료는 어느 쪽이 부담합니까?
　 B ドルの場合はお客様が、円はこちらで持ちます。

2 A 선적 비용은 어느 쪽이 부담합니까?
　 B 発注量によって違います。
　 A 具体的に話していただけますか。
　 B はい。1,000台以上ですと、こちらが持ちます。

1 A 한 가지 여쭤 봐도 될까요?
　 B 그러시죠.
　 A 振り込み手数料はどちらが持ちますか。
　 B 달러일 경우에는 고객이, 엔은 저희 쪽에서 부담합니다.

2 A 船積み費用はどちらが持ちますか。
　 B 発注量に따라 다릅니다.
　 A 구체적으로 말씀해 주시겠습니까?
　 B 네. 1,000대 이상이면 저희가 부담합니다.

T I P S

Q '〜경우에 한해서 부담하다'라고 할 때는?

A 〜に限り(〜に限해서)를 이용합니다.

예 破損があった場合に限り、弊社が持ちます。 (파손되었을 경우에 한해서 저희 회사가 부담합니다)

保険料(ほけんりょう) 보험료
保管(ほかん) 보관
収入印紙(しゅうにゅういんし) 수입 인지
振(ふ)り込(こ)み 입금
手数料(てすうりょう) 수수료
場合(ばあい) 경우
船積(ふなづ)み 선적
発注量(はっちゅうりょう) 발주량
具体的(ぐたいてき) 구체적
〜に限(かぎ)り 〜에 한해서
破損(はそん) 파손

〜は含まれていますか。

〜은(는) 포함되어 있나요?

🎧168.MP3

포함 내용을 체크하는 패턴입니다. 주로 요금, 비용과 관련해서 많이 쓰이지만, 식품의 성분이나 계약 조항 등이 포함되었는지 확인할 때도 사용합니다.

STEP 1

1 関税は含まれていますか。

2 運賃は含まれていますか。

3 保険料は含まれていますか。

4 手数料は含まれていますか。

5 サービス料金は含まれていますか。

1 관세는 포함되어 있나요?

2 운임은 포함되어 있나요?

3 보험료는 포함되어 있나요?

4 수수료는 포함되어 있나요?

5 서비스 요금은 포함되어 있나요?

STEP 2

1 A 이 가격에 소비세는 포함되어 있나요?
　 B こちらにも書いてありますが、含まれています。
　 A 消費税が上がると、どうなるんですか。
　 B 上がった分が上乗せされます。

2 A 運送中にキズがつかないか心配ですが。
　 B 木箱を使うこともできます。
　 A 이 견적서에 포장 비용은 포함되어 있나요?
　 B これは段ボール箱を使った場合です。

1 A この値段に消費税は含まれていますか。
　 B 여기에도 쓰여 있지만, 포함되어 있습니다.
　 A 소비세가 인상되면 어떻게 되는 거죠?
　 B 오른 만큼이 추가됩니다.

2 A 운송 중에 흠집이 나지 않을까 걱정인데요.
　 B 나무 상자를 사용할 수도 있습니다.
　 A この見積書に梱包費用は含まれていますか。
　 B 이것은 골판지 상자를 사용했을 경우입니다.

TIPS

세금 관련 용어를 일본어로 알아볼까요?

소득세–所得税(しょとくぜい)
부가가치세–付加価値税(ふかかちぜい)
면세–免税(めんぜい)
비과세–非課税(ひかぜい)
관세–関税(かんぜい)
누진과세–累進課税(るいしんかぜい)
법인세–法人税(ほうじんぜい)
세율–税率(ぜいりつ)

消費税(しょうひぜい) 소비세
上乗(うわの)**せ** 추가로 덧붙임
運送(うんそう) 운송
木箱(きばこ) 나무 상자
梱包(こんぽう) 포장
費用(ひよう) 비용

〜にはどのような保証がついていますか。

〜은(는) 어떤 보증을 받을 수 있나요?

어떤 제품의 보증 내용을 묻는 패턴입니다. 제품 구매자는 보증 내용을 확인하고, 그 내용이
보증서에 제대로 기재되어 있는지 꼼꼼히 체크해야 합니다.

🎧 169.MP3

STEP 1

① パソコンにはどのような保証がついていますか。

② モニターにはどのような保証がついていますか。

③ プリンターにはどのような保証がついていますか。

④ ノートパソコンにはどのような保証がついていますか。

⑤ この製品にはどのような保証がついていますか。

① 컴퓨터는 어떤 보증을 받을 수 있나요?

② 모니터는 어떤 보증을 받을 수 있나요?

③ 프린터는 어떤 보증을 받을 수 있나요?

④ 노트북은 어떤 보증을 받을 수 있나요?

⑤ 이 제품은 어떤 보증을 받을 수 있나요?

STEP 2

① A 복사기는 어떤 보증을 받을 수 있나요?
　 B これには「故障保証サービス」がついています。
　 A どういうサービスでしょうか。
　 B 1年間回数に関係なく、修理代が無料です。

② A 修理は無料だけど、部品は有料ですよね。
　 B はい、そうです。
　 A 그 밖에 어떤 보증을 받을 수 있나요?
　 B 修理の間、機械の貸出は無料です。

① A コピー機にはどのような保証がついて
　　 いますか。
　 B 복사기는 '고장 보증 서비스'를 받을 수 있습
　　 니다.
　 A 어떤 서비스죠?
　 B 1년간 횟수에 관계없이 수리비가 무료입니다.

② A 수리는 무료지만, 부품은 유료죠?
　 B 네, 그렇습니다.
　 A その他にはどのような保証がついてい
　　 ますか。
　 B 수리하는 동안 기계를 무료로 빌려 드립니다.

保証(ほしょう) 보증

つく 붙다

製品(せいひん) 제품

故障(こしょう) 고장

回数(かいすう) 횟수

修理代(しゅうりだい) 수리비

部品(ぶひん) 부품

機械(きかい) 기계

貸出(かしだし) 빌려 줌

～場合はどうなりますか。

～경우에는 어떻게 되나요?

🎧 170.MP3

문제가 발생했을 때의 대응책을 묻는 패턴입니다. 혹시라도 생길지 모르는 트러블과 그로 인한 손실에 대비한다는 점에서 구매자 측이 자주 사용하는 표현입니다.

STEP 1

1 売れない場合はどうなりますか。

2 壊れた場合はどうなりますか。

3 数が足りない場合はどうなりますか。

4 お支払が遅れる場合はどうなりますか。

5 不良品が見つかった場合はどうなりますか。

1 팔리지 않는 경우에는 어떻게 되나요?

2 부서진 경우에는 어떻게 되나요?

3 개수가 부족한 경우에는 어떻게 되나요?

4 지불이 늦어지는 경우에는 어떻게 되나요?

5 불량품이 발견되었을 경우에는 어떻게 되나요?

STEP 2

1 A 納期は1ヶ月後にしたいですが、どうでしょうか。

　　B 少し厳しいですが、大丈夫だと思います。

　　A 만약 납품이 늦어지는 경우에는 어떻게 되나요?

　　B 1週間前にはご連絡します。でも、これまでそういうことは一度もありませんでした。

2 A 반품할 경우에는 어떻게 되나요?

　　B 注文量の10％以下のものに限り、返品できます。

　　A 15％にしていただけないでしょうか。

　　B それはちょっと……。

1 A 납기는 한 달 후로 하고 싶은데, 어떨까요?
　　B 약간 빠듯하지만, 괜찮을 것이라고 생각합니다.
　　A もし納品が遅れる場合はどうなりますか。
　　B 일주일 전에는 연락을 드립니다. 하지만, 여태껏 그런 일은 한 번도 없었습니다.

2 A 返品する場合はどうなりますか。
　　B 주문량의 10% 이하의 물건에 한해서 반품할 수 있습니다.
　　A 15%로 해 주시면 안 될까요?
　　B 그건 좀 힘들겠는데요.

壊(こわ)**れる** 부서지다, 고장나다

数(かず) 수

支払(しはら)**い** 지불

不良品(ふりょうひん) 불량품

納期(のうき) 납기

遅(おく)**れる** 늦어지다

返品(へんぴん) 반품

注文量(ちゅうもんりょう) 주문량

～に限(かぎ)**り** ～에 한해서

確(たし)**か** 확실함

～をご説明ください。

~을(를) 설명해 주십시오.

제품 정보나 생산 공정, 계약 조건에 이르기까지 궁금한 것이 있다면 이 패턴을 사용하여 설명을 요청합니다. 본격적인 협상에 앞서 그에 필요한 구체적 정보를 얻기에 적합합니다.

🎧 171.MP3

STEP 1

1 マニュアルをご説明ください。

2 手続きをご説明ください。

3 使い方をご説明ください。

4 主な機能をご説明ください。

5 契約条件をご説明ください。

1 매뉴얼을 설명해 주십시오.

2 절차를 설명해 주십시오.

3 사용법을 설명해 주십시오.

4 주요 기능을 설명해 주십시오.

5 계약 조건을 설명해 주십시오.

STEP 2

1 A このネジは何で作られましたか。
  B アルミです。
  A 性能をご説明ください。
  B 軽くて低温に強く、さびないんです。

2 A シートが作られる過程をご説明ください。
  B シートカバーとシートフレームはコンピューターとロボットによって作られます。
  A 自動化されているんですね。
  B でも、シートの組み立て作業は人がやっています。

1 A 이 나사는 무엇으로 만들어졌나요?
  B 알루미늄입니다.
  A 성능을 설명해 주십시오.
  B 가볍고 저온에 강하며 녹슬지 않습니다.

2 A 시트가 만들어지는 과정을 설명해 주십시오.
  B 시트커버와 시트 프레임은 컴퓨터와 로봇에 의해 만들어집니다.
  A 자동화되어 있군요.
  B 하지만 시트 조립 작업은 사람이 하고 있습니다.

T I P S

잘 모르는 말이 나왔을 경우에는 ～とはどういう意味ですか라는 패턴을 활용하여 질문합니다.
1. 「システムコール」とはどういう意味ですか。('시스템 콜'이란 무슨 의미입니까?)
2. この「リアルタイム処理」とはどういう意味ですか。(이 '실시간 처리'란 무슨 의미입니까?)

説明(せつめい) 설명
手続(てつづ)き 절차
機能(きのう) 기능
契約条件(けいやくじょうけん) 계약 조건
性能(せいのう) 성능
低温(ていおん) 저온
さびる 녹슬다
自動化(じどうか) 자동화
組(く)み立(た)て 조립
作業(さぎょう) 작업
処理(しょり) 처리

Unit 20
협상 패턴

🔍 패턴 미리보기

172	〜によって異ります。	〜에 따라 달라집니다.	유동성 보이기
173	〜準備ができています。	〜준비가 되어 있습니다.	준비 상태 어필하기
174	〜なら安くできます。	〜(이)라면 싸게 드릴 수 있습니다.	조건 제시하기
175	〜では採算がとれません。	〜(으)로는 손해를 봅니다.	채산성 거론하기
176	〜は受け入れがたいです。	〜은(는) 받아들이기 어렵습니다.	거부하기
177	〜可能性はありませんか。	〜(할) 가능성은 없나요?	위험 변수 확인하기
178	〜は心配要りません。	〜은(는) 걱정 마세요.	안심시키기
179	合意した内容を〜	합의한 내용을 〜	합의 내용 점검하기
180	〜を見直してください。	〜을(를) 재고해 주세요.	재검토 부탁하기
181	〜を考えると	〜을(를) 감안하면	근거 대기
182	〜用意があります。	〜(할) 용의가 있습니다.	양보하기
183	〜は極めて重要です。	〜은(는) 대단히 중요합니다.	중요성 강조하기

〜によって異ります。

〜에 따라 달라집니다.

🎧172.MP3

서로가 만족하는 수준의 합의점에 도달하기 위해 상황에 따라 달라지는 다양한 조건을 제시하는 패턴입니다. 협상 조건과 가격을 조율하거나 구매 의욕을 자극할 때 유용합니다.

STEP 1

1 月によって異ります。

2 大きさによって異ります。

3 距離によって異ります。

4 種類によって異ります。

5 状況によって異ります。

1 달(月)에 따라 달라집니다.

2 크기에 따라 달라집니다.

3 거리에 따라 달라집니다.

4 종류에 따라 달라집니다.

5 상황에 따라 달라집니다.

STEP 2

1 **A** 単価は200円ということですね。
B 하지만 주문량에 따라 달라집니다.
A 200ケースでしたら、どうなりますか。
B 5％まで割引いたします。

2 **A** このハンガーはいくらで売られていますか。
B 小売価格のことでしょうか。
A はい、そうです。
B 그것은 지역에 따라 다르지만 500엔 전후죠.

1 **A** 단가는 200엔이라는 말씀이죠?
B でも、注文量によって異ります。
A 200케이스라면 어떻게 되나요?
B 5%까지 할인해 드리죠

2 **A** 이 옷걸이는 얼마에 팔리고 있나요?
B 소매가격을 말씀하시는 건가요?
A 네, 그렇습니다.
B それは地域によって異りますが、500円前後ですね。

T I P S

'협상'은 일본어로 交渉라고 하는데요. 협상은 다음과 같은 자세로 임해야 합니다.

1. 交渉中はなるべくポーカーフェイスで！(협상 중에는 가능한 한 포커페이스로!)
2. 交渉中はいつもポジティブに！(협상할 때는 언제나 적극적으로!)
3. 「雑談」も活用せよ！(잡담도 활용하라!)

異(ことな)る 다르다
距離(きょり) 거리
種類(しゅるい) 종류
状況(じょうきょう) 상황
単価(たんか) 단가
注文量(ちゅうもんりょう) 주문량
割引(わりびき) 할인
小売価格(こうりかかく) 소매가
地域(ちいき) 지역
前後(ぜんご) 전후
交渉(こうしょう) 교섭
雑談(ざつだん) 잡담
活用(かつよう) 활용

～準備ができています。

～준비가 되어 있습니다.

매사에 철저한 일본 사람들을 안심시키는 표현으로 현재의 준비 상태를 어필하는 패턴입니다. 준비가 잘되어 있을수록 호감을 주어 협상에 유리하게 작용할 수 있습니다.

🎧 173.MP3

STEP 1

1 すべての準備ができています。

2 更新の準備ができています。

3 プレゼンテーションの準備ができています。

4 データベースを作る準備ができています。

5 新しいプログラムを使う準備ができています。

1 모든 준비가 되어 있습니다.

2 갱신 준비가 되어 있습니다.

3 프레젠테이션 준비가 되어 있습니다.

4 데이터베이스를 만들 준비가 되어 있습니다.

5 새로운 프로그램을 사용할 준비가 되어 있습니다.

STEP 2

1 **A** 急で申し訳ないんですが。

B はい、どうかなさいました？

A 注文したものの半分を明日送ってもらえますか。

B 発送準備ができていますので問題ありません。

2 **A** 契約に必要な書類準備ができています。

B そうですか。準備が早いですね。

A 最終チェックをお願いします。

B はい、わかりました。

1 **A** 갑작스럽게 죄송한데요.

B 네, 무슨 일 있으세요?

A 주문한 물품의 반을 내일 보내 주실 수 있나요?

B 발송의 준비가 되어 있으므로, 문제 없습니다.

A 계약에 필요한 서류의 준비가 되어 있습니다.

B 그래요? 준비가 빠르시네요.

A 최종 확인을 부탁드립니다.

B 네, 알겠습니다.

TIPS

준비와 관련된 표현을 알아볼까요?

1. 연설 준비가 되어 있지 않습니다.
   ➊ スピーチの準備ができていません。
2. 준비가 되면 알려 주세요.
   ➊ 準備ができたら、知らせてください。
3. 팩스를 보낼 준비가 끝났습니다.
   ➊ ファックスを送る準備ができました。

準備(じゅんび) 준비
更新(こうしん) 갱신
半分(はんぶん) 절반
発送(はっそう) 발송
契約(けいやく) 계약
書類(しょるい) 서류
最終(さいしゅう) 최종

241

〜なら安くできます。

〜(이)라면 싸게 드릴 수 있습니다.

협상 가격을 낮출 수 있는 조건을 제시하는 패턴입니다. 일보후퇴 이보전진의 전략이 담긴 적극적인 협상 표현입니다. 참고로 なら는 동사 원형이나 명사에 접속합니다.

🎧 174.MP3

STEP 1

1 現金なら安くできます。

2 一括払いなら安くできます。

3 AS期間を1年にするなら安くできます。

4 注文を増やしてくださるなら安くできます。

5 他の製品も買ってくださるなら安くできます。

1 현금이라면 싸게 드릴 수 있습니다.

2 일시불이라면 싸게 드릴 수 있습니다.

3 AS 기간을 1년으로 한다면 싸게 드릴 수 있습니다.

4 주문을 늘려 주신다면 싸게 드릴 수 있습니다.

5 다른 제품도 구입해 주신다면 싸게 드릴 수 있습니다.

STEP 2

1 A 見積書はご覧になりましたか。
　　B はい、検討しましたが、値段が少し高いような……。
　　A 100대 이상의 발주라면 싸게 드릴 수 있습니다.
　　B 今のところ、50台前後と見積もっているので……。

2 A 納期が少し厳しいです。
　　B バレンタインシーズンに間に合わせたいんです。
　　A 만약 납기를 늦춰 주신다면 싸게 드릴 수 있는데요.
　　B こちらとしてもぎりぎりの線でして……。

1 A 견적서는 보셨나요?
　　B 네, 검토했는데요, 가격이 조금 비싼 것 같은…….
　　A 100台以上の発注なら安くできます。
　　B 현재로선 50대 전후로 잡고 있어서요.

2 A 납기가 조금 빠듯합니다.
　　B 밸런타인 시즌에 맞추고 싶습니다.
　　A もし納期を延ばしていただけるなら安くできますが。
　　B 저희로서도 빠듯한 일정이라서요.

T I P S

조건을 다는 패턴에는 〜条件でしたら(〜조건이라면)도 있습니다. 条件이라는 구체적 단어가 들어감으로써 무게감을 실어줄 수 있습니다.

例 2年間値上げをしない条件でしたら、今すぐ注文します。
(2년간 가격을 올리지 않는 조건이라면 지금 바로 주문하겠습니다)

現金(げんきん) 현금
一括払(いっかつばら)い 일시불
期間(きかん) 기간
増(ふ)やす 늘리다
見積書(みつもりしょ) 견적서
検討(けんとう) 검토
発注(はっちゅう) 발주
納期(のうき) 납기
延(の)ばす 늦추다
条件(じょうけん) 조건
年間(ねんかん) 연간

〜では採算がとれません。

~(으)로는 손해를 봅니다.

채산성을 거론함으로써 더 이상 물러설 수 없음을 어필하는 패턴입니다. 상대방이 제시한 조건에 거부 의사를 나타내는 표현으로도 활용될 수 있습니다.

🎧 175.MP3

STEP 1

1 このままでは採算がとれません。

2 ウォン建てでは採算がとれません。

3 この単価では採算がとれません。

4 今のような円安では採算がとれません。

5 送料をこちらが持つのでは採算がとれません。

1 이대로는 손해를 봅니다.

2 원화 베이스(원화 표시)로는 손해를 봅니다.

3 이 단가로는 손해를 봅니다.

4 지금과 같은 엔 약세로는 손해를 봅니다.

5 배송료를 저희가 부담하면 손해를 봅니다.

STEP 2

1 **A** 1個あたり1,200ウォンでいかがでしょうか。

　　B 그래서는 손해를 봅니다.

　　A ほかのものも買いますから。

　　B 本当に困ります。

2 **A** 去年よりずいぶん高くなりましたね。

　　B 작년 가격으로는 손해를 봅니다.

　　A 材料費が上がったんですか。

　　B それもありますが、円高が続いていますからね。

1 **A** 1개당 1,200원에 어떠십니까?
　　B 그것으로는 채산이 안 맞습니다.
　　A 다른 것도 살게요.
　　B 정말로 곤란합니다.

2 **A** 작년보다 상당히 비싸졌네요.
　　B 去年の価格では採算がとれません。
　　A 재료비가 올랐나요?
　　B 그것도 있지만, 엔 강세가 계속되고 있거든요.

TIPS

'손해를 보다'라는 의미의 일본어 표현을 알아볼까요?

1. 採算が合わない (채산이 안 맞다)
2. 赤字になる (적자가 난다)
3. 損失が出る (손해가 난다)
4. 損をする (손해를 본다)
5. マイナスになる (마이너스가 된다)

採算(さいさん) 채산
単価(たんか) 단가
円安(えんやす) 엔 약세
送料(そうりょう) 배송료
困(こま)る 곤란하다
価格(かかく) 가격
材料費(ざいりょうひ) 재료비
円高(えんだか) 엔 강세
続(つづ)く 계속되다
赤字(あかじ) 적자
損失(そんしつ) 손실

〜は受け入れがたいです。

〜은(는) 받아들이기 어렵습니다.

받아들이기 힘든 협상 조건을 거부하는 패턴입니다. 이 패턴은 협상 자체에 제동을 걸어 상대를 긴장시키는 효과가 있습니다. 참고로 'ます형+がたい'는 '〜하기 어렵다'입니다.

🎧 176.MP3

STEP 1

1 これほどのリスクは受け入れがたいです。

2 その提案は受け入れがたいです。

3 このような結果は受け入れがたいです。

4 突然のキャンセルは受け入れがたいです。

5 これ以上の値上げは受け入れがたいです。

1 이렇게까지 높은 리스크는 받아들이기 어렵습니다.

2 그 제안은 받아들이기 어렵습니다.

3 이와 같은 결과는 받아들이기 어렵습니다.

4 갑작스런 취소는 받아들이기 어렵습니다.

5 이 이상의 가격 인상은 받아들이기 어렵습니다.

STEP 2

1 A ウェブサイトのデザインはいかがでしたか。
B そうですね。弊社のイメージとは少し合わないような気がしました。
A イメージチェンジも考えて、プランを作ってみたんですが。
B 죄송하지만, 그 플랜은 받아들이기 어렵습니다.

2 A 正直に言っていいですか。
B はい、もちろんです。
A 이 계약 조건은 받아들이기 어렵습니다.
B 納得いかないところがありましたら、お聞かせください。

T I P S

상대방의 제안을 거절하는 표현으로는 다음과 같은 패턴도 있습니다.

1. そのような条件には応じかねます。(그와 같은 조건에는 응하기 어렵습니다)
2. これ以上の割引は私の立場上できません。(이 이상의 할인은 제 입장상 곤란합니다)

1 A 웹 사이트 디자인은 어떠셨나요?
B 글쎄요, 저희 회사 이미지와는 좀 맞지 않는 것 같더군요.
A 이미지 체인지도 염두에 두고 플랜을 짜 본 건데요.
B 申し訳ありませんが、そのプランは受け入れがたいです。

2 A 솔직히 말씀드려도 괜찮을까요?
B 네, 물론입니다.
A この契約条件は受け入れがたいです。
B 납득이 안 가는 부분이 있으시다면 말씀해 주세요.

受(う)け入(い)れる 받아들이다
提案(ていあん) 제안
結果(けっか) 결과
突然(とつぜん) 돌연
弊社(へいしゃ) 저희 회사
正直(しょうじき) 솔직함
契約条件(けいやくじょうけん) 계약 조건
納得(なっとく) 납득
応(おう)じる 응하다
立場上(たちばじょう) 입장상

〜可能性はありませんか。

~(할) 가능성은 없나요?

🎧 177.MP3

혹시 생길 수 있는 위험 변수의 가능성을 확인하는 패턴입니다. 위기관리 측면에서 꼭 필요한 패턴으로, 향후 발생할 수 있는 사태에 대해 상대방의 의견을 들어볼 때 유용합니다.

STEP 1

1 損をする可能性はありませんか。

2 失敗する可能性はありませんか。

3 売り切れになる可能性はありませんか。

4 不良品の可能性はありませんか。

5 スケジュールが変わる可能性はありませんか。

1 손해를 입을 가능성은 없나요?

2 실패할 가능성은 없나요?

3 매진될 가능성은 없나요?

4 불량품일 가능성은 없나요?

5 일정이 바뀔 가능성은 없나요?

STEP 2

1 **A** これはアップグレードできる機種ですか。

B はい、そうです。

A 업그레이드할 때 예전 데이터가 없어지거나 할 가능성은 없나요?

B これまでそのようなことはありませんでした。

2 **A** 一つ確認させてください。

B はい、どうぞ。

A 도중에 사양이 바뀔 가능성은 없나요?

B たぶんないですね。

1 **A** 이것은 업그레이드할 수 있는 기종인가요?
B 네, 그렇습니다.
A アップグレードの時に前のデータが消える可能性はありませんか。
B 지금까지 그와 같은 일은 없었습니다.

2 **A** 한 가지 확인하게 해 주세요.
B 네, 그러세요.
A 途中で仕様が変わる可能性はありませんか。
B 아마 없을 겁니다.

損(そん)をする 손해를 보다
可能性(かのうせい) 가능성
売(う)り切(き)れ 매진
不良品(ふりょうひん) 불량품
機種(きしゅ) 기종
消(き)える 사라지다
確認(かくにん) 확인
仕様(しよう) 사양
品質(ひんしつ) 품질
数量(すうりょう) 수량
時期(じき) 시기

～は心配要りません。

～은(는) 걱정 마세요.

상대방을 안심시키는 패턴입니다. 상대방의 불안이나 걱정을 불식시킴으로써 신뢰감을 더해주어, 협상 체결에 유리하게 작용할 수 있습니다.

🎧 178.MP3

STEP 1

1 セキュリティは心配要りません。

2 鮮度は心配要りません。

3 メンテナンスは心配要りません。

4 出荷は心配要りません。

5 返品は心配要りません。

1 보안은 걱정 마세요.

2 신선도는 걱정 마세요.

3 보수 관리는 걱정 마세요.

4 출하는 걱정 마세요.

5 반품은 걱정 마세요.

STEP 2

1 A 品質に問題はありませんか。
　B 品質に対しては心配要りません。
　A すぐ穴があいたりしませんか。
　B 天然ゴムを使っているので、とても丈夫です。

2 A 洗濯する前と後を比べてみてください。
　B 後の方がふんわりしてますね。ケバ落ちはどうですか。
　A 糸を拵る方法が違うので보풀이 일어나는 것은 걱정 마세요.
　B そうですか。

1 A 품질에 문제는 없나요?
　B 品質に関しては心配要りません。
　A 금방 구멍이 나거나 하지 않나요?
　B 천연고무를 사용하고 있어서 굉장히 튼튼합니다.

2 A 세탁하기 전과 후를 비교해 봐 주세요.
　B 세탁 후가 폭신폭신하네요. 보풀이 일어나는 것은 어떤가요?
　A 糸のよりが違うので、ケバ落ちは心配要りません。
　B 그래요?

TIPS

이 패턴과 비슷한 뜻을 가진 ～に何の問題もありません도 함께 익혀 두세요.

1. データに何の問題もありません。
   (데이터에 아무런 문제도 없습니다)
2. 取引に何の問題もありません。
   (거래에 아무런 문제도 없습니다)

要(い)る 필요하다
鮮度(せんど) 신선도
出荷(しゅっか) 출하
返品(へんぴん) 반품
穴(あな)があく 구멍이 나다
天然(てんねん) 천연
丈夫(じょうぶ) 튼튼함
洗濯(せんたく) 세탁
ケバ落(お)ち 보풀이 일어남
糸(いと) 실
より 꼰 것
取引(とりひき) 거래

合意した内容を～

합의한 내용을 ～

🎧179.MP3

협상을 마무리하고 합의 내용에 대해 점검하는 패턴입니다. 합의 내용을 잘못 이해했을 경우, 금전적인 손실로 이어질 수 있으므로 이 패턴을 통해 신중하게 확인하는 작업이 필요합니다.

STEP 1

1 合意した内容を**見てみましょうか**。

2 合意した内容を**書いてみましょう**。

3 合意した内容を**チェックしてみましょう**。

4 合意した内容を**もう一度検討しましょうか**。

5 合意した内容を**契約書に写しましょうか**。

1 합의한 내용을 (다시) 볼까요?

2 합의한 내용을 써 봅시다.

3 합의한 내용을 체크해 봅시다.

4 합의한 내용을 한 번 더 검토해 볼까요?

5 합의한 내용을 계약서로 옮겨 적을까요?

STEP 2

1　A　他に話し合うこと、ありますか。
　　B　別にありませんね。
　　A　じゃ、合意した内容を整理해 볼까요?
　　B　そうですね。

A 그럼, 합의한 내용을 정리해 볼까요? (B そうですね。)

2　A　합의한 내용을 한 번 더 확인해 봅시다.
　　B　納期は2ヶ月後の5月30日で間違いありませんか。
　　A　はい、そのとおりです。
　　B　単価とお支払方法もこれでいいですよね。

1　A　그 밖에 논의해야 할 사항 있나요?
　　B　딱히 없네요.
　　A　では、合意した内容をまとめてみましょうか。
　　B　그게 좋겠네요.

2　A　合意した内容をもう一度確認してみましょう。
　　B　납기는 2개월 후인 5월 30일로 틀림없죠?
　　A　네, 그렇습니다.
　　B　단가와 지불 방법도 이것으로 됐죠?

TIPS

Q 일단 합의한 내용에 대해서 다시 한 번 논의하고 싶을 때는?

A ～についてもう一度話し合いたいと思うんですが, 라는 패턴을 활용하세요.

예 契約期間についてもう一度話し合いたいと思うんですが。
(계약 기간에 대해서 한 번 더 이야기를 나누고 싶은데요)

合意(ごうい) 합의
内容(ないよう) 내용
検討(けんとう) 검토
写(うつ)す 베끼다
別(べつ) 별도
まとめる 정리하다
確認(かくにん) 확인
単価(たんか) 단가
支払(しはらい) 지불
話(はな)し合(あ)う 논의하다
契約期間(けいやくきかん) 계약 기간

〜を見直してください。

〜을(를) 재고해 주세요.

🎧 180.MP3

합의 내용에 납득이 안 갈 때 재검토를 부탁하는 패턴입니다. 보다 좋은 결과를 얻기 위한 조율과정에서 자주 사용되는 표현입니다. 〜てください를 〜ていただけませんか로 하면 더 정중해지겠죠?

STEP 1

1 単価を見直してください。

2 保険を見直してください。

3 スケジュールを見直してください。

4 決済の方法を見直してください。

5 2番目の条件を見直してください。

1 단가를 재고해 주세요.

2 보험을 재고해 주세요.

3 일정을 재고해 주세요.

4 결제 방법을 재고해 주세요.

5 두 번째 조건을 재고해 주세요.

STEP 2

1 **A** 가격을 재고해 주세요.
　　B 一つ420円以下は難しいです。
　　A その代わり、200ケース買いますから。
　　B 420円以下ではどうしても採算が合いません。

2 **A** 契約書を検討しましたが……。
　　B どこか不明なところでもありましたか。
　　A ここ納期の部分を見直してください。
　　B これ以上早めるのはちょっと……。

1 **A** 価격을 見直してください。
　　B 한 개당 420엔 이하는 어렵습니다.
　　A 그 대신 200케이스 살게요.
　　B 420엔 이하로는 도저히 채산이 맞지 않습니다.

2 **A** 계약서를 검토했는데요.
　　B 어딘가 이상한 데라도 있었나요?
　　A 여기 납기 부분을 재고해 주세요.
　　B 이 이상 앞당기는 것은 좀…….

T I P S
계약서에 자주 등장하는 단어를 소개합니다.

갑-甲(こう)
을-乙(おつ)
계약 기간-契約期間(けいやくきかん)
계약 조건-契約条件(けいやくじょうけん)
변경-変更(へんこう)
보수-補修(ほしゅう)
손해 배상-損害賠償(そんがいばいしょう)
협의-協議(きょうぎ)
〜하기로 한다-〜とする

単価(たんか) 단가
見直(みなお)す 재고하다
保険(ほけん) 보험
決済(けっさい) 결제
以下(いか) 이하
採算(さいさん) 채산
検討(けんとう) 검토
不明(ふめい)な 불분명한
部分(ぶぶん) 부분
早(はや)める 앞당기다

〜を考えると

〜을(를) 감안하면

의견이나 주장의 근거를 제시하는 패턴입니다. 상대방의 귀가 솔깃해질 수 있는 근거를 제시함으로써 자신이 의도한 협상 결과를 이끌어내기에 적합한 표현입니다.

🎧 181.MP3

STEP 1

1 トレンドを考えると、ピンクのほうが売れるでしょう。

2 人件費を考えると、決して高くありません。

3 今はやりのファッションを考えると、こちらのほうがいいです。

4 お客様のニーズを考えると、シンプルなデザインがよさそうですね。

5 マーケットの可能性を考えると、投資が必要です。

1 트렌드를 감안하면 핑크가 잘 팔리겠죠.

2 인건비를 감안하면 결코 비싸지 않습니다.

3 지금 유행하는 패션을 감안하면 이쪽이 좋습니다.

4 고객의 요구를 감안하면 심플한 디자인이 좋을 것 같아요.

5 시장의 가능성을 감안하면 투자가 필요합니다.

STEP 2

1 A 一つあたり20円ほど安くできませんか。
　 B 20円もですか。
　 A 最近、不景気でうちも厳しいんです。
　 B 하지만 제품의 품질을 감안하면 이 가격도 싼 편입니다.

2 A 他の色はありませんか。
　 B この三色の他にピンクとオレンジがありますが。
　 A ピンクはどうでしょうか。
　 B 계절을 감안하면 핑크는 좀……

1 A 한 개당 20엔 정도 싸게 할 수 없을까요?
　 B 20엔이나요?
　 A 요즘 불경기로 저희 회사도 어렵거든요.
　 B でも、製品の出来を考えると、これも安いほうです。

2 A 다른 색은 없나요?
　 B 이 3색 외에 분홍색과 오렌지색이 있는데요.
　 A 분홍색은 어떨까요?
　 B 季節を考えると、ピンクはちょっと……。

人件費(じんけんひ) 인건비
決(けっ)して 결코
可能性(かのうせい) 가능성
投資(とうし) 투자
不景気(ふけいき) 불경기
出来(でき) 품질
三色(さんしょく) 3색
季節(きせつ) 계절
考慮(こうりょ) 고려

～用意があります。

～(할) 용의가 있습니다.

한 발 양보함으로써 적극적으로 협상 의지를 어필하는 패턴입니다. 협상이 성공할 수 있도록 상대방의 구매 의욕을 자극하는 제안을 하는 경우에 자주 사용됩니다.

🎧182.MP3

STEP 1

1 話し合う用意があります。

2 協力する用意があります。

3 注文をする用意があります。

4 3%まで値引きする用意があります。

5 どんな要求にも応じる用意があります。

1 협의할 용의가 있습니다.

2 협력할 용의가 있습니다.

3 주문할 용의가 있습니다.

4 3%까지 깎아 드릴 용의가 있습니다.

5 어떤 요구에도 응할 용의가 있습니다.

STEP 2

1 A 実はオンライン事業を始めようと思っているんですが。

B そうですか。

A そこで、ウェブサイトのデザインをお願いしたいです。

B 당사의 배너를 링크하게 해 주시면 할인해 드릴 용의가 있습니다.

2 A なじみのうすい韓国商品が売れるかどうか……。

B 걱정이 되신다면 판촉 이벤트를 추진할 용의가 있습니다.

A いいアイデアですね。

B ぜひお願いします。

T I P S

用意는 '생각, 용의'라는 뜻 이외에 '준비, 대비'의 의미도 있습니다.

1. 書類を用意しています。
   (서류를 준비하고 있습니다)
2. あらかじめパンフレットを用意しました。(미리 팸플릿을 준비했습니다)

1 A 실은 온라인 사업을 시작하려고 생각 중인데요.
   B 그렇습니까?
   A 그래서 웹 사이트 디자인을 부탁드리고 싶어요.
   B 当社のバナーを張らせていただければ割引する用意があります。

2 A 생소한 한국 상품이 팔릴지…….
   B 心配でしたら、販促イベントを行う用意があります。
   A 좋은 생각이네요.
   B 꼭 부탁드립니다.

用意(ようい) 용의, 생각
協力(きょうりょく) 협력
要求(ようきゅう) 요구
応(おう)じる 응하다
事業(じぎょう) 사업
当社(とうしゃ) 당사
張(は)る 활짝 펴다
割引(わりびき) 할인
売(う)れる 팔리다
販促(はんそく) 판촉
行(おこな)う 거행하다
書類(しょるい) 서류

〜は極めて重要です。

~은(는) 대단히 중요합니다.

중요성을 강조함으로써 주의를 환기시키는 패턴입니다. 협상에서 상대방을 설득시키는 데 효과적입니다. 極めて(극히)라는 부사를 사용하여 그 중요성을 극대화하고 있습니다.

🎧 183.MP3

STEP 1

1 **安全性**は極めて重要です。

2 **アンケートの結果**は極めて重要です。

3 **ヨーロッパ市場**は極めて重要です。

4 **バックデータ**は極めて重要です。

5 **クリエイティブな考え**は極めて重要です。

1 안전성은 대단히 중요합니다.

2 설문조사 결과는 대단히 중요합니다.

3 유럽 시장은 대단히 중요합니다.

4 과거 데이터는 대단히 중요합니다.

5 창의적인 생각은 대단히 중요합니다.

STEP 2

1 **A** 販売キャンペーンをやってみたいんですが。
  B やってくださるんですか。
  A もちろんです。고객님들께 어필하는 것은 대단히 중요하니까요.
  B 私たちもサポートします。

2 **A** お互いにとって有益な交渉になってよかったです。
  B これからもよろしくお願いします。
  A ところで、みなさんの日本語がとても上手で、びっくりしました。
  B いえいえ、まだまだです。하지만 언어는 매우 중요하기 때문에 늘 공부하고 있습니다.

1 **A** 판매 캠페인을 해 보고 싶은데요.
  B 해 주시는 건가요?
  A 물론입니다. お客様へのアピールは極めて重要ですからね。
  B 저희들도 도와 드리겠습니다.

2 **A** 서로에게 유익한 협상이 되어서 기쁩니다.
  B 앞으로도 잘 부탁합니다.
  A 그런데 여러분의 일본어가 너무 능숙해서 놀랐습니다.
  B 아뇨, 별말씀을. でも言葉は極めて重要なので、いつも勉強しています。

T I P S

Q 이 패턴과 반대로, '~은(는) 중요하지 않다'는 의미의 패턴은?

A 상대방이 그다지 중요하지 않은 사항을 가지고 계속 물고 늘어진다면 〜は問題にならない(~은(는) 문제가 안 된다)라는 패턴을 써 보세요.

예 サイズは問題になりません。
(사이즈는 문제가 안 됩니다)

安全性(あんぜんせい) 안전성
重要(じゅうよう) 중요
結果(けっか) 결과
市場(しじょう) 시장
販売(はんばい) 판매
お互(たが)い 서로
有益(ゆうえき) 유익함
交渉(こうしょう) 협상
言葉(ことば) 말

251

Part 08

비즈니스는
이메일로 완성된다!

비즈니스
이메일 패턴

비즈니스에서 이메일은 편리하고 간편한 커뮤니케
이션 수단으로 자리 잡고 있습니다. 스마트폰이 나
오면서 실시간으로 이메일을 주고받는 경우도 많아
졌고, 전화처럼 시간적 제약을 받지 않을 뿐만 아니
라 기록을 남길 수 있다는 장점 때문에 애용되고 있
는데요. 그렇다고 부담 없이 쓰다 보면 상대방에게
나쁜 인상을 주거나 오해를 살 수도 있기 때문에 세
심한 주의가 필요합니다. 예의에 어긋나지 않으면서
도 하고자 하는 말을 분명히 전달하고, 상대방이 읽
기에도 편한 비즈니스 이메일은 어떻게 써야 할까
요? 이 파트에서는 쉽고 간단하면서도 실무에서 가
장 많이 쓰이는 핵심 패턴을 엄선하여 상황별로 나
누어 정리하였습니다.

Unit 21 인사&용건 패턴

Unit 22 요청&문의 패턴

Unit 23 정보 공지 패턴

Unit 24 문제 제기 패턴

Unit 25 대응 패턴

Unit 26 맺음말 패턴

Unit 21
인사&용건 패턴

패턴 미리보기

184 ~です。 ~입니다.   자기소개하기

185 この度は~ 이번에 ~   소식 전하기

186 ~件でメールいたしました。 ~건으로 메일드렸습니다.   용건 말하기

187 ~についてご回答いたします。 ~에 대해 답변드립니다.   답변하기

188 ~をもちまして ~(으)로, ~에, ~을(를) 끝으로   시점 명시하기

189 ~につきましては ~에 대해서는   안건 부각시키기

190 ~でお返事が遅れてしまいました。 ~(으)로 회신이 늦어졌습니다.   늦은 이유 밝히기

〜です。

〜입니다.

비즈니스 메일에서 간단하게 자신을 소개할 때 자주 사용하는 패턴입니다. 간단한 인사말 뒤에 이 패턴으로 소속과 이름을 밝힙니다. 처음 보내는 비즈니스 메일이라면 〜と申します라고 써 주세요.

🎧 184.MP3

STEP 1

1 お世話になっております。木村明です。

2 株式会社スカイの田中です。

3 韓国商事営業部のパクです。

4 マーケティングを担当しているイ・テホです。

5 売り場担当のキムです。

1 신세 지고 있습니다. 기무라 아키라입니다.

2 주식회사 스카이의 다나카입니다.

3 한국상사 영업부의 박○○입니다.

4 마케팅을 담당하고 있는 이태호입니다.

5 매장을 담당하고 있는 김○○입니다.

STEP 2

1 いつもお世話になっております。마케팅부의 김○○입니다. さて、私事で恐縮ですが、人事部に異動になりました。新しい部署におきましても、気持ちを新たに、全力を尽くしたいと思っております。

2 突然のメールで失礼します。다이세이상사의 박수민입니다. 現在、リサーチ業務を担当しています。弊社が行っているサービスをご紹介したいと思い、メールいたしました。さっそくですが、パンフレットをお送りしますので、ご検討ください。

1 늘 신세 지고 있습니다. 마케팅 부의 김 스민입니다. 다름이 아니라, 개인적인 일로 죄송하지만 인사부로 이동하게 되었습니다. 새로운 부서에서도 새로운 기분으로 최선을 다하고자 합니다.

2 갑작스런 메일로 실례합니다. 타이세이 상사의 박 스민입니다. 현재 리서치 업무를 담당하고 있습니다. 저희 회사가 제공하고 있는 서비스를 소개해 드리고자 메일드렸습니다. 바로 팸플릿을 보내 드리겠사오니 검토 바랍니다.

T I P S

일본어 표현법 중에 중지법(中止法)이 있는데요. 가령 働いて食べる와 같이 て형을 이용해서 문장을 연결하는 것이 아니라 '働き、食べる'처럼 ます형과 쉼표로 문장을 연결하는 방식을 말합니다. 비즈니스 메일이나 문서에서는 〜て를 쓰면 가벼운 느낌이 들기 때문에 중지법을 자주 사용합니다.

株式会社(かぶしきがいしゃ) 주식회사
担当(たんとう) 담당
売(う)**り場**(ば) 매장
私事(わたくしごと) 개인적인 일
部署(ぶしょ) 부서
新(あら)**たに** 새로이, 새롭게
全力(ぜんりょく)**を尽**(つ)**くす** 최선을 다하다
突然(とつぜん) 갑작스러움
業務(ぎょうむ) 업무
検討(けんとう) 검토

この度は～

이번에 ～

今回は의 비즈니스 표현으로, 메일을 쓴 목적과 연관된 간단한 인사나 근황을 전하는 패턴입니다. この度는 현재 상황에 초점을 맞추어 '이번 일', '지금의 상황', '최근에 일어난 일'의 뜻입니다.

🎧 185.MP3

STEP 1

1 この度は**おめでとうございます**。

2 この度は**大変でしたね**。

3 この度は**ご迷惑をおかけしました**。

4 この度は**大変お世話になりました**。

5 この度は**ご協力をいただき、ありがとうございました**。

1 이번에 축하드립니다.

2 이번에 큰일 치르셨네요.

3 이번에 폐를 끼쳤습니다.

4 이번에 대단히 신세를 졌습니다.

5 이번에 협력해 주셔서 감사했습니다.

STEP 2

1 이번에 제품 전시회를 엽니다. **日時などは下記のとおりでございます。新製品も多く取りそろえていますので、ご来場いただければと思います。どうかよろしくお願いいたします。**

2 이번에 새로운 카탈로그가 완성되었기에 알려 드립니다. **商品の価格とそれぞれの特徴が詳しく書かれています。ご検討の上、ご質問などがございましたら、ご連絡ください。**

1 이 度は、製品の展示会を開きます。 날짜와 시간은 아래와 같습니다. 신제품도 많이 준비해 놓고 있사오니, 와 주시면 감사하겠습니다. 잘 부탁드립니다.

2 이 度は、新しいカタログができあがりましたので、お知らせします。 상품의 가격과 각각의 특징이 자세히 쓰여 있습니다. 검토해 보시고 궁금하신 점 등이 있으시면 연락 주십시오.

T I P S

비즈니스 메일을 쓸 때 가장 고민되는 것이 경어인데요. 모든 경어를 총동원하면 문장 길이가 너무 길어지고, 은근히 무례하게 들릴 수 있습니다. 마지막 동사만 경어로 바꾸거나, 몇 가지 주요 단어를 비즈니스용 단어로 대치하는 등, 한 문장의 길이가 20~30자를 넘지 않도록 주의하세요.

展示会(てんじかい) 전시회
新製品(しんせいひん) 신제품
取(と)**りそろえる** 골고루 갖추다
特徴(とくちょう) 특징
～の上(うえ) ~한 후에

～件でメールいたしました。

~건으로 메일드렸습니다.

메일의 용건을 밝히는 패턴입니다. 업무상 연락에서는 간단한 인사 후 바로 메일의 용건을 밝히는 것이 좋습니다. 상대방이 알고 싶은 것도, 송신자가 알리고 싶은 것도 결국은 구체적 용건이니까요.

🎧 186.MP3

STEP 1

1 お支払の件でメールいたしました。

2 ご依頼の件でメールいたしました。

3 打ち合わせの件でメールいたしました。

4 申し込みの件でメールいたしました。

5 納期が延期された件でメールいたしました。

1 지불 건으로 메일드렸습니다.

2 의뢰 건으로 메일드렸습니다.

3 회의 건으로 메일드렸습니다.

4 신청 건으로 메일드렸습니다.

5 납기가 연기된 건으로 메일드렸습니다.

STEP 2

1 いつもお世話になっております。실은 송년회의 간사 건으로 메일드렸습니다. どこまで期待に応えられるか分かりませんが、引き受けることにしました。私で少しでもお役に立てれば幸いです。

2 지난번 의뢰하신 건으로 메일드렸습니다. 大変申し訳ないことでございますが、現在人手不足により、納期に間に合わせることができなくなりました。どうか納期を延ばしていただけますよう、お願い申し上げます。

1 늘 신세 지고 있습니다. 実は忘年会の幹事の件でメールいたしました。 어디까지 기대에 부응할 수 있을지 모르겠습니다만, 맡기로 했습니다. 저 같은 사람이 조금이라도 도움이 된다면 기쁘겠습니다.

2 先日のご依頼の件でメールいたしました。 매우 죄송한 일이지만, 현재 일손 부족으로 납기를 지킬 수 없게 되었습니다. 아무쪼록 납기를 연장해 주시도록 부탁드립니다.

🅣🅘🅟🅢

~件で(~건으로)는 활용도가 높습니다. 다소 업무적인 느낌이 강하지만 긴장감을 주기 때문에 비즈니스 메일이나 회화에서 자주 쓰입니다.

예 登録の件で質問があります。
(등록 건으로 질문이 있습니다)
カスタマーセンターの件でお知らせがあります。(소비자 센터 건으로 알려 드릴 것이 있습니다)

依頼(いらい) 의뢰

打(う)**ち合**(あ)**わせ** (간단한) 회의

延期(えんき) 연기

幹事(かんじ) 간사

期待(きたい)**に応**(こた)**える** 기대에 부응하다

引(ひ)**き受**(う)**ける** 맡다

幸(さいわ)**い** 다행

人手不足(ひとでぶそく) 일손 부족

間(ま)**に合**(あ)**わせる** 시간에 대다, 늦지 않다

延(の)**ばす** 연장하다, 늘리다

登録(とうろく) 등록

お知(し)**らせ** 알림, 통지

〜についてご回答いたします。

〜에 대해 답변드립니다.

문의나 요청 메일에 대한 회신을 할 때 필요한 패턴입니다. 지금부터 구체적 답변이 시작될 것임을 알리는 표현이죠. 'お＋ます형＋する'라는 겸양어 공식을 사용해서 정중함을 높이고 있습니다.

🎧 187.MP3

STEP 1

1 主な内容についてご回答いたします。

2 カタログの申し込みについてご回答いたします。

3 商品の問い合わせについてご回答いたします。

4 サービス料金の値上げについてご回答いたします。

5 5月13日にいただいたメールについてご回答いたします。

1 주요 내용에 대해 답변드립니다.

2 카탈로그 신청에 대해 답변드립니다.

3 상품 문의에 대해 답변드립니다.

4 서비스 요금 인상에 대해 답변드립니다.

5 5월 13일에 받은 메일에 대해 답변드립니다.

STEP 2

1 連絡いただき、ありがとうございます。고객님 질문에 대해 답변드립니다. 弊社はお客様との約束を一番に守っています。連絡が遅れるようなことはまずありません。なお、ご不明な点がございましたら、遠慮なくお問い合わせください。

2 귀사의 요청에 대해 답변드립니다. 新商品に関しては、現在カタログを作成しているところです。できあがり次第、お送りします。なお、新商品の説明会を行いますので、もしよろしければ、ご参加ください。

1 연락 주셔서 감사합니다. お客様からのご質問についてご回答いたします。 저희 회사는 고객님과의 약속을 제일 먼저 지키고 있습니다. 연락이 늦어지는 일은 우선 없습니다. 또, 궁금하신 점이 있으시면 사양 마시고 문의해 주십시오.

2 貴社の要請についてご回答いたします。신상품에 관해서는 현재 카탈로그를 作成しています。 완성되는 대로 보내 드리겠습니다. 또한, 신상품 설명회를 開催しますので、혹시 시간 있으시면 참석해 주시기 바랍니다.

TIPS

이 패턴은 ご回答 부분에 다른 단어를 넣어 응용이 가능합니다.

예 〜についてお願いいたします。
(〜에 대해 부탁드립니다)
〜についてお答えいたします。
(〜에 대해 회답드립니다)
〜についてご協力いたします。
(〜에 대해 협력하겠습니다)

主(おも)**な** 주요한
回答(かいとう) 답변, 회답
料金(りょうきん) 요금
値上(ねあ)**げ** 가격 인상
不明(ふめい)**な** 불명확한
遠慮(えんりょ) 사양
貴社(きしゃ) 귀사
要請(ようせい) 요청
〜次第(しだい) 〜하는 대로
協力(きょうりょく) 협력

〜をもちまして

〜(으)로, 〜에, 〜을(를) 끝으로

🎧 188.MP3

일의 시작과 끝을 알리는 패턴입니다. 비즈니스에서 날짜, 수치, 수량 등의 숫자는 매우 중요한데요. 특히 약속 일자, 납기 기한과 같은 날짜는 비즈니스의 이익이나 손해로 직결되는 만큼 주의를 요합니다.

STEP 1

1 以上をもちまして、自己紹介を終わります。

2 このメールをもちまして、注文の受付が完了します。

3 当サービスは4月7日をもちまして、終了となります。

4 本日の営業は午後9時をもちまして、終了いたします。

5 5月の末日をもちまして、契約を更新したいと思います。

1 이상으로 자기소개를 마치겠습니다.

2 이 메일을 끝으로 주문 접수가 완료됩니다.

3 본 서비스는 4월 7일로써 종료됩니다.

4 오늘 영업은 오후 9시에 종료하겠습니다.

5 5월 말일을 끝으로 계약을 갱신하고자 합니다.

STEP 2

1 大変申し上げにくいことですが、다음 달 25일자로 가격이 바뀝니다. 諸物価が急激に上がったため、今までの価格を維持することができなくなりました。

2 これまで毎週日曜日を休日としてきましたが、2014년 5월 1일자로 토, 일, 이틀간 쉬게 되었습니다. 当面何かと不便をおかけすることと存じますが、ご協力、お願い致します。

1 정말 말씀드리기 죄송한데요, 来月の25日をもちまして、価格が変わります。 모든 물가가 급격히 오르는 바람에, 지금까지의 가격을 유지할 수 없게 되었습니다.

2 지금까지 매주 일요일을 휴일로 해 왔습니다만, 2014년 5월 1일をもちまして、土日、二日間休むことになりました。 당분간 여러 가지로 불편을 끼치게 될 것으로 생각됩니다만, 협조해 주시기를 부탁드립니다.

TIPS

날짜를 명시하는 표현에는 〜付けで도 있습니다.

1. 2月11日付けで仕事を辞めました。
   (2월 11일자로 일을 그만두었습니다)
2. 12月1日付けで、証明書を発行してください。(12월 1일자로 증명서를 발행해 주세요)

受付(うけつけ) 접수
完了(かんりょう) 완료
終了(しゅうりょう) 종료
更新(こうしん) 갱신
諸(しょ)〜 모든 〜
急激(きゅうげき) 급격
維持(いじ) 유지
不便(ふべん) 불편
存(ぞん)じる '생각하다'의 겸양어
協力(きょうりょく) 협력
〜付(づ)けで 〜(일)자로
証明書(しょうめいしょ) 증명서
発行(はっこう) 발행

〜につきましては

~에 대해서는

🎧 189.MP3

~については의 비즈니스 버전으로, 비즈니스 메일에서 주요 안건을 내세우거나 부각시킬
때 자주 활용되는 패턴입니다.

STEP 1

1 開催につきましては、まだ決っていません。

2 次回の会議につきましては、下記のとおりです。

3 ご依頼の件につきましては、ご期待に沿うことができません。

4 お支払方法につきましては、窓口でご相談ください。

5 当製品につきましては、以前の価格でお求めいただけます。

1 개최에 대해서는 아직 미정입니다.

2 다음 회의(일정)에 대해서는 아래와 같습니다.

3 의뢰하신 건에 대해서는 기대에 부응하기 힘들 것 같습니다.

4 지불 방법에 대해서는 창구에서 문의해 주세요.

5 본 제품에 대해서는 이전 가격으로 구입하실 수 있습니다.

STEP 2

1 이번 마케팅 계획에 대해서는 가능하면 만나 뵙고 설명드리고 싶은데요, 어떠십니까? お忙しいとは存じますが、どうか時間を割いていただければ幸いです。

2 신상품에 대해서는 고객님께 만족을 드릴 수 있을 거라 생각합니다. デザインはもちろん、機能性や安全性まで備わりました。添付した説明書をご覧ください。どうかよろしくお願いします。

1 今回のマーケティング計画につきましては、できればお会いして説明したいと思っておりますが、いかがでしょうか。バ쁘실 거라 생각하지만, 아무쪼록 시간을 내 주시면 감사하겠습니다.

2 新商品につきましては、お客様にご満足をいただけるものと存じます。デザインは物論いで、기능성과 안전성까지 갖추었습니다. 첨부한 설명서를 봐 주십시오, 아무쪼록 잘 부탁드립니다.

TIPS

つきましては는 단독으로 쓰이기도 합니다. 즉, 앞서 설명한 내용의 결과를 의미하는 '그래서', '그러니까', '따라서', '그런 사정으로'가 됩니다.

예 つきましては、お手数ですが、連絡をお願いします。(그럼, 번거로우시겠지만 연락 부탁드립니다)

開催(かいさい) 개최
依頼(いらい) 의뢰
期待(きたい)**に添**(そ)**う** 기대에 부응하다
求(もと)**める** 구입하다
割(さ)**く** 할애하다
幸(さいわ)**い** 다행
満足(まんぞく) 만족
機能性(きのうせい) 기능성
備(そな)**わる** 갖추어지다
添付(てんぷ) 첨부
手数(てすう) 수고, 번거로움

～でお返事が遅れてしまいました。
~(으)로 회신이 늦어졌습니다.

업무에 쫓기다 보면 메일 회신이 늦어지는 일이 생기는데요. 회신이 늦어지게 된 사정을 알려 상대방에게 양해를 구하는 패턴입니다.

🎧 190.MP3

STEP 1

1️⃣ **休暇**でお返事が遅れてしまいました。

2️⃣ **連休**でお返事が遅れてしまいました。

3️⃣ **事務室の移転**でお返事が遅れてしまいました。

4️⃣ **急な出張**でお返事が遅れてしまいました。

5️⃣ **展覧会の準備**でお返事が遅れてしまいました。

1️⃣ 휴가로 회신이 늦어졌습니다.
2️⃣ 연휴로 회신이 늦어졌습니다.
3️⃣ 사무실 이전으로 회신이 늦어졌습니다.
4️⃣ 갑작스런 출장으로 회신이 늦어졌습니다.
5️⃣ 전람회 준비로 회신이 늦어졌습니다.

STEP 2

1️⃣ 이벤트 준비로 회신이 늦어졌습니다. **大変申し訳ありません。以後、気をつけます。さて、お問い合わせのあった製品についてご回答いたします。**

2️⃣ 저희 쪽의 잘못으로 회신이 늦어졌습니다. **実はパソコンのシステムトラブルにより、数日間メールのチェックができませんでした。まずはお詫びします。さて、来週の会議のことなんですが。**

1️⃣ イベントの準備でお返事が遅れてしまいました。대단히 죄송합니다. 앞으로 조심하겠습니다. 그럼, 문의해 주신 제품에 대해 답변드리겠습니다.

2️⃣ こちらのミスでお返事が遅れてしまいました。실은 컴퓨터의 시스템 장애로 인해 며칠간 메일 체크를 할 수 없었습니다. 우선 사과드립니다. 다름이 아니라, 다음 주에 있을 회의 말인데요.

TIPS

일본 회사들과 거래할 때는 특히 메일을 자주 확인해서 바로바로 회신해야 합니다. 만약 회신이 늦어질 것 같으면 미리 메일로 양해를 구하는 것이 좋습니다.

📝 新製品の件、了解しました。詳しく調べた上で、来週中にメールいたします。(신제품 건, 숙지했습니다. 자세히 알아본 후에 다음 주 중에 메일드리겠습니다)

連休(れんきゅう) 연휴
移転(いてん) 이전
展覧会(てんらんかい) 전람회
準備(じゅんび) 준비
以後(いご) 이후
製品(せいひん) 제품
数日間(すうじつかん) 며칠 간
詫(わ)**びる** 사과하다
了解(りょうかい) 양해, 이해
詳(くわ)**しく** 자세히

Unit 22
요청&문의 패턴

🔍 **패턴 미리보기**

191	〜をお願い申し上げます。　〜을(를) 부탁드립니다.	부탁하기
192	〜て(で)いただければと存じます。　〜(해) 주시면 감사하겠습니다.	정중히 부탁하기
193	急なお願いで恐縮ですが〜　갑작스런 부탁으로 죄송하지만 〜	급히 부탁하기
194	〜を探しています。　〜을(를) 찾고 있습니다.	원하는 모델 찾기
195	〜はお済みでしょうか。　〜은(는) 끝나셨나요?	완료 확인하기
196	〜をお知らせください。　〜을(를) 알려 주십시오.	정보 요청하기
197	〜て(で)もよろしいでしょうか。　〜(해)도 되겠습니까?	양해 구하기
198	〜はどうすればいいでしょうか。　〜은(는) 어떻게 하면 좋을까요?	조언 구하기
199	〜は可能でしょうか。　〜은(는) 가능할까요?	가능한지 묻기

～をお願い申し上げます。
～을(를) 부탁드립니다.

🎧 191.MP3

비즈니스 메일이나 문서에서 부탁하거나 요청할 때 가장 많이 쓰는 패턴입니다. 명사나 명사구를 넣어 완성합니다.

STEP 1

1 ご指導をお願い申し上げます。

2 メールのチェックをお願い申し上げます。

3 ご協力をお願い申し上げます。

4 新規のお取引をお願い申し上げます。

5 メールで送った書類のご検討をお願い申し上げます。

1 지도를 부탁드립니다.

2 메일 체크를 부탁드립니다.

3 협력을 부탁드립니다.

4 신규 거래를 부탁드립니다.

5 메일로 보내 드린 서류 검토를 부탁드립니다.

STEP 2

1 聞くところによりますと、今回の大雨で被害を受けたそうですが、今どのような状況でしょうか。大変失礼ですが、今月末になっている納品は大丈夫でしょうか。確認しcて連絡を부탁드립니다.

2 一週間前に製品のサンプルをお願いしましたが、まだ何の連絡もいただいておりません。죄송하지만, 확인을 부탁드립니다. なお、いつごろサンプルをいただけるか、教えていただきたいと思います。

1 듣자 하니, 이번 폭우로 피해를 입었다고 하던데, 지금 어떤 상황입니까? 대단히 실례되는 말씀이지만, 이달 말로 되어 있는 납품은 괜찮을까요? ご確認の上、ご連絡をお願い申し上げます.

2 일주일 전에 제품의 샘플을 부탁드렸는데요, 아직 아무런 연락도 받지 못했습니다. 恐れ入りますが、ご確認をお願い申し上げます. 또, 언제쯤 샘플을 받을 수 있을지 알려 주셨으면 합니다.

TIPS

문장 전체를 부드럽게 만들어 주는 쿠션어(クッション言葉)와 이 패턴은 정말 찰떡궁합입니다. 다양한 상황에서 활용해 보세요.

1. 失礼ですが、ここにサインをお願い申し上げます。
(실례지만, 여기에 사인을 부탁드립니다)
2. 恐縮ですが、料金は前払いでお願い申し上げます。
(죄송하지만, 요금은 선불로 부탁드립니다)

指導(しどう) 지도
協力(きょうりょく) 협력
新規(しんき) 신규
検討(けんとう) 검토
被害(ひがい)を受(う)ける 피해를 입다
状況(じょうきょう) 상황
製品(せいひん) 제품
確認(かくにん) 확인
恐縮(きょうしゅく) 황송해함
前払(まえばら)い 선불

～て(で)いただければと存じます。

～(해) 주시면 감사하겠습니다.

🎧 192.MP3

정중히 부탁하는 패턴인데요. 메일이나 문서에서는 직접적으로 부탁하는 의문형 패턴뿐만 아니라 간접 서술 형식의 부탁 패턴도 많이 사용합니다.

STEP 1

1 見積もりを出していただければと存じます。

2 締め切りを伸ばしていただければと存じます。

3 ファックス番号を教えていただければと存じます。

4 新商品の発売日を知らせていただければと存じます。

5 以下の住所まで資料を送っていただければと存じます。

1 견적을 내 주시면 감사하겠습니다.

2 마감일을 연기해 주시면 감사하겠습니다.

3 팩스 번호를 알려 주시면 감사하겠습니다.

4 신상품 발매일을 알려 주시면 감사하겠습니다.

5 아래 주소로 자료를 보내 주시면 감사하겠습니다.

STEP 2

1 御社の商品に大変興味があります。モデルナンバー456号について より詳しく知りたいと思っております。가능하면 그에 대한 팸플릿을 보내 주시면 감사하겠습니다.

2 私どもは価格の引き上げ幅に少々驚いております。他のところより 大分高くなっています。大量に注文する用意もございますので、지금 까지의 금액으로 해 주시면 감사하겠습니다.

1 귀사의 상품에 상당히 관심이 있습니다. 모델 번호 456호에 대해 보다 자세히 알고 싶습니다. 가능하면 그것에 관한 팸플릿을 보내 주시면 감사하겠습니다.

2 저희들은 이번 가격 인상 폭에 다소 놀라고 있습니다. 다른 곳보다 상당히 비쌉니다. 대량으로 주문할 용의도 있사오니, 지금까지의 값으로 해 주시면 감사하겠습니다.

見積(みつ)もり 견적
締(し)め切(き)り 마감(일)
発売日(はつばいび) 발매일
御社(おんしゃ) 귀사
興味(きょうみ) 흥미, 관심
価格(かかく) 가격
幅(はば) 폭
大量(たいりょう) 대량
値段(ねだん) 가격
意識調査(いしきちょうさ) 의식 조사
自信(じしん) 자신감

急なお願いで恐縮ですが～

갑작스런 부탁으로 죄송하지만 ～

비즈니스 현장에서는 늘 예기치 못한 일들이 일어나는데요. 부득이하게 갑작스런 부탁을 해야 할 때 미안함을 전하는 패턴입니다. 보다 정중함이 느껴지도록 恐縮(죄송함, 송구함)라는 한자어를 사용합니다.

🎧 193.MP3

STEP 1

① 急なお願いで恐縮ですが、**在庫を調べてください。**

② 急なお願いで恐縮ですが、**できるだけ早くお願いします。**

③ 急なお願いで恐縮ですが、**今日中にお会いしたいです。**

④ 急なお願いで恐縮ですが、**スケジュールを変えることはできませんか。**

⑤ 急なお願いで恐縮ですが、**今週いっぱいまでにできないでしょうか。**

① 갑작스런 부탁으로 죄송하지만, 재고를 조사해 주세요.

② 갑작스런 부탁으로 죄송하지만, 가능한 한 빨리 부탁드려요.

③ 갑작스런 부탁으로 죄송하지만, 오늘 중에 뵈었으면 합니다.

④ 갑작스런 부탁으로 죄송하지만, 일정을 바꿀 수는 없나요?

⑤ 갑작스런 부탁으로 죄송하지만, 이번 주말까지 안 될까요?

STEP 2

① 갑작스런 부탁으로 죄송하지만, 다음 주 회의를 다다음 주로 해 주시지 않겠습니까? 実は、工場の生産ラインにトラブルがありました。そのため、来週はどうしても時間がとれません。どうかご了承ください。

② いつもお世話になっております。さっそくですが、5月3日のプレゼンには参加できなくなりました。갑작스런 부탁으로 죄송하지만, 제 대신 자료를 발표해 주실 수 없을까요? ご迷惑をおかけして申し訳ありません。

① 急なお願いで恐縮ですが、来週の会議を再来週にしていただけませんか。実は、工場生産ラインに問題がありました。그래서 다음 주는 도저히 시간이 안 나네요. 아무쪼록 양해해 주시기 바랍니다.

② 늘 신세 지고 있습니다. 다름이 아니라, 5월 3일 프레젠테이션에는 참가할 수 없게 되었습니다. 急なお願いで恐縮ですが、私の代わりに資料を発表していただけないでしょうか。폐를 끼쳐서 죄송합니다.

T I P S

갑작스런 부탁을 할 때 쓸 수 있는 다른 표현을 알아볼까요?
1. 뻔뻔한 부탁을 드려 죄송하지만,
   ❍ 勝手なお願いで申し訳ありませんが、
2. 무리한 부탁을 드려 죄송하지만,
   ❍ 無理なお願いで恐れ入りますが、
3. 실례되는 부탁을 드려 면목 없습니다만,
   ❍ 失礼なお願いで面目ありませんが、

在庫(ざいこ) 재고
調(しら)**べる** 조사하다
変(か)**える** 바꾸다
生産(せいさん) 생산
了承(りょうしょう) 양해, 이해
参加(さんか) 참가
～の代(か)**わりに** ～대신에
発表(はっぴょう) 발표
勝手(かって) 제멋대로 함
無理(むり)**な** 무리한
面目(めんぼく) 면목

〜を探しています。

〜을(를) 찾고 있습니다.

상품의 종류, 색깔, 모양 등의 조건이나 제품의 사양 등을 제시하여 원하는 모델을 찾는 패턴입니다. 판매 가치가 있는 상품을 찾아내는 일은 비즈니스 찬스로 이어지는 만큼 활용 가치가 높은 표현입니다.

🎧 194.MP3

STEP 1

1 他の色の製品を探しています。

2 カタログには載っていないモデルを探しています。

3 インターネット事業のパートナーを探しています。

4 同じデザインでサイズの違うものを探しています。

5 開発に必要な部品を探しています。

1 다른 색깔의 제품을 찾고 있습니다.

2 카탈로그에는 실려 있지 않은 모델을 찾고 있습니다.

3 인터넷 사업의 파트너를 찾고 있습니다.

4 같은 디자인으로 사이즈가 다른 물건을 찾고 있습니다.

5 개발에 필요한 부품을 찾고 있습니다.

STEP 2

1 貴社のホームページで製品のリストを拝見しました。特に携帯のストラップはデザインがユニークで日本のマーケットでも受ける可能性が高いと思います。저희는 보다 작고 가벼운 여성용 상품을 찾고 있습니다. もしそういうものがございましたら、ご連絡ください。

2 弊社はパソコンに装着するウェブカメラを作る会社です。신제품 개발에 필요한 나사를 찾고 있습니다. サイズが書かれた図面を添付します。ご検討の上、製作にかかる日数を教えていただければと存じます。

1 귀사의 홈페이지에서 제품 리스트를 보았습니다. 특히 휴대전화 스트랩 디자인이 독특해서 일본 시장에서도 좋은 반응을 얻을 가능성이 높다고 생각합니다. 私たちはより小さくて軽い、女性向けの商品を探しています。 만약 그러한 것이 있다면 연락 주십시오.

2 저희 회사는 컴퓨터에 장착하는 웹 카메라를 만드는 회사입니다. 新製品の開発に必要なネジを探しています。 사이즈가 적힌 도면을 첨부합니다. 검토하신 후, 제작에 필요한 일수를 가르쳐 주시면 감사하겠습니다.

事業(じぎょう) 사업
開発(かいはつ) 개발
部品(ぶひん) 부품
受(う)**ける** 좋은 반응을 얻다
可能性(かのうせい) 가능성
装着(そうちゃく) 장착
添付(てんぷ) 첨부
日数(にっすう) 일수
説明(せつめい) 설명
取(と)**り調**(しら)**べ** 조사

～はお済みでしょうか。

～은(는) 끝나셨나요?

어떤 절차가 완료되었는지 확인하는 패턴입니다. 주로 입금, 신청 등의 완료를 확인할 때 사용하는데요. 확인을 통해 업무 속도를 빠르게 하고 금전적 손실을 막을 수 있는 표현입니다.

🎧 195.MP3

STEP 1

1 ご予約はお済みでしょうか。

2 ご入金はお済みでしょうか。

3 キャンペーンの準備はお済みでしょうか。

4 ウェブサイトへのアップロードはお済みでしょうか。

5 参加の申し込みはお済みでしょうか。

1 예약은 끝나셨나요?

2 입금은 끝나셨나요?

3 캠페인 준비는 끝나셨나요?

4 웹사이트 업로드는 끝나셨나요?

5 참가 신청은 끝나셨나요?

STEP 2

1 現在受けているサービスの有効期間が2014年12月30日で終了します。更新手続きは終わりましたか? 引き続きサービスをご利用いただく場合は、更新の手続きが必要となります。

2 계좌 이체를 통한 입금은 끝나셨나요? 商品発送はご入金の確認後となります。なお、ご入金済で商品が届かない場合は、こちらまでお問い合わせください。

1 현재 받고 계시는 서비스의 유효 기간이 2014년 12월 30일로 종료됩니다. 更新の手続きはお済みでしょうか. 계속해서 서비스를 이용하실 경우는 갱신 절차가 필요합니다.

2 銀行振込でのご入金はお済みでしょうか. 상품 발송은 입금 확인 후가 됩니다. 그리고 입금이 끝났는데도 상품이 도착하지 않은 경우는, 저희에게 문의해 주시기 바랍니다.

有効期間(ゆうこうきかん) 유효 기간
更新(こうしん) 갱신
引(ひ)**き続**(つづ)**き** 계속해서, 이어서
銀行振込(ぎんこうふりこみ) 계좌 이체
発送(はっそう) 발송
届(とど)**く** 도착하다
～のみ ～만

〜をお知らせください。

〜을(를) 알려 주십시오.

🎧 196.MP3

알고 싶은 정보를 요청할 때 쓰는 패턴입니다. 급한 경우라면 전화를 하겠지만, 2~3일 정도의 여유가 있다면 메일을 통해 정보를 요청하는 것도 기록을 남긴다는 의미에서 괜찮은 비즈니스 스킬입니다.

STEP 1

1 どのように進められるかをお知らせください。

2 配送の日時をお知らせください。

3 今の住所などをお知らせください。

4 参加する方の数をお知らせください。

5 今回、プレゼンの発表者をお知らせください。

1 어떤 식으로 진행되는지를 알려 주십시오.

2 배송 일자를 알려 주십시오.

3 현재 주소 등을 알려 주십시오.

4 참가하시는 분의 수(몇 분이 참가하는지)를 알려 주십시오.

5 이번 프레젠테이션의 발표자를 알려 주십시오.

STEP 2

1 この度は、お買い上げありがとうございました。제품에 이상이 있으면 그 내용을 알려 주십시오. 特にボルトがはずれていたり、穴が開いていたり、ぐらぐらしたりするという不具合にお気づきの場合は、すぐにご連絡ください。

2 はじめて、メールいたします。貴社の製品に大変興味があります。귀사에서 열고 계시는 설명회나 전시회 등의 정보를 알려 주십시오. ウェブサイトの掲載内容は去年のものでした。それでは、よろしくお願いいたします。

1 이번에 구입 감사합니다. 製品に異常がありましたら、その旨をお知らせください。特にボルトが抜けていたり穴が開いていたり、혼들거리거나 하는 이상을 발견하실 경우는 바로 연락 주십시오.

2 처음으로 메일드립니다. 귀사 제품에 상당히 관심이 있습니다. 御社で行っている説明会や展示会などの情報をお知らせください。웹 사이트의 게재 내용은 작년 것이었습니다. 그럼, 잘 부탁드립니다.

TIPS

お知らせください는 주로 명칭이나 일시(日時), 장소 등의 정보를 요청할 때 많이 사용하는데요. 어떤 기술이나 지식의 해설을 부탁할 때는 ご指導ください(지도 바랍니다)나, ご教示ください(가르쳐 주십시오)를 많이 씁니다. お教えください는 비즈니스 메일에서 잘 쓰지 않습니다.

配送(はいそう) 배송
日時(にちじ) 날짜와 시간
参加(さんか) 참가
発表者(はっぴょうしゃ) 발표자
異常(いじょう) 이상
旨(むね) 뜻, 취지
不具合(ふぐあい) (제품) 이상
情報(じょうほう) 정보
掲載内容(けいさいないよう) 게재 내용
指導(しどう) 지도
教示(きょうじ) 교시(가르침)

269

～て(で)もよろしいでしょうか。

～(해)도 되겠습니까?

비즈니스 메일에서 상대방에게 양해를 구하는 패턴입니다. 아무리 작고 간단한 일이라도 하나하나 상대방의 의견을 묻고 조율해 가는 방식은 일본 회사와의 신뢰 형성에 있어 가장 중요합니다.

🎧 197.MP3

STEP 1

1 失礼してもよろしいでしょうか。

2 一つ提案してもよろしいでしょうか。

3 お時間をすこしいただいてもよろしいでしょうか。

4 ご連絡先を伺ってもよろしいでしょうか。

5 10月1日の2時頃にお訪ねしてもよろしいでしょうか。

1 실례해도 되겠습니까?

2 한 가지 제안해도 되겠습니까?

3 시간을 잠시 내 주시겠습니까?

4 연락처를 여쭤 봐도 되겠습니까?

5 10월 1일 2시경에 찾아뵈어도 되겠습니까?

STEP 2

1 한 가지 여쭤 봐도 될까요? 前回、私に送ってくださった統計が、一番最近のもので間違いないでしょうか。お手数ですが、一つ一つの数値に間違いがないか、ご確認いただければと存じます。

2 다름이 아니라 내일 간담회 말인데요. 장소를 변경해도 될까요? もう少し落ち着いてお話しができるところをいくつか選んでみました。詳細につきましては、以下のURLより地図をダウンロードしていただけますので、よろしくお願いします。

1 一つお聞きしてもよろしいでしょうか。 지난번 저에게 보내 주신 통계가 가장 최신 자료임에 틀림없나요? 번거로우시겠지만, 하나하나의 수치에 틀림이 없는지 확인해 주셨으면 합니다.

2 さて、明日の懇談会の件ですが、場所を変更してもよろしいでしょうか。 좀 더 차분하게 이야기할 수 있는 곳을 몇 군데 골라 봤습니다. 자세한 사항은 아래 URL에서 지도를 다운로드받으실 수 있으니 잘 부탁드립니다.

TIPS

よろしいでしょうかは 상대방이 말을 제대로 이해했는지 확인하는 의미로도 자주 쓰입니다.

1. 値段の引き下げは難しいということでよろしいでしょうか。
(가격 인하는 어렵다고 이해해도 될까요?)
2. 修理は有料になると考えてよろしいでしょうか。
(수리는 유료가 된다고 생각해도 될까요?)

提案(ていあん) 제안
伺(うかが)う '묻다'의 겸양어
訪(たず)ねる 방문하다
統計(とうけい) 통계
間違(まちが)い 착오, 틀림
数値(すうち) 수치
確認(かくにん) 확인
懇談会(こんだんかい) 간담회
変更(へんこう) 변경
詳細(しょうさい) 상세한 사항
引(ひ)き**下**(さ)げ 인하
修理(しゅうり) 수리

～はどうすればいいでしょうか。

～은(는) 어떻게 하면 좋을까요?

상대방에게 구체적인 의견이나 조언을 구하는 패턴입니다. 자신의 의견을 내세우기 전에 먼저 상대방의 의견을 들어보는 것이 중요하겠죠?

🎧 198.MP3

STEP 1

1 申し込みはどうすればいいでしょうか。

2 掲示板はどうすればいいでしょうか。

3 他のものに交換するにはどうすればいいでしょうか。

4 お客様からの苦情はどうすればいいでしょうか。

5 宛先が違うものが届きましたが、これはどうすればいいでしょうか。

1 신청은 어떻게 하면 좋을까요?

2 게시판은 어떻게 하면 좋을까요?

3 다른 물건으로 교환하려면 어떻게 하면 될까요?

4 고객으로부터의 불만사항은 어떻게 하면 될까요?

5 주소가 다른 물건이 왔는데요, 이것은 어떻게 하면 좋을까요?

STEP 2

1 突然のメールで失礼いたします。韓国で貿易業を営んでいます。そちらの会場で来月の二日より中小企業博覧会が開かれると聞きました。출품하려면 어떻게 하면 좋을까요? 手続きなどについての情報がほしいです。

2 先日、年末年始休暇に関するメールをいただき、今年最後の打ち合わせの日と連休が重なることに気づきました。회의 날짜를 어떻게 하면 좋을까요? 日にちを繰り上げるか、もしくは飛ばすかお決めください。

1 갑작스런 메일을 보내서 실례가 많습니다. 한국에서 무역업을 하고 있습니다. 그쪽 행사장에서 다음 달 2일부터 중소기업 박람회가 열린다고 들었습니다. 出展するにはどうすればいいでしょうか。 수속이나 절차 등에 관한 정보를 알고 싶습니다.

2 얼마 전 연말연시 휴가에 관한 메일을 받고 올해 마지막 회의 날과 연휴가 겹치는 것을 알게 되었습니다. 打ち合わせの日をどうすればいいでしょうか。 날짜를 앞당기든지, 아니면 생략하든지 결정해 주십시오.

掲示板(けいじばん) 게시판
苦情(くじょう) 불평, 불만
宛先(あてさき) 수신자 주소
貿易業(ぼうえきぎょう) 무역업
営(いとな)**む** 경영하다
博覧会(はくらんかい) 박람회
出展(しゅってん) 출전(전시회 등에 출품함)
年末年始(ねんまつねんし) 연말연시
重(かさ)**なる** 겹치다
日(ひ)**にち** 날짜
飛(と)**ばす** 뛰어넘다

〜は可能でしょうか。

~은(는) 가능할까요?

어떤 사안에 대해 가능성을 알아보는 패턴입니다. yes인지 no인지 확실한 대답을 유도하는 표현으로, 문의하거나 부탁하는 경우에 폭넓게 사용할 수 있습니다.

🎧 199.MP3

STEP 1

1 図案の変更は可能でしょうか。

2 納期を早めることは可能でしょうか。

3 日本語での質問は可能でしょうか。

4 郵便で送ってもらうことは可能でしょうか。

5 銀行振込で決済することは可能でしょうか。

1 도안 변경은 가능할까요?

2 납기를 앞당기는 것은 가능할까요?

3 일본어로의 질문은 가능할까요?

4 우편으로 보내 주시는 것은 가능할까요?

5 계좌 입금으로 결제하는 것은 가능할까요?

STEP 2

1 実は、御社から購入したシュレッダーの刃が欠けてしまいました。부품 교환은 가능할까요? 大分前のモデルなので、部品があるか心配になります。もし時間がかかるようでしたら、この際新しく買い換える考えもあります。

2 대단히 죄송합니다만, 공장 견학을 한 달 정도 늦추는 것은 가능할까요? 工場に火災が起き、当分見学は無理なようです。どうかご理解いただければと存じます。

1 실은 귀사로부터 구입한 세단기의 날이 부러져 버렸습니다. 部品の交換は可能でしょうか。 꽤 전의 모델이라서 부품이 있을지 걱정됩니다. 만약 시간이 걸릴 것 같으면 이참에 새로 구입할 생각도 있습니다.

2 大変申し訳ございませんが、工場の見学を1ヶ月ほど、ずらしていただくことは可能でしょうか。 공장에 화재가 나서 당분간 견학은 무리일 것 같습니다. 아무쪼록 이해해 주시기를 바랍니다.

🅣🅘🅟🅢

可能(가능)를 활용한 표현을 공부해 볼까요?

1. 可能な限り資料を集めてください。
   (가능한 한 자료를 모아 주세요)

2. 可能でしたら、私に送っていただけますか。
   (가능하시면 저에게 보내 주실 수 있나요?)

早(はや)める 앞당기다
銀行振込(ぎんこうふりこみ) 계좌 입금
決済(けっさい) 결제
購入(こうにゅう) 구입
部品(ぶひん) 부품
交換(こうかん) 교환
際(さい) 때
買(か)い換(か)える 새로 사서 바꾸다
見学(けんがく) 견학
ずらす 연기하다
火災(かさい) 화재
~限(かぎ)り ~한

Unit 23
정보 공지 패턴

🔍 패턴 미리보기

200	〜をご案内します。 〜을(를) 안내해 드립니다.	정보 알리기
201	〜をお知らせします。 〜을(를) 알려 드립니다.	통지하기
202	〜を確認次第 〜을(를) 확인하는 대로	전제 조건 알리기
203	〜を検討しました。 〜을(를) 검토했습니다.	검토 내용 알리기
204	〜予定です。 〜(할) 예정입니다.	예정 알리기
205	〜を終了させていただきます。 〜을(를) 종료하겠습니다.	종료 알리기
206	〜ことになりました。 〜(하)게 되었습니다.	변경 사항 알리기
207	〜をキャンセルさせていただきたく存じます。 〜을(를) 취소하고 싶습니다.	취소 통보하기
208	〜が困難となりました。 〜이(가) 곤란해졌습니다.	실패 결과 알리기
209	〜が生じました。 〜이(가) 발생했습니다.	문제 발생 알리기
210	まことに遺憾ながら〜 대단히 유감스럽지만 〜	유감스러운 결과 전하기
211	〜状況です。 〜상황입니다.	상황 설명하기

～をご案内します。

～을(를) 안내해 드립니다.

행사, 거래, 업무 관련 정보 등을 고객에게 알리는 패턴입니다. 회사에서는 여러 가지 안내 메일을 수시로 발송하고 있기 때문에 사용 빈도가 높은 표현입니다.

🎧 200.MP3

STEP 1

1 おすすめスポットをご案内します。

2 下記のとおりパーティーをご案内します。

3 料金単価をご案内します。

4 相談窓口をご案内します。

5 皆様に今度の歓迎会をご案内します。

1 추천 장소를 안내해 드립니다.

2 아래와 같이 파티를 안내해 드립니다.

3 요금 단가를 안내해 드립니다.

4 상담 창구를 안내해 드립니다.

5 여러분께 이번 환영회를 안내해 드립니다.

STEP 2

1 신상품 발표회를 안내해 드립니다. 今年のテーマは「家族」です。新アイテムを加え、ラインナップも豊富に取りそろえました。お忙しい中、恐縮ですが、ぜひお出かけくださいますようお願いいたします。

2 홈페이지 개설을 안내해 드립니다. この度、弊社ではお客様に最新の情報をお届けするためにホームページを開設しました。取り扱い商品をはじめ、いろいろな情報を詳しく載せております。ぜひご覧ください。

1 新商品の発表会をご案内します。 올해의 테마는 '가족'입니다. 새로운 아이템을 추가하여 라인업도 다양하게 준비하였습니다. 바쁘신 가운데 죄송하지만, 꼭 참석해 주시기 바랍니다.

2 ホームページの開設をご案内します。 이번에 저희 회사에서는 고객님들께 최신 정보를 전해 드리기 위해서 홈페이지를 개설하였습니다. 취급 상품을 비롯하여 다양한 정보를 자세히 게재하고 있습니다. 꼭 봐 주세요.

単価(たんか) 단가
窓口(まどぐち) 창구
歓迎会(かんげいかい) 환영회
加(くわ)える 추가하다
豊富(ほうふ)に 풍부하게
恐縮(きょうしゅく) 황송, 송구
開設(かいせつ) 개설
最新(さいしん) 최신
載(の)せる 게재하다
下記(かき) 아래에 쓴 기록

～をお知らせします。

～을(를) 알려 드립니다.

회사 혹은 부서 간에 업무 관련 정보를 통지하는 패턴입니다. 업무상 반드시 알아야 하는 구체적 사항부터 사소한 일정까지 이 패턴을 활용하여 전달합니다.

🎧 201.MP3

STEP 1

1 今の**状況**をお知らせします。

2 会議の**日程**をお知らせします。

3 後ほど詳しい**内容**をお知らせします。

4 **入金が確認されたこと**をお知らせします。

5 新しく変わった**連絡先**をお知らせします。

1 현재 상황을 알려 드립니다.

2 회의 일정을 알려 드립니다.

3 나중에 자세한 내용을 알려 드리겠습니다.

4 입금이 확인되었음을 알려 드립니다.

5 새롭게 바뀐 연락처를 알려 드리겠습니다.

STEP 2

1 가격이 변경되었음을 알려 드립니다. 最近材料の値上げが続いたためです。弊社としましては、これを機に品質の維持とサービスの向上に努力してまいります。

2 毎月第一水曜日に開かれる会議についてですが、이번 주 회의는 연기되었음을 알려 드립니다. 社長の出張が伸びたためです。ご迷惑をおかけして申し訳ございません。

1 価格の変更をお知らせします。 최근 재료 가격 인상이 계속되었기 때문입니다. 저희 회사로서는 이를 계기로 품질 유지와 서비스 향상에 노력해 나가겠습니다.

2 매월 첫째 주 수요일에 열리는 회의 말인데요. 今週の会議は延期されたことをお知らせします。 사장님의 출장이 길어졌기 때문입니다. 업무에 지장을 드려 죄송합니다.

TIPS

お知らせ는 명사로 쓰여 메일 제목에 해당하는 件名에도 자주 사용됩니다.

1. お客様へのお知らせ(고객님께 알리는 말)
2. 営業部からのお知らせ(영업부에서 알림)
3. 事務所移転のお知らせ(사무실 이전 알림)
4. アポ変更のお知らせ(약속 변경 알림)
5. 工事のお知らせ(공사 알림)
6. 不在のお知らせ(부재 알림)

状況(じょうきょう) 상황
日程(にってい) 일정
入金(にゅうきん) 입금
品質(ひんしつ) 품질
維持(いじ) 유지
向上(こうじょう) 향상
努力(どりょく) 노력
延期(えんき) 연기
伸(の)びる 길어지다
件名(けんめい) 건명
移転(いてん) 이전
変更(へんこう) 변경

～を確認次第

～을(를) 확인하는 대로

次第(～하자마자, ～하는 대로)를 이용하여 뒤에 나오는 행위의 전제 조건을 알리는 패턴입니다. 즉, 다음 단계로 넘어가기 전에 확인해야 할 사항을 알려 주는 표현입니다.

🎧 202.MP3

STEP 1

1 メールを確認次第、お電話ください。

2 パスワードを確認次第、お通しします。

3 内容を確認次第、お知らせします。

4 申し込みを確認次第、メールいたします。

5 お名前を確認次第、ご連絡します。

1 메일을 확인하는 대로 전화 주세요.

2 비밀번호를 확인하는 대로 통과시켜 드리겠습니다.

3 내용을 확인하는 대로 알려 드리겠습니다.

4 신청을 확인하는 대로 메일드리겠습니다.

5 성함을 확인하는 대로 연락드리겠습니다.

STEP 2

1 ご注文ありがとうございました。大金 입금을 확인하는 대로 발송하겠습니다. なお、4,000個以上の大量注文ですと、3％の値引きができます。ご検討の上、ご連絡ください。

2 スマホ用のアクセサリーが予想以上の売れ行きです。つきましては、同じものを200ケース、追加注文したいと思うのですが、在庫はいかがでしょうか。재고를 확인하는 대로 연락 주십시오.

1 주문 감사합니다. 代金のご入金を確認次第、発送いたします。그리고 4,000개 이상의 대량 주문이면 3% 할인이 가능합니다. 검토해 보시고 연락 주십시오.

2 스마트폰용 액세서리가 예상 이상의 판매를 보이고 있습니다. 그래서 같은 물건을 200케이스 추가 주문하고 싶은데요. 재고는 어떻습니까? 在庫を確認次第、ご連絡ください。

確認(かくにん) 확인
通(とお)**す** 통과시키다
内容(ないよう) 내용
代金(だいきん) 대금
大量(たいりょう) 대량
値引(ねび)**き** 가격 할인
予想(よそう) 예상
売(う)**れ行**(ゆ)**き** 팔리는 정도
追加(ついか) 추가
在庫(ざいこ) 재고

〜を検討しました。

〜을(를) 검토했습니다.

🎧 203.MP3

상대방에게 검토한 내용을 회신할 때 필요한 패턴입니다. 좀 더 정중하게는 〜を検討いた
しました가 됩니다.

STEP 1

1 **契約書**を検討しました。

2 **取引の継続**を検討しました。

3 **お客様からのクレーム**を検討しました。

4 **打ち合わせの結果**を検討しました。

5 **具体的な方法**を検討しました。

1 계약서를 검토했습니다.

2 거래 지속을 검토했습니다.

3 고객의 클레임을 검토했습니다.

4 회의 결과를 검토했습니다.

5 구체적인 방법을 검토했습니다.

STEP 2

1 의뢰하신 상품의 증산을 검토했습니다. **誠に申し上げにくいことですが、今
回の増産は難しくなりました。新商品の開発などで人手や予算が足
りません。どうかご理解ください。**

2 昨日薄型テレビの見積もりをいただきました。 바로 사내 회의에서 견적
가격을 검토하였습니다. **残念ながら、ご提示の金額では大変厳しいとい
うことでした。**

1 ご依頼のあった商品の増産を検討しまし
た。 대단히 말씀드리기 죄송하지만, 이번 증산은
어렵게 되었습니다. 신상품 개발 등으로 인력과 예
산이 부족합니다. 아무쪼록 이해해 주십시오.

2 어제 LCD TV의 견적을 받았습니다. さっそく社
内会議で見積価格を検討しました。 유감스럽
게도 제시하신 금액으로는 상당히 힘들다는 결론
이었습니다.

TIPS

〜を検討したところ(〜을(를) 검토한 결과)
라는 표현도 자주 씁니다.

1. 上司と内容を検討したところ、受け
入れることにしました。(상사와 내용을
검토한 결과, 받아들이기로 했습니다)

2. 提案を検討したところ、今回は無理
なようです。(제안을 검토한 결과, 이번
에는 무리인 것 같습니다)

検討(けんとう) 검토
継続(けいぞく) 계속
具体的(ぐたいてき)**な** 구체적인
増産(ぞうさん) 증산
誠(まこと)**に** 정말로
予算(よさん) 예산
理解(りかい) 이해
薄型(うすがた)**テレビ** LCD TV
提示(ていじ) 제시
金額(きんがく) 금액
上司(じょうし) 상사
提案(ていあん) 제안

〜予定です。

〜(할) 예정입니다.

비즈니스 관계에서 가장 중요한 것은 시간 약속인데요. 일이 언제 끝나고 언제 시작하는지, 만약 차질이 생겼다면 언제까지 연기되는지 등 업무상의 시간적 계획을 말해 주는 패턴입니다.

🎧 204.MP3

STEP 1

① 明日出荷の予定です。

② 商談は明後日の予定です。

③ 遅くても9月には終わる予定です。

④ 今日中に更新する予定です。

⑤ 次の会議は9月18日の予定です。

① 내일 출하 예정입니다.

② 거래 상담은 내일 모레에 있을 예정입니다.

③ 늦어도 9월에는 끝날 예정입니다.

④ 오늘 중에 갱신할 예정입니다.

⑤ 다음 회의는 9월 18일에 할 예정입니다.

STEP 2

① 先月ご注文いただいた商品ですが、今日発送しました。이틀 후에 도착할 예정입니다. 予想より発送が少し遅れたこと、大変申し訳なく思っております。なお、新しくできたカタログも同封しましたので、ご検討ください。

② 先日、「企業セミナー」でお会いした韓国商事のパクです。다음이 아니라, 신상품 설명회를 일본에서 개최할 예정입니다. ご多忙とは存じますが、ご来場いただければと存じます。

① 지난달에 주문해 주신 상품인데요. 오늘 발송했습니다. 二日後にお手元につく予定です。예상보다 발송이 다소 늦어진 점, 매우 죄송하게 생각하고 있습니다. 또, 새로 나온 카탈로그도 동봉하였으니 검토해 주시기 바랍니다.

② 며칠 전 '기업 세미나'에서 자리를 함께 했던 한국상사의 박○○입니다. さて、新商品の説明会を日本で行う予定です。바쁘시겠지만 참석해 주시면 감사하겠습니다.

予定 vs つもり
予定는 스케줄로서의 계획인데 비해, 그리는 화자의 의지, 기분에 의한 계획입니다. 즉 〜予定です 쪽이 보다 실현 가능성이 높고, 어느 정도 준비가 되어 있다는 뉘앙스를 줍니다. 따라서 비즈니스에서는 아무래도 予定를 좀 더 많이 쓰게 됩니다.

出荷(しゅっか) 출하
商談(しょうだん) 거래 상담
更新(こうしん) 갱신
手元(てもと) 자기 주위
同封(どうふう) 동봉
商事(しょうじ) 상사
説明会(せつめいかい) 설명회
多忙(たぼう) 매우 바쁨
来場(らいじょう) 참석

〜を終了させていただきます。

〜을(를) 종료하겠습니다.

어떤 상황의 종료를 알리는 패턴입니다. 각종 서비스와 업무의 종료를 미리 메일로 알려줌으로써 업무 차질을 막을 수 있습니다.

🎧 205.MP3

STEP 1

1 サービスを終了させていただきます。

2 契約を終了させていただきます。

3 生産を終了させていただきます。

4 作業を終了させていただきます。

5 営業を終了させていただきます。

1 서비스를 종료하겠습니다.

2 계약을 종료하겠습니다.

3 생산을 종료하겠습니다.

4 작업을 종료하겠습니다.

5 영업을 종료하겠습니다.

STEP 2

1 アンケートにご協力いただきまして、ありがとうございました。皆様のお声を反映し、製品に生かしていきたいと思っております。そして오늘을 끝으로 설문조사를 종료하겠습니다. いろいろとお手数をおかけして申し訳ございませんでした。

2 この度はお問い合わせいただき、ありがとうございます。さっそく在庫をチェックしたところ、20パックほどの余裕がありました。お送りいたします。そして이로써 주문 접수를 종료하겠습니다. 来年もよろしくお願いいたします。

1 설문조사에 협력해 주셔서 감사했습니다. 여러분의 의견을 반영해서 제품에 활용해 가고자 합니다. なお、今日をもちまして、アンケートを終了させていただきます。 여러 가지로 번거롭게 해 드려 죄송했습니다.

2 이번에 문의해 주셔서 감사합니다. 바로 재고를 확인한 결과, 20팩 정도 여유가 있었습니다. 보내 드리겠습니다. なお、これをもちまして、ご注文の受付を終了させていただきます。 내년에도 잘 부탁드립니다.

TIPS

일본에는 'させていただく 증후군'이라는 말이 있을 정도로 비즈니스라고 하면 거의 모든 동사에 이 문형을 붙입니다. 원래는 상대방에 대해 내 자신의 행동을 낮추는 표현이었지만, 최근에는 일방적인 통보를 하는 경우에도 많이 쓰입니다. 경우에 따라서는 무례하게 들릴 수도 있다는 점, 기억하세요.

生産(せいさん) 생산
作業(さぎょう) 작업
協力(きょうりょく) 협력
反映(はんえい) 반영
生(い)**かす** 살리다
問(と)**い合**(あ)**わせ** 문의
在庫(ざいこ) 재고
余裕(よゆう) 여유
受付(うけつけ) 접수

～ことになりました。

～(하)게 되었습니다.

🎧 206.MP3

예전과 달라진 변경 사항이나 새롭게 추가 결정된 사실을 통보하는 패턴입니다. 참고로 ことに 앞에는 동사 원형이 옵니다.

STEP 1

1 イベントを行うことになりました。

2 出張することになりました。

3 提案を受け入れることになりました。

4 他の部署に移ることになりました。

5 広告デザインを変えることになりました。

1 이벤트를 하게 되었습니다.

2 출장가게 되었습니다.

3 제안을 받아들이게 되었습니다.

4 다른 부서로 옮기게 되었습니다.

5 광고 디자인을 변경하게 되었습니다.

STEP 2

1 갑작스러운 일이지만, 저의 후임으로서 스즈키가 귀사를 담당하게 되었습니다. **私 は広報部に移ります。フィールドは違いますが、今後ともよろしくお 願いいたします。連絡先は決まり次第、お知らせします。**

2 **先日は、結構なものをいただき、ありがとうございました。** 다름이 아니 라, 제안해 주신 기획 말인데요, 이번에는 보류하게 되었습니다. **せっかくご提案 いただきましたのに、残念な結果になりまして、申し訳ありません。**

1 突然ですが、私の後任として、鈴木が御社を 担当することになりました。 저는 홍보부로 갑 니다. 분야는 다르지만 앞으로도 잘 부탁드립니다. 연락처는 정해지는 대로 연락드리겠습니다.

2 얼마 전에는 좋은 선물을 주셔서 감사했습니다. さ て、ご提案いただいた企画のことですが、今 回は見送らせていただくことになりました。 모처럼 제안해 주셨는데 유감스러운 결과로 끝나 서 그저 미안한 마음뿐입니다.

T I P S

～ことになりました
vs ～ことにしました

남의 의지로 결정된 것이나 자신의 의지로 결 정한 것이냐로 구분하는 두 문형은 비즈니스 경어에서는 ～ことになりました로 통합되 는 경향을 보입니다. 자신의 의지로 결정했다 하더라도 ～ことになりました로 표현하는 것이 겸손하게 느껴지기 때문이죠.

提案(ていあん) 제안
部署(ぶしょ) 부서
広告(こうこく) 광고
後任(こうにん) 후임
広報部(こうほうぶ) 홍보부
～次第(しだい) ～하는 대로
結構(けっこう)な 훌륭한
見送(みおく)る 연기하다, 보류하다

～をキャンセルさせていただきたく存じます。

～을(를) 취소하고 싶습니다.

🎧 207.MP3

어쩌면 제일 말하기 힘들고 가장 받고 싶지 않은 메일 내용이겠죠? 부득이한 이유로 취소를 통보하는 패턴으로 させていただきたい(～하고 싶다)의 부사형을 활용했습니다.

STEP 1

① チケットをキャンセルさせていただきたく存じます。

② 5セットをキャンセルさせていただきたく存じます。

③ 購読をキャンセルさせていただきたく存じます。

④ この前行った登録をキャンセルさせていただきたく存じます。

⑤ 注文内容の一部をキャンセルさせていただきたく存じます。

1 표를 취소하고 싶습니다.

2 5세트를 취소하고 싶습니다.

3 구독을 취소하고 싶습니다.

4 얼마 전에 한 등록을 취소하고 싶습니다.

5 주문 내용의 일부를 취소하고 싶습니다.

STEP 2

① 모임 예정을 취소하고 싶습니다만, 아직 늦지 않을까요? **参加を予定しており
ましたが、当日どうしてもはずせない急用ができました。商品開発に
あたっての会合でしたので、本当に残念です。**

② 대단히 죄송하지만 주문을 취소하고 싶습니다. **昨日営業部の担当者から納
品までに2ヶ月がかかるとの連絡を受けました。2ヶ月ですと、セー
ルに間に合いません。ご理解ください。**

1 会合の予定をキャンセルさせていただきた
く存じますが、間に合うでしょうか。참가를
계획하고 있었는데, 당일 도저히 빠질 수 없는 급
한 용무가 생겼습니다. 상품 개발에 즈음한 모임이
라서 정말 유감스럽습니다.

2 誠に恐縮ですが、注文をキャンセルさせて
いただきたく存じます。어제 영업부 담당자로
부터 납품까지 2개월이 걸린다는 연락을 받았습니
다. 2개월이면 세일에 늦습니다. 이해해 주시기 바
랍니다.

취소하는 이유는 '(과거동사)+ため'(～때문
에)를 써서 나타냅니다.

1. 出張が中止になったため
   (출장이 중지되었기 때문에)
2. 品質がよくなかったため
   (품질이 좋지 않았기 때문에)

購読(こうどく) 구독
登録(とうろく) 등록
内容(ないよう) 내용
会合(かいごう) 모임
急用(きゅうよう) 급한 볼일
商品開発(しょうひんかいはつ) 상품 개발
～にあたって ～에 즈음해서
恐縮(きょうしゅく) 황송, 죄송함
担当者(たんとうしゃ) 담당자
理解(りかい) 이해
中止(ちゅうし) 중지
品質(ひんしつ) 품질

～が困難となりました。

～이(가) 곤란해졌습니다.

상대방의 요구사항을 들어줄 수 없을 때 양해를 구하는 패턴입니다. と 대신 に를 써도 의미상의 차이는 없지만 と를 쓰는 편이 다소 절박한 느낌을 줄 수 있습니다.

🎧 208.MP3

STEP 1

1 部品の入手が困難となりました。

2 サービスを再開するのが困難となりました。

3 クレジットカードの支払いが困難となりました。

4 展覧会に出るのが困難となりました。

5 すぐに商品を送るのが困難となりました。

1 부품 입수가 곤란해졌습니다.

2 서비스를 재개하는 것이 곤란해졌습니다.

3 신용카드 지불이 곤란해졌습니다.

4 전람회에 나가는 것이 곤란해졌습니다.

5 바로 상품을 보내는 것이 곤란해졌습니다.

STEP 2

1 ただいま洪水により、部品が入るまで時間がかかっています。따라서 약속한 날까지 수리를 끝내는 것이 곤란해졌습니다. ご迷惑をかけてしまい、申し訳ございません。

2 メール、拝見しました。お申し出のあった値引きの件、検討しました。손을 써 봤지만 내부 회의 결과, 가격 인하는 곤란해졌습니다. 正直に申しまして、今の価格でも利益はほとんどありません。何とぞご理解ください。

1 현재 홍수로 인하여 부품이 들어오기까지 시간이 걸리고 있습니다. よって、約束の日まで修理をするのが困難となりました。폐를 끼치게 되어서 죄송합니다.

2 메일, 잘 읽었습니다. 신청하셨던 가격 인하 건, 검토했습니다. 手を尽くしましたが、内部会議の結果、値引きは困難となりました。솔직히 말씀드려서 현재의 가격으로도 이익은 거의 없습니다. 아무쪼록 이해해 주십시오.

入手(にゅうしゅ) 입수
困難(こんなん) 곤란
再開(さいかい) 재개
展覧会(てんらんかい) 전람회
洪水(こうずい) 홍수
拝見(はいけん) '읽다'의 겸양
申(もう)**し出**(で) 신청, 이의 제기
正直(しょうじき)**に** 솔직히
利益(りえき) 이익
中小企業総合展(ちゅうしょうきぎょうそうごうてん) 중소기업 종합전
商品発表会(しょうひんはっぴょうかい) 상품 발표회

〜が生じました。

〜이(가) 발생했습니다.

🎧 209.MP3

문제 상황이 발생했음을 알리는 패턴입니다. 원활한 비즈니스를 위해서는 상호간 정보 공유가 무엇보다도 중요합니다. 발생한 상황에 대해서 구체적으로 알리고 함께 해결책을 모색하는 자세가 필요합니다.

STEP 1

1 支払い**義務**が生じました。

2 パソコンに**不具合**が生じました。

3 音と映像に**ずれ**が生じました。

4 登録する時に**エラー**が生じました。

5 情報をやり取りする**必要**が生じました。

1 지불 의무가 발생했습니다.

2 컴퓨터에 문제가 발생했습니다.

3 소리와 영상이 맞지 않았습니다.

4 등록하는 과정에서 에러가 발생했습니다.

5 정보를 주고받을 필요가 발생했습니다.

STEP 2

1 주문해 주신 상품 일부에 문제가 발생했습니다. 点検ミスがあったものと思われます。こちらの都合でご迷惑をおかけしております。来週の月曜日までにはご注文の品をお届けできると思います。本当に申し訳ありません。

2 日頃よりサイトをご利用くださいまして、ありがとうございます。실은 4월 14일부터 시스템 장애 때문에 서비스의 일부를 이용하실 수 없는 트러블이 발생했습니다。これにより、ご利用のお客様にご不便をおかけしております。

1 늘 사이트를 이용해 주셔서 감사합니다. 点検 실수가 있었던 것으로 판단됩니다. 저희 쪽 사정으로 폐를 끼치고 있습니다. 다음 주 월요일까지는 주문하신 물품을 배송할 수 있을 것입니다. 대단히 죄송합니다.

2 늘 사이트를 이용해 주셔서 감사합니다. 実は、4月14日からシステム障害により、サービスの一部が受けられないトラブルが生じました。이로 인하여 이용해 주시는 고객님께 불편을 드리고 있습니다.

義務(ぎむ) 의무
不具合(ふぐあい) (기계의) 문제
登録(とうろく) 등록
情報(じょうほう) 정보
点検(てんけん) 점검
都合(つごう) 사정
届(とど)**ける** 보내다
日頃(ひごろ) 평소
障害(しょうがい) 장애
不便(ふべん) 불편

まことに遺憾ながら～

대단히 유감스럽지만 ～

🎧 210.MP3

상대방의 부탁이나 제안을 거절하는 등의 유감스러운 결과를 전하는 패턴입니다. まことに는 특히 비즈니스 메일에서 많이 쓰이는 부사로 とても, たいへん, ひじょうに, じつに의 의미입니다.

STEP 1

1 まことに遺憾ながら、**そのとおりです。**

2 まことに遺憾ながら、**売りきれてしまいました。**

3 まことに遺憾ながら、**変更になりました。**

4 まことに遺憾ながら、**今回は見送ることになりました。**

5 まことに遺憾ながら、**その提案は受け入れることができません。**

1 대단히 유감스럽지만 말씀하신 그대로입니다.

2 대단히 유감스럽지만 매진되고 말았습니다.

3 대단히 유감스럽지만 변경이 되었습니다.

4 대단히 유감스럽지만 이번에는 보류하기로 했습니다.

5 대단히 유감스럽지만 그 제안은 받아들일 수 없습니다.

STEP 2

1 いつものご利用、ありがとうございます。6월 11일자로 주문을 해 주셨습니다만, 대단히 유감스럽게도 주문을 받을 수 없습니다. その商品は季節商品で、ただいま在庫をきらしております。ただ、7月はじめごろには入荷する予定なので、またのご利用、よろしくお願いいたします。

2 9月末にお問い合わせのあった値引きの件についてご回答いたします。대단히 유감스럽지만, 3%의 가격 인하에는 부응하기 어렵습니다. 貴社のご事情はわかりますが、当社も今の価格がぎりぎりの線です。どうかご理解ください。

1 항상 이용해 주셔서 감사드립니다. 6월11일付けでご注文いただきましたが、まことに遺憾ながら、ご注文をお受けできません。その商品は계절상품으로, 현재 재고가 없는 상태입니다. 단, 7월 초쯤에는 입하할 예정이니 다시 이용해 주시기를 부탁드립니다.

2 9월 말에 문의하신 가격 할인 건에 대해 답변드립니다. まことに遺憾ながら、3%의 값인기에는 お応えすることができません。귀사의 사정은 이해합니다만, 저희 회사도 현재 가격이 한계입니다. 모쪼록 이해해 주시기 바랍니다.

T I P S

ながら에는 두 가지 뜻이 있습니다. 두 가지 동작이 병행해서 일어나고 있음을 뜻하는 '～하면서'와, 기대에 어긋나는 사항이 공존한다는 의미의 '～하지만, ～인데도'입니다. 이번 패턴은 후자의 뜻으로 쓰였습니다. 이밖에도 しかしながら(그러나), 失礼ながら(실례지만), 残念ながら(유감이지만), ぶしつけながら(무례하지만) 등의 표현이 있습니다.

遺憾(いかん) 유감
変更(へんこう) 변경
見送(みおく)る 보류하다
提案(ていあん) 제안
利用(りよう) 이용
季節商品(きせつしょうひん) 계절상품
在庫(ざいこ)をきらす 재고가 바닥나다
入荷(にゅうか) 입하
問(と)い合(あ)わせ 문의
値引(ねび)き 가격 할인
応(こた)える 부응하다
事情(じじょう) 사정

～状況です。

~상황입니다.

현재 상황을 구체적으로 설명하는 패턴입니다. 상황에 대한 설명이 정확해야 그에 대한 대책을 바로 세울 수 있습니다. ~状況にあります와 바꾸어 사용할 수 있습니다.

🎧 211.MP3

STEP 1

1 品切の状況です。

2 とてもきびしい状況です。

3 まだ連絡がない状況です。

4 人手が足りない状況です。

5 お知らせを待っている状況です。

1 매진된 상황입니다.

2 매우 심각한 상황입니다.

3 아직 연락이 없는 상황입니다.

4 일손이 부족한 상황입니다.

5 소식을 기다리고 있는 상황입니다.

STEP 2

1 経理部からのお願いです。지금 경비 정산이 늦어지고 있는 상황입니다. 今月の17日までには必ず領収書を提出してください。お忙しい中、お手数をおかけしますが、よろしくお願いします。

2 メール、拝見しました。주문량에 대해서는 지금 현재 마케팅부로부터의 연락을 기다리고 있는 상황입니다. 大変申し訳ありませんが、もう少し時間をいただければと存じます。

1 경리부에서 부탁 말씀드립니다. ただいま、経費の精算に遅れが出ている状況です。 이달 17일까지는 반드시 영수증을 제출해 주시기 바랍니다. 바쁘신 와중에 번거롭게 해 드려 죄송하지만, 잘 부탁합니다.

2 메일, 잘 읽었습니다. 注文量につきましては、今現在マーケティング部からの連絡を待っている状況です。 매우 죄송하지만, 좀 더 시간을 주시면 감사하겠습니다.

T I P S

Q '状況'라는 단어를 이용해서 상대방에게 현재의 진척 상황을 묻고 싶을 때는?

A 다음과 같이 물으면 됩니다.
1. 今、どのような状況ですか。
   (지금 어떤 상황입니까?)
2. 今の進捗状況はどうですか。
   (지금의 진척 상황은 어떻습니까?)

品切(しなぎれ) 매진
状況(じょうきょう) 상황
人手(ひとで) 일손
経理部(けいりぶ) 경리부
精算(せいさん) 정산
領収書(りょうしゅうしょ) 영수증
提出(ていしゅつ) 제출
拝見(はいけん)**する** '읽다'의 겸양어
注文量(ちゅうもんりょう) 주문량
現在(げんざい) 현재
どのような どんな보다 정중
進捗(しんちょく) 진척

Unit 24
문제 제기 패턴

패턴 미리보기

212 ~に支障をきたします。 ~에 지장을 가져옵니다. 경고하기

213 ~に満足していません。 ~이(가) 만족스럽지 못하네요. 불만 제기하기

214 ~に誤りがありました。 ~에 착오가 있었습니다. 실수 지적하기

215 ~は納得しかねます。 ~은(는) 납득할 수 없습니다. 항의하기

216 ~が届いていません。 ~이(가) 도착하지 않았습니다. 미도착 알리기

217 ~とのことでしたが。 (제 기억에는) ~(이)라고 하셨는데요. 추궁하기

218 ~確認がとれません。 ~확인이 안 됩니다. 미확인 통보하기

〜に支障をきたします。

〜에 지장을 가져옵니다.

きたす는 '오게 하다, 초래하다'라는 의미의 동사입니다. 어떤 일을 진행할 경우 초래되는 결과를 강조함으로써 일종의 경고성 메시지를 전달하는 패턴입니다.

🎧 212.MP3

STEP 1

1 営業に支障をきたします。

2 資金集めに支障をきたします。

3 販路拡大に支障をきたします。

4 社会生活に支障をきたします。

5 社員の管理に支障をきたします。

1 영업에 지장을 가져옵니다.

2 자금 조달에 지장을 가져옵니다.

3 판로 확대에 지장을 가져옵니다.

4 사회생활에 지장을 가져옵니다.

5 사원 관리에 지장을 가져옵니다.

STEP 2

1 商品の納品日は昨日でしたが、まだ届いておりません。이대로 가면 회사 업무에 지장을 가져옵니다. このメールを確認次第、遅れた理由と納品予定日をお知らせください。なにとぞよろしくお願いいたします。

2 品を確認したところ、注文したものと異る商品でした。注文したのは冬用の服ですが、届いたのは夏用です。発注の時は問題ありませんでした。이래서는 판매에 지장을 가져옵니다. 至急ご確認ください。

1 상품 납품일은 어제였는데, 아직 도착하지 않고 있습니다. 이대로는, 당사의 업무에 支障をきたします. 이 메일을 확인하시는 대로 늦은 이유와 납품 예정일을 알려 주십시오. 아무쪼록 잘 부탁드립니다.

2 물건을 확인했더니 주문한 것과 다른 상품이었습니다. 주문한 것은 겨울용 옷인데, 도착한 것은 여름용입니다. 발주 시에는 문제가 없었습니다. 이 데서는 판매에 支障をきたします. 급히 확인 바랍니다.

TIPS

支障를 이용한 다른 표현을 알아볼까요?
1. 英語ができないと支障がありますか。(영어를 못하면 지장이 있나요?)
2. まったく支障はないと思います。(전혀 지장은 없다고 생각해요)
3. 審査に支障が出ないようにしましょう。(심사에 지장이 생기지 않도록 합시다)

支障(ししょう) 지장
資金(しきん) 자금
販路(はんろ) 판로
拡大(かくだい) 확대
納品日(のうひんび) 납품일
理由(りゆう) 이유
予定日(よていび) 예정일
品(しな) 물건, 물품
異(ことな)る 다르다
発注(はっちゅう) 발주
至急(しきゅう) 급히, 서둘러
審査(しんさ) 심사

～に満足していません。

~이(가) 만족스럽지 못하네요.

🎧 213.MP3

만족스럽지 못한 일에 대해 불만을 제기할 때 사용하는 패턴입니다. 불만을 제기함으로써 문제 상황에 대한 개선을 기대할 수 있습니다.

STEP 1

1 こちらのサービスに満足していません。

2 スタッフ管理に満足していません。

3 今の売上げに満足していません。

4 営業のやり方に満足していません。

5 新しいプロジェクトの進め方に満足していません。

1 여기 서비스가 만족스럽지 못하네요.

2 직원 관리가 만족스럽지 못하네요.

3 현재의 매출이 만족스럽지 못하네요.

4 영업 방식이 만족스럽지 못하네요.

5 새로운 프로젝트의 진행 방식이 만족스럽지 못하네요.

STEP 2

1 실은 귀사의 대응이 만족스럽지 못하네요. 納入された商品の一つに破損があり、ご担当の方に連絡しました。ところが、入荷時は大丈夫だったため、責任はないとのことでした。配送まで責任を持つのが担当者の仕事ではないでしょうか。

2 실례되는 말씀이지만, 귀사의 업무 스타일이 만족스럽지 못합니다. 先日、商品の注文の変更をお願いしましたが、何の連絡もありません。再度の依頼にも返事がなく、他の方に相談したら、元の注文書がなくなったとのことでした。

1 実は、御社の対応に満足していません。납입된 상품 중 하나에 파손이 발견되어 담당자에게 연락했습니다. 하지만 입하 시에는 괜찮았기 때문에 책임은 없다는 말씀이었습니다. 배송까지 책임을 지는 것이 담당자의 일이 아닐까요?

2 失礼ながら、御社の業務スタイルに満足していません。얼마 전 상품의 주문 변경을 부탁드렸습니다만, 아무런 연락도 없습니다. 재차 의뢰했는데도 답변이 없고, 다른 분께 상의했더니 원래의 주문서가 없어졌다고 하더군요.

TIPS

満足しません **VS** 満足していません
満足しません에 비해 満足していません은 지금 현재의 상태에 중점을 두고 현시점에서 만족하지 못한다는 의미가 강합니다. 즉, 이후에 만족스러운 상태로 바뀔 수도 있다는 가능성을 열어 두고 있다는 점에서 満足しません과 차이가 있습니다.

満足(まんぞく) 만족
管理(かんり) 관리
売上(うりあげ) 매상
納入(のうにゅう) 납입
破損(はそん) 파손
責任(せきにん) 책임
配送(はいそう) 배송
業務(ぎょうむ) 업무
再度(さいど) 재차
依頼(いらい) 의뢰
元(もと) 원래, 처음

〜に誤りがありました。

〜에 착오가 있었습니다.

🎧 214.MP3

비즈니스 문서에서 수치상의 실수는 손해로 이어질 수 있기 때문에 꼼꼼히 체크해야 하는데요. 만약 상대방이 보내온 서류에서 실수를 발견했다면 이 패턴으로 지적해 주세요. 자신이 쓴 문서상의 잘못을 보고할 때도 활용할 수 있습니다.

STEP 1

1️⃣ **金額**に誤りがありました。

2️⃣ 一部の**データ**に誤りがありました。

3️⃣ **請求書**に誤りがありました。

4️⃣ お客様**コード**に誤りがありました。

5️⃣ パスワードの**入力**に誤りがありました。

1️⃣ 금액에 착오가 있었습니다.

2️⃣ 일부 데이터에 착오가 있었습니다.

3️⃣ 청구서에 착오가 있었습니다.

4️⃣ 고객 코드에 착오가 있었습니다.

5️⃣ 비밀번호 입력에 착오가 있었습니다.

STEP 2

1️⃣ 開催日の変更につきましては、お電話とファックスで連絡を受けておりました。しかし、その後、7月8日付けで送られたメールでは、違う内容が書かれており、날짜와 시간에도 착오가 있었습니다.

2️⃣ 営業担当のカンです。귀사의 주문서(에 적혀진) 숫자에 착오가 있었습니다. 14のところが16になっていました。お手数ですが、もう一度ご確認の上、注文書を書き直していただけないでしょうか。

1️⃣ 개최일 변경에 대해서는 전화와 팩스로 연락을 받았습니다. 그러나 그 후, 7월 8일자로 보내 주신 메일에서는 다른 내용이 쓰여 있었고, 日時에도 誤りがありました。

2️⃣ 영업 담당 강○○입니다. 貴社の注文書の数字に誤りがありました。14가 16으로 되어 있었습니다. 번거로우시더라도 한 번 더 확인하신 후에 주문서를 다시 써 주실 수 없을까요?

TIPS

비즈니스 메일에서 자주 사용하는 접속사를 정리해 볼까요? 문장과 문장을 이어 주는 접속사를 적절히 사용하면 효과적으로 내용을 전달할 수 있습니다.

1. ですので (그렇기 때문에)
2. それでは／そうでしたら (그러시다면)
3. したがいまして／つきましては (따라서)
4. しかし／しかしながら (하지만)
5. なお／くわえまして (덧붙여서)

金額(きんがく) 금액
誤(あやま)**り** 착오, 실수
請求書(せいきゅうしょ) 청구서
入力(にゅうりょく) 입력
開催日(かいさいび) 개최일
変更(へんこう) 변경
〜付(づけ) 〜(일)자
日時(にちじ) 일시
担当(たんとう) 담당
数字(すうじ) 숫자
書(か)**き直**(なお)**す** 다시 쓰다

〜は納得しかねます。

〜은(는) 납득할 수 없습니다.

별문제 없이 비즈니스가 진행된다면 정말 더할 나위 없을 텐데요. 세상일이 그렇게 쉽진 않겠죠? 납득이 안 가는 일, 억울한 일 등이 있을 때 항의하는 패턴입니다.

🎧 215.MP3

STEP 1

1 この件は納得しかねます。

2 説明がないのは納得しかねます。

3 回答がないのは納得しかねます。

4 注文の取消しは納得しかねます。

5 割引率が3%というのは納得しかねます。

1 이번 건은 납득할 수 없습니다.

2 설명이 없는 것은 납득할 수 없습니다.

3 회신이 없는 것은 납득할 수 없습니다.

4 주문 취소는 납득할 수 없습니다.

5 할인율이 3%라는 것은 납득할 수 없습니다.

STEP 2

1 実は、50個のうち20個が正常に動きません。先月もほかの製品に不良品が見つかっています。貴社とは長年お取引をしてきました。그런 만큼 이번 불량품에 대해서는 납득할 수 없습니다.

2 本日、ご注文キャンセルのメールをいただきました。突然のことで、大変戸惑っております。일방적인 취소는 납득할 수 없습니다. ロゴ入りの商品なので、ほかのところに売ることもできません。納得できる説明をいただきたいと存じます。

1 실은 50개 중에서 20개가 정상적으로 작동하지 않습니다. 지난달에도 다른 제품에서 불량품이 발견되었습니다. 귀사와는 오랫동안 거래를 해 왔습니다. 그것만큼, 今回の不良品에는 납득하기 어렵습니다.

2 오늘 주문 취소 메일을 받았습니다. 갑작스러운 일이라서 매우 당황하고 있습니다. 一方的にキャンセルされるのは納得しかねます. 로고가 들어가는 상품이라서 다른 곳에 판매할 수도 없습니다. 납득할 수 있는 설명을 해 주시기 바랍니다.

納得(なっとく) 납득
回答(かいとう) 회답
取消(とりけ)し 취소
割引率(わりびきりつ) 할인율
正常(せいじょう) 정상
不良品(ふりょうひん) 불량품
長年(ながねん) 오랫동안
取引(とりひき) 거래
戸惑(とまど)う 당황하다
一方的(いっぽうてき) 일방적
説明(せつめい) 설명
腑(ふ) 내장

〜が届いていません。

~이(가) 도착하지 않았습니다.

🎧 216.MP3

제품이나 카탈로그, 견적서와 같은 서류, 파일 등의 전산 자료 등 도착해야 할 것이 도착하지 않고 있을 때, 그러한 상황을 설명하는 패턴입니다.

STEP 1

1 どうしてかデータが届いていません。

2 確認のメールが届いていません。

3 私宛ての荷物が届いていません。

4 マーケット調査の資料が届いていません。

5 先日お願いした見積書が届いていません。

1 웬일인지 데이터가 도착하지 않았습니다.

2 확인 메일이 도착하지 않았습니다.

3 제 앞으로 와야 하는 짐이 도착하지 않았습니다.

4 시장 조사 자료가 도착하지 않았습니다.

5 며칠 전 부탁드린 견적서가 도착하지 않았습니다.

STEP 2

1 先日、カタログと価格表の送付を約束してくださり、ありがとうございました。그런데 오늘 현재, 그것이 도착하지 않았습니다. 当店は、年末セールのための注文を考えております。お手数ですが、早急に送っていただければと存じます。

2 8월 10일자로 발주한 모니터 100대가 아직 도착하지 않았습니다. なお、この件につきまして、何の連絡もいただいていません。こちらの事情もありますので、本日中に納品予定日をご連絡ください。ファックスでもかまいません。

1 며칠 전, 카탈로그와 가격표의 송부를 약속해 주셔서 감사했습니다. ところが、本日現在、それが届いていません。저희 점포는 연말 세일을 위한 주문을 생각하고 있습니다. 번거로우시겠지만 바로 보내 주시면 감사하겠습니다.

2 8月10日づけで発注したモニター100台がまだ届いていません。그리고 이 건에 대해서 아무런 연락도 받지 못했습니다. 저희 사정도 있으니 오늘 중으로 납품 예정일을 연락 주시기 바랍니다. 팩스라도 상관없습니다.

届(とど)く 도착하다
確認(かくにん) 확인
宛(あ)て ~앞
調査(ちょうさ) 조사
価格表(かかくひょう) 가격표
送付(そうふ) 송부
年末(ねんまつ) 연말
早急(そうきゅう)に 급히
発注(はっちゅう) 발주
事情(じじょう) 사정
予定日(よていび) 예정일

〜とのことでしたが。

상대방이 처음과 다른 말을 하거나, 이미 했던 약속을 지키지 않을 때 추궁하는 패턴입니다.
약속을 다시 한 번 환기시켜 문제를 해결하고 상황을 개선시킬 수 있습니다.

STEP 1

1️⃣ 多くの問題があるとのことでしたが。

2️⃣ 大好評を受けているとのことでしたが。

3️⃣ 手数料は含まれているとのことでしたが。

4️⃣ 情報がもれる心配はないとのことでしたが。

5️⃣ 5月4日までには納品できるとのことでしたが。

1️⃣ 많은 문제가 있다고 하셨는데요.

2️⃣ 매우 좋은 반응을 얻고 있다고 하셨는데요.

3️⃣ 수수료는 포함되어 있다고 하셨는데요.

4️⃣ 정보가 새어 나갈 염려는 없다고 하셨는데요.

5️⃣ 5월 4일까지는 납품 가능하다고 하셨는데요.

STEP 2

1️⃣ 10月7日に依頼したお見積書の件で、メールしました。9日までに送ってくださると言われましたが、まだです。弊社は、取引先の4社に見積もりをお願いし、すでに3社からは届いています。お手数ですが、さっそくご手配いただければと存じます。

2️⃣ 納期から1週間が過ぎました。仕様を変更したのがその理由でしょうか。元来 사양을 変更해도 納期는 지킨다고 하셨는데요. このままでは注文を取り消すしかありません。早急な対処をお願いいたします。

1️⃣ 10월 7일에 의뢰한 견적서 건으로 메일드렸습니다. 9일까지 송부해 주시겠다고 하셨는데, 아직입니다. 저희는 거래 회사 4사에 견적을 부탁해서 이미 3사로부터는 와 있는 상태입니다. 번거로우시겠지만 바로 조치해 주시면 감사하겠습니다.

2️⃣ 납기로부터 일주일이 지났습니다. 사양을 변경한 것이 그 이유인가요? 본래 사양을 변경해도 납기는 지킨다고 하셨는데요. 이대로라면 주문을 취소할 수밖에 없습니다. 즉각적인 조처를 취해 주시기 바랍니다.

大好評(だいこうひょう) 매우 좋은 평가
手数料(てすうりょう) 수수료
含(ふく)**む** 포함하다
依頼(いらい) 의뢰
手配(てはい) 준비, 절차
仕様(しよう) 사양
変更(へんこう) 변경
取(と)**り消**(け)**す** 취소하다
対処(たいしょ) 대처
自販機(じはんき) 자판기
災害救援(さいがいきゅうえん) 재해 구조

〜確認がとれません。

〜확인이 안 됩니다.

218.MP3

회사 잡무의 반 이상은 '確認' 작업입니다. 확인이 안 되면 그 다음 단계로 넘어갈 수 없는데요. 이렇게 확인이 안 되는 사항에 대해 그 사실을 통보하고 문제를 제기하는 패턴입니다.

STEP 1

1 予約の確認がとれません。

2 電話での確認がとれません。

3 申し込みの確認がとれません。

4 ご本人である確認がとれません。

5 追加注文の確認がとれません。

1 예약 확인이 안 됩니다.

2 전화로의 확인이 안 됩니다.

3 신청 확인이 안 됩니다.

4 본인 확인이 안 됩니다.

5 추가 주문 확인이 안 됩니다.

STEP 2

1 5月11日づけで代金の請求書を通知しました。하지만 6월 1일 현재 입금 확인이 안 되고 있습니다. 今一度お調べの上、ご確認ください。もし本メールと行き違いでお送りいただいた場合は、失礼をお許しください。

2 販売部のホンです。先日、20セットをご注文いただき、ありがとうございました。절차상, 계약금을 부탁드렸는데요, 아직 지불 확인이 안 되고 있습니다. このメールを確認しましたら、ご連絡ください。

1 5월 11일자로 대금 청구서를 통지하였습니다. しかしながら、6月1日現在、ご入金の確認がとれません。한 번 더 조사해 보신 후에 확인 바랍니다. 만약 본 메일과 엇갈려서 (대금을) 보내 주신 경우에는 결례를 용서해 주십시오.

2 판매부의 홍○○입니다. 며칠 전 20세트를 주문해 주셔서 감사합니다. 手続き上、契約金をお願いしましたが、まだお支払の確認がとれません。이 메일을 확인하시면 연락 주십시오.

TIPS

〜がとれない를 이용한 다양한 표현을 배워 볼까요?

1. 連絡がとれない (연락이 안 되다)
2. 採算がとれない (채산이 안 맞다)
3. 予約がとれない (예약을 할 수 없다)
4. 責任がとれない (책임을 질 수 없다)
5. 動きがとれない (꼼짝할 수 없다)
6. 疲れがとれない (피로가 안 풀리다)

確認(かくにん) 확인
申(もう)し込(こ)み 신청
本人(ほんにん) 본인
追加(ついか) 추가
代金(だいきん) 대금
調(しら)べる 조사하다
行(ゆ)き違(ちが)い 엇갈림
販売部(はんばいぶ) 판매부
手続(てつづ)き 절차
契約金(けいやくきん) 계약금
採算(さいさん) 채산
責任(せきにん) 책임
疲(つか)れ 피로

Unit 25
대응 패턴

패턴 미리보기

219	**さっそく調べまして〜** 즉시 조사해서 〜	조사 약속하기
220	**確認しましたところ〜** 확인했더니 〜	확인 결과 전하기
221	**当社としましては〜** 저희 회사로서는 〜	회사 입장 밝히기
222	**〜を検討中です。** 〜을(를) 검토 중입니다.	시간 벌기
223	**ご満足いただけない場合は〜** 만족하지 못하실 경우에는 〜	보상안 제시하기
224	**〜ことになっております。** 〜하도록(하기로) 되어 있습니다.	규정 말하기
225	**ご希望どおり〜** 원하시는 대로 〜	요청 수락하기
226	**二度とこのようなことがないように〜** 두 번 다시 이러한 일이 없도록 〜	재발 방지 약속하기
227	**〜をお詫びします。** 〜을(를) 사과드립니다.	사과하기

さっそく調べまして～

즉시 조사해서 ～

🎧 219.MP3

고객들의 불만, 상대 회사의 클레임 등 문제에 대한 조사를 약속하는 패턴입니다. 여러 가지 문제 상황으로 흥분해 있는 상대방을 진정시키고, 성의를 가지고 대처하는 자세를 어필하는 효과가 있습니다.

STEP 1

1 さっそく調べまして、**ご連絡いたします。**

2 さっそく調べまして、**すぐにお返事いたします。**

3 さっそく調べまして、**作業に取りかかります。**

4 さっそく調べまして、**請求書を送り直します。**

5 さっそく調べまして、**確認の電話をさせていただきます。**

1 즉시 조사해서 연락드리겠습니다.

2 즉시 조사해서 바로 답장드리겠습니다.

3 즉시 조사해서 작업에 착수하겠습니다.

4 즉시 조사해서 청구서를 다시 보내 드리겠습니다.

5 즉시 조사해서 확인 전화를 드리겠습니다.

STEP 2

1 **総務部の木下です。** 담당자의 실례되는 대응에 대해서는 즉시 조사해서 보고드리겠습니다. **ただ、こちらは明日から連休に入るため、ご報告が二、三日遅れることもあるかと存じます。ご理解ください。**

2 **ご連絡、ありがとうございました。メールでの案内とウェブサイトの内容が違うという指摘でしたが、本当に助かりました。今まで気づきませんでした。** 즉시 조사해서 정정하겠습니다.

1 총무부의 기노시타입니다. 担当者の失礼な対応につきましては、さっそく調べまして、ご報告いたします。 다만, 여기는 내일부터 연휴가 시작되기 때문에 보고가 2, 3일 정도 늦어질 수도 있을 것 같습니다. 이해 바랍니다.

2 연락 감사했습니다. 메일 안내와 웹 사이트의 내용이 다르다는 지적이었는데, 정말 큰 도움이 되었습니다. 지금까지 모르고 있었습니다. さっそく調べまして、訂正させていただきます。

T I P S

さっそくは '바로, 즉시'의 의미를 가진 부사로서, 비즈니스 회화나 메일에 자주 등장합니다. 특히 さっそくですが(본론으로 들어가서)는 외워 두면 유용합니다.

1. さっそくですが、注文量を変更させてください。(본론으로 들어가서 주문량을 변경하게 해 주세요)

2. さっそくですが、質問させていただきます。(본론으로 들어가서 질문드리겠습니다)

返事(へんじ) 답장
作業(さぎょう) 작업
取(と)**りかかる** 착수하다
請求書(せいきゅうしょ) 청구서
総務部(そうむぶ) 총무부
対応(たいおう) 대응
報告(ほうこく) 보고
指摘(してき) 지적
気(き)**づく** 깨닫다
訂正(ていせい) 정정
注文量(ちゅうもんりょう) 주문량
変更(へんこう) 변경

確認しましたところ～

확인했더니 ~

🎧 220.MP3

상대방의 요청에 대한 확인 결과를 전달하는 패턴입니다. 메일의 본론 부분에서 자주 사용하는 표현으로 시선을 주목시키는 효과가 있습니다. '과거형 동사＋ところ'(~했더니)라는 문형도 함께 기억해 주세요.

STEP 1

1 確認しましたところ、**ミスがありました。**

2 確認しましたところ、**スケジュールが変わったそうです。**

3 確認しましたところ、**正しい数字は「500」でした。**

4 確認しましたところ、**配送もれがあったようです。**

5 確認しましたところ、**少し時間がかかるそうです。**

1 확인했더니 실수가 있었습니다.

2 확인했더니 스케줄이 변경되었다고 합니다.

3 확인했더니 맞는 숫자는 '500'이었습니다.

4 확인했더니 배송 누락이 있었던 것 같습니다.

5 확인했더니 조금 시간이 걸린다고 합니다.

STEP 2

1 お問い合わせ、ありがとうございます。추가 주문에 대해서 공장에 확인했더니 시간적인 여유만 있다면 문제없다고 합니다. 500個以下でしたら、すぐにでもお送りできるようです。どれぐらいの注文なのか、お知らせください。

2 サポート部のキムと申します。ユーザーページで入金の確認がとれないとのメール、拝見しました。확인했더니 지불 후 실시간으로의 확인은 불가능합니다. 銀行にもよりますが、週末を除き、数日がかかるそうです。

1 문의 감사합니다. 追加注文につきましては、工場に確認しましたところ、時間的な余裕さえあれば、問題ないそうです。500個以下면 바로라도 보내 드릴 수 있을 것 같습니다. 어느 정도의 주문인지 알려 주십시오.

2 지원부의 김○○입니다. 사용자 페이지에서 입금 확인이 안 된다는 메일, 잘 읽었습니다. 確認しましたところ、お支払のあと、リアルタイムでの確認はできません。은행에 따라서도 다르지만, 주말을 빼고 며칠 걸린다고 합니다.

T I P S

確認したところ
vs 確認しましたところ

의미상의 차이는 거의 없습니다. 하지만 しました가 경어의 정도가 높기 때문에 確認しましたところ 쪽이 정중한 표현입니다. 이유를 나타내는 ので(~때문에)의 경우에도 食べたので보다 食べましたので가 정중한 표현입니다.

確認(かくにん) 확인
正(ただ)しい 바른, 맞는
数字(すうじ) 숫자
配送(はいそう) 배송
問(と)い合(あ)わせ 문의
追加(ついか) 추가
余裕(よゆう) 여유
拝見(はいけん) '읽다'의 겸양어
除(のぞ)く 제외하다
数日(すうじつ) 며칠

当社としましては〜

저희 회사로서는 ~

🎧 221.MP3

회사 측의 입장과 방침을 정중하게 밝히는 패턴입니다. 개인 레벨이 아닌 회사 차원의 입장이라는 점에서 함부로 할 수 없는 무게감이 느껴지는 표현입니다.

STEP 1

1 当社としましては、**うれしいかぎりです。**

2 当社としましては、**結果を受け入れます。**

3 当社としましては、**申し訳ないと思っております。**

4 当社としましては、**発注したいと考えています。**

5 当社としましては、**これ以上の値段の引き下げは無理です。**

1 저희 회사로서는 매우 기쁩니다.

2 저희 회사로서는 결과를 받아들이겠습니다.

3 저희 회사로서는 죄송하다고 생각하고 있습니다.

4 저희 회사로서는 발주를 고려하고 있습니다.

5 저희 회사로서는 이 이상의 가격 인하는 무리입니다.

STEP 2

1 この度は取引の申し入れ、ありがとうございます。取引条件をありがたくお受けします。저희 회사로서는 특별한 바람은 없습니다。今後のお取り引きに、最善を尽くします。なにとぞよろしくお願いいたします。

2 突然の支払い延期に少々驚いております。저희 회사로서는 이에 응할 수 없습니다。1ヶ月の延期はどうしても無理があります。どうか期日どおりにお支払くださいますよう、お願いいたします。

1 이번에 거래 제의, 감사합니다. 거래 조건을 감사히 받아들이겠습니다. 当社としましては、특별な要望はありません。앞으로의 거래에 최선을 다하겠습니다. 모쪼록 잘 부탁드립니다.

2 갑작스런 지불 연기에 다소 놀라고 있습니다. 当社としましては、これに応じかねます。1개월 연기는 아무래도 무리가 있습니다. 아무쪼록 기일대로 지불해 주시도록 부탁드립니다.

結果(けっか) 결과
発注(はっちゅう) 발주
値段(ねだん) 가격
申(もう)**し入**(い)**れ** 신청
取引条件(とりひきじょうけん) 거래 조건
要望(ようぼう) 요망, 바람
最善(さいぜん) 최선
延期(えんき) 연기
応(おう)**じる** 응하다
期日(きじつ) 기일

〜を検討中です。

〜을(를) 검토 중입니다.

상대방으로부터 결과 통보를 독촉 받는 경우가 있는데요. 현재 검토 중인 내용을 구체적으로 알리고 검토 작업에 시간이 더 필요함을 어필하는 패턴입니다.

🎧 222.MP3

STEP 1

① イベントを検討中です。

② 予算を検討中です。

③ 買い換えを検討中です。

④ 貴社の提案を検討中です。

⑤ その問題を会議に出すかどうかを検討中です。

① 이벤트를 검토 중입니다.

② 예산을 검토 중입니다.

③ 새로 사는 것을 검토 중입니다.

④ 귀사의 제안을 검토 중입니다.

⑤ 그 문제를 회의에 낼지 여부를 검토 중입니다.

STEP 2

① 見積もりのご依頼、ありがとうございます。作業内容に関する資料を拝見しましたが、納期までの時間が非常に短いですね。그래서 관련 회사의 힘을 빌리는 방법을 검토 중입니다. 貴社のご意見もお聞かせください。

② 営業部の小林です。2ヶ月前に購入した商品の売上げが予想以上に悪いです。これ以上待っていても見込みはないと思われます。그래서 반품을 검토 중인데요, 어떠신가요?

① 견적을 의뢰해 주셔서 감사드립니다. 작업 내용에 관한 자료를 읽었습니다만, 납기까지의 시간이 상당히 짧군요. 그래서, 관련 회사의 힘을 빌리는 방법을 검토 중입니다. 귀사의 의견도 들려주십시오.

② 영업부의 고바야시입니다. 2개월 전에 구입한 상품의 매상이 예상 이상으로 저조합니다. 이 이상 기다려도 가망은 없을 것 같습니다. 그래서 返品을 検討中ですが, いかがでしょうか.

T I P S

〜中를 활용한 다양한 표현을 알아볼까요?

예 会議中です。(회의 중입니다)
食事中です。(식사 중입니다)
お話中です。(통화 중입니다)
仕事中です。(업무 중입니다)
準備中です。(준비 중입니다)
受付中です。(접수 중입니다)

検討(けんとう) 검토
提案(ていあん) 제안
依頼(いらい) 의뢰
作業(さぎょう) 작업
関連(かんれん) 관련
購入(こうにゅう) 구입
売上(うりあげ) 매상
返品(へんぴん) 반품
準備(じゅんび) 준비
受付(うけつけ) 접수

ご満足いただけない場合は〜

만족하지 못하실 경우에는 〜

고객이 만족하지 못할 경우에 대한 보상안을 제시하는 패턴입니다. 자사 상품에 대한 자부심을 나타냄으로써 상대방이 안심하고 구매를 결정할 수 있도록 유도하는 표현이기도 합니다.

🎧 223.MP3

STEP 1

1 ご満足いただけない場合は、**お取り替えできます。**

2 ご満足いただけない場合は、**契約のキャンセルができます。**

3 ご満足いただけない場合は、**代金を受け取りません。**

4 ご満足いただけない場合は、**私にメールでご連絡ください。**

5 ご満足いただけない場合は、**お気軽にお問い合わせください。**

1 만족하지 못하실 경우에는 교환 가능합니다.

2 만족하지 못하실 경우에는 계약 취소가 가능합니다.

3 만족하지 못하실 경우에는 대금을 받지 않겠습니다.

4 만족하지 못하실 경우에는 저에게 메일로 연락 주십시오.

5 만족하지 못하실 경우에는 편하게 문의해 주십시오.

STEP 2

1 先日は新商品の展示会でお世話になりました。さて、今年から弊社はホームページ製作をはじめました。貴社ともお取り引きできればと思っております。혹시 만족하지 못하실 경우에는 만족하실 때까지 지원하겠습니다.

2 貴社のホームページを拝見しました。突然ですが、貴社との新規取引を希望しています。弊社はパソコンのキーボードを作っています。품질에 만족하지 못하실 경우에는 반품도 가능합니다. 資料をお送りしますので、ご覧ください。

1 요전 날에는 신상품 전시회에서 신세가 많았습니다. 다름이 아니라, 올해부터 저희 회사는 홈페이지 제작을 시작하였습니다. 귀사와도 거래할 수 있기를 바랍니다. 모시 만족하실 수 없을 경우에는, 만족하실 때까지 서포트합니다.

2 귀사의 홈페이지를 보았습니다. 갑작스럽게 연락 드려 죄송하지만, 귀사와의 신규 거래를 희망하고 있습니다. 저희 회사는 컴퓨터 키보드를 만들고 있습니다. 品質에 ご満足いただけない 경우는, 반품도 가능합니다. 자료를 보내 드리오니 읽어 봐 주세요.

T I P S

'ご+한자어+いただけない場合は'(~하실 수 없을 경우에는)라는 표현을 활용해 볼까요?

1. カードがご利用いただけない場合は (카드를 이용하실 수 없을 경우에는)

2. PDFがご覧いただけない場合は (PDF를 보실 수 없을 경우에는)

満足(まんぞく) 만족
取(と)り**替**(か)え 교환
受(う)け**取**(と)る 받다
気軽(きがる)に 편하게
展示会(てんじかい) 전시회
製作(せいさく) 제작
新規取引(しんきとりひき) 신규 거래
希望(きぼう) 희망
返品(へんぴん) 반품
利用(りよう) 이용
ご覧(らん) 보심

PATTERN
224

규정 말하기

〜ことになっております。

~하도록(하기로) 되어 있습니다.

정해진 규칙이나 규정, 약속이나 예정 등을 말하는 패턴입니다. 회사의 규정이나 방침임을 내세워 논의할 여지를 원천 봉쇄시키는 뉘앙스가 있으므로 상대방의 무리한 요구를 거절할 때 종종 사용합니다.

🎧 224.MP3

STEP 1

1 返品はできない**ことになっております。**

2 現金で支払う**ことになっております。**

3 懇談会に参加する**ことになっております。**

4 本日3時に会議をする**ことになっております。**

5 二日以内に申し込む**ことになっております。**

1 반품은 할 수 없도록 되어 있습니다.

2 현금으로 지불하도록 되어 있습니다.

3 간담회에 참가하기로 되어 있습니다.

4 오늘 3시에 회의를 하기로 되어 있습니다.

5 이틀 이내에 신청하기로 되어 있습니다.

STEP 2

1 お世話になっております。営業部の加藤です。前の担当者だった木村の住所が知りたいとのことでしたが、개인정보는 대답할 수 없게 되어 있습니다. 申し訳ございません。

2 先日、メールでご依頼のあった資料なんですが、今日EMSでお送りしました。明後日の午前中には、お手元に届くそうです。하지만 일부 자료는 사외 유출이 금지되어 있어서 빠져 있습니다. ご理解ください。

1 신세 지고 있습니다. 영업부의 가토입니다. 이전 담당자였던 기무라의 주소를 알고 싶다고 하셨는데요, 個人情報はお答えできないことになっております。죄송합니다.

2 얼마 전, 메일로 의뢰하셨던 자료 말인데요, 오늘 EMS로 보냈습니다. 내일 모레 오전 중에는 도착한다고 합니다. ですが、一部の資料は社外流出ができないことになっており、抜けています。양해 바랍니다.

T I P S

비즈니스 이메일을 쓸 때 주의할 점을 알아볼까요?

1. 그림문자 특정 기호, 어려운 한자는 쓰지 않는다.
2. 6 W2H에 입각하여 용건을 분명히 적고 개인적인 내용은 피한다.
3. 한 문장의 길이를 짧게 하고 줄을 바꾸며, 공백을 넣어 읽기 편하게 배려한다.

返品(へんぴん) 반품
懇談会(こんだんかい) 간담회
参加(さんか) 참가
担当者(たんとうしゃ) 담당자
個人情報(こじんじょうほう) 개인정보
答(こた)**える** 대답하다
依頼(いらい) 의뢰
手元(てもと) 자기 주변
流出(りゅうしゅつ) 유출
理解(りかい) 이해, 양해

ご希望どおり〜

원하시는 대로 ~

🎧 225.MP3

상대방의 요청을 그대로 받아들인다는 의미의 패턴입니다. 상대방의 희망과 요구에 전적으로 따른다는 뉘앙스를 줌으로써 적극적인 비즈니스 태도를 보여 줄 수 있습니다.

STEP 1

① ご希望どおりにさせていただきます。

② ご希望どおりパンフレットをお送りしました。

③ ご希望どおりシンプルなデザインにしてみました。

④ ご希望どおり納期を早めることができます。

⑤ 御社のご希望どおり段ボールに変えました。

① 원하시는 대로 해 드리겠습니다.

② 원하시는 대로 팸플릿을 보내 드렸습니다.

③ 원하시는 대로 단순한 디자인으로 해 보았습니다.

④ 원하시는 대로 납기를 앞당길 수 있습니다.

⑤ 귀사가 원하시는 대로 골판지 상자로 바꾸었습니다.

STEP 2

① 本日最新のカタログをお送しました。또한 원하시는 대로 회사 소개서도 동봉하였습니다. 当商品につきまして、ご不明な点がございましたら、お電話またはメールでご連絡ください。

② 突然のお願いで申し訳ありません。販促キャンペーンの時に、そちらから日本語のできる方に来ていただきたいんですが、いかがでしょうか。원하시는 대로 백화점에서의 캠페인을 준비해 두었습니다. ご検討ください。

① 오늘 최신 카탈로그를 보냈습니다. なお、ご希望どおり会社紹介書も同封しました。 본 상품에 대해서 궁금하신 점이 있으시면 전화 또는 메일로 연락 주십시오.

② 갑작스러운 부탁을 드리게 되어 죄송합니다. 판촉 캠페인 때 귀사로부터 일본어를 하시는 분이 와 주셨으면 합니다만, 어떠십니까? ご希望どおりデパートでのキャンペーンを準備しておきました。 검토를 부탁드립니다.

비즈니스 이메일을 쓸 때는 다음과 같은 점에도 주의해야 합니다.

1. 급한 사안일 경우에는 메일을 보내고 나서 반드시 확인 전화를 한다.
2. 글자 깨짐을 방지하기 위해 본문을 메모장에 복사하고, 그것을 다시 메일에 붙여넣기 한다.
3. 주로 워드문서를 사용한다.

希望(きぼう) 희망
段(だん)ボール 골판지 상자
最新(さいしん) 최신
紹介書(しょうかいしょ) 소개서
同封(どうふう) 동봉
不明(ふめい)な 불명확한
販促(はんそく) 판촉
検討(けんとう) 검토

二度とこのようなことがないように～

두 번 다시 이러한 일이 없도록 ～

업무상의 실수가 있었을 때, 단순히 '미안하다'만으로는 성의가 없어 보이죠. 중요한 것은 두 번 다시 같은 실수를 반복하지 않는 것인데요. 실수의 재발 방지를 약속하는 패턴을 배워 봅시다.

🎧 226.MP3

STEP 1

1 二度とこのようなことがないように**心がけます**。

2 二度とこのようなことがないように**注意します**。

3 二度とこのようなことがないように**反省します**。

4 二度とこのようなことがないように**最善をつくします**。

5 二度とこのようなことがないように**再発防止に努めます**。

1 두 번 다시 이러한 일이 없도록 유의하겠습니다.

2 두 번 다시 이러한 일이 없도록 주의하겠습니다.

3 두 번 다시 이러한 일이 없도록 반성하겠습니다.

4 두 번 다시 이러한 일이 없도록 최선을 다하겠습니다.

5 두 번 다시 이러한 일이 없도록 재발 방지에 힘쓰겠습니다.

STEP 2

1 先ほどのメールは、当方のミスで誤って送ったものです。大変勝手なお願いですが、そのメールを削除していただけないでしょうか。二度と다시 이러한 일이 없도록 세심한 주의를 기울이겠습니다.

2 この度は当社の製品にトラブルがあり、ご迷惑をおかけしました。大変申し訳ありませんでした。さっそく調べましたところ、製造の過程で問題が生じたことがわかりました。두 번 다시 이러한 일이 없도록 주의하겠습니다.

1 좀 전의 메일은 저희 쪽의 실수로 잘못 보낸 것입니다. 대단히 뻔뻔한 부탁이지만, 그 메일을 삭제해 주실 수 없을까요? 二度とこのようなことがないように細心の注意を払います。

2 이번에는 저희 회사의 제품에 문제가 생겨 폐를 끼쳤습니다. 대단히 죄송합니다. 바로 조사했더니 제조 과정에서 문제가 생겼음을 알게 되었습니다. 二度とこのようなことがないように気をつけます。

T I P S

비즈니스 일본어를 보다 재밌고 편하게 공부하는 방법은 바로 비즈니스 드라마를 보는 것인데요. 「派遣の品格」(파견의 품격, 2007), 「官僚たちの夏」(관료들의 여름, 2009), 「半沢直樹」(한자와 나오키, 2013) 등의 드라마가 유명합니다. 조금 어려운 표현도 나오지만, 일본 비즈니스의 실제 상황을 엿볼 수 있다는 점에서 추천할 만한 공부법입니다.

心(こころ)がける 유의하다
反省(はんせい) 반성
最善(さいぜん)をつくす 최선을 다하다
再発防止(さいはつぼうし) 재발 방지
勝手(かって)な 제멋대로의
削除(さくじょ) 삭제
製造(せいぞう) 제조
過程(かてい) 과정
生(しょう)じる 생기다
派遣(はけん) 파견
品格(ひんかく) 품격
官僚(かんりょう) 관료

〜をお詫びします。

〜을(를) 사과드립니다.

🎧 227.MP3

업무상의 과실이 있었을 때 무조건 사과만 하는 것은 그다지 효과가 없습니다. 이 패턴과 같이 구체적 내용을 들어 사과하는 것이 중요하죠. 詫びる는 '사과하다, 사죄하다'는 의미의 동사입니다.

STEP 1

1 こちらのミスをお詫びします。

2 ご迷惑をかけたことをお詫びします。

3 昨日の失礼をお詫びします。

4 報告が遅れたことをお詫びします。

5 すぐに返信できなかったことをお詫びします。

1 저희 실수를 사과드립니다.

2 폐를 끼친 점을 사과드립니다.

3 어제의 실례를 사과드립니다.

4 보고가 늦어진 점을 사과드립니다.

5 바로 회신하지 못했던 점을 사과드립니다.

STEP 2

1 この度は弊社の社員が大変失礼な態度を取ったと聞きました。다나카 씨를 불쾌하게 만든 일을 사과드립니다. 大変申し訳ございませんでした。二度とこのようなことがないように、社員教育を徹底します。

2 実はメーカーからの入荷が遅れています。このままではご希望の日にお届けすることができません。これは一部の海外工場のストによるものです。연락이 늦어진 점을 사과드립니다. 来月の15日までには納品できると思います。

1 이번에 저희 회사 사원이 대단히 실례되는 행동을 했다고 들었습니다. 田中さんを不愉快にさせてしまったことをお詫びします。 정말 죄송했습니다. 두 번 다시 이와 같은 일이 없도록 사원 교육을 철저히 하겠습니다.

2 실은 제조회사로부터의 입하가 늦어지고 있습니다. 이대로는 희망하시는 날에 납품하기가 힘듭니다. 이는 일부 해외 공장의 파업 때문입니다. 連絡が遅くなったことをお詫びします。 다음 달 15일까지는 납품이 가능할 것 같습니다.

TIPS

비즈니스 메일에서 자주 쓰는 단어 중에 不手際가 있는데요, 주로 업무 처리에 있어서의 실수를 말합니다. 한자읽기에 주의하세요.

1. 不手際がありました。
   (실수가 있었습니다)
2. 弊社の不手際をお詫びします。
   (저희 회사의 실수를 사과드립니다)

報告(ほうこく) 보고
返信(へんしん) 답장
態度(たいど) 태도
不愉快(ふゆかい) 불쾌
教育(きょういく) 교육
徹底(てってい) 철저
入荷(にゅうか) 입하
〜による 〜에 의한
不手際(ふてぎわ) 솜씨가 나쁨, 실수

Unit 26
맺음말 패턴

🔍 **패턴 미리보기**

228 　~を添付しました。 　~을(를) 첨부했습니다. 　첨부 알리기

229 　~たら、ご連絡ください。 　~(하)면 연락 주십시오. 　연락 부탁하기

230 　~いただけると幸いです。 　~(해) 주시면 큰 도움이 되겠습니다. 　마지막 당부하기

231 　~をお待ちしております。 　~을(를) 기다리겠습니다(기대하겠습니다). 　기대감 어필하기

232 　~によろしくお伝えください。 　~에게 안부 전해 주십시오. 　안부 전하기

233 　~のほどよろしくお願い申し上げます。 　~해 주시도록 부탁 말씀드립니다. 　끝인사하기

～を添付しました。

～을(를) 첨부했습니다.

메일에 파일을 첨부했음을 알리는 패턴입니다. 메일 내용에 신경 쓰다보면 간혹 파일 첨부를 잊어버리는 경우가 있는데요. 우선 자료를 첨부하고 메일 내용을 쓰기 시작하는 것이 좋습니다.

🎧 228.MP3

STEP 1

1 地図を添付しました。

2 ファイルを添付しました。

3 写真を添付しました。

4 ご依頼のデータを添付しました。

5 契約書をスキャンしたものを添付しました。

1 지도를 첨부했습니다.

2 파일을 첨부했습니다.

3 사진을 첨부했습니다.

4 의뢰하신 데이터를 첨부했습니다.

5 계약서를 스캔한 것을 첨부했습니다.

STEP 2

1 電話会議の件でメールしました。弊社からは3名が参加する予定です。時間は今週の金曜日の午後7時からです。パスワードは436です。そして電話会議用資料を添付しました。ご参照ください。

2 さて、この度、弊社の通信システムを変更する予定です。これにより、メールアドレスと一部の電話番号が変わります。そして 새로운 메일 주소와 전화번호를 첨부했습니다. ご不便をおかけして、申し訳ございません。

1 전화 회의 건으로 메일드렸습니다. 저희 회사에서는 3명이 참가할 예정입니다. 시간은 이번 주 금요일 오후 7시부터입니다. 패스워드는 436입니다. 또한, 전화회의용 자료를 첨부했습니다. 참조 바랍니다.

2 다름이 아니라, 이번에 저희 회사 통신 시스템을 변경할 예정입니다. 이에 따라 메일 주소와 일부 전화번호가 바뀝니다. 이에, 새로운 메일 주소와 전화번호를 첨부했습니다. 불편을 드려서 죄송합니다.

TIPS

거래처와 직접 얼굴을 맞대고 회의를 하는 것이 가장 이상적이지만, 현실적으로 어려운 경우가 많습니다. 이러한 현실적 제약 때문에 전화 회의나 화상 회의를 이용하는 회사가 많아졌는데요. '컨퍼런스 콜', 또는 'skype'로 검색하면 절차와 방법을 쉽게 알아볼 수 있습니다.

添付(てんぷ) 첨부
依頼(いらい) 의뢰
参加(さんか) 참가
予定(よてい) 예정
資料(しりょう) 자료
参照(さんしょう) 참조
通信(つうしん) 통신
変更(へんこう) 변경
不便(ふべん) 불편

～たら、ご連絡ください。

～(하)면 연락 주십시오.

연락을 부탁하는 구체적 상황을 제시하는 패턴입니다. 비즈니스 메일에서는 맺음말 인사의 하나로 많이 사용됩니다. 언제든지 연락해도 좋다는 편한 분위기를 연출하는 기능도 있습니다.

🎧 229.MP3

STEP 1

1 何かございましたら、ご連絡ください。

2 いいアイデアがありましたら、ご連絡ください。

3 ご確認がとれましたら、ご連絡ください。

4 日が決まりましたら、ご連絡ください。

5 ご質問がありましたら、ご連絡ください。

1 무슨 일이 있으시면 연락 주십시오.

2 좋은 아이디어가 있으시면 연락 주십시오.

3 확인이 되면 연락 주십시오.

4 날이 잡히면 연락 주십시오.

5 질문이 있으시면 연락 주십시오.

STEP 2

1 当社は「シンドリム」駅から徒歩3分です。1番出口を出たら、そのまままっすぐお進みください。一つ目の信号の手前にあるコンビニを左に曲がったところです。地図を添付しました。그리고 뭔가 궁금하신 점이 있으시면 연락 주십시오.

2 商品番号4587に関する見積書をいただきました。ありがとうございます。金額のことですが、弊社の希望とはやや開きがあります。そこで5％ほど下げていただければと思うのですが、可能でしょうか。弊社もいろいろと厳しい状況にあります。그럼, 조건이 정해지면 연락 주십시오.

1 당사는 '신도림'역에서 도보 3분 거리입니다. 1번 출구로 나오면 그대로 직진해 주십시오. 첫 번째 신호등 앞에 있는 편의점에서 왼쪽으로 돌면 있습니다. 지도를 첨부하였습니다. なお、何かご不明なことがありましたら、ご連絡ください。

2 상품 번호 4587에 관한 견적서를 잘 받았습니다. 감사합니다. 금액 말인데요. 저희 회사의 희망과는 다소 차이가 있습니다. 그래서 5% 정도 할인해 주시면 감사하겠습니다만, 가능할까요? 저희 회사도 여러 가지로 힘든 상황에 있습니다. では、条件が決まりましたら、ご連絡ください。

確認(かくにん) 확인
徒歩(とほ) 도보
進(すす)む 나아가다
手前(てまえ) 바로 앞
不明(ふめい)な 불확실한
金額(きんがく) 금액
開(ひら)き 차이
状況(じょうきょう) 상황
条件(じょうけん) 조건

～いただけると幸いです。

～(해) 주시면 큰 도움이 되겠습니다.

마지막으로 당부하는 패턴입니다. 메일 맺음말에서 회신을 당부할 때 많이 사용하지만, 메일의 본론 부분에서 부탁할 때도 씁니다. 幸いは '다행, 행복'이란 의미의 명사입니다.

🎧 230.MP3

STEP 1

1 ご意見いただけると幸いです。

2 お返事いただけると幸いです。

3 ご理解いただけると幸いです。

4 ご検討いただけると幸いです。

5 ご連絡いただけると幸いです。

1 의견 주시면 큰 도움이 되겠습니다.

2 답장 주시면 큰 도움이 되겠습니다.

3 이해해 주시면 큰 도움이 되겠습니다.

4 검토해 주시면 큰 도움이 되겠습니다.

5 연락해 주시면 큰 도움이 되겠습니다.

STEP 2

1 代金のお支払の件でメールしました。いまだに入金の確認がとれません。貴社との契約では請求した日の1ヶ月後までとなっております。バロ 송금해 주시면 큰 도움이 되겠습니다.

2 至急ABC－34のお見積もりをお願いします。数量は50個、納期は6月15日、支払い方法は小切手でお願いします。그리고 번거로우시겠지만 5월 15일까지 보내 주시면 큰 도움이 되겠습니다.

1 대금 지불 건으로 메일드렸습니다. 아직까지도 입금 확인이 안 되고 있습니다. 귀사와의 계약에서는 청구한 날의 1개월 후까지로 되어 있습니다. 至急ご送金いただけると幸いです。

2 급히 ABC－34의 견적을 부탁드립니다. 수량은 50개, 납기는 6월 15일, 지불 방법은 수표로 부탁드립니다. なお、お手数ですが、5月15日までに送っていただけると幸いです。

TIPS

이 패턴과 비슷한 표현으로는 ～ていただけると助かります가 있습니다. 경어의 정도는 다소 떨어지지만, 助かる라는 동사 때문인지 훨씬 친근한 느낌이 드는 표현입니다.

1. そうしていただけると助かります。
   (그렇게 해 주시면 큰 도움이 되겠습니다)
2. お聞かせいただけると助かります。
   (들려주시면 큰 도움이 되겠습니다)

意見(いけん) 의견
理解(りかい) 이해
検討(けんとう) 검토
代金(だいきん) 대금
入金(にゅうきん) 입금
請求(せいきゅう) 청구
至急(しきゅう) 바로, 급히
数量(すうりょう) 수량
納期(のうき) 납기
小切手(こぎって) 수표
助(たす)かる 도움이 되다

～をお待ちしております。

～을(를) 기다리겠습니다
(기대하겠습니다).

상대방에게 기대하는 마음을 전함으로써 호감을 어필하는 패턴입니다. ～を楽しみにして
いますエ 같은 의미로 사용할 수 있습니다.

🎧 231.MP3

STEP 1

1 ご連絡をお待ちしております。

2 お会いする日をお待ちしております。

3 またのご来店をお待ちしております。

4 前向きなお返事をお待ちしております。

5 皆様のご意見をお待ちしております。

1 연락을 기다리겠습니다.

2 만나 뵐 날을 기대하겠습니다.

3 또 내점해 주시기를 기대하겠습니다.

4 긍정적인 회신을 기대하겠습니다.

5 여러분의 의견을 기다리겠습니다.

STEP 2

1 この度、新商品の説明会を開くことになりました。宿泊費用はこちら
で持ちます。説明会の後は、取引条件などお話できればと思っており
ます。진심으로 참가해 주시기를 기대하겠습니다.

2 本日は工場見学のお願いでメールしました。1月でしたら、いつでも
日本へ行くことができます。参加人数は5名と予定しています。좋은
소식을 기대하겠습니다.

T I P S

이 패턴을 보면 계속을 의미하는 ～ている
표현이 포함되어 있는데요. 계속의 의미를 강
조함으로써 '언제까지라도 기다리겠다'는 메
시지를 전달하고 있습니다. 따라서 お待ちし
ます라고 쓰는 것보다 お待ちしておりま
す라고 쓰는 것이 훨씬 자연스럽고, 비즈니스
적인 표현이 됩니다.

1 이번에 신상품 설명회를 열게 되었습니다. 숙박 비
용은 저희 쪽에서 부담하겠습니다. 설명회가 끝난
후에는 거래 조건 등에 대해 이야기 나누었으면 합
니다. 心よりご参加をお待ちしております。

2 오늘은 공장 견학을 부탁하고자 메일드렸습니다.
1월이라면 언제든지 일본에 갈 수 있습니다. 참가
인원수는 5명으로 예정하고 있습니다. いい知ら
せをお待ちしております。

来店(らいてん) 내점
前向(まえむ)**きな** 긍정적인
意見(いけん) 의견
説明会(せつめいかい) 설명회
宿泊費用(しゅくはくひよう) 숙박 비용
持(も)**つ** 부담하다, 비용을 대다
取引条件(とりひきじょうけん) 거래 조건
見学(けんがく) 견학
人数(にんずう) 인원수

〜によろしくお伝えください。

〜에게 안부 전해 주십시오.

메일을 주고받는 당사자 이외의 사람들에게 안부를 전하는 패턴입니다. 바쁜 업무에 쫓기는
가운데에도 다른 사람에 대한 작은 배려를 잊어서는 안 되겠죠?

🎧 232.MP3

STEP 1

1 みなさんにもよろしくお伝えください。

2 ご家族にもよろしくお伝えください。

3 社長によろしくお伝えください。

4 スタッフのみなさんによろしくお伝えください。

5 営業部の吉富さんにもよろしくお伝えください。

1 여러분들께도 안부 전해 주십시오.

2 가족 분들께도 안부 전해 주십시오.

3 사장님께 안부 전해 주십시오.

4 직원 여러분께 안부 전해 주십시오.

5 영업부의 요시토미 씨에게도 안부 전해
주십시오.

STEP 2

1 この度、会議のスケジュールが決まりました。まことに遺憾ながら、
私は出席できません。こちらからは、部長と課長が向います。日程は
下記のとおりです。판매부 여러분들께 안부 전해 주십시오.

2 これは社員のケータイからの情報もれに関するセキュリティ策で
す。貴社でもさまざまな対策をとっているでしょうが、こういうモバ
イル端末のセキュリティも大事です。ぜひご検討ください。부장님께
도 안부 전해 주세요.

1 이번에 회의 일정이 정해졌습니다. 대단히 유감스
럽지만 저는 참석할 수가 없습니다. 이쪽에서는 부
장님과 과장님이 가십니다. 일정은 아래와 같습니
다. 販売部の方たちによろしくお伝えくださ
い。

2 이것은 사원들의 휴대전화로부터의 정보 누설에
관한 보안책입니다. 귀사에서도 여러 가지 대책을
취하고 계시겠지만, 이러한 모바일 단말기의 보안
도 중요합니다. 꼭 검토 바랍니다. 部長にもよろ
しくお伝えください。

T I P S

Q '우리 부장님이 하야시 씨에게 안부 전
해 달라고 하셨습니다'와 같이 누군가의
부탁을 받았을 때는?

A 部長のパクが林さんによろしくと言
っておりました。

伝(つた)える 전하다
営業部(えいぎょうぶ) 영업부
向(むか)う 향하다
日程(にってい) 일정
販売部(はんばいぶ) 판매부
情報(じょうほう) 정보
対策(たいさく) 대책
端末(たんまつ) 단말(기)

〜のほどよろしくお願い申し上げます。

〜해 주시도록 부탁 말씀드립니다.

이 패턴은 비즈니스 메일에서 가장 많이 쓰이는 맺음말 인사 표현입니다. 〜のほどは 여기서 〜のこと(〜일)의 의미로 문장을 부드럽게 만들어 주는 역할을 합니다.

🎧 233.MP3

STEP 1

1 ご検討のほどよろしくお願い申し上げます。

2 ご対応のほどよろしくお願い申し上げます。

3 ご連絡のほどよろしくお願い申し上げます。

4 ご協力のほどよろしくお願い申し上げます。

5 ご指導鞭撻のほどよろしくお願い申し上げます。

1 검토해 주시도록 부탁 말씀드립니다.

2 대응해 주시도록 부탁 말씀드립니다.

3 연락해 주시도록 부탁 말씀드립니다.

4 협력해 주시도록 부탁 말씀드립니다.

5 지도 편달해 주시도록 부탁 말씀드립니다.

STEP 2

1 本日、お支払が遅れていることでご抗議のメールをいただきました。しかし、この件は、先週川村部長にお願いし、ご了承の返事をいただいたことです。번거로우시겠지만 확인해 주시도록 부탁 말씀드립니다.

2 ご提案につきまして、繰り返し検討させていただきましたが、残念ながら費用の面で難しいものがあり、今回はお断りすることになりました。부디 이해해 주시도록 부탁 말씀드립니다.

1 오늘, 지불이 늦어지고 있는 일로 항의 메일을 받았습니다. 하지만 이 건은 지난주 가와무라 부장님께 부탁해서 양해 답변을 받은 일입니다. お手数ですが、ご確認のほどよろしくお願い申し上げます。

2 제안에 대해서 계속 검토했습니다만, 유감스럽게도 비용 면에서 어려운 점이 있어서 이번에는 거절하게 되었습니다. どうかご理解のほどよろしくお願い申し上げます。

TIPS

이해, 검토, 확인, 대응 등 구체적인 단어를 쓰기 힘든 경우에는 다음과 같은 표현으로 맺음말 인사를 대신할 수 있습니다.

1. 今後ともよろしくお願い申し上げます.(앞으로도 잘 부탁드립니다)
2. 何とぞよろしくお願い申し上げます.(부디 잘 부탁드립니다)

検討(けんとう) 검토
対応(たいおう) 대응, 대처
協力(きょうりょく) 협력
指導鞭撻(しどうべんたつ) 지도 편달
抗議(こうぎ) 항의
了承(りょうしょう) 양해
確認(かくにん) 확인
費用(ひよう) 비용
断(ことわ)る 거절하다
今後(こんご) 금후, 앞으로
何(なに)とぞ 부디

네이티브는 쉬운 일본어로 말한다
1000문장 편

일본 드라마 전문 스타강사 **최대현** 저

부록
mp3 파일
무료 다운로드

24만 독자가
선택한
베스트셀러!

최대현 지음 | 592쪽 | 16,000원

일본인이 항상 입에 달고 살고,
일드에 꼭 나오는 1000문장을 모았다!

200여 편의 일드에서 엄선한 꿀표현 1000문장! 네이티브가 밥 먹듯이 쓰는
살아 있는 일본어를 익힌다. 드라마보다 재미있는 mp3 파일 제공.

난이도   첫걸음   초급 | 중급 | 고급

대상   반말, 회화체를 배우고 싶은 학습자
일드로 일본어를 공부하는 초중급자

목표   교과서 같은 딱딱한 일본어에서 탈출하여
네이티브처럼 자연스러운 일본어 회화 구사하기

일본어 회화 핵심패턴 233

233개 기초 패턴으로 일본어 말문이 트인다!

회화의 기초를 짱짱하게 다져주는 패턴 233개!
초급자의 발목을 잡는 동사활용과 문법도 패턴으로 쉽게 끝낸다.

난이도	첫걸음 **초급** 중급 | 고급	기간	80일
대상	회화를 본격적으로 시작하려는 초급자, 일본어 기초가 약한 초급자	목표	내가 말하고 싶은 문장 자유자재로 만들기 기초 문법 제대로 마스터하기

프랑스어 회화
핵심패턴 233

단어만 바꿔 넣으면 내가 하고 싶은 말이 된다!

프랑스어 회화

핵심패턴

박만규, Arnaud Duval 지음

233

일상생활에서 가장 많이 쓰는 패턴만 모았다!
패턴으로 동사변화와 문법까지 빠르게 해결한다!
훈련법 소책자와 mp3 파일로 언제 어디서나 학습한다!

박만규, Arnaud Duval 지음
336쪽 | 15,800원

단어만 바꿔 넣으면 내가 하고 싶은 말이 된다!

프랑스인들이 일상생활에서 가장 많이 쓰는 패턴만 모았다.
기본 패턴부터 섬세한 뉘앙스를 전하는 패턴까지 엄선해서 수록했다.

난이도	첫걸음 초급 중급 │ 고급	기간	80일
대상	회화를 본격적으로 시작하려는 초급자	목표	내가 말하고 싶은 문장 자유자재로 만들기

독일어 회화
핵심패턴 233

생활 밀착형 패턴 233개로 일상에서 시험 준비까지 OK!

독일 네이티브와 함께 실생활에서 자주 쓰는 표현만 골라 233개의 패턴으로 정리했다.

패턴에 단어만 바꾸면 일상, 독일어시험, 진학, 취업 등 학습 목적에 맞는 문장을 만들 수 있다.

난이도	첫걸음 **초급** 중급 | 고급	기간	**80일**
대상	**회화를 본격적으로 시작하려는 초급자**	목표	**내가 말하고 싶은 문장 자유자재로 만들기**

비즈니스

일본어회화 & 이메일

핵심패턴

233

길벗
이지:톡

PATTERN 001 私の考えでは～

제 생각으로는 ~

🎧 001_H.MP3

1 제 생각으로는 이대로는 안 됩니다.	私の考えでは、このままではだめです。
2 제 생각으로는 가능성이 있습니다.	私の考えでは、見込みがあります。
3 제 생각으로는 지금이 기회입니다.	私の考えでは、今がチャンスです。
4 제 생각으로는 한 번 더 재고해야 합니다.	私の考えでは、もう一度見直さなければなりません。
5 제 생각으로는 광고비를 줄일 필요가 있습니다.	私の考えでは、広告費を減らす必要があります。

PATTERN 002 個人的には～

개인적으로는 ~

🎧 002_H.MP3

1 개인적으로는 찬성입니다.	個人的には、賛成です。
2 개인적으로는 굉장히 좋았습니다.	個人的には、すごくよかったです。
3 개인적으로는 틀렸다고 생각하지 않습니다.	個人的には、間違いだったと思いません。
4 개인적으로는 상당히 유감스럽게 생각합니다.	個人的には、非常に残念に思います。
5 개인적으로는 검토할 가치가 있다고 생각합니다.	個人的には、検討する価値があると思います。

PATTERN 003 ～たいと思います。

~하면 좋겠어요.

🎧 003_H.MP3

1 한 가지 제안드리고 싶습니다.	一つご提案したいと思いますが。
2 한 말씀드리고 싶습니다.	一言言わせていただきたいと思います。
3 결과에 대해서 보고드리고 싶습니다.	結果についてご報告したいと思います。
4 이 문제에 바로 착수하고 싶습니다.	この問題にさっそく取り組みたいと思います。
5 긴히 상의드리고 싶은 것이 있어서요.	折り入ってご相談したいと思うことがありまして。

～ような気がします。

～인(한) 것 같습니다.

🎧 004_H.MP3

1 별로 달라지지 않은 것 같습니다.	あまり変わらないような気がします。
2 이제 달리 방법이 없는 것 같습니다.	もう他に方法はないような気がします。
3 대응이 적절치 않은 것 같습니다.	対応が適切でないような気がします。
4 그 의견은 시대착오적인 것 같습니다.	その意見は時代遅れのような気がします。
5 품질에 다소 문제가 있는 것 같습니다.	品質にすこし問題があるような気がします。

～かもしれません。

～일지도 모릅니다.

🎧 005_H.MP3

1 그 말씀이 맞을지도 모릅니다.	その通りかもしれません。
2 이제 사용할 수 없을지도 모릅니다.	もう使えないかもしれません。
3 리스크가 클지도 모릅니다.	リスクが高いかもしれません。
4 생각보다 간단할지도 모릅니다.	思ったより簡単かもしれません。
5 오늘은 조금 늦을지도 모릅니다.	今日はすこし遅れるかもしれません。

～と思われます。

～(이)라고 생각됩니다.

🎧 006_H.MP3

1 말할 필요도 없다고 생각됩니다.	言うまでもないと思われます。
2 불충분하다고 생각됩니다.	不十分だと思われます。
3 상당히 대규모적인 일이 되리라 생각됩니다.	かなり大規模なものになると思われます。
4 그 그림은 피카소가 그린 것으로 생각됩니다.	その絵はピカソが描いたものと思われます。
5 방법은 그밖에도 몇 가지 있다고 생각됩니다.	方法は他にもいくつかあると思われます。

と申しますのも～

왜냐하면 ～

007_H.MP3

1 왜냐하면 자금이 부족해졌기 때문입니다.

と申しますのも、**資金が足りなくなった**からです。

2 왜냐하면 회의가 길어지고 말았습니다.

と申しますのも、**会議が長引いて**しまいました。

3 왜냐하면 최고의 재료를 사용하고 있기 때문이죠.

と申しますのも、**最高の材料を使っています**ので。

4 왜냐하면 귤이 풍작이어서 가격이 싸졌기 때문입니다.

と申しますのも、**みかんがとれすぎて、値段が安くなった**ためです。

5 왜냐하면 스마트폰으로 쇼핑을 하는 사람이 많아졌으니까요.

と申しますのも、**スマホで買い物をする人が多くなりました**から。

私が申し上げたいのは～

제가 말씀드리고 싶은 것은 ～

008_H.MP3

1 제가 말씀드리고 싶은 것은 바로 그것입니다.

私が申し上げたいのは、**そういうこと**です。

2 제가 말씀드리고 싶은 것은 이대로는 안 된다는 것입니다.

私が申し上げたいのは、**このままではだめだという**ことです。

3 제가 말씀드리고 싶은 것은 판매 루트의 확대입니다.

私が申し上げたいのは、**販売ルートの拡大**です。

4 제가 말씀드리고 싶은 것은 페이스북이나 트위터의 이용입니다.

私が申し上げたいのは、**フェイスブックやツイッターの利用**です。

5 제가 말씀드리고 싶은 것은 지금의 예산으로는 무리라는 것입니다.

私が申し上げたいのは、**今の予算では無理だという**ことです。

～た(だ)はずです。

～했을 텐데요(틀림없이 ～했는데요).

009_H.MP3

1 아마 은퇴했을 텐데요.

たしか、**引退し**たはずです。

2 2대 구입했을 텐데요.

2台買い求めたはずです。

3 요전에 틀림없이 말씀드렸는데요.

この前、**申し上げ**たはずです。

4 레이아웃 작업은 끝났을 텐데요.

レイアウト作業は終わったはずです。

5 이번 주까지 입금한다고 틀림없이 말씀하셨는데요.

今週までに振り込むとおっしゃったはずです。

～た(だ)つもりでしたが。 ～했다고 생각했는데……

🎧 010_H.MP3

1 가방에 넣었다고 생각했는데……(없었다)

カバンに入れたつもりでしたが。(なかった)

2 조심한다고 했는데……(거래처를 화나게 했다)

気をつけたつもりでしたが。(取引先を怒らせてしまった)

3 메일에 답장을 했다고 생각했는데……(안 했다)

メールに返信したつもりでしたが。(していなかった)

4 이 문제는 알고 있다고 생각했는데……(그렇지 않았다)

この問題はわかっていたつもりでしたが。(そうじゃなかった)

5 모든 수단을 동원했다고 생각했는데…….
(다른 방법이 있었다)

あらゆる手をつくしたつもりでしたが。(他の方法があった)

喜んで～ 기꺼이 ～

🎧 011_H.MP3

1 기꺼이 알려 드리겠습니다.

喜んでお知らせします。

2 물론, 기꺼이 하겠습니다.

もちろん、喜んでやります。

3 네, 기꺼이 맡겠습니다.

はい、喜んでお引き受けします。

4 기꺼이 참석하겠습니다.

喜んで参加させていただきます。

5 기꺼이 준비하겠습니다.

喜んで準備させていただきます。

～をお願いできますか。 ～을(를) 부탁드려도 될까요?

🎧 012_H.MP3

1 도장을 부탁드려도 될까요?

ハンコをお願いできますか。

2 설문조사를 부탁드려도 될까요?

アンケートをお願いできますか。

3 번역을 부탁드려도 될까요?

翻訳をお願いできますか。

4 정리를 부탁드려도 될까요?

片付けをお願いできますか。

5 이벤트 사회를 부탁드려도 될까요?

イベントの司会をお願いできますか。

〜を手伝ってもらえますか。 ~을(를) 도와줄래요?

🎧 013_H.MP3

① 복사를 도와줄래요? | **コピーを**手伝ってもらえますか。

② 열쇠 찾는 일을 도와줄래요? | **カギ、探すの**を手伝ってもらえますか。

③ 자료 만들기를 도와줄래요? | **資料作り**を手伝ってもらえますか。

④ 재고 정리를 도와줄래요? | **在庫整理**を手伝ってもらえますか。

⑤ 서류 정리를 도와줄래요? | **書類の片付け**を手伝ってもらえますか。

〜て(で)くださいませんか。 ~해 주시지 않을래요?

🎧 014_H.MP3

① 그것을 보여 주시지 않을래요? | **それを見せ**てくださいませんか。

② 납기를 연기해 주시지 않을래요? | **納期を延ばし**てくださいませんか。

③ 돌아올 때까지 기다려 주시지 않을래요? | **戻るまで待ってい**てくださいませんか。

④ 자료를 나눠 주시지 않을래요? | **資料を回し**てくださいませんか。

⑤ 한 번 더 말씀해 주시지 않을래요? | **もう一度話し**てくださいませんか。

〜て(で)いただけませんか。 ~해 주실 수 없을까요?

🎧 015_H.MP3

① 짐을 맡아 주실 수 없을까요? | **荷物を預かっ**ていただけませんか。

② 팩스로 지도를 보내 주실 수 없을까요? | **ファックスで地図を送っ**ていただけませんか。

③ 2, 3분 시간을 내 주실 수 없을까요? | **2、3分、時間を割い**ていただけませんか。

④ 보고서를 훑어봐 주실 수 없을까요? | **報告書に目を通し**ていただけませんか。

⑤ 내일 오전 10시에 데리러 와 주실 수 없을까요? | **明日の午前10時に迎えに来**ていただけませんか。

PATTERN 016

〜て(で)いただきたいんですが。 ~해 주셨으면 하는데요.

🎧 016.MP3

1 도와주셨으면 하는데요.	助けていただきたいんですが。
2 조심해 주셨으면 하는데요.	気をつけていただきたいんですが。
3 이 메일을 보내 주셨으면 하는데요.	このメールを送っていただきたいんですが。
4 이 한자를 고쳐 주셨으면 하는데요.	この漢字を直していただきたいんですが。
5 한 번 더 상품을 발송해 주셨으면 하는데요.	もう一度商品を発送していただきたいんですが。

PATTERN 017

〜(さ)せてください。 ~(하)게 해 주세요.

🎧 017_H.MP3

1 잠시 쉬게 해 주세요.	すこし休ませてください。
2 변명하게 해 주세요.	言い訳させてください。
3 제가 가게 해 주세요.	私に行かせてください。
4 한 가지 질문하게 해 주세요.	一つ質問させてください。
5 뭔가 도와 드리게 해 주세요.	何かお手伝いさせてください。

PATTERN 018

〜(さ)せていただけませんか。 ~(해)도 되겠습니까?

🎧 018_H.MP3

1 링크를 걸어도 되겠습니까?	リンクを張らせていただけませんか。
2 발표해도 되겠습니까?	発表させていただけませんか。
3 꼭 거래를 해도 되겠습니까?	ぜひ取引させていただけませんか。
4 출장을 가도 되겠습니까?	出張に行かせていただけませんか。
5 이번에는 사퇴해도 되겠습니까?	今回は辞退させていただけませんか。

～て(で)ありがとうございます。 ～(해 주셔)서 감사합니다.

🎧 019_H.MP3

1 와 주셔서 감사합니다.

来てくださってありがとうございます。

2 가르쳐 주셔서 감사합니다.

教えてくださってありがとうございます。

3 걱정해 주셔서 감사합니다.

心配してくださいましてありがとうございます。

4 문의해 주셔서 감사합니다.

お問い合わせいただきましてありがとうございます。

5 식사에 초대해 주셔서 감사합니다.

お食事にお招きいただいてありがとうございます。

～て(で)助かりました。 ～(해 주셔)서 큰 도움이 되었습니다.

🎧 020_H.MP3

1 마중 나와 주셔서 큰 도움이 되었습니다.

迎えに来てくれて助かりました。

2 연락해 주셔서 큰 도움이 되었습니다.

連絡してもらって助かりました。

3 배려해 주셔서 큰 도움이 되었습니다.

ご配慮いただきまして助かりました。

4 서둘러 주셔서 정말 큰 도움이 되었습니다.

急いでもらって本当に助かりました。

5 일을 도와주셔서 큰 도움이 되었습니다.

仕事を手伝ってもらって助かりました。

～に感謝します。 ～에(게) 감사드립니다.

🎧 021_H.MP3

1 당신에게 감사드립니다.

あなたに感謝します。

2 협력에 감사드립니다.

ご協力に感謝します。

3 기회를 주신 것에 대해 감사드립니다.

チャンスをくださったことに感謝します。

4 관계자 여러분께 감사드립니다.

関係者のみな様に感謝します。

5 친절하게 대답해 주신 것에 대해 감사드립니다.

ご丁寧にお答えくださったことに感謝します。

~でご迷惑をかけました。 ~(으)로 폐를 끼쳤습니다.

🎧 022_H.MP3

1 연락 실수로 폐를 끼쳤습니다.

連絡ミスでご迷惑をかけました。

2 이쪽 사정으로 폐를 끼쳤습니다.

こちらの都合でご迷惑をかけました。

3 지불 지연으로 폐를 끼쳤습니다.

お支払の遅れでご迷惑をかけました。

4 개인적인 사정으로 폐를 끼쳤습니다.

個人的な事情でご迷惑をかけました。

5 제가 공부가 부족해서 폐를 끼쳤습니다.

私の勉強不足でご迷惑をかけました。

~て(で)失礼しました。 ~(으)로 실례가 많았습니다.

🎧 023_H.MP3

1 기다리시게 해서 실례가 많았습니다.

お待たせして失礼しました。

2 실수로 실례가 많았습니다.

不手際で失礼しました。

3 갑작스럽게 찾아와서 실례가 많았습니다.

突然おじゃまして失礼しました。

4 저희 쪽 부주의로 실례가 많았습니다.

こちらの不注意で失礼しました。

5 전화를 받지 못해서 실례가 많았습니다.

電話に出られなくて失礼しました。

~に気をつけます。 ~에 주의하겠습니다.

🎧 024_H.MP3

1 매너에 주의하겠습니다.

マナーに気をつけます。

2 안전에 주의하겠습니다.

安全に気をつけます。

3 항상 말에 주의하겠습니다.

いつも言葉に気をつけます。

4 상품 취급에 주의하겠습니다.

商品の扱いに気をつけます。

5 상대에게 실례가 없도록 주의하겠습니다.

相手に失礼がないように気をつけます。

～て(で)とてもうれしいです。 ～(해)서 정말 기쁩니다.

025_H.MP3

1 뵙게 되어서 정말 기쁩니다.	お目にかかれてとてもうれしいです。
2 와 주셔서 정말 기쁩니다.	来てくださってとてもうれしいです。
3 도와 드릴 수 있어서 정말 기쁩니다.	お手伝いができてとてもうれしいです。
4 마음에 드신다니 정말 기쁩니다.	気に入ってもらえてとてもうれしいです。
5 결과를 낼 수 있어서 정말 기쁩니다.	結果を出すことができてとてもうれしいです。

お言葉にあまえて～ 감사한 마음으로(염치불구하고) ～

026_H.MP3

1 감사한 마음으로 빌리겠습니다.	お言葉にあまえて、**お借りします。**
2 감사한 마음으로 맡기겠습니다.	お言葉にあまえて、**お任せします。**
3 감사한 마음으로 그렇게 하겠습니다.	お言葉にあまえて、**そうさせていただきます。**
4 감사한 마음으로 한 잔 더 마시겠습니다.	お言葉にあまえて、**もういっぱいいただきます。**
5 감사한 마음으로 내일 찾아뵙겠습니다.	お言葉にあまえて、**明日伺います。**

～おめでとうございます。 ～축하드립니다.

027_H.MP3

1 영전 축하드립니다.	ご**栄転**、おめでとうございます。
2 승진 축하드립니다.	ご**昇進**、おめでとうございます。
3 취직 축하드립니다.	ご**就職**、おめでとうございます。
4 레스토랑 오픈 축하드립니다.	レストランのオープン、おめでとうございます。
5 생신 축하드립니다.	お**誕生日**、おめでとうございます。

～はちょっと……。

～은(는) 좀…….

🎧 028_H.MP3

1 다시 하는 것은 좀…….	やり直しはちょっと……。
2 그런 말투는 좀…….	その言い方はちょっと……。
3 지금 대답하는 것은 좀…….	今答えるのはちょっと……。
4 갑자기 쉬신다고 하면 좀…….	急に休まれるのはちょっと……。
5 이 이상 가격을 낮추는 것은 좀…….	これ以上の値下げはちょっと……。

残念ですが～

유감스럽지만 ～

🎧 029_H.MP3

1 유감스럽지만 참가할 수 없습니다.	残念ですが、参加できません。
2 유감스럽지만 회의에 갈 수 없게 되었습니다.	残念ですが、会議に行けなくなりました。
3 유감스럽지만 이번에는 거절하겠습니다.	残念ですが、今回はお断わりします。
4 유감스럽지만 그 아이디어는 채택할 수 없습니다.	残念ですが、そのアイデアは採用できません。
5 유감스럽지만 제안을 받아들일 수는 없습니다.	残念ですが、ご提案を受け入れることはできません。

～は困ります。

～은(는) 곤란합니다.

🎧 030_H.MP3

1 오해하시면 곤란합니다.	誤解してもらっては困ります。
2 사진을 찍는 것은 곤란합니다.	写真を撮るのは困ります。
3 음료수 반입은 곤란합니다.	飲み物の持ち込みは困ります。
4 상의 없이 결정하는 것은 곤란합니다.	相談なしに決めるのは困ります。
5 일방적인 취소는 곤란합니다.	一方的な取消しは困ります。

～は難しいかと思います。 ～은(는) 어렵지 않을까 싶습니다.

🎧 031_H.MP3

1 비용 삭감은 어렵지 않을까 싶습니다. | **コストの削減**は難しいかと思います。

2 시간 변경은 어렵지 않을까 싶습니다. | **時間を変えるの**は難しいかと思います。

3 이 계획을 추진하는 것은 어렵지 않을까 싶습니다. | **このプランを進めるの**は難しいかと思います。

4 부품 교체는 어렵지 않을까 싶습니다. | **部品の取り替え**は難しいかと思います。

5 사용자를 만족시키는 것은 어렵지 않을까 싶습니다. | **ユーザーを満足させるの**は難しいかと思います。

とてもじゃないですが～ 정말이지 ～

🎧 032_H.MP3

1 정말이지 무리한 감이 있습니다. | とてもじゃないですが、**無理があります**。

2 정말이지 저는 감당할 수 없습니다. | とてもじゃないですが、**私には務まりません**。

3 정말이지 저는 이해할 수 없습니다. | とてもじゃないですが、**私には理解できません**。

4 정말이지 저는 아마 안 될 거예요. | とてもじゃないですが、**私は多分だめですね**。

5 정말이지 10만 엔으로는 생활할 수 없어요. | とてもじゃないですが、**10万円では生活できません**。

どうしても～できません。 도저히 ～할 수가 없습니다.

🎧 033_H.MP3

1 도저히 찬성할 수 없습니다. | どうしても**賛成**できません。

2 도저히 빠져나올 수가 없습니다. | どうしても**抜けることが**できません。

3 도저히 그만둘 수가 없습니다. | どうしても**止めることが**できません。

4 도저히 정보를 얻을 수가 없습니다. | どうしても**情報を得ることが**できません。

5 펑크 낼 수 없는 일 때문에 도저히 갈 수가 없습니다. | **はずせない用事で**どうしても**行くことが**できません。

今はできませんが～　지금은 안 되지만 ～

🎧 034_H.MP3

1 지금은 안 되지만 나중에 해 두겠습니다.	今はできませんが、**後でやっておきます。**
2 지금은 안 되지만 내일 오전이라면 가능합니다.	今はできませんが、**明日の午前ならできます。**
3 지금은 안 되지만 이 일이 끝나면 시간이 납니다.	今はできませんが、**これが終わったら手が空きます。**
4 지금은 안 되지만 내일이라면 괜찮습니다.	今はできませんが、**明日なら大丈夫です。**
5 지금은 안 되지만 오후라면 시간이 있습니다.	今はできませんが、**午後でしたら時間があります。**

～は後でいいでしょうか。　～은(는) 나중에 해도 될까요?

🎧 035_H.MP3

1 리서치는 나중에 해도 될까요?	**リサーチは**後でいいでしょうか。
2 회신은 나중에 해도 될까요?	**返事は**後でいいでしょうか。
3 수속은 나중에 해도 될까요?	**手続きは**後でいいでしょうか。
4 회의는 나중에 해도 될까요?	**打ち合わせは**後でいいでしょうか。
5 기무라 씨에게 연락하는 것은 나중에 해도 될까요?	**木村さんへの連絡は**後でいいでしょうか。

はじめてお電話いたしますが～　처음 전화드립니다만 ～

🎧 036_H.MP3

1 처음 전화드립니다만, 저는 박○○이라고 합니다.	はじめてお電話いたしますが、**私、パクと申します。**
2 처음 전화드립니다만, 시간 괜찮으신가요?	はじめてお電話いたしますが、**お時間よろしいでしょうか。**
3 처음 전화드립니다만, 일본상사인가요?	はじめてお電話いたしますが、**日本商事でしょうか。**
4 처음 전화드립니다만, 한국전기의 강○○이라고 합니다.	はじめてお電話いたしますが、**韓国電気のカンと申します。**
5 처음 전화드립니다만, 영업부의 야마다 씨이신가요?	はじめてお電話いたしますが、**営業部の山田さんでいらっしゃいますか。**

～はいらっしゃいますか。 ～은(는) 계신가요?(～를 바꿔 주실래요?)

🎧 037_H.MP3

1 노무라 과장님은 계신가요?	野村課長はいらっしゃいますか。
2 영업 담당자는 계신가요?	営業担当の方はいらっしゃいますか。
3 박○○이라고 합니다만, 이토 씨는 계신가요?	パクと申しますが、伊藤さんはいらっしゃいますか。
4 회의에 대해 말씀 나눌 수 있는 분은 계신가요?	打ち合わせのことでお話しできる方はいらっしゃいますか。
5 바쁘신데 죄송하지만, 기무라 씨는 계신가요?	お忙しいところ、すみませんが、木村さんはいらっしゃいますか。

～ことでお電話しました。 ～때문에 전화드렸습니다.

🎧 038_H.MP3

1 회의 때문에 전화드렸습니다.	会議のことでお電話しました。
2 프로젝트 때문에 전화드렸습니다.	プロジェクトのことでお電話しました。
3 지불 때문에 전화드렸습니다.	お支払のことでお電話しました。
4 주문 때문에 전화드렸습니다.	ご注文のことでお電話しました。
5 견적서 때문에 전화드렸습니다.	見積書のことでお電話しました。

恐れ入りますが～ 죄송하지만 ～

🎧 039_H.MP3

1 죄송하지만 어디로 거셨나요?	恐れ入りますが、どちらにおかけでしょうか。
2 죄송하지만 이대로 기다려 주시겠습니까?	恐れ入りますが、このままお待ちいただけますか。
3 죄송하지만 택시를 불러 주시겠습니까?	恐れ入りますが、タクシーを呼んでいただけますか。
4 죄송하지만 성함을 다시 한 번 알려 주시겠습니까?	恐れ入りますが、お名前をもう一度教えていただけますか。
5 죄송하지만 영업부의 스즈키 씨를 부탁드립니다.	恐れ入りますが、営業部の鈴木さんをお願いします。

お手数ですが～

번거로우시겠지만 ～

🎧 040_H.MP3

①	번거로우시겠지만, 전화 주시지 않을래요?	お手数ですが、お電話いただけませんか。
②	번거로우시겠지만, 코멘트를 확인해 주세요.	お手数ですが、コメントをご確認ください。
③	번거로우시겠지만, 내일까지 말씀해 주세요.	お手数ですが、明日までにお聞かせください。
④	번거로우시겠지만, 등기로 보내 주시겠어요?	お手数ですが、書留で送っていただけますか。
⑤	번거로우시겠지만, 좀 더 자세히 설명해 주시지 않을래요?	お手数ですが、もう少し詳しく説明していただけませんか。

～はいつごろになりますか。

～은(는) 언제쯤이 될까요?

🎧 041_H.MP3

①	배송은 언제쯤이 될까요?	配送はいつごろになりますか。
②	정해지는 것은 언제쯤이 될까요?	決まるのはいつごろになりますか。
③	한가해지는 것은 언제쯤이 될까요?	暇になるのはいつごろになりますか。
④	돌아오는 것은 언제쯤이 될까요?	戻ってくるのはいつごろになりますか。
⑤	주문한 물건이 도착하는 것은 언제쯤이 될까요?	注文したものが届くのはいつごろになりますか。

～についてお聞きしたいですが。

～에 대해 질문드리고 싶은데요.

🎧 042_H.MP3

①	서비스에 대해 질문드리고 싶은데요.	サービスについてお聞きしたいですが。
②	카탈로그에 대해 질문드리고 싶은데요.	カタログについてお聞きしたいですが。
③	납기에 대해 질문드리고 싶은데요.	納期についてお聞きしたいですが。
④	거래 조건에 대해 질문드리고 싶은데요.	取引条件についてお聞きしたいですが。
⑤	제품 라인업에 대해 질문드리고 싶은데요.	製品のラインナップについてお聞きしたいですが。

～は確認できましたか。 ～은(는) 확인하셨나요?

🎧 043_H.MP3

1	패스워드는 확인하셨나요?	パスワードは確認できましたか。
2	재고는 확인하셨나요?	在庫は確認できましたか。
3	내용은 확인하셨나요?	内容は確認できましたか。
4	입금은 확인하셨나요?	入金は確認できましたか。
5	어디에 문제가 있었는지는 확인하셨나요?	どこに問題があったかは確認できましたか。

～はその後いかがですか。 ～은(는) 어떻게 되어 가고 있나요?

🎧 044_H.MP3

1	시장은 어떻게 되어 가고 있나요?	マーケットはその後いかがですか。
2	회사는 어떻게 되어 가고 있나요?	会社はその後いかがですか。
3	상황은 어떻게 되어 가고 있나요?	状況はその後いかがですか。
4	기계의 상태는 그 후 어떻습니까?	機械の調子はその後いかがですか。
5	신제품 개발은 어떻게 되어 가고 있나요?	新製品の開発はその後いかがですか。

～じゃなかったんでしょうか。 ～(이)가 아니었나요?

🎧 045_H.MP3

1	야마다 씨가 오는 게 아니었나요?	山田さんが来るんじゃなかったんでしょうか。
2	카탈로그를 보내 주시는 게 아니었나요?	カタログを送ってくださるんじゃなかったんでしょうか。
3	납품일은 어제가 아니었나요?	納品日は昨日じゃなかったんでしょうか。
4	회의는 다음 주가 아니었나요?	打ち合わせは来週じゃなかったんでしょうか。
5	사양 변경은 없다고 하지 않으셨나요?	仕様変更はないとのことじゃなかったんでしょうか。

～はいつにしましょうか。 ～은(는) 언제로 할까요?

🎧 046_H.MP3

① 세미나는 언제로 할까요?

セミナーはいつにしましょうか。

② 회식은 언제로 할까요?

飲み会はいつにしましょうか。

③ 프레젠테이션은 언제로 할까요?

プレゼンテーションはいつにしましょうか。

④ 다음 회의는 언제로 할까요?

次の打ち合わせはいつにしましょうか。

⑤ 견적서를 보내는 것은 언제로 할까요?

見積書を送るのはいつにしましょうか。

～について何かご存じですか。 ～에 대해서 뭔가 알고 계시나요?

🎧 047_H.MP3

① 절차에 대해서 뭔가 알고 계시나요?

手続きについて何かご存じですか。

② 이 문제에 대해서 뭔가 알고 계시나요?

この問題について何かご存じですか。

③ 어떤 기술인지에 대해서 뭔가 알고 계시나요?

どういう技術かについて何かご存じですか。

④ 합병설에 대해서 뭔가 알고 계시나요?

合併の話について何かご存じですか。

⑤ 이번에 오시는 사장님에 대해서 뭔가 알고 계시나요?

今度いらっしゃる社長について何かご存じですか。

大変申し上げにくいですが～ 대단히 말씀드리기 송구스럽지만 ～

🎧 048_H.MP3

① 대단히 말씀드리기 송구스럽지만, 아직 샘플이 도착하지 않았어요.

大変申し上げにくいですが、**まだサンプルが届いておりません。**

② 대단히 말씀드리기 송구스럽지만, 숫자가 틀렸습니다.

大変申し上げにくいですが、**数字が間違っていました。**

③ 대단히 말씀드리기 송구스럽지만, 서류가 한 장 부족합니다.

大変申し上げにくいですが、**書類が一枚足りません。**

④ 대단히 말씀드리기 송구스럽지만, 다카하시(高橋)가 다카하시(高箸)로 되어 있었습니다.

大変申し上げにくいですが、**高橋が高箸になっていました。**

⑤ 대단히 말씀드리기 송구스럽지만, 더 이상 입금이 늦어지면 곤란합니다.

大変申し上げにくいですが、**これ以上入金が遅れると困ります。**

~とお伝えください。 ~(이)라고 전해 주세요.

🎧 049_H.MP3

1 할 이야기가 있다고 전해 주세요. — お話があるとお伝えください。

2 제가 전화하겠다고 전해 주세요. — こちらからお電話するとお伝えください。

3 가능한 한 빨리 연락 달라고 전해 주세요. — できるだけ早くご連絡くださいとお伝えください。

4 설명회는 예정대로 실시된다고 전해 주세요. — 説明会は予定どおり行うとお伝えください。

5 한국상사의 박○○이 전화했다고 전해 주세요. — 韓国商事のパクから電話があったとお伝えください。

~改めてお電話させていただきます。 ~다시 전화드리겠습니다.

🎧 050_H.MP3

1 제가 다시 전화드리겠습니다. — こちらから改めてお電話させていただきます。

2 나중에 다시 전화드리겠습니다. — 後ほど改めてお電話させていただきます。

3 점심시간 지나서 다시 전화드리겠습니다. — 昼過ぎに改めてお電話させていただきます。

4 수요일에 다시 전화드리겠습니다. — 水曜日に改めてお電話させていただきます。

5 오후 3시 정도에 다시 전화드리겠습니다. — 午後3時ぐらいに改めてお電話させていただきます。

それでは~ 그럼 ~

🎧 051_H.MP3

1 그럼, 잘 부탁드립니다. — それでは、よろしくお願いします。

2 그럼, 오후 3시에 찾아뵙겠습니다. — それでは、午後3時に伺います。

3 그럼, 내일 기다리고 있겠습니다. — それでは、明日、お待ちしております。

4 그럼, 무슨 일 있으면 전화 주세요. — それでは、何かございましたらお電話ください。

5 그럼, 기무라 씨에게 안부 전해 주세요. — それでは、木村さんによろしくお伝えください。

～でございます。

～입니다.

🎧 052_H.MP3

1. 서울상사입니다.

ソウル商事でございます。

2. 안녕하세요. 기무라입니다.

おはようございます。木村でございます。

3. 오래 기다리셨습니다. 수입 담당 김〇〇입니다.

お待たせしました。輸入担当のキムでございます。

4. 오랜만입니다. 서울에서 신세 졌던 사토입니다.

お久しぶりです。ソウルでお世話になった佐藤でございます。

5. 전화 감사합니다. 영업부의 박〇〇입니다.

お電話ありがとうございます。営業部のパクでございます。

～でいらっしゃいますね。

～이시군요.

🎧 053_H.MP3

1. 한국 분이시군요.

韓国の方でいらっしゃいますね。

2. 본인이시군요.

ご本人様でいらっしゃいますね。

3. 야마모토 과장님이시군요.

山本課長でいらっしゃいますね。

4. 출신은 일본이시군요.

ご出身は日本でいらっしゃいますね。

5. 일본상사의 야마다 님이시군요.

日本商事の山田様でいらっしゃいますね。

あいにくですが～

공교롭게도 ～

🎧 054_H.MP3

1. 공교롭게도 선약이 있습니다.

あいにくですが、先約があります。

2. 공교롭게도 품절이 되어 버렸습니다.

あいにくですが、品切になってしまいました。

3. 공교롭게도 급한 볼일이 생겨서요.

あいにくですが、急な用事がありまして。

4. 공교롭게도 다카하시는 자리에 없습니다.

あいにくですが、高橋は席をはずしております。

5. 공교롭게도 9월 15일은 시간이 안 됩니다.

あいにくですが、9月15日は都合が悪いです。

PATTERN 055 　差し支えなければ〜

만약 폐가 되지 않는다면 〜

🎧 055_H.MP3

1 만약 폐가 되지 않는다면 여쭤 봐도 될까요?

差し支えなければ、お聞きしていいですか。

2 만약 폐가 되지 않는다면 조언을 부탁드리고 싶은데요.

差し支えなければ、アドバイスをお願いしたいですが。

3 만약 폐가 되지 않는다면 나중에 전화해 주시지 않을래요?

差し支えなければ、後ほどお電話いただけませんか。

4 만약 폐가 되지 않는다면 성함을 가르쳐 주실래요?

差し支えなければ、お名前を教えていただけますか。

5 만약 폐가 되지 않는다면 원하시는 가격을 말씀해 주실래요?

差し支えなければ、ご希望の値段をおっしゃってくださいませんか。

PATTERN 056 　〜なら大丈夫です。

〜(이)라면 괜찮습니다.

🎧 056_H.MP3

1 지금부터라면 괜찮습니다.

今からなら大丈夫です。

2 화요일이라면 괜찮습니다.

火曜日なら大丈夫です。

3 몇 시까지라면 괜찮습니까?

何時までなら大丈夫ですか。

4 나는 최○○ 씨가 오케이라면 괜찮습니다.

私はチェさんがオッケーなら大丈夫です。

5 오후 2시부터 3시까지라면 괜찮습니다.

午後2時から3時までなら大丈夫です。

PATTERN 057 　〜におつなぎします。

〜(으)로(에게) 연결해 드리겠습니다.

🎧 057_H.MP3

1 판매부로 연결해 드리겠습니다.

販売部におつなぎします。

2 서비스 센터로 연결해 드리겠습니다.

サービスセンターにおつなぎします。

3 책임자에게 연결해 드리겠습니다.

責任者におつなぎします。

4 저희 회사의 어디(어느 부서)로 연결해 드릴까요?

私どものどちらにおつなぎしますか。

5 담당 부서로 연결해 드리겠습니다.

担当部署におつなぎします。

私からは答えかねますので〜 제가 답변하기는 어려우니 ~

🎧 058_H.MP3

1️⃣ 제가 답변하기는 어려우니 영업부로 연결해 드리겠습니다.

私からは答えかねますので、セールス部のほうにおつなぎします。

2️⃣ 제가 답변하기는 어려우니 다시 전화드리겠습니다.

私からは答えかねますので、改めてお電話いたします。

3️⃣ 제가 답변하기는 어려우니 담당자를 바꿔 드리겠습니다.

私からは答えかねますので、担当の者に代わります。

4️⃣ 제가 답변하기는 어려우니 부장님과 상의해 보겠습니다.

私からは答えかねますので、部長と相談してみます。

5️⃣ 제가 답변하기는 어려우니 잠시 시간을 주시지 않겠습니까?

私からは答えかねますので、少々お時間いただけませんか。

〜がかかりそうです。 ~이(가) 걸릴(들) 것 같습니다.

🎧 059_H.MP3

1️⃣ 며칠이 걸릴 것 같습니다.

数日がかかりそうです。

2️⃣ 이틀 정도가 걸릴 것 같습니다.

二日ぐらいがかかりそうです。

3️⃣ 조금 시간이 걸릴 것 같네요.

すこし時間がかかりそうですね。

4️⃣ 비용으로 2만 엔이 들 것 같습니다.

費用として2万円がかかりそうです。

5️⃣ 완성까지 상당한 돈이 들 것 같습니다.

完成までかなりのお金がかかりそうです。

念のために〜 혹시 몰라서 ~

🎧 060_H.MP3

1️⃣ 혹시 몰라서 확인해 두고 싶은데요.

念のために確認したいのですが。

2️⃣ 혹시 몰라서 한 번 더 말할게요.

念のためにもう一度言いますね。

3️⃣ 혹시 몰라서 영수증 사본을 보냅니다.

念のために領収書のコピーを送ります。

4️⃣ 혹시 몰라서 말씀드리는데, 마감은 내일입니다.

念のために申しますが、締め切りは明日です。

5️⃣ 혹시 몰라서 여쭙는 건데요, 견적에 착오는 없나요?

念のためにお聞きしますが、お見積りに間違いはありませんか。

～と伝えておきます。

～(라)고 전해 두겠습니다.

🎧 061_H.MP3

1 다나카에게 보냈다고 전해 두겠습니다.　　田中に送ったと伝えておきます。

2 내일 발주한다고 전해 두겠습니다.　　明日発注すると伝えておきます。

3 한 번 더 검토해 주었으면 좋겠다고 전해 두겠습니다.　　もう一度検討してほしいと伝えておきます。

4 박○○ 씨에게 연락이 왔다고 전해 두겠습니다.　　パク様からご連絡があったと伝えておきます。

5 미리 아이템을 골라 두라고 전해 두겠습니다.　　あらかじめアイテムを選んでおくようにと伝えておきます。

～とのことです。

～(라)는 내용이었습니다.

🎧 062_H.MP3

1 오늘은 (외근지에서) 바로 퇴근한다는 내용이었습니다.　　今日は直帰するとのことです。

2 야마다는 감기로 쉰다는 내용이었습니다.　　山田は風邪で休むとのことです。

3 저녁 6시에는 도착한다는 내용이었습니다.　　夕方の6時には着くとのことです。

4 다나카 씨가 전화해 달라는 내용이었습니다.　　田中様よりお電話いただきたいとのことです。

5 오늘은 이동이 많아서 내일 연락한다는 내용이었습니다.　　今日は移動が多いので、明日連絡するとのことです。

～て(で)からご連絡します。

～(하)고 나서 연락드리겠습니다.

🎧 063_H.MP3

1 조사해 보고 나서 연락드리겠습니다.　　調べてからご連絡します。

2 회의가 끝나고 나서 연락드리겠습니다.　　会議が終わってからご連絡します。

3 견적서를 보고 나서 연락드리겠습니다.　　見積書を見てからご連絡します。

4 명세서가 도착하고 나서 연락드리겠습니다.　　明細書が届いてからご連絡します。

5 담당자가 돌아오고 나서 연락드리겠습니다.　　係の者が戻ってからご連絡します。

〜ということですね。 ~(라)는 말씀이시죠?

🎧 064_H.MP3

1	재고가 있다는 말씀이시죠?	在庫があるということですね。
2	계약 기간은 1년이라는 말씀이시죠?	契約期間は一年ということですね。
3	3월 5일, 세 분이라는 말씀이시죠?	3月5日に3名様、ということですね。
4	이 가격에서 할인은 안 된다는 말씀이시죠?	この価格より値引きはできないということですね。
5	수수료는 주문하는 쪽에서 지불한다는 말씀이시죠?	手数料は注文側が払うということですね。

〜かチェックしてみます。 ~(는)지 체크해 보겠습니다.

🎧 065_H.MP3

1	오자가 없는지 체크해 보겠습니다.	誤字がないかチェックしてみます。
2	전언이 있는지 체크해 보겠습니다.	伝言があるかチェックしてみます。
3	다른 색깔이 있는지 체크해 보겠습니다.	別の色があるかチェックしてみます。
4	팩스가 와 있는지 체크해 보겠습니다.	ファックスが来ているかチェックしてみます。
5	미지급된 요금은 없는지 체크해 보겠습니다.	未払料金はないかチェックしてみます。

何かありましたら〜 무슨 일 있으시면 ~

🎧 066_H.MP3

1	무슨 일 있으시면 알려 주세요.	何かありましたら、お知らせください。
2	무슨 일 있으시면 상의해 주세요.	何かありましたら、ご相談ください。
3	무슨 일 있으시면 문의해 주세요.	何かありましたら、お問い合わせください。
4	무슨 일 있으시면 분부만 내리세요.	何かありましたら、お申し付けください。
5	무슨 일 있으시면 저에게 전화 주세요.	何かありましたら、私にお電話してください。

こちらは～

이쪽은 ～

067_H.MP3

1 이쪽은 강과장님입니다. (자기 회사)	こちらは課長のカンです。
2 이쪽은 같은 과의 윤○○입니다. (자기 회사)	こちらは同じ課のユンです。
3 이쪽은 가토 씨이십니다. (남의 회사)	こちらは加藤さんでいらっしゃいます。
4 이쪽은 일본물산의 하야시 과장님입니다. (남의 회사)	こちらは日本物産の林課長です。
5 이쪽은 저희 회사 영업부장이신 김○○입니다. (자기 회사)	こちらは弊社の営業部長のキムでございます。

～ますので、少々お待ちください。

～(할) 테니 잠시 기다려 주십시오.

068_H.MP3

1 뭔가 사올 테니 잠시 기다려 주십시오.	何か買ってきますので、少々お待ちください。
2 표를 사올 테니 잠시 기다려 주십시오.	チケットを買ってきますので、少々お待ちください。
3 쓸 것을 가져올 테니 잠시 기다려 주십시오.	書くものを持ってきますので、少々お待ちください。
4 과장님을 불러올 테니 잠시 기다려 주십시오.	課長を呼んできますので、少々お待ちください。
5 회사에 전화를 하고 올 테니 잠시 기다려 주십시오.	会社に電話を入れてきますので、少々お待ちください。

～仕事をしています。

～일을 하고 있습니다.

069_H.MP3

1 마케팅 일을 하고 있습니다.	マーケティングの仕事をしています。
2 프로그래밍 일을 하고 있습니다.	プログラミングの仕事をしています。
3 패션 관련 일을 하고 있습니다.	ファッション関係の仕事をしています。
4 홈페이지를 제작하는 일을 하고 있습니다.	ホームページ製作の仕事をしています。
5 자동차 부품을 만드는 일을 하고 있습니다.	自動車部品を作る仕事をしています。

ところでですね～

그런데 말이죠 ～

🎧 070_H.MP3

1 그런데 말이죠, 춥지 않나요?	ところでですね、**寒くありませんか**。
2 그런데 말이죠, 고향은 어디신가요?	ところでですね、**ご出身はどちらですか**。
3 그런데 말이죠, 오늘 밤에 시간 있으신가요?	ところでですね、**今夜のご都合はいかがですか**。
4 그런데 말이죠, 도쿄의 날씨는 어떤가요?	ところでですね、**東京のお天気はどうですか**。
5 그런데 말이죠, 내일 스케줄은 있으신가요?	ところでですね、**明日の予定は入っていますか**。

～た(だ)ことがありますか。

～한 적이 있나요?

🎧 071_H.MP3

1 이것을 사용해 본 적이 있나요?	**これを使っ**たことがありますか。
2 후지산에 올라 본 적이 있나요?	**富士山に登っ**たことがありますか。
3 해외여행을 가 본 적이 있나요?	**海外旅行に行っ**たことがありますか。
4 외국에서 위험한 일을 당한 적이 있나요?	**外国で危険な目にあっ**たことがありますか。
5 일본 이외의 나라와 거래한 적이 있나요?	**日本以外の国と取引し**たことがありますか。

どうぞ、お～ください。

자, 어서 ～하시죠.

🎧 072_H.MP3

1 자, 어서 쓰시죠.	どうぞ、**お書き**ください。
2 자, 어서 타시죠.	どうぞ、**お乗り**ください。
3 자, 어서 잡으시죠.	どうぞ、**お取り**ください。
4 자, 어서 들어가시죠.	どうぞ、**お入り**ください。
5 자, 어서 가져가시죠.	どうぞ、**お持ち帰り**ください。

～ますか、それとも～　～할까요, 아니면 ～

1 걷겠습니까, 아니면 차로 가겠습니까?	歩き**ますか、それとも**車で行き**ますか。**
2 프로젝트를 그만두겠습니까, 아니면 계속하겠습니까?	プロジェクトを止め**ますか、それとも**続け**ますか。**
3 홍차는 바로 가져올까요, 아니면 나중에 할까요?	紅茶はすぐにお持ち**しますか、それとも**後に**しますか。**
4 이 의견에 찬성합니까, 아니면 반대입니까?	この意見に賛成**しますか、それとも**反対で**すか。**
5 회의는 이번 주로 하나요, 아니면 다음 주로 하나요?	打ち合わせは今週に**しますか、それとも**来週に**しますか。**

～(に)は何をなさいますか。　～(에)는 무엇을 하시나요?

1 한가할 때는 무엇을 하시나요?	暇な時**は何をなさいますか。**
2 퇴근 후에는 무엇을 하시나요?	お仕事の後**は何をなさいますか。**
3 출근하기 전에는 무엇을 하시나요?	出勤する前**は何をなさいますか。**
4 스트레스를 풀고 싶을 때는 무엇을 하시나요?	息抜きをしたい時**は何をなさいますか。**
5 출장 가서 시간이 남았을 때는 무엇을 하시나요?	出張に行って時間があまった時**は何をなさいますか。**

～でもいかがですか。　～(이)라도 어떠십니까?

1 차나 커피라도 어떠십니까?	お茶かコーヒー**でもいかがですか。**
2 금요일에라도 어떠십니까?	金曜日に**でもいかがですか。**
3 카운터에서 이야기라도 어떠십니까?	カウンターでお話**でもいかがですか。**
4 뭔가 뜨거운 음료라도 어떠십니까?	何か熱い飲み物**でもいかがですか。**
5 기분 전환 겸 온천이라도 어떠십니까?	気分転換に温泉**でもいかがですか。**

～にご案内します。

～(으)로 안내하겠습니다.

🎧 076_H.MP3

1 레스토랑으로 안내하겠습니다.

レストランにご案内します。

2 알려지지 않은 싸고 맛있는 곳으로 안내하겠습니다.

知る人ぞ知る穴場にご案内します。

3 제가 자주 가는 가게로 안내하겠습니다.

私の行きつけの店にご案内します。

4 본고장의 맛을 느낄 수 있는 곳으로 안내하겠습니다.

本場の味が味わえるところにご案内します。

5 한국 전통차를 마실 수 있는 찻집으로 안내하겠습니다.

韓国茶が飲めるお茶所にご案内します。

～になさいますか。

～(으)로 하시겠습니까?

🎧 077_H.MP3

1 내일로 하시겠습니까?

明日になさいますか。

2 계산은 카드로 하시겠습니까?

お支払はカードになさいますか。

3 고기로 하시겠습니까, 생선으로 하시겠습니까?

肉になさいますか、魚になさいますか。

4 창가 쪽이나 통로 쪽, 어느 쪽으로 하시겠습니까?

窓側か通路側、どちらになさいますか。

5 커피는 쇼트, 톨, 그란데의 어느 것으로 하시겠습니까?

コーヒーは、ショート、トール、グランデのどれになさいますか。

～がおすすめです。

～이(가) 좋습니다.

🎧 078_H.MP3

1 어느 투어가 좋습니까?

どのツアーがおすすめですか。

2 이 수프가 좋습니다.

こちらのスープがおすすめです。

3 생선이라면 연어가 좋습니다.

魚ならサーモンがおすすめです。

4 '한국호텔'이 좋습니다.

「韓国ホテル」がおすすめです。

5 이 가게에서는 A코스가 좋습니다.

この店ではAコースがおすすめです。

PATTERN 079	～が入っています。	～이(가) 들어 있습니다.

1 알코올 성분이 들어 있습니다.　　　　　　アルコールが入っています。

2 대추와 밤이 들어 있습니다.　　　　　　　なつめと栗が入っています。

3 참기름과 김이 들어 있습니다.　　　　　　ごま油とのりが入っています。

4 이 요리에는 계란이 들어 있습니다.　　　　この料理には卵が入っています。

5 이 소스에는 알싸한 맛의 고춧가루와 생강 등이 들어　このソースにはぴりっとからい唐辛子としょうがなどが入っ
있습니다.　　　　　　　　　　　　　　ています。

PATTERN 080	～という意味です。	～(이)라는 뜻입니다.

1 무슨 뜻입니까?　　　　　　　　　　　　何という意味ですか。

2 금방 돌아온다는 뜻입니다.　　　　　　　すぐ戻るという意味です。

3 일본어로 시장이라는 뜻입니다.　　　　　日本語で市場という意味です。

4 'N서울타워'의 N은 새롭다는 뜻입니다.　　「Nソウルタワー」のNは新しいという意味です。

5 민예품을 팔고 있는 곳이라는 뜻입니다.　　民芸品を売っているところという意味です。

PATTERN 081	お口に合うかどうか分かりませんが～	입맛에 맞으실지 모르겠지만 ~

1 입맛에 맞으실지 모르겠지만, 어떠십니까?　　お口に合うかどうか分かりませんが、いかがですか。

2 입맛에 맞으실지 모르겠지만, 드셔 보세요.　　お口に合うかどうか分かりませんが、お飲みください。

3 입맛에 맞으실지 모르겠지만, 괜찮으시면 드셔 보세요.　お口に合うかどうか分かりませんが、よろしかったらどうぞ。

4 입맛에 맞으실지 모르겠지만, 작은 정성이니까요.　お口に合うかどうか分かりませんが、気持ちばかりですから。

5 입맛에 맞으실지 모르겠지만, 고향에서 재배한 것입　お口に合うかどうか分かりませんが、田舎でとれたものです。
니다.

~が限界です。

~(이)가 제 주량이에요.

🎧 082_H.MP3

1 맥주 한 잔이 제 주량이에요.　　　　　ビール1杯が限界です。

2 위스키라면 두 잔이 제 주량이에요.　　ウイスキーなら、2杯が限界です。

3 소주 한 병이 제 주량이에요.　　　　　ショウチュウ1本が限界です。

4 와인이라면 한 병 정도가 제 주량이에요.　ワインでしたら、1本ぐらいが限界です。

5 청주라면 4, 5잔 정도가 제 주량이에요.　日本酒なら、4、5杯ぐらいが限界です。

せっかくですが~

모처럼의 기회지만 ~

🎧 083_H.MP3

1 모처럼의 기회지만 선약이 있어서요.　　　せっかくですが、先約がありまして。

2 모처럼의 기회지만 다음 기회에 부탁드립니다.　せっかくですが、次回にお願いします。

3 모처럼의 기회지만 해야 할 일이 있어서요.　せっかくですが、はずせない用事がありまして。

4 모처럼의 기회지만 사양하겠습니다.　　　せっかくですが、ご遠慮させていただきます。

5 모처럼의 기회지만 아직 일이 남아 있어서요.　せっかくですが、まだ仕事が残っていますので。

~お開きにしましょうか。

~끝낼까요?

🎧 084_H.MP3

1 이것으로 끝낼까요?　　　　　　　　　これでお開きにしましょうか。

2 이제 슬슬 끝낼까요?　　　　　　　　　そろそろお開きにしましょうか。

3 시간이 늦었으니까 끝낼까요?　　　　遅くなったので、お開きにしましょうか。

4 오늘은 모두 피곤하니까 끝낼까요?　　今日はみんな疲れたから、お開きにしましょうか。

5 내일 (일에) 지장이 있으니까 끝낼까요?　明日に差し支えるので、お開きにしましょうか。

～を予約したいんですが。 ～을(를) 예약하고 싶은데요.

1 싱글 룸을 예약하고 싶은데요.	シングルルームを予約したいんですが。
2 다섯 명이 묵을 수 있는 방을 예약하고 싶은데요.	5人で泊まれる部屋を予約したいんですが。
3 4월 14일부터 3박을 예약하고 싶은데요.	4月14日から3泊を予約したいんですが。
4 3시 출발, 하카타행 표를 예약하고 싶은데요.	3時発、博多行きの切符を予約したいんですが。
5 도쿄에서 교토까지의 신칸센을 예약하고 싶은데요.	東京から京都までの新幹線を予約したいんですが。

～にしてください。 ～(으)로 해 주세요. 🎧 086_H.MP3

1 콜렉트 콜로 해 주세요.	コレクトコールにしてください。
2 제일 안쪽 방으로 해 주세요.	奥の部屋にしてください。
3 바다가 보이는 방으로 해 주세요.	海の見える部屋にしてください。
4 조식은 일식으로 해 주세요.	朝食は和食にしてください。
5 퀸 사이즈의 침대가 있는 방으로 해 주세요.	クイーンサイズのベッドの部屋にしてください。

～で来ました。 ～때문에(로) 왔습니다. 🎧 087_H.MP3

1 세미나 때문에 왔습니다.	セミナーで来ました。
2 비즈니스로 왔습니다.	ビジネスで来ました。
3 휴가로 왔습니다.	休暇で来ました。
4 JAL 767편으로 왔습니다.	JAL767便で来ました。
5 친족 방문 때문에 왔습니다.	親族訪問で来ました。

～までいくらですか。 ～까지의 요금은 얼마죠?

🎧 088_H.MP3

1 이 호텔까지의 요금은 얼마죠?	このホテルまでいくらですか。
2 아카사카까지의 요금은 얼마죠?	赤坂までいくらですか。
3 가까운 역까지의 요금은 얼마죠?	近くの駅までいくらですか。
4 이 주소까지의 요금은 얼마죠?	この住所までいくらですか。
5 도쿄도청까지의 요금은 얼마죠?	東京都庁までいくらですか。

～はどのぐらいかかりますか。 ～은(는) 얼마나 걸리나요?

🎧 089_H.MP3

1 버스로는 얼마나 걸리나요?	バスではどのぐらいかかりますか。
2 하네다 공항까지는 얼마나 걸리나요?	羽田空港まではどのぐらいかかりますか。
3 이 공원에 가는 데는 얼마나 걸리나요?	この公園に行くにはどのぐらいかかりますか。
4 차로 회사까지는 얼마나 걸리나요?	車で会社まではどのぐらいかかりますか。
5 가장 가까운 역에서 무역센터까지는 얼마나 걸리나요?	最寄りの駅から、貿易センターまではどのぐらいかかりますか。

～はどう行けばいいですか。 ～(에)는 어떻게 가면 되나요?

🎧 090_H.MP3

1 공항에는 어떻게 가면 되나요?	空港へはどう行けばいいですか。
2 행사장까지는 어떻게 가면 되나요?	会場まではどう行けばいいですか。
3 차이나타운은 어떻게 가면 되나요?	中華街はどう行けばいいですか。
4 중앙역에서는 어떻게 가면 되나요?	中央駅からはどう行けばいいですか。
5 실례해요, 마쿠하리 멧세는 어떻게 가면 되나요?	すみません、幕張メッセはどう行けばいいですか。

~ところはありませんか。 ~곳은 없나요?

🎧 091_H.MP3

1 담배를 피울 수 있는 곳은 없나요?	タバコが吸えるところはありませんか。
2 팩스를 보낼 수 있는 곳은 없나요?	ファックスが送れるところはありませんか。
3 짐을 맡기는 곳은 없나요?	荷物を預けるところはありませんか。
4 근처에 적당한 가격의 레스토랑으로 좋은 곳은 없나요?	近くに手頃なレストランでいいところはありませんか。
5 무료로 인터넷을 사용할 수 있는 곳은 없나요?	無料でインターネットが使えるところはありませんか。

~の調子がよくないんです。 ~에 문제가 있는데요.

🎧 092_H.MP3

1 스탠드에 문제가 있는데요.	スタンドの調子がよくないんです。
2 에어컨에 문제가 있는데요.	空調の調子がよくないんです。
3 바지 다리미에 문제가 있는데요.	ズボンプレッサーの調子がよくないんです。
4 비데에 문제가 있는데요.	ウオッシュレットの調子がよくないんです。
5 화장실 환기팬에 문제가 있는데요.	トイレの換気扇の調子がよくないんです。

~ことはできますか。 ~(할) 수 있나요?

🎧 093_H.MP3

1 인터넷을 사용할 수 있나요?	インターネットを使うことはできますか。
2 모닝콜을 해 줄 수 있나요?	モーニングコールをしてもらうことはできますか。
3 목욕 타월을 여분으로 주실 수 있나요?	バスタオルを余分にもらうことはできますか。
4 드라이클리닝 서비스를 이용할 수 있나요?	クリーニングサービスを利用することはできますか。
5 체크아웃 시간을 연장할 수 있나요?	チェックアウト時間を延長することはできますか。

094_H.MP3

PATTERN 094

～会う約束をしております。 ～만나기로 되어 있습니다.

1 로비에서 만나기로 되어 있습니다.   ロビーで会う約束をしております。

2 오후 2시에 만나기로 되어 있습니다.   午後2時に会う約束をしております。

3 10분 후에 만나기로 되어 있습니다.   10分後に会う約束をしております。

4 혼다 부장님과 10시에 만나기로 되어 있습니다.   本田部長と10時に会う約束をしております。

5 한국 수출 담당자와 만나기로 되어 있습니다.   韓国輸出担当の方と会う約束をしております。

095_H.MP3

PATTERN 095

～件で伺いました。 ～때문에 찾아뵈었습니다.

1 프레젠테이션 때문에 찾아뵈었습니다.   プレゼンの件で伺いました。

2 견적 때문에 찾아뵈었습니다.   見積もりの件で伺いました。

3 계약 때문에 찾아뵈었습니다.   契約の件で伺いました。

4 인수인계 때문에 찾아뵈었습니다.   引き継ぎの件で伺いました。

5 회의 때문에 찾아뵈었습니다.   打ち合わせの件で伺いました。

096_H.MP3

PATTERN 096

～紹介で参りました。 ～소개를 받고 왔습니다.

1 스즈키 부장님의 소개를 받고 왔습니다.   鈴木部長の紹介で参りました。

2 서울무역의 이○○ 씨 소개를 받고 왔습니다.   ソウル貿易のイさんの紹介で参りました。

3 무역협회의 소개를 받고 왔습니다.   貿易協会の紹介で参りました。

4 중소기업청의 소개를 받고 왔습니다.   中小企業庁の紹介で参りました。

5 일본상사의 가토 씨 소개를 받고 왔습니다.   日本商事の加藤さんの紹介で参りました。

~ですが、よろしかったらどうぞ。 ~인데요, 괜찮으시면 받아 주세요.

097_H.MP3

① 변변치 않은 물건인데요, 괜찮으시면 받아 주세요.
つまらないものですが、よろしかったらどうぞ。

② 작은 정성인데요, 괜찮으시면 받아 주세요.
気持ちですが、よろしかったらどうぞ。

③ 한국 김인데요, 괜찮으시면 받아 주세요.
韓国のノリですが、よろしかったらどうぞ。

④ 호두과자인데요, 괜찮으시면 받아 주세요.
クルミ饅頭ですが、よろしかったらどうぞ。

⑤ 이것은 인삼인데요, 괜찮으시면 받아 주세요.
これは高麗人参ですが、よろしかったらどうぞ。

~印象を受けました。 ~인상을 받았습니다.

098_H.MP3

① 어떠한 인상을 받으셨나요?
どのような印象を受けましたか。

② 설비를 새로 한 것 같은 인상을 받았습니다.
設備があたらしいような印象を受けました。

③ 관리가 빈틈없이 이루어지고 있다는 인상을 받았습니다.
管理が行き届いている印象を受けました。

④ 작업하는 사람이 별로 없다는 인상을 받았습니다.
作業員があまりいない印象を受けました。

⑤ 품질에 주력하고 있는 것 같은 인상을 받았습니다.
品質に力を入れているような印象を受けました。

~には何が要りますか。 ~에는(하려면) 무엇이 필요합니까?

099_H.MP3

① 낭비를 없애려면 무엇이 필요합니까?
ムダをなくすには何が要りますか。

② 업그레이드하려면 무엇이 필요합니까?
アップグレードするには何が要りますか。

③ 정보 관리에는 무엇이 필요합니까?
情報管理には何が要りますか。

④ 작업 환경을 좋게 하려면 무엇이 필요합니까?
作業環境をよくするには何が要りますか。

⑤ 사원의 의욕을 증진시키려면 무엇이 필요합니까?
社員のやる気をアップさせるには何が要りますか。

本日は～

오늘은 ~

🎧 100_H.MP3

1 오늘은 신세 졌습니다.

本日はお世話になりました。

2 오늘은 이것으로 실례하겠습니다.

本日はこれで失礼いたします。

3 오늘은 바쁘신 가운데 감사했습니다.

本日はお忙しいところ、すみませんでした。

4 오늘은 번거롭게 해 드려서 죄송했습니다.

本日はお手間を取らせてすみませんでした。

5 오늘은 귀중한 시간을 내 주셔서 감사했습니다.

本日は貴重なお時間、ありがとうございました。

弊社は～

저희 회사는 ~

🎧 101_H.MP3

1 저희 회사는 서울에 있습니다.

弊社はソウルにあります。

2 저희 회사는 유통회사입니다.

弊社は流通会社です。

3 저희 회사는 창업 30년이 됩니다.

弊社は創業30年になります。

4 저희 회사는 인터넷 서비스를 하고 있습니다.

弊社はインターネットサービスを行っています。

5 저희 회사는 도쿄에 사무실이 있습니다.

弊社は東京にオフィスがあります。

～を販売しています。

~을(를) 판매하고 있습니다.

🎧 102_H.MP3

1 문구류를 판매하고 있습니다.

文具類を販売しています。

2 화장품을 판매하고 있습니다.

化粧品を販売しています。

3 헬스 케어 제품을 판매하고 있습니다.

ヘルスケア製品を販売しています。

4 한국 인스턴트 라면을 판매하고 있습니다.

韓国のインスタントラーメンを販売しています。

5 컴퓨터 부품을 판매하고 있습니다.

コンピュータ部品を販売しています。

～を持っています。

～을(를) 가지고 있습니다.

🎧 103_H.MP3

1 오랜 경험을 가지고 있습니다. 　　　　　**長年の経験**を持っています。

2 우수한 기술자를 보유하고 있습니다. 　　　**優れた技術者**を持っています。

3 싱가포르에 두 개의 점포를 가지고 있습니다. 　**シンガポールに二つの店**を持っています。

4 전국에 판매망을 가지고 있습니다. 　　　　**全国に販売網**を持っています。

5 현재 두 곳의 공장을 가지고 있습니다. 　　　**現在、二つの工場**を持っています。

～を生産しています。

～을(를) 생산하고 있습니다.

🎧 104_H.MP3

1 한류 상품을 생산하고 있습니다. 　　　　**韓流グッズ**を生産しています。

2 스포츠용품을 생산하고 있습니다. 　　　　**スポーツ用品**を生産しています。

3 다이어트 식품을 생산하고 있습니다. 　　　**ダイエット食品**を生産しています。

4 하루 평균 500개를 생산하고 있습니다. 　　**一日平均500個**を生産しています。

5 저희 회사는 에너지 절약 에어컨을 생산하고 있습니다. **弊社は省エネのエアコン**を生産しています。

～シェアを占めています。

～을(를) 차지하고 있습니다.

🎧 105_H.MP3

1 20% 가까이 차지하고 있습니다. 　　　　**2割近くの**シェアを占めています。

2 이 상품은 높은 점유율을 보이고 있습니다. 　**この商品は高い**シェアを占めています。

3 소프트웨어 분야에서 10%를 차지하고 있습니다. **ソフトウェア分野で10%の**シェアを占めています。

4 이 업계에서 50%를 차지하고 있습니다. 　**この業界で5割の**シェアを占めています。

5 국내 생산의 20%를 차지하고 있습니다. 　**国内生産の20%の**シェアを占めています。

この製品は～

이 제품은 ～

🎧 106_H.MP3

1 이 제품은 잘 팔리고 있습니다.　　　この製品は、よく売れています。

2 특히 이 제품은 여성에게 인기가 많습니다.　特にこの製品は、女性に人気です。

3 이 제품은 높은 평가를 얻고 있습니다.　　この製品は、高い評価を受けています。

4 이 제품은 안전하고 가벼우며, 에너지 절약형입니다.　この製品は、安全で軽く、省エネです。

5 이 제품은 일본의 공장에서 만들어지고 있습니다.　この製品は、日本の工場で作られています。

～が使われています。

～이(가) 사용되었습니다.

🎧 107_H.MP3

1 많은 색깔이 사용되었습니다.　　　多くの色が使われています。

2 질 좋은 울이 사용되었습니다.　　質のいいウールが使われています。

3 무농약 채소가 사용되었습니다.　　無農薬の野菜が使われています。

4 친환경 소재가 사용되었습니다.　　環境にやさしい素材が使われています。

5 밀가루는 홋카이도산이 사용되었습니다.　コムギコは北海道産が使われています。

～向けです。

～용입니다(에게 좋습니다).

🎧 108_H.MP3

1 어린이용입니다.　　　子供向けです。

2 임산부용입니다.　　　妊婦さん向けです。

3 초보자용입니다.　　　初心者向けです。

4 일본 사람용입니다.　　日本の方向けです。

5 가족과 떨어져 지방에서 근무하는 직장인용입니다.　単身赴任の人向けです。

~機能がついています。　~기능이 있습니다.

🎧 109_H.MP3

1 카메라 기능이 있습니다.	カメラ機能がついています。
2 알람 기능이 있습니다.	アラーム機能がついています。
3 보안 기능이 있습니다.	セキュリティ機能がついています。
4 오프타이머 기능이 있습니다.	オフタイマー機能がついています。
5 스트리밍 기능이 있습니다.	ストリーミング機能がついています。

~サービスを行っています。　~서비스를 하고 있습니다.

🎧 110_H.MP3

1 웹에서의 서비스를 하고 있습니다.	ウェブでのサービスを行っています。
2 택배 서비스를 하고 있습니다.	宅配サービスを行っています。
3 송영 서비스를 하고 있습니다.	送迎サービスを行っています。
4 대출 서비스를 하고 있습니다.	貸出サービスを行っています。
5 24시간 전화 대응 접수 서비스를 하고 있습니다.	24時間電話での受付サービスを行っています。

~に優れています。　~이(가) 뛰어납니다.

🎧 111_H.MP3

1 통기성이 뛰어납니다.	通気性に優れています。
2 안전성이 뛰어납니다.	安全性に優れています。
3 디자인 감각이 뛰어납니다.	デザイン感覚に優れています。
4 내구성이 뛰어납니다.	耐久性に優れています。
5 미백 효과가 뛰어납니다.	美白効果に優れています。

～で大好評です。

～에서 선풍적인 인기를 끌고 있어요.

🎧 112_H.MP3

1 유럽에서 선풍적인 인기를 끌고 있어요.　　　ヨーロッパで大好評です。

2 마니아들 사이에서 선풍적인 인기를 끌고 있어요.　マニアの間で大好評です。

3 한국 내에서 선풍적인 인기를 끌고 있어요.　　韓国内で大好評です。

4 비즈니스맨들 사이에서 선풍적인 인기를 끌고 있어요.　ビジネスマンの間で大好評です。

5 젊은 층에서 선풍적인 인기를 끌고 있어요.　　若者の間で大好評です。

詳しい内容は～

자세한 내용은 ～

🎧 113_H.MP3

1 자세한 내용은 여기에 있습니다.　　　詳しい内容は、こちらにあります。

2 자세한 내용은 이것을 봐 주십시오.　　詳しい内容は、これをご覧ください。

3 자세한 내용은 매뉴얼에 쓰여 있습니다.　詳しい内容は、マニュアルに書かれています。

4 자세한 내용은 이 번호로 문의 바랍니다.　詳しい内容は、この番号までお問い合わせください。

5 자세한 내용은 다음 주 회의에서 말씀드리겠습니다.　詳しい内容は、来週の会議でお話します。

プレゼンをさせていただく～

프레젠테이션을 하게 된 ～

🎧 114_H.MP3

1 프레젠테이션을 하게 된 박○○이라고 합니다.　　プレゼンをさせていただくパクと申します。

2 프레젠테이션을 하게 된 홍보부의 안○○입니다.　プレゼンをさせていただく広報部のアンです。

3 프레젠테이션을 하게 된 한국물산의 최○○라고 합니다.　プレゼンをさせていただく韓国物産のチェと言います。

4 프레젠테이션을 하게 된 마케팅 부장 김○○입니다.　プレゼンをさせていただくマーケティング部長のキムでございます。

5 오늘 프레젠테이션을 하게 된 수출 담당 하야시라고 합니다.　本日プレゼンをさせていただく輸出担当の林と申します。

今日お話するのは～　　　오늘 말씀드릴 내용은 ～

🎧 115_H.MP3

1 오늘 말씀드릴 내용은 마케팅 전략입니다.　　　今日お話するのは、マーケティング戦略です。

2 오늘 말씀드릴 내용은 온라인 광고에 대해서입니다.　　　今日お話するのは、オンライン広告についてです。

3 오늘 말씀드릴 내용은 앱 활용에 대해서입니다.　　　今日お話するのは、アプリケーションの活用についてです。

4 오늘 말씀드릴 내용은 저희 회사가 실시하고 있는 서비스입니다.　　　今日お話するのは、弊社が行っているサービスです。

5 오늘 말씀드릴 내용은 신상품에 대한 설명입니다.　　　今日お話するのは、新商品についてのご説明です。

～を中心に説明します。　　　～을(를) 중심으로 설명하겠습니다.

🎧 116_H.MP3

1 프레젠테이션은 자료를 중심으로 설명하겠습니다.　　　プレゼンは資料を中心に説明します。

2 기술 제휴를 중심으로 설명하겠습니다.　　　技術提携を中心に説明します。

3 인터넷 활용을 중심으로 설명하겠습니다.　　　インターネット活用を中心に説明します。

4 서비스가 좋아진 사례를 중심으로 설명하겠습니다.　　　サービスがよくなった事例を中心に説明します。

5 이번에는 유통 시스템을 중심으로 설명하겠습니다.　　　今回は流通システムを中心に説明します。

～を予定しています。　　　～을(를) 예정하고 있습니다.

🎧 117_H.MP3

1 약 30분을 예정하고 있습니다.　　　およそ30分を予定しています。

2 이 프레젠테이션은 20분을 예정하고 있습니다.　　　このプレゼンテーションは20分を予定しています。

3 휴식 시간을 넣어서 1시간을 예정하고 있습니다.　　　休み時間を入れて1時間を予定しています。

4 점심시간 전까지 30분 정도를 예정하고 있습니다.　　　昼食の前まで30分ぐらいを予定しています。

5 동영상을 보는 시간을 넣어서 40분 정도를 예정하고 있습니다.　　　映像を見る時間を入れて40分ほどを予定しています。

PATTERN 118 ご存じのように〜　　아시는 바와 같이 ~

🎧 118_H.MP3

PATTERN 118 ご存じのように〜

1 아시는 바와 같이 불경기가 계속되고 있습니다.　　ご存じのように、不景気が続いています。

2 아시는 바와 같이 건강 붐이 일어나고 있습니다.　　ご存じのように、健康ブームが起きています。

3 아시는 바와 같이 고령화가 진행되고 있습니다.　　ご存じのように、高齢化が進んでいます。

4 아시는 바와 같이 온라인 시장이 확대되고 있습니다.　　ご存じのように、オンライン市場は拡大しています。

5 아시는 바와 같이 인터넷이 없는 생활은 생각할 수 없습니다.　　ご存じのように、インターネットのない生活は考えられません。

PATTERN 119 次は〜　　다음은 ~

🎧 119_H.MP3

1 다음은 리서치 결과입니다.　　次は、リサーチの結果です。

2 다음은 프로젝트의 규모입니다.　　次は、プロジェクトの規模です。

3 다음은 해외 사업에 대해서입니다.　　次は、海外事業についてです。

4 다음은 인터넷 이용자의 반응입니다.　　次は、インターネットユーザーの反応です。

5 다음은 계약 조건에 대해 말씀드리겠습니다.　　次は、契約条件についてお話します。

PATTERN 120 〜をご覧ください。　　~을(를) 봐 주십시오.

🎧 120_H.MP3

1 그림 1을 봐 주십시오.　　図1をご覧ください。

2 표 1을 봐 주십시오.　　表1をご覧ください。

3 자료의 4페이지를 봐 주십시오.　　資料の4ページをご覧ください。

4 가지고 계신 자료를 봐 주십시오.　　お手元の資料をご覧ください。

5 나눠 드린 자료의 챕터 2를 봐 주십시오.　　お配りした資料のチャプター2をご覧ください。

41

PATTERN 121　～を表わしています。

~을(를) 보여 주고 있습니다.

121_H.MP3

1 이것은 시장 규모를 보여 주고 있습니다.　これは、マーケット規模を表わしています。

2 이 그래프는 트렌드의 경향을 보여 주고 있습니다.　このグラフはトレンドの傾向を表わしています。

3 7월이 가장 더웠음을 보여 주고 있습니다.　7月が一番暑かったことを表わしています。

4 연령대별 이용 시간을 보여 주고 있습니다.　年代別の利用時間を表わしています。

5 혼자 사는 사람은 무엇을 먹는지를 보여 주고 있습니다.　独り暮らしの人は何を食べているかを表わしています。

PATTERN 122　横軸は～、縦軸は～

가로축은 ~, 세로축은 ~

122_H.MP3

1 가로축은 이익이고, 세로축은 월입니다.　横軸は利益で、縦軸は月です。

2 가로축은 지역이고, 세로축은 매출입니다.　横軸は地域で、縦軸は売上げです。

3 가로축은 상품이고, 세로축은 가격입니다.　横軸は商品で、縦軸は価格です。

4 가로축은 개발비이고, 세로축은 연도입니다.　横軸は開発費で、縦軸は年度です。

5 가로축은 운송비이고, 세로축은 국가입니다.　横軸は運送料で、縦軸は国です。

PATTERN 123　～傾向にあります。

~경향이 있습니다.

123_H.MP3

1 집단괴롭힘이 많아지는 경향이 있습니다.　いじめが多くなる傾向にあります。

2 매일 악화되는 경향이 있습니다.　日々悪化の傾向にあります。

3 가격이 높아지는 경향이 있습니다.　値段が高くなる傾向にあります。

4 결혼이 늦어지는 경향이 있습니다.　結婚が遅くなる傾向にあります。

5 혼자 사는 사람이 늘어나는 경향이 있습니다.　独り暮らしが増える傾向にあります。

～をご提案します。

～을(를) 제안드립니다.

🎧 124_H.MP3

① 구조 조정을 제안드립니다.　　リストラをご提案します。

② 여러 가지 아이디어를 제안드립니다.　　さまざまなアイデアをご提案します。

③ 새로운 라이프 스타일을 제안드립니다.　　新しいライフスタイルをご提案します。

④ 구체적인 서포트(지원)를 제안드립니다.　　具体的なサポートをご提案します。

⑤ 마케팅 전략을 제안드립니다.　　マーケティング戦略をご提案します。

具体的に言いますと～

구체적으로 말씀드리면 ～

🎧 125_H.MP3

① 구체적으로 말씀드리면, 문제는 디자인입니다.　　具体的に言いますと、問題はデザインです。

② 구체적으로 말씀드리면, 캠페인이 필요합니다.　　具体的に言いますと、キャンペーンが必要です。

③ 구체적으로 말씀드리면, 온라인 사업에 투자하는 것입니다.　　具体的に言いますと、オンライン事業への投資です。

④ 구체적으로 말씀드리면, 1년간 이익이 나오지 않고 있습니다.　　具体的に言いますと、1年間利益が出ていません。

⑤ 구체적으로 말씀드리면, 새로운 시장을 개척할 필요가 있습니다.　　具体的に言いますと、新しいマーケットを探す必要があります。

～と比べてみてください。

～와(과) 비교해 보세요.

🎧 126_H.MP3

① 크기를 이것과 비교해 보세요.　　サイズをこれと比べてみてください。

② 설문조사 결과와 비교해 보세요.　　アンケートの結果と比べてみてください。

③ 이전의 조건과 비교해 보세요.　　前の条件と比べてみてください。

④ 비용을 전년도와 비교해 보세요.　　コストを前の年と比べてみてください。

⑤ 일본 제품의 품질과 비교해 보세요.　　日本製品の品質と比べてみてください。

例をあげますと〜

이를테면(예를 들면) 〜

🎧 127_H.MP3

❶ 이를테면 이벤트를 여는 것입니다.	例をあげますと、イベントを行うことです。
❷ 이를테면 시간을 늘리는 것입니다.	例をあげますと、時間を増やすことです。
❸ 이를테면 AS 기간을 늘리는 것입니다.	例をあげますと、AS期間を伸ばすことです。
❹ 이를테면 배송료를 무료로 하는 것입니다.	例をあげますと、送料をただにすることです。
❺ 이를테면 편안한 공간으로 만드는 것입니다.	例をあげますと、心地よい空間にすることです。

〜は増えて、〜は減りました。 〜은(는) 늘고, 〜은(는) 줄었습니다.

🎧 128_H.MP3

❶ 노인은 늘고, 아이는 줄었습니다.	お年よりは増えて、子供は減りました。
❷ 소비는 늘고, 저축은 줄었습니다.	消費は増えて、貯蓄は減りました。
❸ 남자는 늘고, 여자는 줄었습니다.	男性は増えて、女性は減りました。
❹ 지출은 늘고, 수입은 줄었습니다.	支出は増えて、収入は減りました。
❺ 온라인 쇼핑은 늘고, 점포에서의 구입은 줄었습니다.	オンライン・ショッピングは増えて、店での買い物は減りました。

〜に注目しなければなりません。 〜에 주목해야 합니다.

🎧 129_H.MP3

❶ 시장에 주목해야 합니다.	マーケットに注目しなければなりません。
❷ 주가에 주목해야 합니다.	株価に注目しなければなりません。
❸ 수익에 주목해야 합니다.	収益に注目しなければなりません。
❹ 이 숫자에 주목해야 합니다.	この数字に注目しなければなりません。
❺ 고객의 니즈(요구)에 주목해야 합니다.	お客様のニーズに注目しなければなりません。

1 간단히 정리하자면, 서비스에 문제는 없습니다.   手短にまとめますと、サービスに問題はありません。

2 간단히 정리하자면, 거래를 늘리자는 것입니다.   手短にまとめますと、取引を増やそうということです。

3 간단히 정리하자면, 이 계획은 밀고 나가야 합니다.   手短にまとめますと、この計画は進めなければなりません。

4 간단히 정리하자면, 보증 기간이 길다는 것입니다.   手短にまとめますと、保証期間が長いということです。

5 간단히 정리하자면, 온라인 사업에 투자가 필요합니다.   手短にまとめますと、オンライン事業への投資が必要です。

| PATTERN 131 | ～をお勧めします。 | ~을(를) 권해 드립니다. | 🎧 131_H.MP3 |

1 이 방법을 권해 드립니다.   この方法をお勧めします。

2 꼭 이 제품을 권해 드립니다.   ぜひこの製品をお勧めします。

3 서비스 이용을 권해 드립니다.   サービスの利用をお勧めします。

4 저희 회사의 모델을 권해 드립니다.   弊社のモデルをお勧めします。

5 1년에 한 번은 점검을 권해 드립니다.   年に一度の点検をお勧めします。

| PATTERN 132 | ～についてお答えします。 | ~에 대해 답변드리겠습니다. | 🎧 132_H.MP3 |

1 그 점에 대해 답변드리겠습니다.   その点についてお答えします。

2 현재의 시장에 대해 답변드리겠습니다.   今のマーケットについてお答えします。

3 프로젝트 진행 방법에 대해 답변드리겠습니다.   プロジェクトの進め方についてお答えします。

4 예상되는 문제에 대해 답변드리겠습니다.   予想される問題についてお答えします。

5 구체적 내용에 대해 답변드리겠습니다.   具体的な内容についてお答えします。

PATTERN 133 　最後になりますが～

끝으로 ～

🎧 133_H.MP3

1 끝으로, 앞으로도 잘 부탁드립니다.	最後になりますが、これからもよろしくお願いします。
2 끝으로, 들어 주셔서 감사드립니다.	最後になりますが、聞いてくださってありがとうございました。
3 끝으로, 모여 주셔서 감사드립니다.	最後になりますが、集まっていただき、ありがとうございました。
4 끝으로, 다음 프레젠테이션은 다음 달로 예정하고 있습니다.	最後になりますが、次のプレゼンは来月に予定しています。
5 끝으로, 샘플을 원하시는 분은 신청해 주십시오.	最後になりますが、サンプルをご希望の方はお申し込みください。

PATTERN 134 　～会議をはじめます。

～회의를 시작하겠습니다.

🎧 134_H.MP3

1 마케팅 회의를 시작하겠습니다.	マーケティング会議をはじめます。
2 긴급회의를 시작하겠습니다.	緊急会議をはじめます。
3 비공개 회의를 시작하겠습니다.	非公開の会議をはじめます。
4 영업 1과의 회의를 시작하겠습니다.	営業1課の会議をはじめます。
5 금년도 첫 회의를 시작하겠습니다.	今年度はじめての会議をはじめます。

PATTERN 135 　本日のテーマは～

오늘의 주제는 ～

🎧 135_H.MP3

1 오늘의 주제는 트렌드 분석입니다.	本日のテーマは、トレンドの分析です。
2 오늘의 주제는 인턴쉽 프로그램입니다.	本日のテーマは、インターンシップ・プログラムです。
3 오늘의 주제는 일본에서의 마케팅입니다.	本日のテーマは、日本でのマーケティングです。
4 오늘의 주제는 거래 조건입니다.	本日のテーマは、取引の条件です。
5 오늘의 주제는 새로운 공장 건설입니다.	本日のテーマは、新しい工場の建設です。

PATTERN 136　前回の会議では〜

지난번 회의에서는 〜

🎧 136_H.MP3

1 지난번 회의에서는 예산을 정했습니다.	前回の会議では、予算を決めました。
2 지난번 회의에서는 리서치 결과를 들었습니다.	前回の会議では、リサーチの結果を聞きました。
3 지난번 회의에서는 의견을 하나로 모으지 못했습니다.	前回の会議では、意見をまとめることができませんでした。
4 지난번 회의에서는 일정을 정하는 데까지 했습니다.	前回の会議では、スケジュールを決めるところまでやりました。
5 지난번 회의에서는 영업부로부터 보고가 있었습니다.	前回の会議では、営業部から報告がありました。

PATTERN 137　〜についてどう思いますか。

〜에 대해서 어떻게 생각합니까?

🎧 137_H.MP3

1 이 문제에 대해서 어떻게 생각하십니까?	この問題についてどう思いますか。
2 박○○ 씨의 아이디어에 대해서 어떻게 생각하십니까?	パクさんのアイデアについてどう思いますか。
3 이번 계획에 대해서 어떻게 생각하십니까?	今回の計画についてどう思いますか。
4 일본에 진출하는 것에 대해서 어떻게 생각하십니까?	日本への進出についてどう思いますか。
5 영업부와의 프로젝트에 대해서 어떻게 생각하십니까?	営業部とのプロジェクトについてどう思いますか。

PATTERN 138　〜を詳しく聞かせてください。

〜을(를) 자세히 들려주세요.

🎧 138_H.MP3

1 계획을 자세히 들려주세요.	プランを詳しく聞かせてください。
2 그 이야기를 자세히 들려주세요.	その話を詳しく聞かせてください。
3 당신의 생각을 자세히 들려주세요.	あなたの考えを詳しく聞かせてください。
4 기무라 씨가 조사한 것을 자세히 들려주세요.	木村さんが調べたことを詳しく聞かせてください。
5 거래처의 요구 사항을 자세히 들려주세요.	取引先の要求を詳しく聞かせてください。

PATTERN 139

~方は手をあげてください。 ~분은 손을 들어 주세요.

🎧 139_H.MP3

1 반대하시는 분은 손을 들어 주세요.　　反対の**方**は**手をあげてください**。

2 의견이 있으신 분은 손을 들어 주세요.　　ご意見のある**方**は**手をあげてください**。

3 질문이 있으신 분은 손을 들어 주세요.　　ご質問のある**方**は**手をあげてください**。

4 이에 동의하시는 분은 손을 들어 주세요.　これに同意する**方**は**手をあげてください**。

5 문제가 있다고 생각하시는 분은 손을 들어 주세요.　問題があると思う**方**は**手をあげてください**。

PATTERN 140

~についてご報告します。 ~에 대해 보고드리겠습니다.

🎧 140_H.MP3

1 프로젝트에 대해 보고드리겠습니다.　　プロジェクト**についてご報告します**。

2 그 건에 대해 보고드리겠습니다.　　その件**についてご報告します**。

3 최근 동향에 대해 보고드리겠습니다.　　最近の動き**についてご報告します**。

4 계약 내용에 대해 보고드리겠습니다.　　契約の内容**についてご報告します**。

5 합의 결과에 대해 보고드리겠습니다.　　話し合いの結果**についてご報告します**。

PATTERN 141

~に直面しています。 ~에 직면해 있습니다.

🎧 141_H.MP3

1 냉혹한 현실에 직면해 있습니다.　　きびしい現実**に直面しています**。

2 인력 부족에 직면해 있습니다.　　人手不足**に直面しています**。

3 어려운 입장에 직면해 있습니다.　　苦しい立場**に直面しています**。

4 에너지 문제에 직면해 있습니다.　　エネルギー問題**に直面しています**。

5 전력 부족에 직면해 있습니다.　　電力不足**に直面しています**。

~て(で)いるところです。 ~(하)는 중입니다.

🎧 142_H.MP3

1 수리를 하는 중입니다.	修理をしているところです。
2 사람을 찾는 중입니다.	人を探しているところです。
3 가격을 협상하는 중입니다.	値段をかけあっているところです。
4 계획을 세우는 중입니다.	計画を立てているところです。
5 계약 수속을 하는 중입니다.	契約の手続きをしているところです。

~ことなんですが。 ~말인데요.

🎧 143_H.MP3

1 아이템 말인데요.	アイテムのことなんですが。
2 이건 다른 일인데요.	これは別のことなんですが。
3 소비세 말인데요.	消費税のことなんですが。
4 이번 이벤트 말인데요.	今度のイベントのことなんですが。
5 광고 대리점을 선정하는 일 말인데요.	広告代理店を選ぶことなんですが。

~必要があります。 ~할 필요가 있습니다.

🎧 144_H.MP3

1 논의할 필요가 있습니다.	話し合う必要があります。
2 옵션을 붙일 필요가 있습니다.	オプションをつける必要があります。
3 지금 확인할 필요가 있습니다.	今確認する必要があります。
4 매뉴얼을 재고할 필요가 있습니다.	マニュアルを見直す必要があります。
5 시장 조사를 할 필요가 있습니다.	市場調査を行う必要があります。

～見込みです。

～(할) 전망입니다.

🎧 145_H.MP3

1	회복될 전망입니다.	回復する見込みです。
2	출하가 가능할 전망입니다.	出荷できる見込みです。
3	대금을 받을 수 있을 전망입니다.	代金をもらえる見込みです。
4	이달 말까지 끝날 전망입니다.	今月末までに終わる見込みです。
5	5000만 원 정도의 흑자를 낼 전망입니다.	5000万ウォンほどの黒字を出す見込みです。

～によりますと

～에 따르면

🎧 146_H.MP3

1	데이터에 따르면 가망은 없을 것 같습니다.	データによりますと、見込みはなさそうです。
2	소문에 따르면 계약을 취소했다고 합니다.	うわさによりますと、契約をキャンセルしたそうです。
3	보고에 따르면 납기를 맞출 수 있다고 합니다.	報告によりますと、納期に間に合うそうです。
4	전문가의 의견으로는 구조 조정이 필요하다고 합니다.	専門家によりますと、リストラが必要だそうです。
5	신문에 따르면 그 회사는 도산했다고 합니다.	新聞によりますと、その会社は倒産したそうです。

～は予想外でした。

～은(는) 생각지도 못했어요.

🎧 147_H.MP3

1	이렇게 되리라고는 생각지도 못했어요.	こうなるとは予想外でした。
2	고장은 생각지도 못했어요.	故障は予想外でした。
3	주문 취소는 생각지도 못했어요.	注文の取り消しは予想外でした。
4	수출이 이렇게 늘어나리라고는 생각지도 못했어요.	輸出がこんなに増えるとは予想外でした。
5	사장님이 오시리라고는 생각지도 못했어요.	社長がいらっしゃるとは予想外でした。

~を計画しています。

~을(를) 계획하고 있습니다.

🎧 148_H.MP3

① 프레젠테이션을 계획하고 있습니다.　　プレゼンを計画しています。

② 식사 모임을 계획하고 있습니다.　　食事会を計画しています。

③ 공장 건설을 계획하고 있습니다.　　工場を立てることを計画しています。

④ 견본시 참가를 계획하고 있습니다.　　見本市への参加を計画しています。

⑤ 신제품 설명회를 계획하고 있습니다.　　新製品の説明会を計画しています。

~か疑問です。

~(일)지 의문입니다.

🎧 149_H.MP3

① 시간에 댈 수 있을지 의문입니다.　　間に合うか疑問です。

② 비용 절감이 가능할지 의문입니다.　　コストダウンできるか疑問です。

③ 제가 할 수 있을지 의문입니다.　　自分にできるか疑問です。.

④ 성공할 수 있을지 의문입니다.　　成功できるか疑問です。

⑤ 제안을 받아 줄지 의문입니다.　　提案を受け入れてもらえるか疑問です。

~に問題がありますか。

~에 문제가 있나요?

🎧 150_H.MP3

① 테스트에 문제가 있나요?　　テストに問題がありますか。

② 내용에 문제가 있나요?　　内容に問題がありますか。

③ 이 통계에 문제가 있나요?　　この統計に問題がありますか。

④ 계약서에 문제가 있나요?　　契約書に問題がありますか。

⑤ 거래 조건에 문제가 있나요?　　取引条件に問題がありますか。

~は確かです。

~은(는) 확실합니다.

🎧 151_H.MP3

1 데이터는 확실합니다.　　　　　　　　**データは確かです。**

2 이것만은 확실합니다.　　　　　　　　**これだけは確かです。**

3 위험한 것은 확실합니다.　　　　　　　**危険なのは確かです。**

4 바이어가 오는 것은 확실합니다.　　　**バイヤーが来ることは確かです。**

5 시장 정보는 확실합니다.　　　　　　　**マーケット情報は確かです。**

~しかありません。

~수밖에 없어요.

🎧 152_H.MP3

1 사과할 수밖에 없어요.　　　　　　　　**謝るしかありません。**

2 결과를 기다릴 수밖에 없어요.　　　　　**結果を待つしかありません。**

3 가격을 올릴 수밖에 없어요.　　　　　　**値段を上げるしかありません。**

4 샘플은 10개까지로 할 수밖에 없어요.　**サンプルは10個までにするしかありません。**

5 새 제품과 교환할 수밖에 없어요.　　　**新品と交換するしかありません。**

~につながります。

~(으)로 이어집니다.

🎧 153_H.MP3

1 기회로 이어집니다.　　　　　　　　　**チャンスにつながります。**

2 사고로 이어집니다.　　　　　　　　　**事故につながります。**

3 이익으로 이어집니다.　　　　　　　　**利益につながります。**

4 다음 단계로 이어집니다.　　　　　　　**次のステップにつながります。**

5 경기 악화로 이어집니다.　　　　　　　**景気の悪化につながります。**

〜に賛成します。

〜에 찬성합니다.

🎧 154_H.MP3

① 당신 의견에 찬성합니다.　　　　**あなたに賛成します。**

② 그 아이디어에 찬성합니다.　　　　**そのアイデアに賛成します。**

③ 그 계획에 찬성합니다.　　　　**その計画に賛成します。**

④ 과장님 생각에 찬성합니다.　　　　**課長の考えに賛成します。**

⑤ 영업부 제안에 찬성합니다.　　　　**営業部の提案に賛成します。**

〜には反対です。

〜은(는) 반대입니다.

🎧 155_H.MP3

① 가격 인상은 반대입니다.　　　　**値上げには反対です。**

② 임금 인상은 반대입니다.　　　　**賃上げには反対です。**

③ 합병은 반대입니다.　　　　**合併には反対です。**

④ 그 제안은 반대입니다.　　　　**その提案には反対です。**

⑤ 사장님의 방침은 반대입니다.　　　　**社長の方針には反対です。**

〜べきです。

〜(해)야 합니다.

🎧 156_H.MP3

① 확실히 해 두어야 합니다.　　　　**はっきりさせるべきです。**

② 기회를 잡아야 합니다.　　　　**チャンスをつかむべきです。**

③ 주식을 사야 합니다.　　　　**株を買うべきです。**

④ 전문가에게 부탁해야 합니다.　　　　**専門家に頼むべきです。**

⑤ 조건을 받아들여야 합니다.　　　　**条件を受け入れるべきです。**

～のはなぜでしょうか。
～이유는 무엇일까요?

🎧157_H.MP3

1 손실이 난 이유는 무엇일까요?	**損失が出た**のはなぜでしょうか。
2 프로젝트를 포기하는 이유는 무엇일까요?	**プロジェクトを諦める**のはなぜでしょうか。
3 애프터서비스(AS)를 받을 수 없는 이유는 무엇일까요?	**アフターサービスを受けられない**のはなぜでしょうか。
4 데이터베이스를 새로 만드는 이유는 무엇일까요?	**データベースを新しく作る**のはなぜでしょうか。
5 일본상사로부터 주문이 없는 이유는 무엇일까요?	**日本商事から注文がない**のはなぜでしょうか。

～天気ですね。
～날씨네요

🎧158_H.MP3

1 좋은 날씨네요.	いい**天気**ですね。
2 정말 고약한 날씨네요	まったくいやな**天気**ですね。
3 변덕스러운 날씨네요.	変わりやすい**天気**ですね。
4 정말 상쾌한 날씨네요.	とてもさわやかな**天気**ですね。
5 정말 겨울다운 날씨네요.	実に冬らしい**天気**ですね。

先日は～
요전 날에는 ～

🎧159_H.MP3

1 요전 날에는 신세를 졌습니다.	**先日**はお世話になりました。
2 요전 날에는 이야기를 나눌 수 있어서 좋았습니다.	**先日**はお話できてよかったです。
3 요선 날에는 전화로 실례가 많았습니다.	**先日**はお電話で失礼しました。
4 요전 날에는 조언을 해 주셔서 감사했습니다.	**先日**はアドバイスをいただき、ありがとうございました。
5 요전 날에는 저희 직원이 실언을 했다면서요?	**先日**はうちの部下が失礼なことを言ったそうで……。

| PATTERN
160 | **~くなりました。** | ~(해)졌습니다. | 🎧 160_H.MP3 |

1 해가 길어졌네요.　　　　　　　　　日が長くなりましたね。

2 부쩍 서늘해졌네요.　　　　　　　　めっきり涼しくなりましたね。

3 상당히 따뜻해졌습니다.　　　　　　ずいぶんと暖かくなりました。

4 직원이 많아졌네요.　　　　　　　　職員さんが多くなりましたね。

5 사무실이 전보다 넓어졌습니다.　　事務室が前より広くなりました。

| PATTERN
161 | **~が続いています。** | ~이(가) 계속되고 있습니다. | 🎧 161_H.MP3 |

1 트러블이 계속되고 있습니다.　　　トラブルが続いています。

2 인기가 계속되고 있습니다.　　　　人気が続いています。

3 지진이 계속되고 있습니다.　　　　地震が続いています。

4 침체가 계속되고 있습니다.　　　　低迷が続いています。

5 더운 날이 계속되고 있습니다.　　暑い日が続いています。

| PATTERN
162 | **~に関心があります。** | ~에 관심이 있습니다. | 🎧 162_H.MP3 |

1 이 제품에 관심이 있습니다.　　　　こちらの製品に関心があります。

2 이번 프로젝트에 관심이 있습니다.　この度のプロジェクトに関心があります。

3 한국 식품에 관심이 있습니다.　　　韓国の食品に関心があります。

4 귀사와의 거래에 관심이 있습니다.　御社との取引に関心があります。

5 여기서 개발된 시스템에 관심이 있습니다.　ここで開発されたシステムに関心があります。

PATTERN 163

～を注文したいんですが。 ～을(를) 주문하고 싶은데요.

🎧 163_H.MP3

1 이 디자인의 물건을 주문하고 싶은데요.	この**デザインのもの**を注文したいんですが。
2 핑크와 블랙을 주문하고 싶은데요.	**ピンクとブラック**を注文したいんですが。
3 예비 부품을 주문하고 싶은데요.	**予備の部品**を注文したいんですが。
4 한 상자에 30개들이 물건을 주문하고 싶은데요.	**1ケース30個入りのもの**を注文したいんですが。
5 지난번과 같은 물건을 주문하고 싶은데요.	**前回と同じもの**を注文したいんですが。

PATTERN 164

～で送ってもらえますか。 ～(으)로 보내 줄 수 있나요?

🎧 164_H.MP3

1 우편으로 보내 줄 수 있나요?	**郵便**で送ってもらえますか。
2 택배로 보내 줄 수 있나요?	**宅配**で送ってもらえますか。
3 등기로 보내 줄 수 있나요?	**書留**で送ってもらえますか。
4 항공편으로 보내 줄 수 있나요?	**航空便**で送ってもらえますか。
5 비용을 고려해서 배로 보내 줄 수 있나요?	**費用を考えて船**で送ってもらえますか。

PATTERN 165

～はいかほどでしょうか。 ～은(는) 얼마입니까?

🎧 165_H.MP3

1 배송료는 얼마입니까?	**送料**はいかほどでしょうか。
2 수수료는 얼마입니까?	**手数料**はいかほどでしょうか。
3 취소 요금은 얼마입니까?	**キャンセル料金**はいかほどでしょうか。
4 유지·보수 비용은 얼마입니까?	**メンテナンス費用**はいかほどでしょうか。
5 이 상품의 소매 단가는 얼마입니까?	**この商品の小売り単価**はいかほどでしょうか。

PATTERN 166

～で決済できますか。
～(으)로 결제할 수 있나요?

🎧 166_H.MP3

1 할부로 결제할 수 있나요?　　　　　　　**分割**で**決済**できますか。

2 현금으로 결제할 수 있나요?　　　　　　**現金**で**決済**できますか。

3 인터넷뱅킹으로 결제할 수 있나요?　　　　**ネットバンキング**で**決済**できますか。

4 신용카드로 결제할 수 있나요?　　　　　**クレジットカード**で**決済**できますか。

5 대금 상환으로 결제할 수 있나요?　　　　**代金引き替え**で**決済**できますか。

PATTERN 167

～はどちらが持ちますか。
～은(는) 어느 쪽이 부담합니까?

🎧 167_H.MP3

1 보험료는 어느 쪽이 부담합니까?　　　　**保険料**はどちらが**持ち**ますか。

2 취소 요금은 어느 쪽이 부담합니까?　　　**キャンセル料**はどちらが**持ち**ますか。

3 운송비는 어느 쪽이 부담합니까?　　　　**運送料**はどちらが**持ち**ますか。

4 보관 비용은 어느 쪽이 부담합니까?　　　**保管費用**はどちらが**持ち**ますか。

5 수입 인지대는 어느 쪽이 부담합니까?　　**収入印紙代**はどちらが**持ち**ますか。

PATTERN 168

～は含まれていますか。
～은(는) 포함되어 있나요?

🎧 168_H.MP3

1 관세는 포함되어 있나요?　　　　　　　**関税**は**含まれて**いますか。

2 운임은 포함되어 있나요?　　　　　　　**運賃**は**含まれて**いますか。

3 보험료는 포함되어 있나요?　　　　　　**保険料**は**含まれて**いますか。

4 수수료는 포함되어 있나요?　　　　　　**手数料**は**含まれて**いますか。

5 서비스 요금은 포함되어 있나요?　　　　**サービス料金**は**含まれて**いますか。

PATTERN 169

~にはどのような保証がついていますか。 ~은(는) 어떤 보증을 받을 수 있나요?

🎧 169_H.MP3

1 컴퓨터는 어떤 보증을 받을 수 있나요?　　パソコンにはどのような保証がついていますか。

2 모니터는 어떤 보증을 받을 수 있나요?　　モニターにはどのような保証がついていますか。

3 프린터는 어떤 보증을 받을 수 있나요?　　プリンターにはどのような保証がついていますか。

4 노트북은 어떤 보증을 받을 수 있나요?　　ノートパソコンにはどのような保証がついていますか。

5 이 제품은 어떤 보증을 받을 수 있나요?　　この製品にはどのような保証がついていますか。

PATTERN 170

~場合はどうなりますか。 ~경우에는 어떻게 되나요?

🎧 170_H.MP3

1 팔리지 않는 경우에는 어떻게 되나요?　　売れない場合はどうなりますか。

2 부서진 경우에는 어떻게 되나요?　　壊れた場合はどうなりますか。

3 개수가 부족한 경우에는 어떻게 되나요?　　数が足りない場合はどうなりますか。

4 지불이 늦어지는 경우에는 어떻게 되나요?　　お支払が遅れる場合はどうなりますか。

5 불량품이 발견되었을 경우에는 어떻게 되나요?　　不良品が見つかった場合はどうなりますか。

PATTERN 171

~をご説明ください。 ~을(를) 설명해 주십시오.

🎧 171_H.MP3

1 매뉴얼을 설명해 주십시오.　　マニュアルをご説明ください。

2 절차를 설명해 주십시오.　　手続きをご説明ください。

3 사용법을 설명해 주십시오.　　使い方をご説明ください。

4 주요 기능을 설명해 주십시오.　　主な機能をご説明ください。

5 계약 조건을 설명해 주십시오.　　契約条件をご説明ください。

~によって異ります。

~에 따라 달라집니다.

172_H.MP3

1	달(月)에 따라 달라집니다.	月によって異ります。
2	크기에 따라 달라집니다.	大きさによって異ります。
3	거리에 따라 달라집니다.	距離によって異ります。
4	종류에 따라 달라집니다.	種類によって異ります。
5	상황에 따라 달라집니다.	状況によって異ります。

~準備ができています。

~준비가 되어 있습니다.

173_H.MP3

1	모든 준비가 되어 있습니다.	すべての準備ができています。
2	갱신 준비가 되어 있습니다.	更新の準備ができています。
3	프레젠테이션 준비가 되어 있습니다.	プレゼンテーションの準備ができています。
4	데이터베이스를 만들 준비가 되어 있습니다.	データベースを作る準備ができています。
5	새로운 프로그램을 사용할 준비가 되어 있습니다.	新しいプログラムを使う準備ができています。

~なら安くできます。

~(이)라면 싸게 드릴 수 있습니다.

174_H.MP3

1	현금이라면 싸게 드릴 수 있습니다.	現金なら安くできます。
2	일시불이라면 싸게 드릴 수 있습니다.	一括払いなら安くできます。
3	AS 기간을 1년으로 한다면 싸게 드릴 수 있습니다.	AS期間を1年にするなら安くできます。
4	주문을 늘려 주신다면 싸게 드릴 수 있습니다.	注文を増やしてくださるなら安くできます。
5	다른 제품도 구입해 주신다면 싸게 드릴 수 있습니다.	他の製品も買ってくださるなら安くできます。

PATTERN 175

~では採算がとれません。 ~(으)로는 손해를 봅니다.

🎧 175_H.MP3

1 이대로는 손해를 봅니다.
このままでは採算がとれません。

2 원화 베이스(원화 표시)로는 손해를 봅니다.
ウォン建てでは採算がとれません。

3 이 단가로는 손해를 봅니다.
この単価では採算がとれません。

4 지금과 같은 엔 약세로는 손해를 봅니다.
今のような円安では採算がとれません。

5 배송료를 저희가 부담하면 손해를 봅니다.
送料をこちらが持つのでは採算がとれません。

PATTERN 176

~は受け入れがたいです。 ~은(는) 받아들이기 어렵습니다.

🎧 176_H.MP3

1 이렇게까지 높은 리스크는 받아들이기 어렵습니다.
これほどのリスクは受け入れがたいです。

2 그 제안은 받아들이기 어렵습니다.
その提案は受け入れがたいです。

3 이와 같은 결과는 받아들이기 어렵습니다.
このような結果は受け入れがたいです。

4 갑작스런 취소는 받아들이기 어렵습니다.
突然のキャンセルは受け入れがたいです。

5 이 이상의 가격 인상은 받아들이기 어렵습니다.
これ以上の値上げは受け入れがたいです。

PATTERN 177

~可能性はありませんか。 ~(할) 가능성은 없나요?

🎧 177_H.MP3

1 손해를 입을 가능성은 없나요?
損をする可能性はありませんか。

2 실패할 가능성은 없나요?
失敗する可能性はありませんか。

3 매진될 가능성은 없나요?
売り切れになる可能性はありませんか。

4 불량품일 가능성은 없나요?
不良品の可能性はありませんか。

5 일정이 바뀔 가능성은 없나요?
スケジュールが変わる可能性はありませんか。

PATTERN 178 ~は心配要りません。 ~은(는) 걱정 마세요. 🎧 178_H.MP3

1 보안은 걱정 마세요.	セキュリティは心配要りません。
2 신선도는 걱정 마세요.	鮮度は心配要りません。
3 보수 관리는 걱정 마세요.	メンテナンスは心配要りません。
4 출하는 걱정 마세요.	出荷は心配要りません。
5 반품은 걱정 마세요.	返品は心配要りません。

PATTERN 179 合意した内容を~ 합의한 내용을 ~ 🎧 179_H.MP3

1 합의한 내용을 (다시) 볼까요?	合意した内容を見てみましょうか。
2 합의한 내용을 써 봅시다.	合意した内容を書いてみましょう。
3 합의한 내용을 체크해 봅시다.	合意した内容をチェックしてみましょう。
4 합의한 내용을 한 번 더 검토해 볼까요?	合意した内容をもう一度検討しましょうか。
5 합의한 내용을 계약서로 옮겨 적을까요?	合意した内容を契約書に写しましょうか。

PATTERN 180 ~を見直してください。 ~을(를) 재고해 주세요. 🎧 180_H.MP3

1 단가를 재고해 주세요.	単価を見直してください。
2 보험을 재고해 주세요.	保険を見直してください。
3 일정을 재고해 주세요.	スケジュールを見直してください。
4 결제 방법을 재고해 주세요.	決済の方法を見直してください。
5 두 번째 조건을 재고해 주세요.	2番目の条件を見直してください。

～を考えると

～을(를) 감안하면

🎧 181_H.MP3

① 트렌드를 감안하면 핑크가 잘 팔리겠죠.

トレンドを考えると、ピンクのほうが売れるでしょう。

② 인건비를 감안하면 결코 비싸지 않습니다.

人件費を考えると、決して高くありません。

③ 지금 유행하는 패션을 감안하면 이쪽이 좋습니다.

今はやりのファッションを考えると、こちらのほうがいいです。

④ 고객의 요구를 감안하면 심플한 디자인이 좋을 것 같아요.

お客様のニーズを考えると、シンプルなデザインがよさそうですね。

⑤ 시장의 가능성을 감안하면 투자가 필요합니다.

マーケットの可能性を考えると、投資が必要です。

～用意があります。

～(할) 용의가 있습니다.

🎧 182_H.MP3

① 협의할 용의가 있습니다.

話し合う用意があります。

② 협력할 용의가 있습니다.

協力する用意があります。

③ 주문할 용의가 있습니다.

注文をする用意があります。

④ 3%까지 깎아 드릴 용의가 있습니다.

3%まで値引きする用意があります。

⑤ 어떤 요구에도 응할 용의가 있습니다.

どんな要求にも応じる用意があります。

～は極めて重要です。

～은(는) 대단히 중요합니다.

🎧 183_H.MP3

① 안전성은 대단히 중요합니다.

安全性は極めて重要です。

② 설문조사 결과는 대단히 중요합니다.

アンケートの結果は極めて重要です。

③ 유럽 시장은 대단히 중요합니다.

ヨーロッパ市場は極めて重要です。

④ 과거 데이터는 대단히 중요합니다.

バックデータは極めて重要です。

⑤ 창의적인 생각은 대단히 중요합니다.

クリエイティブな考えは極めて重要です。

～です。

～입니다.

🎧 184_H.MP3

1	신세 지고 있습니다. 기무라 아키라입니다.	お世話になっております。木村明です。
2	주식회사 스카이의 다나카입니다.	株式会社スカイの田中です。
3	한국상사 영업부의 박○○입니다.	韓国商事営業部のパクです。
4	마케팅을 담당하고 있는 이태호입니다.	マーケティングを担当しているイ・テホです。
5	매장을 담당하고 있는 김○○입니다.	売り場担当のキムです。

この度は～

이번에 ～

🎧 185_H.MP3

1	이번에 축하드립니다.	この度はおめでとうございます。
2	이번에 큰일 치르셨네요.	この度は大変でしたね。
3	이번에 폐를 끼쳤습니다.	この度はご迷惑をおかけしました。
4	이번에 대단히 신세를 졌습니다.	この度は大変お世話になりました。
5	이번에 협력해 주셔서 감사했습니다.	この度はご協力をいただき、ありがとうございました。

～件でメールいたしました。

～건으로 메일드렸습니다.

🎧 186_H.MP3

1	지불 건으로 메일드렸습니다.	お支払の件でメールいたしました。
2	의뢰 건으로 메일드렸습니다.	ご依頼の件でメールいたしました。
3	회의 건으로 메일드렸습니다.	打ち合わせの件でメールいたしました。
4	신청 건으로 메일드렸습니다.	申し込みの件でメールいたしました。
5	납기가 연기된 건으로 메일드렸습니다.	納期が延期された件でメールいたしました。

~についてご回答いたします。 ~에 대해 답변드립니다.

🎧 187_H.MP3

① 주요 내용에 대해 답변드립니다.	**主な内容**についてご回答いたします。
② 카탈로그 신청에 대해 답변드립니다.	**カタログの申し込み**についてご回答いたします。
③ 상품 문의에 대해 답변드립니다.	**商品の問い合わせ**についてご回答いたします。
④ 서비스 요금 인상에 대해 답변드립니다.	**サービス料金の値上げ**についてご回答いたします。
⑤ 5월 13일에 받은 메일에 대해 답변드립니다.	**5月13日にいただいたメール**についてご回答いたします。

~をもちまして ~(으)로, ~에, ~을(를) 끝으로

🎧 188_H.MP3

① 이상으로 자기소개를 마치겠습니다.	**以上**をもちまして、自己紹介を終わります。
② 이 메일을 끝으로 주문 접수가 완료됩니다.	**このメール**をもちまして、注文の受付が完了します。
③ 본 서비스는 4월 7일로써 종료됩니다.	当サービスは**4月7日**をもちまして、終了となります。
④ 오늘 영업은 오후 9시에 종료하겠습니다.	本日の営業は**午後9時**をもちまして、終了いたします。
⑤ 5월 말일을 끝으로 계약을 갱신하고자 합니다.	**5月の末日**をもちまして、契約を更新したいと思います。

~につきましては ~에 대해서는

🎧 189_H.MP3

① 개최에 대해서는 아직 미정입니다.	**開催**につきましては、まだ決っていません。
② 다음 회의(일정)에 대해서는 아래와 같습니다.	**次回の会議**につきましては、下記のとおりです。
③ 의뢰하신 건에 대해서는 기대에 부응하기 힘들 것 같습니다.	**ご依頼の件**につきましては、ご期待に沿うことができません。
④ 지불 방법에 대해서는 창구에서 문의해 주세요.	**お支払方法**につきましては、窓口でご相談ください。
⑤ 본 제품에 대해서는 이전 가격으로 구입하실 수 있습니다.	**当製品**につきましては、以前の価格でお求めいただけます。

～でお返事が遅れてしまいました。 ～(으)로 회신이 늦어졌습니다.

🎧 190_H.MP3

1 휴가로 회신이 늦어졌습니다.　　　**休暇**でお返事が遅れてしまいました。

2 연휴로 회신이 늦어졌습니다.　　　**連休**でお返事が遅れてしまいました。

3 사무실 이전으로 회신이 늦어졌습니다.　　　**事務室の移転**でお返事が遅れてしまいました。

4 갑작스런 출장으로 회신이 늦어졌습니다.　　　**急な出張**でお返事が遅れてしまいました。

5 전람회 준비로 회신이 늦어졌습니다.　　　**展覧会の準備**でお返事が遅れてしまいました。

～をお願い申し上げます。 ～을(를) 부탁드립니다.

🎧 191_H.MP3

1 지도를 부탁드립니다.　　　**ご指導**をお願い申し上げます。

2 메일 체크를 부탁드립니다.　　　**メールのチェック**をお願い申し上げます。

3 협력을 부탁드립니다.　　　**ご協力**をお願い申し上げます。

4 신규 거래를 부탁드립니다.　　　**新規のお取引**をお願い申し上げます。

5 메일로 보내 드린 서류 검토를 부탁드립니다.　　　**メールで送った書類のご検討**をお願い申し上げます。

～て(で)いただければと存じます。 ～(해) 주시면 감사하겠습니다.

🎧 192_H.MP3

1 견적을 내 주시면 감사하겠습니다.　　　**見積もりを出して**いただければと存じます。

2 마감일을 연기해 주시면 감사하겠습니다.　　　**締め切りを伸ばして**いただければと存じます。

3 팩스 번호를 알려 주시면 감사하겠습니다.　　　**ファックス番号を教えて**いただければと存じます。

4 신상품 발매일을 알려 주시면 감사하겠습니다.　　　**新商品の発売日を知らせて**いただければと存じます。

5 아래 주소로 자료를 보내 주시면 감사하겠습니다.　　　**以下の住所まで資料を送って**いただければと存じます。

急なお願いで恐縮ですが〜　갑작스런 부탁으로 죄송하지만 〜

🎧 193_H.MP3

1. 갑작스런 부탁으로 죄송하지만, 재고를 조사해 주세요.
   急なお願いで恐縮ですが、**在庫を調べてください。**

2. 갑작스런 부탁으로 죄송하지만, 가능한 한 빨리 부탁드려요.
   急なお願いで恐縮ですが、**できるだけ早くお願いします。**

3. 갑작스런 부탁으로 죄송하지만, 오늘 중에 뵀으면 합니다.
   急なお願いで恐縮ですが、**今日中にお会いしたいです。**

4. 갑작스런 부탁으로 죄송하지만, 일정을 바꿀 수는 없나요?
   急なお願いで恐縮ですが、**スケジュールを変えることはできませんか。**

5. 갑작스런 부탁으로 죄송하지만, 이번 주 말까지 안 될까요?
   急なお願いで恐縮ですが、**今週いっぱいまでにできないでしょうか。**

〜を探しています。　〜을(를) 찾고 있습니다.

🎧 194_H.MP3

1. 다른 색깔의 제품을 찾고 있습니다.
   他の色の製品を探しています。

2. 카탈로그에는 실려 있지 않은 모델을 찾고 있습니다.
   カタログには載っていないモデルを探しています。

3. 인터넷 사업의 파트너를 찾고 있습니다.
   インターネット事業のパートナーを探しています。

4. 같은 디자인으로 사이즈가 다른 물건을 찾고 있습니다.
   同じデザインでサイズの違うものを探しています。

5. 개발에 필요한 부품을 찾고 있습니다.
   開発に必要な部品を探しています。

〜はお済みでしょうか。　〜은(는) 끝나셨나요?

🎧 195_H.MP3

1. 예약은 끝나셨나요?
   ご予約はお済みでしょうか。

2. 입금은 끝나셨나요?
   ご入金はお済みでしょうか。

3. 캠페인 준비는 끝나셨나요?
   キャンペーンの準備はお済みでしょうか。

4. 웹사이트 업로드는 끝나셨나요?
   ウェブサイトへのアップロードはお済みでしょうか。

5. 참가 신청은 끝나셨나요?
   参加の申し込みはお済みでしょうか。

～をお知らせください。

～을(를) 알려 주십시오.

🎧 196_H.MP3

1. 어떤 식으로 진행되는지를 알려 주십시오. | **どのように進められるか**をお知らせください。
2. 배송 일자를 알려 주십시오. | **配送の日時**をお知らせください。
3. 현재 주소 등을 알려 주십시오. | **今の住所など**をお知らせください。
4. 참가하시는 분의 수(몇 분이 참가하는지)를 알려 주십시오. | **参加する方の数**をお知らせください。
5. 이번 프레젠테이션의 발표자를 알려 주십시오. | **今回、プレゼンの発表者**をお知らせください。

～て(で)もよろしいでしょうか。

～(해)도 되겠습니까?

🎧 197_H.MP3

1. 실례해도 되겠습니까? | **失礼して**もよろしいでしょうか。
2. 한 가지 제안해도 되겠습니까? | **一つ提案して**もよろしいでしょうか。
3. 시간을 잠시 내 주시겠습니까? | **お時間をすこしいただいて**もよろしいでしょうか。
4. 연락처를 여쭤 봐도 되겠습니까? | **ご連絡先を伺って**もよろしいでしょうか。
5. 10월 1일 2시경에 찾아뵈어도 되겠습니까? | **10月1日の2時頃にお訪ねして**もよろしいでしょうか。

～はどうすればいいでしょうか。

～은(는) 어떻게 하면 좋을까요?

🎧 198_H.MP3

1. 신청은 어떻게 하면 좋을까요? | **申し込み**はどうすればいいでしょうか。
2. 게시판은 어떻게 하면 좋을까요? | **掲示板**はどうすればいいでしょうか。
3. 다른 물건으로 교환하려면 어떻게 하면 될까요? | **他のものに交換するに**はどうすればいいでしょうか。
4. 고객으로부터의 불만사항은 어떻게 하면 될까요? | **お客様からの苦情**はどうすればいいでしょうか。
5. 주소가 다른 물건이 왔는데요, 이것은 어떻게 하면 좋을까요? | **宛先が違うものが届きましたが、これ**はどうすればいいでしょうか。

～は可能でしょうか。

～은(는) 가능할까요?

🎧 199_H.MP3

1 도안 변경은 가능할까요?

図案の変更は可能でしょうか。

2 납기를 앞당기는 것은 가능할까요?

納期を早めることは可能でしょうか。

3 일본어로의 질문은 가능할까요?

日本語での質問は可能でしょうか。

4 우편으로 보내 주시는 것은 가능할까요?

郵便で送ってもらうことは可能でしょうか。

5 계좌 입금으로 결제하는 것은 가능할까요?

銀行振込で決済することは可能でしょうか。

～をご案内します。

～을(를) 안내해 드립니다.

🎧 200_H.MP3

1 추천 장소를 안내해 드립니다.

おすすめスポットをご案内します。

2 아래와 같이 파티를 안내해 드립니다.

下記のとおりパーティーをご案内します。

3 요금 단가를 안내해 드립니다.

料金単価をご案内します。

4 상담 창구를 안내해 드립니다.

相談窓口をご案内します。

5 여러분께 이번 환영회를 안내해 드립니다.

皆様に今度の歓迎会をご案内します。

～をお知らせします。

～을(를) 알려 드립니다.

🎧 201_H.MP3

1 현재 상황을 알려 드립니다.

今の状況をお知らせします。

2 회의 일정을 알려 드립니다.

会議の日程をお知らせします。

3 나중에 자세한 내용을 알려 드리겠습니다.

後ほど詳しい内容をお知らせします。

4 입금이 확인되었음을 알려 드립니다.

入金が確認されたことをお知らせします。

5 새롭게 바뀐 연락처를 알려 드리겠습니다.

新しく変わった連絡先をお知らせします。

PATTERN
202

～を確認次第

～을(를) 확인하는 대로

🎧 202_H.MP3

① 메일을 확인하는 대로 전화 주세요.　　　**メール**を確認次第、**お電話ください。**

② 비밀번호를 확인하는 대로 통과시켜 드리겠습니다.　　**パスワード**を確認次第、**お通しします。**

③ 내용을 확인하는 대로 알려 드리겠습니다.　　**内容**を確認次第、**お知らせします。**

④ 신청을 확인하는 대로 메일드리겠습니다.　　**申し込み**を確認次第、**メールいたします。**

⑤ 성함을 확인하는 대로 연락드리겠습니다.　　**お名前**を確認次第、**ご連絡します。**

PATTERN
203

～を検討しました。

～을(를) 검토했습니다.

🎧 203_H.MP3

① 계약서를 검토했습니다.　　**契約書**を検討しました。

② 거래 지속을 검토했습니다.　　**取引の継続**を検討しました。

③ 고객의 클레임을 검토했습니다.　　**お客様からのクレーム**を検討しました。

④ 회의 결과를 검토했습니다.　　**打ち合わせの結果**を検討しました。

⑤ 구체적인 방법을 검토했습니다.　　**具体的な方法**を検討しました。

PATTERN
204

～予定です。

～(할) 예정입니다.

🎧 204_H.MP3

① 내일 출하 예정입니다.　　**明日出荷の**予定です。

② 거래 상담은 내일 모레에 있을 예정입니다.　　**商談は明後日の**予定です。

③ 늦어도 9월에는 끝날 예정입니다.　　**遅くても9月には終わる**予定です。

④ 오늘 중에 갱신할 예정입니다.　　**今日中に更新する**予定です。

⑤ 다음 회의는 9월 18일에 할 예정입니다.　　**次の会議は9月18日の**予定です。

～を終了させていただきます。 ～을(를) 종료하겠습니다.

🎧 205_H.MP3

① 서비스를 종료하겠습니다.	**サービス**を終了させていただきます。
② 계약을 종료하겠습니다.	**契約**を終了させていただきます。
③ 생산을 종료하겠습니다.	**生産**を終了させていただきます。
④ 작업을 종료하겠습니다.	**作業**を終了させていただきます。
⑤ 영업을 종료하겠습니다.	**営業**を終了させていただきます。

～ことになりました。 ～(하)게 되었습니다.

🎧 206_H.MP3

① 이벤트를 하게 되었습니다.	**イベントを行う**ことになりました。
② 출장가게 되었습니다.	**出張する**ことになりました。
③ 제안을 받아들이게 되었습니다.	**提案を受け入れる**ことになりました。
④ 다른 부서로 옮기게 되었습니다.	**他の部署に移る**ことになりました。
⑤ 광고 디자인을 변경하게 되었습니다.	**広告デザインを変える**ことになりました。

～をキャンセルさせていただきたく存じます。
～을(를) 취소하고 싶습니다.

🎧 207_H.MP3

① 표를 취소하고 싶습니다.	**チケット**をキャンセルさせていただきたく存じます。
② 5세트를 취소하고 싶습니다.	**5セット**をキャンセルさせていただきたく存じます。
③ 구독을 취소하고 싶습니다.	**購読**をキャンセルさせていただきたく存じます。
④ 얼마 전에 한 등록을 취소하고 싶습니다.	**この前行った登録**をキャンセルさせていただきたく存じます。
⑤ 주문 내용의 일부를 취소하고 싶습니다.	**注文内容の一部**をキャンセルさせていただきたく存じます。

~が困難となりました。 ~이(가) 곤란해졌습니다.

🎧 208_H.MP3

☐ 부품 입수가 곤란해졌습니다. **部品の入手**が困難となりました。

☐ 서비스를 재개하는 것이 곤란해졌습니다. **サービスを再開するの**が困難となりました。

☐ 신용카드 지불이 곤란해졌습니다. **クレジットカードの支払い**が困難となりました。

☐ 전람회에 나가는 것이 곤란해졌습니다. **展覧会に出るの**が困難となりました。

☐ 바로 상품을 보내는 것이 곤란해졌습니다. **すぐに商品を送るの**が困難となりました。

~が生じました。 ~이(가) 발생했습니다.

🎧 209_H.MP3

☐ 지불 의무가 발생했습니다. **支払い義務**が生じました。

☐ 컴퓨터에 문제가 발생했습니다. **パソコンに不具合**が生じました。

☐ 소리와 영상이 맞지 않습니다. **音と映像にずれ**が生じました。

☐ 등록하는 과정에서 에러가 발생했습니다. **登録する時にエラー**が生じました。

☐ 정보를 주고받을 필요가 발생했습니다. **情報をやり取りする必要**が生じました。

まことに遺憾ながら~ 대단히 유감스럽지만 ~

🎧 210_H.MP3

☐ 대단히 유감스럽지만 말씀하신 그대로입니다. まことに遺憾ながら、**そのとおりです。**

☐ 대단히 유감스럽지만 매진되고 말았습니다. まことに遺憾ながら、**売りきれてしまいました。**

☐ 대단히 유감스럽지만 변경이 되었습니다. まことに遺憾ながら、**変更になりました。**

☐ 대단히 유감스럽지만 이번에는 보류하기로 했습니다. まことに遺憾ながら、**今回は見送ることになりました。**

☐ 대단히 유감스럽지만 그 제안은 받아들일 수 없습니다. まことに遺憾ながら、**その提案は受け入れることができません。**

~状況です。
~상황입니다.

🎧 211_H.MP3

1 매진된 상황입니다.	品切の状況です。
2 매우 심각한 상황입니다.	とてもきびしい状況です。
3 아직 연락이 없는 상황입니다.	まだ連絡がない状況です。
4 일손이 부족한 상황입니다.	人手が足りない状況です。
5 소식을 기다리고 있는 상황입니다.	お知らせを待っている状況です。

~に支障をきたします。
~에 지장을 가져옵니다.

🎧 212_H.MP3

1 영업에 지장을 가져옵니다.	営業に支障をきたします。
2 자금 조달에 지장을 가져옵니다.	資金集めに支障をきたします。
3 판로 확대에 지장을 가져옵니다.	販路拡大に支障をきたします。
4 사회생활에 지장을 가져옵니다.	社会生活に支障をきたします。
5 사원 관리에 지장을 가져옵니다.	社員の管理に支障をきたします。

~に満足していません。
~이(가) 만족스럽지 못하네요.

🎧 213_H.MP3

1 여기 서비스가 만족스럽지 못하네요.	こちらのサービスに満足していません。
2 직원 관리가 만족스럽지 못하네요.	スタッフ管理に満足していません。
3 현재의 매출이 만족스럽지 못하네요.	今の売上げに満足していません。
4 영업 방식이 만족스럽지 못하네요.	営業のやり方に満足していません。
5 새로운 프로젝트의 진행 방식이 만족스럽지 못하네요.	新しいプロジェクトの進め方に満足していません。

～に誤りがありました。

1 금액에 착오가 있었습니다.	**金額**に誤りがありました。
2 일부 데이터에 착오가 있었습니다.	**一部のデータ**に誤りがありました。
3 청구서에 착오가 있었습니다.	**請求書**に誤りがありました。
4 고객 코드에 착오가 있었습니다.	**お客様コード**に誤りがありました。
5 비밀번호 입력에 착오가 있었습니다.	**パスワードの入力**に誤りがありました。

～は納得しかねます。

1 이번 건은 납득할 수 없습니다.	**この件**は納得しかねます。
2 설명이 없는 것은 납득할 수 없습니다.	**説明がないの**は納得しかねます。
3 회신이 없는 것은 납득할 수 없습니다.	**回答がないの**は納得しかねます。
4 주문 취소는 납득할 수 없습니다.	**注文の取消し**は納得しかねます。
5 할인율이 3%라는 것은 납득할 수 없습니다.	**割引率が３％というの**は納得しかねます。

～が届いていません。

1 웬일인지 데이터가 도착하지 않았습니다.	**どうしてかデータ**が届いていません。
2 확인 메일이 도착하지 않았습니다.	**確認のメール**が届いていません。
3 제 앞으로 와야 하는 짐이 도착하지 않았습니다.	**私宛ての荷物**が届いていません。
4 시장 조사 자료가 도착하지 않았습니다.	**マーケット調査の資料**が届いていません。
5 며칠 전 부탁드린 견적서가 도착하지 않았습니다.	**先日お願いした見積書**が届いていません。

～とのことでしたが。

(제 기억에는) ～(이)라고 하셨는데요.

🎧 217_H.MP3

1 많은 문제가 있다고 하셨는데요.

多くの問題があるとのことでしたが。

2 매우 좋은 반응을 얻고 있다고 하셨는데요.

大好評を受けているとのことでしたが。

3 수수료는 포함되어 있다고 하셨는데요.

手数料は含まれているとのことでしたが。

4 정보가 새어 나갈 염려는 없다고 하셨는데요.

情報がもれる心配はないとのことでしたが。

5 5월 4일까지는 납품 가능하다고 하셨는데요.

5月4日までには納品できるとのことでしたが。

～確認がとれません。

～확인이 안 됩니다.

🎧 218_H.MP3

1 예약 확인이 안 됩니다.

予約の確認がとれません。

2 전화로의 확인이 안 됩니다.

電話での確認がとれません。

3 신청 확인이 안 됩니다.

申し込みの確認がとれません。

4 본인 확인이 안 됩니다.

ご本人である確認がとれません。

5 추가 주문 확인이 안 됩니다.

追加注文の確認がとれません。

さっそく調べまして～

즉시 조사해서 ～

🎧 219_H.MP3

1 즉시 조사해서 연락드리겠습니다.

さっそく調べまして、**ご連絡いたします。**

2 즉시 조사해서 바로 답장드리겠습니다.

さっそく調べまして、**すぐにお返事いたします。**

3 즉시 조사해서 작업에 착수하겠습니다.

さっそく調べまして、**作業に取りかかります。**

4 즉시 조사해서 청구서를 다시 보내 드리겠습니다.

さっそく調べまして、**請求書を送り直します。**

5 즉시 조사해서 확인 전화를 드리겠습니다.

さっそく調べまして、**確認の電話をさせていただきます。**

確認しましたところ～

確인했더니 ～

🎧 220_H.MP3

1 확인했더니 실수가 있었습니다.

確認しましたところ、ミスがありました。

2 확인했더니 스케줄이 변경되었다고 합니다.

確認しましたところ、スケジュールが変わったそうです。

3 확인했더니 맞는 숫자는 '500'이었습니다.

確認しましたところ、正しい数字は「500」でした。

4 확인했더니 배송 누락이 있었던 것 같습니다.

確認しましたところ、配送もれがあったようです。

5 확인했더니 조금 시간이 걸린다고 합니다.

確認しましたところ、少し時間がかかるそうです。

当社としましては～

저희 회사로서는 ～

🎧 221_H.MP3

1 저희 회사로서는 매우 기쁩니다.

当社としましては、うれしいかぎりです。

2 저희 회사로서는 결과를 받아들이겠습니다.

当社としましては、結果を受け入れます。

3 저희 회사로서는 죄송하다고 생각하고 있습니다.

当社としましては、申し訳ないと思っております。

4 저희 회사로서는 발주를 고려하고 있습니다.

当社としましては、発注したいと考えています。

5 저희 회사로서는 이 이상의 가격 인하는 무리입니다.

当社としましては、これ以上の値段の引き下げは無理です。

～を検討中です。

～을(를) 검토 중입니다.

🎧 222_H.MP3

1 이벤트를 검토 중입니다.

イベントを検討中です。

2 예산을 검토 중입니다.

予算を検討中です。

3 새로 사는 것을 검토 중입니다.

買い換えを検討中です。

4 귀사의 제안을 검토 중입니다.

貴社の提案を検討中です。

5 그 문제를 회의에 낼지 여부를 검토 중입니다.

その問題を会議に出すかどうかを検討中です。

ご満足いただけない場合は〜 만족하지 못하실 경우에는 〜

🎧 223_H.MP3

① 만족하지 못하실 경우에는 교환 가능합니다.
　　ご満足いただけない場合は、**お取り替えできます。**

② 만족하지 못하실 경우에는 계약 취소가 가능합니다.
　　ご満足いただけない場合は、**契約のキャンセルができます。**

③ 만족하지 못하실 경우에는 대금을 받지 않겠습니다.
　　ご満足いただけない場合は、**代金を受け取りません。**

④ 만족하지 못하실 경우에는 저에게 메일로 연락 주십시오.
　　ご満足いただけない場合は、**私にメールでご連絡ください。**

⑤ 만족하지 못하실 경우에는 편하게 문의해 주십시오.
　　ご満足いただけない場合は、**お気軽にお問い合わせください。**

〜ことになっております。 〜하도록(하기로) 되어 있습니다.

🎧 224_H.MP3

① 반품은 할 수 없도록 되어 있습니다.
　　返品はできないことになっております。

② 현금으로 지불하도록 되어 있습니다.
　　現金で支払うことになっております。

③ 간담회에 참가하기로 되어 있습니다.
　　懇談会に参加することになっております。

④ 오늘 3시에 회의를 하기로 되어 있습니다.
　　本日3時に会議をすることになっております。

⑤ 이틀 이내에 신청하기로 되어 있습니다.
　　二日以内に申し込むことになっております。

ご希望どおり〜 원하시는 대로 〜

🎧 225_H.MP3

① 원하시는 대로 해 드리겠습니다.
　　ご希望どおり**にさせていただきます。**

② 원하시는 대로 팸플릿을 보내 드렸습니다.
　　ご希望どおり**パンフレットをお送りしました。**

③ 원하시는 대로 단순한 디자인으로 해 보았습니다.
　　ご希望どおり**シンプルなデザインにしてみました。**

④ 원하시는 대로 납기를 앞당길 수 있습니다.
　　ご希望どおり**納期を早めることができます。**

⑤ 귀사가 원하시는 대로 골판지 상자로 바꾸었습니다.
　　御社のご希望どおり**段ボールに変えました。**

二度とこのようなことがないように〜 두 번 다시 이러한 일이 없도록 〜

🎧 226_H.MP3

1 두 번 다시 이러한 일이 없도록 유의하겠습니다.　　二度とこのようなことがないように**心がけます**。

2 두 번 다시 이러한 일이 없도록 주의하겠습니다.　　二度とこのようなことがないように**注意します**。

3 두 번 다시 이러한 일이 없도록 반성하겠습니다.　　二度とこのようなことがないように**反省します**。

4 두 번 다시 이러한 일이 없도록 최선을 다하겠습니다.　　二度とこのようなことがないように**最善をつくします**。

5 두 번 다시 이러한 일이 없도록 재발 방지에 힘쓰겠습니다.　　二度とこのようなことがないように**再発防止に努めます**。

〜をお詫びします。 〜을(를) 사과드립니다.

🎧 227_H.MP3

1 저희 실수를 사과드립니다.　　**こちらのミス**をお詫びします。

2 폐를 끼친 점을 사과드립니다.　　**ご迷惑をかけたこと**をお詫びします。

3 어제의 실례를 사과드립니다.　　**昨日の失礼**をお詫びします。

4 보고가 늦어진 점을 사과드립니다.　　**報告が遅れたこと**をお詫びします。

5 바로 회신하지 못했던 점을 사과드립니다.　　**すぐに返信できなかったこと**をお詫びします。

〜を添付しました。 〜을(를) 첨부했습니다.

🎧 228_H.MP3

1 지도를 첨부했습니다.　　**地図**を添付しました。

2 파일을 첨부했습니다.　　**ファイル**を添付しました。

3 사진을 첨부했습니다.　　**写真**を添付しました。

4 의뢰하신 데이터를 첨부했습니다.　　**ご依頼のデータ**を添付しました。

5 계약서를 스캔한 것을 첨부했습니다.　　**契約書をスキャンしたもの**を添付しました。

～たら、ご連絡ください。 ～(하)면 연락 주십시오.

🎧 229_H.MP3

① 무슨 일이 있으시면 연락 주십시오.   **何か**ございました**ら、ご連絡ください。**

② 좋은 아이디어가 있으시면 연락 주십시오.   **いいアイデアが**ありました**ら、ご連絡ください。**

③ 확인이 되면 연락 주십시오.   **ご確認が**とれました**ら、ご連絡ください。**

④ 날이 잡히면 연락 주십시오.   **日が**決まりました**ら、ご連絡ください。**

⑤ 질문이 있으시면 연락 주십시오.   **ご質問が**ありました**ら、ご連絡ください。**

～いただけると幸いです。 ～(해) 주시면 큰 도움이 되겠습니다.

🎧 230_H.MP3

① 의견 주시면 큰 도움이 되겠습니다.   **ご意見**いただけると幸いです。

② 답장 주시면 큰 도움이 되겠습니다.   **お返事**いただけると幸いです。

③ 이해해 주시면 큰 도움이 되겠습니다.   **ご理解**いただけると幸いです。

④ 검토해 주시면 큰 도움이 되겠습니다.   **ご検討**いただけると幸いです。

⑤ 연락해 주시면 큰 도움이 되겠습니다.   **ご連絡**いただけると幸いです。

～をお待ちしております。 ～을(를) 기다리겠습니다(기대하겠습니다).

🎧 231_H.MP3

① 연락을 기다리겠습니다.   **ご連絡を**お待ちしております。

② 만나 뵐 날을 기대하겠습니다.   **お会いする日を**お待ちしております。

③ 또 내점해 주시기를 기대하겠습니다.   **またのご来店を**お待ちしております。

④ 긍정적인 회신을 기대하겠습니다.   **前向きなお返事を**お待ちしております。

⑤ 여러분의 의견을 기다리겠습니다.   **皆様のご意見を**お待ちしております。

PATTERN 232

〜によろしくお伝えください。 〜에게 안부 전해 주십시오.

232_H.MP3

1 여러분들께도 안부 전해 주십시오.　　　みなさんにもよろしくお伝えください。

2 가족 분들께도 안부 전해 주십시오.　　　ご家族にもよろしくお伝えください。

3 사장님께 안부 전해 주십시오.　　　社長によろしくお伝えください。

4 직원 여러분께 안부 전해 주십시오.　　　スタッフのみなさんによろしくお伝えください。

5 영업부의 요시토미 씨에게도 안부 전해 주십시오.　　　営業部の吉富さんにもよろしくお伝えください。

PATTERN 233

〜のほどよろしくお願い申し上げます。 〜(해) 주시도록 부탁 말씀드립니다.

233_H.MP3

1 검토해 주시도록 부탁 말씀드립니다.　　　ご検討のほどよろしくお願い申し上げます。

2 대응해 주시도록 부탁 말씀드립니다.　　　ご対応のほどよろしくお願い申し上げます。

3 연락해 주시도록 부탁 말씀드립니다.　　　ご連絡のほどよろしくお願い申し上げます。

4 협력해 주시도록 부탁 말씀드립니다.　　　ご協力のほどよろしくお願い申し上げます。

5 지도 편달해 주시도록 부탁 말씀드립니다.　　　ご指導鞭撻のほどよろしくお願い申し上げます。

비즈니스 일본어회화&
이메일 표현사전

국내 최다
표현 수록!

부록
· mp3 파일
무료 다운로드

인현진 지음 | 640쪽 | 20,000원

회화는 물론 이메일 표현까지 한 권에!
국내 유일의 비즈니스 표현사전

상황별 비즈니스 표현을 총망라하여 최다 규모로 모았다! 현장에서 바로 써먹을 수 있는
고품격 회화 표현과 이메일, 비즈니스 문서 등 그대로 활용 가능한 작문 표현이 한 권에!

난이도 첫걸음 | 초 급 | 중 급 | 고 급

목표 내가 쓰고 싶은 비즈니스 표현을
쉽게 찾아 바로 바로 써먹기

대상 일본을 대상으로 비즈니스를 해야 하는 직장인,
고급 표현을 익히고 싶은 일본어 중급자